本书为教育部人文社会科学青年基金项目（17XJC880010）成果

本书由西南大学人文社会科学优秀成果文库（2020）资助出版

职业教育教学质量的共治与共赢

ACHIEVE WIN-WIN GOAL BY
COLLABORATIVE GOVERNANCE OVER
TEACHING QUALITY OF VOCATIONAL EDUCATION

徐小容 ◎ 著

人民出版社

目　　录

前　言

　　随着经济社会逐步过渡到"提优增质"的新发展阶段,为顺应这一发展变化,与经济社会发展联系最为密切的职业教育,也应当调整姿态,通过增幅换挡、结构优化、动力转换,而实现本身的"提优增质"。然而,近年来持续存在的"就业难"与"技工荒"之间的矛盾,使得社会各界开始不断审视并诘问职业教育质量及其质量管理工作。2020年9月,教育部等九部门印发《职业教育提质培优行动计划(2020—2023年)》,由此拉开了职业教育以质量为核心的提质培优新序幕。事实上,职业教育的核心工作在于职业教育教学,职业教育质量管理的核心也相应地落到了职业教育教学质量的管理上。而在现实的职业教育实践中,职业教育教学质量管理的责任和实现机制,主要以职业学校"自系统"实现的质量管理为主,但这种相对封闭的"自系统"式质量管理,又往往因受个体理性的有限性限制,而存在闭门造车之嫌,以至于一些职业学校在教学质量管理上出现低效循环的问题。为此,推进在职教教学质量管理领域的变革,使其系统从封闭走向开放,从单一管理走向多元治理,便成为未来职教教学质量发展的一种必然趋势。2021年10月,中共中央办公厅、国务院办公厅印发了《关于推动现代职业教育高质量发展的意见》,指出要深化教育教学改革,完善职业教育质量保证体系。

　　要实现在职教教学领域的质量治理,势必要着眼于职教教学系统本身。而受职业教育本身"跨界"性特质的影响,职业教育教学系统区别于普通教育教学系统而具半开放性,这不仅为多元、多维主体共同参与质量治理提供了契机和现实可能性,也为多元力量共同推进职教领域质量的提升提供了沟通合作的平台。本书基于"缘何""是何""何状""何向""何人""何以""何态""如何"等八大问题域,综合运用哲学、经济学、管理学、社会学、教育学、心理学等相关理论,在遵循理论与实践相结合、质性研究与量化研究相统一的基础上,以"公共性"向"善性"的发展为主线,逐级展开对职教教学质量的治理研究。若从研究的核心领域来看,则本书主要着力于四大板块的研究,即"共治求善治"的逻辑研究、"共治生善者"的主体研究、"共治保善于"的过程研究、"共治成善态"的效果研究,以保证职教教学质量在"共治"中逐渐向善治发展,从而最终进入发展的"善态"。

第一,"共治求善治"的逻辑研究。主要致力于探索引领职教教学质量治理的理性逻辑,以确保职教教学质量治理向合理的方向发展。具体研究内容主要在于探讨"公共"与"理性"的逻辑因应,并设定职教教学质量治理经由"公共性"逻辑起点,到"善性"逻辑终点的过程性发展,通过指明指引从起点到终点的逻辑向道,以最终确立职教教学质量在公共理性指引下以"共治"求"善治"的"善道",从而为本书在职教教学质量治理的发展线索奠定基础。

第二,"共治生善者"的主体研究。主要致力于探索推进职教教学质量治理的内外部治理主体及其作用关系,以确保职教教学质量治理主体形成一致力量,共同致力于职教教学质量的提升。主要研究内容在于探讨如何实现在职教教学质量共治中"善者"的生成,具体通过确立治理主体在身份上、文化上、价值上对职教教学质量治理的归属认同,进而明晰各治理主体在质量治理上的间性关系及各自所拥有的权力和职责,再而通过组构治理主体之间在职教教学质量治理上的"产学研用"共同体,并建立相应的对各治理主体权责关系和外在行为进行规制的权责秩序、过程秩序、课程秩序和课堂教学秩序,从而确保各治理主体在内在意识层面上对质量治理的认同,和外部行为层面上对质量治理的行为协同,从而最终以保证"善举者"和"善治者"的过程性生成。

第三,"共治保善于"的过程研究。主要致力于探索在职教教学质量生成的整个过程中,全方位确保职教教学质量共治的有效实现,以确保职教教学质量治理过程的高效率运作。具体研究内容主要在于沿着职业学校教学输入质量、教学过程质量和教学输出质量这一整体过程,通过充分整合内外部力量,以建构"输入共担""过程共理""输出共保"的整体共治格局,具体实现以共谋职教教学目标、共商职教教学内容、共议职教教学方法、共理职教教学过程和共评职教教学的质量,以提升各治理主体在教学质量治理上的能力,并逐步在各阶段质量目标的共同保证中,最终推进"善于"治理的实现。

　　第四,"共治成善态"的效果研究。主要致力于探索提升职教教学质量治理的效率和效益,以确保职教教学质量共治进入良性的发展循环态中。具体内容主要围绕职教教学质量治理在完成一个阶段的工作后,对职教教学质量治理结果生成的效果治理,以推进职教教学质量治理工作从"点"状治理,逐渐发展成一种"线"状,进而到"环"状的治理发展循环,并通过建构一种针对治理工作本身治理的"元治理"机制,以促使职教教学质量共治能够产生持续性的正向促进作用,从而使职教教学质量治理在良性循环发展过程中走向"善态"。

　　本书是教育部人文社会科学青年基金项目成果,同时受到西南大学人文社会科学优秀成果文库(2020)的资助。总体看来,本书构建了职教教学质量治理的理论框架;指明了职教教学质量的发展逻辑、明晰了治理主体之间的权责关系和间性关系;建构了针对职教教学系统特性的质量共治体系;创造了针对职教教学质量治理的"元治理"机制。这些研究从理论层面对于后续研究者认清职教教学质量管理的现状和未来发展走势奠定了一定的基础,从实践层面也为职教教学质量管理的改革提供参考。

绪论　指向职业教育教学质量的治理

第一节　问题缘起

一、职业教育阶段性发展的应然选择

（一）职业教育发展战略推进的时代使然

职业教育一直以来是我国教育战略发展的重要组成部分。重视职业教育质量,推进职业教育体系的现代化,更是我国现代教育体系完善的重要内容。

党的十八大以来,习近平总书记多次就职业教育的发展作出重要指示,要求"必须高度重视、加快发展","把加快发展现代职业教育摆在更加突出的位置"。指出在全面建设社会主义现代化国家新征程中,职业教育前途广阔、大有可为。要坚持党的领导,坚持正确办学方向,坚持立德树人,优化职业教育类型定位,深化产教融合、校企合作,深入推进育人方式、办学模式、管理体制、保障机制改革,稳步发展职业本科教育,建设一批高水平职业院校和专业,推动职普融通,增强职业教育适应性,加快构建现代职业教育体系,培养更多高素质技术技能人才、能工巧匠、大国工匠。①

2019 年 1 月,国务院印发了《国家职业教育改革实施方案》(以下简称《方案》),总体目标提出,"经过 5—10 年左右时间,职业教育基本完成由追求规模扩张向提高质量转变",这意味着我国职业教育进入高质量发展的新阶段。而

---

① 《习近平对职业教育工作作出重要指示强调　加快构建现代职业教育体系　培养更多高素质技术技能人才能工巧匠大国工匠》,《人民日报》2021 年 4 月 14 日。

为贯彻落实《方案》，办好我国公平有质量、类型特色突出的职业教育，促进职业教育提质培优、增值赋能、以质图强，2020年9月，教育部等九部门联合印发了《职业教育提质培优行动计划（2020—2023年）》（以下简称《计划》），在基本原则部分首先提出了"育人为本，质量为先"，由此凸显了质量在职业教育改革与发展中的重要位置；其中关于"完善多元共治的质量保证机制，推进职业教育高质量发展"的内容，更是首次明确提出通过"多元共治"保证质量发展；关于"构建政府行业企业学校协同推进职业教育高质量发展的新机制"的内容，不仅指明了政府、行业企业、学校共同参与职业教育质量治理的现实必要性，也一定程度地表明了吸引外部力量参与职业教育质量治理的现实可能性。《计划》关于重点任务与组织实施内容，进一步明确了新时代职业教育改革及提质增效的方向，这标志着我国的职业教育正在从"怎么看"转向"怎么干"的提质培优、增值赋能新时代。2021年4月，全国职业教育大会召开，会上传达了习近平总书记关于职业教育工作的指示，强调加快构建现代职业教育体系，培养更多高素质技术技能人才、能工巧匠、大国工匠。这一工作指示又进一步强化了现代职业教育在人才培养质量上的定位。为贯彻落实全国职业教育大会精神，10月，国务院继而印发了《关于推动现代职业教育高质量发展的意见》，强调通过强化职业教育类型特色、完善产教融合办学体制、创新校企合作办学机制、深化教育教学改革、打造中国特色职业教育品牌等推进现代职业教育高质量发展，从而明确并加快了职业教育质量的现代化推进，使职业教育质量管理从传统走向现代。

由此可以看出，党中央关于职业教育发展的战略推进，使得职业教育质量发展的方向更加清晰，整体发展路径更为明确，职业教育正从"大有可为"的期待，向"大有作为"的实践探索转变，职业教育质量管理也逐步迈向现代化。然而，怎样实现这种转变，通过职业教育质量共治，并具体落实到职业学校的教学层面，最终实现职业教育质量管理从传统走向现代，继而引领未来，仍旧需要深入探索。这也为本书确立职业教育教学质量从传统管理走向现代治理，进而走向共治与善治研究的基于思路与"对话未来"的基本主线奠定了重要基础。

（二）经济社会"提优增质"对职业教育发展质量提出新要求

职业教育作为与经济社会发展联系最为紧密的教育类型，在推动社会的转型发展中发挥着不可估量的作用，甚至被一些发达国家视为经济腾飞的"秘密武器"，因而备受世界各国重视。近年来，我国社会各界普遍加大了对职业教育的重视力度,由此使得职业教育质量观也发生了根本性的转变,从最初重视职业教育规模发展,到如今对职业教育内涵的强调,这种转变也同时反映了新时代我国职业教育质量观的特点。这既是对职业教育自身质量提升的重视,更是对职业教育增强服务经济社会发展能力的强调。

目前,中国经济告别了过去年均 10% 左右的高速增长率,进入到与过去 30 多年不同的提优增质新常态发展阶段,并摒弃了传统的以高增长、低效率、粗放式发展为典型特征的旧经济常态发展模式,以及以忽视经济规律、依赖投资拉动经济增长为典型特征的超常态发展模式,逐步向以高效率、高质量为支撑的中低速增长发展模式过渡。而新阶段经济社会的"提优增质",相应地要求经济发展的速度、经济发展的结构以及经济发展的动力等方面均作有针对性调整,通过增幅换挡、结构优化与动力转化,以实现经济发展质量的显著提升。"十四五"规划也指明我国已转向高质量发展阶段,诚然,经济社会对发展质量和发展效益的追寻,也相应地对与经济社会发展密切关联的职业教育也提出了"提优增质"的新要求。因此,为顺应经济社会的发展变化,职业教育也应当不断调整变换自身发展的姿态,主动适应经济发展新常态,从而通过换挡降速,提升质量,以实现在与经济社会实现创新融合的同时,为经济社会的发展培养更多高素质技术技能人才、能工巧匠、大国工匠,为经济社会的发展创造更大的人才红利。

(三)职业教育治理水平和治理能力现代化发展的诉求

自 1989 年世界银行首次用"治理危机"(crisis in governance)来形容非洲国家的发展情形起,"治理"一词便普遍被运用于政治发展研究中,而后世界各地也广泛掀起了对"治理"研究的热潮。在我国,党的十八届三中全会通过的《中共中央关于全面深化改革若干重大问题的决定》中提到"推进国家治理体系与治理能力的现代化",因将"治理"与现代化结合并提升到国家建设的高度,从而引发了社会各界纷纷从现代管理的层面审视自身问题的热潮,上至宏观层面的国家治理、社会治理,下至微观层面的学校治理、公司治理,均渗透了治理的核心思想并推进了向治理迈进的改革。在教育领域,作为国家治理体系重要构成部分的教育治理,其治理效率和治理水平,也成为国家治理体系和治理能力现代化建设的重要内容,因而,教育治理体系与治理能力现代化也逐步备受重视并被提上教育发展的重要议程。

在职业教育领域,职业教育治理的现代化首先应当关注治理主体及主体之间的关系问题。在传统的职业教育管理领域,主要形成了一种以政府为治理主体,学校、市场和社会组织为治理客体的"主—客体"分离的二元管理格局,而这一单维性、单向度的治理格局又在现实的职业教育实践中产生诸多弊端。随着公共治理理念在教育领域的深入渗透,单维性、单向度的治理格局也逐渐备受诟病,因而,要实现职业教育治理的现代化,则需要打破主从观念的束缚,在宏观职业教育层面建立政府、市场、社会、学校各个主体之间的平等对话关系,在微观职业教学层面建立教师、学生之间基于平等和理解上的民主关系,这是职业教育治理体系向现代化演进的基本方向。不仅如此,在职业教育现代化治理的路径上,现代化治理需要一个内部实现机制,以协调各治理主体之间的关系并最终促使现代化职业教育治理的落实。当前我国职业院校在内部治理上已然形成一整套具有我国特色的内部治理模式,并推动着职业学校的发展运行,而在内部治理上,若部分职业院校过分强调行政化权力在教育教学中的渗透,则将一定程度上导致这些职业院校行政化色彩过浓,出现行政权力过分制约学术权力等问题,而具体渗透在教学层面上,又显现了职业教学公共理性的缺失,从而影响了职业教育整体治理水平和治理能力的提升。由此而言,从职业教育教学层面提升职业教育微观治理水平和治理能力,也是职业教育整体治理水平和能力提升的重要一步。

(四)质量管理从"个域共同体"走向"公域共同体"的发展需求

国务院办公厅在 2014 年版与 2015 年版的质量发展纲要行动计划中,分别提出"推进治理共治""推动社会共治,形成推动质量提升的合力"等计划,为我国质量从管理走向治理,进而走向共治奠定了基础。而在职业教育质量管理领域,《职业教育提质培优行动计划(2020—2023 年)》提出"完善多元共治的质量保证机制,推进职业教育高质量发展",这是职业教育政策层面,首次针对质量发展而提出的多元共治机制,这为我国职业教育质量从管理走向治理,从单一治理走向多元共治开辟了新道路。

从职业教育质量范畴来看,传统的职业教育质量管理,主要以职业学校自身的管理为主,外部力量主要起一种辅助的督促作用,但并不直接参与职业教育质量的管理,从而形成以职业学校自系统构成的质量管理"个域共同体"。诚然,职业教育质量系统是一个具有广泛公共意义的发展系统,其不仅关涉经济社会的发展,还关涉市场的繁荣以及职业人的成长发展,经由单维"个域共同体"实现的质量管理,并不能有效统整社会领域的广泛要素和作用机制,只有代表各领域核心力量而组建的"公域共同体",并共同实现职业教育质量的治理,才能在助推职业教育质量提升的同时,也进一步反推"公域共同体"内部各力量的协同发展。

传统的"个域共同体"主要负责自属领域的事务管理,其承担的主要是所属领域的个域责任,并只对其所属领域的质量负责,通常会受个体理性的理性有限性影响,而不能照顾长远发展以及实现资源的充分整合而促进提升治理效率。随着社会综合治理改革的发展深化,公共治理在社会领域的广泛推行,由"公域共同体"共同负责社会综合事务的治理,实质上是建立了一种广泛的社会责任分担机制,从而将促进社会和谐发展的公共责任与义务,广泛扩散到社会领域的各个方面,通过这种社会责任的公共性分散和转移,以助推各领域相关人员能够切实参与到社会综合事务的治理中来,从而促使社会领域综合治理的科学化与高效化。事实上,"公域共同体"参与职业教育质量的治理,是由各自依附的社会责任共担和转向决定的。职业教育质量的提升能够广泛增进相关主体和参与者的利益,而这些直接或间接的受益者,也应履行相应的社会责任而加入到职业教育质量治理中来,尤其是与职业学校密切关联的行业企业,更应当参与职业教育质量乃至教学质量的治理行动中。

在德国,企业以支持职业教育的发展以及直接承办职业教育为荣,并且这些具有教育性质的企业也普遍具有较高的社会地位,这种企业支持职业教育的发展或直接兴办职业教育的治理行为,实际上是社会教育性责任向企业的发展转向和责任的共担。而在我国,国务院办公厅《质量发展纲要(2011—2020年)》指出,要"吸收企业参加教育质量评估",也表明企业以及其他外部力量协同参与职业学校质量治理的现实可能性和必要性。尤其是在社会现代化和教育信息化的新形势下,集合社会各界的共同力量,通过发展职业教育而全面推进"互联网+制造"的中国"工业4.0"的实现,实际上也是职业教育质量提升责任和社会发展责任的社会性共担的实现,而这也为我国职业教育质量从管理走向治理提出了新要求。

二、职业教育教学质量提升的现实需要

（一）职业教育现代体系建构和发展的应然选择

2021年4月,习近平总书记对职业教育工作作出重要指示,强调"加快构建

现代职业教育体系,培养更多高素质技术技能人才、能工巧匠、大国工匠"[①]。这种现代化的职业教育体系是能服务经济社会发展的体系,是自身成熟完善的体系,是能够不断调整姿态适应社会发展的体系。由此便确立了现代职业教育体系发展的外部适应性、内在协调性和终身发展性的现实诉求。

首先,从现代职业教育体系的外部适应性来看,职业教育的发展需要适应经济发展方式的转变,以现代职业教育体系的建构对接现代产业体系的发展。职业教育对社会经济发展的促进作用主要表现在,职业教育通过对人口资源的加工和改造,使人口资源得以转化进而作用于经济社会的发展。职业教育对人口资源的加工改造作用又有一定的层级和深度,职业教育首先通过对人口资源的初级加工,将人口资源转化成具有一定知识和技能的劳动者,实现人口资源向人力资源的转化;职业教育通过对人力资源进行深层加工与优势开发,提升人力资源本身以知识技能和价值为表现形式的资本积累,不断催生人力资源在经济发展中的效益,从而实现人力资源向人力资本的转化。诚然,职业教育正是通过对人力资源的加工与人力资本的输出方式,实现对经济社会"软资本"(人力资本)的投入,为经济的发展注入新鲜血液,从而推进经济社会的发展。现如今,我国经济社会的发展已经进入深度转型发展时期并将逐渐形成新的产业发展体系,但由于职业教育本身发展具有滞后性,职业教育在对接产业调整与经济发展的步伐上还仍稍显不足,从而致使职业教育在对人口资源的加工上还处于浅度水平,而这一问题根源又集中体现在职业教育教学的问题上,因此从职业教育教学层面进行职业人才的深层加工,以对接经济社会的发展需求,是职业教育教学需要正视并重点解决的问题。

其次,从现代职业教育体系的内部适应性来看,职业教育的发展需要满足自身的可持续发展,以现代职业教育体系的构建对接现代教育体系的建设。从我国现行的职业教育体系来看,存在有两大问题,主要体现在职业教育体系内部的中高职衔接不畅,以及与普通教育之间的单向沟通上。目前我国中高职衔接只是形式上的衔接,两者在培养目标、课程内容等方面还没有形成有效对接,而这种衔接不畅又导致职业教育发展目标难以实现,也在一定程度上影响了学生的

---

① 《习近平对职业教育工作作出重要指示强调　加快构建现代职业教育体系　培养更多高素质技术技能人才能工巧匠大国工匠》,《人民日报》2021 年 4 月 14 日。

学习。另外,现行的职业教育与普通教育之间虽然有一定的沟通,但这种沟通主要是一种单向的沟通,在实际操作中很难达到预想的效果。由此看来,职业教育系统本身存在的内在问题,难以满足其可持续发展的需要,从而在一定程度上影响了职业教育自身的发展并制约了现代职业教育体系的建设。

最后,从现代职业教育体系的终身发展性来看,职业教育的发展需满足学习型社会的建设需求,以现代职业教育体系的建构对接终身教育体系的形成。职业教育通过各种形式的学校教育、职业培训等方式,为有职业需求的人提供一定的职业技术和技能教育,以满足社会成员多样化学习和全面发展的需要,从而满足学习型社会的建设需求,从这一层面来看,职业教育在促进学习型社会的发展上责任重大。但由于职业教育体系本身存在一定的问题,要满足学习型社会的建设和终身教育体系的形成,对于职业教育本身而言,势必要从其自身的问题出发,通过对内部质量问题的有效治理,以提升职业教育的发展质量,从而实现职业教育体系向现代职业教育体系的转变,并最终成为现代教育体系的一部分,以对接终身教育体系的形成。

(二)职业教育教学质量提升的现实迫切要求

随着近年来国家对职业教育发展的重视,职业教育取得了较大的发展,职业教育的基本矛盾也从基本的供需矛盾转向为高质量职业教育的需求与职业教育低质量的现状之间的矛盾。为此,在职业教育发展中,必须把握新时代职业教育发展的主要矛盾,从而实现职业教育质的提升和飞跃。实质上,职业教育质量问题之所以越来越备受重视,主要源于职业教育输出人才的质量越来越遭遇争议,尤其是近些年持续存在的"就业难"与"技工荒"之间的矛盾问题,使得职业教育质量问题被推到风口浪尖之上。因而全面提升职业教育质量的呼声也日渐益强。

职业教育的核心工作在于职业教育教学,因而职业教育质量提升的关键也在于职业教育教学质量的提升。近年来,教育部先后出台了关于教学质量管理、诊断和改进等系列文件,如《关于建立职业院校教学工作诊断与改进制度的通知》《高等职业院校内部质量保证体系诊断与改进指导方案(试行)》《关于全面推进职业院校教学工作诊断与改进制度建设的通知》等,这些文件在宏观层面上为职业院校的教学质量提升指明了方向。诚然,在职业教育教学质量领域,职业教育教学质量的管理主要集中以职业学校为自系统而实现的管理,这种自系统式质量管理,往往存在有闭门造车之嫌疑,并受个体理性的有限性限制,从而制约了职教教学质量的显著提升。

在大职教观视域下,职业教育教学质量在横向上涵盖了职业学校的教学质量、职业学校的培训质量、企业的培训质量等内容;在纵向上,职业教育教学质量作为一个整体系统,包括职业教育教学的输入质量、职业教育教学的过程质量和职业教育教学的输出质量。输入质量是为教学提供所需提供的人与物的质量,过程质量也即教与学的质量,输出质量是教学的结果质量。① 因而,对职业教育教学质量的考察不应当仅仅局限在职业学校的课堂教学上,而应该从整体系统层面考察职业教育教学的质量。若从整体层面考察职业教育教学,则会发现在现实的职业教育教学中存在着一些问题,如职业教育教学目标定位不够科学、部分专业设置与社会需求的脱节、教学管理的刚性化、教学模式的较为落后、教学评价机制不健全等等问题,而这些问题无一不影响着职业教育教学质量的提升。因而,以职业教育教学质量为突破口,从职业教育教学质量治理的角度出发,深入挖掘职教相关资源,以系统推进职业教育的质量飞跃,对职业教育整体发展来说意义重大。

三、职业教育治理相关理论的丰富发展

治理研究最初源自西方国家。教育治理的研究也随治理理论的成熟和深入发展而逐渐成体系。教育治理作为一个大的整体系统,其包括了各种层次和各种类型的教育子系统,职业教育治理便是其中一个重要分支。从研究的内容层面来看,虽然我国学界关于职业教育治理的研究成果较多,但由于研究起步较晚,整体研究略显笼统,治理研究与"职业性"的结合度还略显不够,且理论层面的探讨也不够深入;从研究主题的分布来看,现有关于职业教育治理的研究主要集中在对职业院校的治理研究上。诚然,职业院校的治理研究是职教研究的重点领域,集中的研究也容易发现职业院校在治理上的隐性和急迫问题,但过于聚焦的研究只会使职业教育治理的研究视野过于狭窄,从而不容易发现职业教育子系统。如教学系统中存在的问题,以及容易造成职业教育治理在研究上产生"不均衡"问题;从职业教育质量研究层面来看,关于职业教育质量的研究,主要

---

① 李文静、周志刚:《我国现代职业教育教学质量困境及其突破》,《职教论坛》2013 年第 16 期。

集中在从整体层面探讨职业教育的质量管理,但从微观的职业教育教学层面探讨质量管理问题的研究力度却略显不够。不仅如此,在提升职业教育质量的方法层面,相关研究主要集中探讨以职业学校为核心,并联合评估机构而共同建立职业教育质量保障体系从而提升职业教育的质量,其在方法层面的治理措施上,研究视域相对狭窄。实际上,关于多元力量共同参与的职业教育质量研究还较少论及,而关于在职业教育教学质量上的共治,到目前为止却还未被谈及。毋庸置疑,职业教育教学质量治理作为职业教育治理以及职业教育质量治理的重要分支,学界对其的深入研究也有助于教育治理理论本身的丰富和完善,因而对职业教育教学质量治理的研究也理应被重视。

第二节　文献述评

本书主要围绕教育场域内,宏观层面职业教育质量研究、中观层面职业学校治理研究和微观层面职业教育教学质量管理研究三个方面展开文献梳理。职业教育质量研究作为一个具有广泛意义的宏观整体,其质量治理理念的推进和治理措施的落实,需借助作为重要载体的学校并通过学校内外部治理的有效结合而得以实现。诚然,学校工作的核心任务在于教学,职业学校质量治理工作的重心也应当落实到教学质量治理工作上,并借助教学质量治理而实现治理层级的下移和治理利益广泛化需求的达成,而在这三者构成的关系体中,职业学校治理成为联结纽带。本书正是遵循这一推进逻辑展开对职教教学质量治理研究的文献梳理,以揭示现象并发现问题(如图 0-1)。

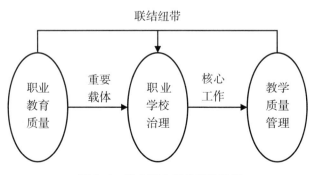

图 0-1　核心词之间的推进逻辑

一、职业教育质量的研究

(一)职业教育质量标准的研究

职业教育质量标准是国家职业教育质量的综合反映,建立职业教育质量标准也是配套建设本国职业资格标准的基础。致力于适合本国的职业教育质量标准,是世界各国大力发展职业教育的重要举措。综观国外职业教育质量标准的探索,澳大利亚、英国、德国、日本等国均有制定相关职业能力标准或鉴定职业能力标准的国家制度。[1] 从相关研究来看,澳大利亚在建立质量标准体系上,开发了较为完善的课程内容标准体系,具体借以建立培训包的形式,以建构能力为衡量的课程标准体系和国家专业资格认证体系;建设了健全的课程设计、认证和注册标准体系,并设置专门的认证机构负责课程设计工作的标准化、课程认证工作的标准化、课程注册工作的标准化、注册/课程认证机构的标准化;建立了具有较强约束的课程实施条件标准体系,以推进办学质量标准体系和教师资格标准体系的确立,[2]通过这一系列标准体系的建构,从而对其职业教育的质量发展提供参考依据。英国通过建立社会服务培训计划探讨国家职业资格委员会开发的职业资格作为高等职业教育的课程设计基础。[3] 德国作为职业教育强国,通过建构职业教育质量指标体系,由宏观、中观及微观三个层级,输入、过程、输出与长效质量四个节点构成的系统,作为评价教育质量的重要参考标准和操作依据,以此来监测和评价职业教育运行及其质量状况。[4] 为了满足市场化与具体行业的需要,使质量标准更好地服务于职业教育的发展,国际标准组织(ISO)在总结 ISO9000 在教育领域应用的经验和前期德国职业教育质量管理的经验的基础上,制定了专门针对职业教育而开发的 ISO29990《职业教育与培训的学习服务——学习服务提供者基本要求》,以此作为新标准,用于提高全球职业教育和教育培训的质量。[5] ISO29990 质量标准是以国际公认的职业质量保证体

---

① 肖化移:《高等职业教育质量标准研究》,博士学位论文,华东师范大学 2004 年,第 35 页。

② 许露、庄亚明:《澳大利亚职业教育课程质量标准体系及启示》,《职教论坛》2011 年第 12 期。

③ Richard Winter Maisch, *Professional Competence and Higher Education:the ASSET Programme*, London:The Falmer Press,1996,p.88.

④ 申文缙、周志刚:《德国职业教育质量指标体系及启示》,《外国教育研究》2015 年第 6 期。

⑤ 吴俊强:《ISO 29990 国际职业教育管理质量标准研究与应用》,广东高等教育出版社 2016 年版,第 45 页。

系为核心,主要是针对学习服务行业的服务标准,其同时也适用于教育和培训行业中学习服务提供商的质量管理体系,在国际上质量标准方面有较大的影响力。

近年来,我国也不断加强对质量标准的探索性建设。2018 年 1 月,国务院颁发了《关于加强质量认证体系建设促进全面质量管理的意见》(以下简称《意见》),强调要运用国际先进质量管理标准和方法,构建我国统一管理、共同实施、权威公信、通用互认的质量认证体系。《意见》同时指出,要运用新版 ISO9001 质量管理体系等国际先进标准、方法提升认证要求,运用互联网、大数据等新技术改造传统认证模式,打造我国质量管理体系认证的"升级版"。在职业教育领域,教育部也不断启动并推进在职业领域多种质量标准的建设工作,如职业教育院校建设标准、中等职业学校专业教学标准、高等职业院校专业教学标准、中等职业学校教师专业标准等,经过多方面建设,目前我国职业教育国家教学标准体系框架也基本形成。通过这种行政性的推动,为我国职业教育质量标准的建设提供了基础性支撑作用,使我国职业教育质量标准的制定工作进入了一个新的发展阶段。① 关于职业教育质量标准的研究,则主要集中表现在职业教育质量标准的基本理论研究上,如职业教育质量标准的价值取向、特性、类型、结构、制定、实施与评价、职业教育质量标准及体系的国际研究②、ISO29990 质量标准在我国的运用等。

(二)职业教育质量保障体系的研究

职业教育质量保障体系的建设是职业教育体系建设的重要组成部分,也是职业教育质量管理工作的核心。国外许多发达国家在职业教育质量保障上均积累了丰富的经验,如德国、日本、英国、美国等国在职业教育质量保障上,均侧重于通过立法为职业教育质量提供法律保障;通过建立标准化的课程与职业资格开发制度以保障职业教育内容的标准化;通过教师准入的制度化确保职业教育教师的质量;通过分权式运作的质量管理体系以确保职业教育的过程性质量;通过各种技术手段实现教学管理的灵活性以确保职业教育的教学质量;严格、科学的教学督导和评价过程以确保职业教育质量的科学评价;采用各种手段确保职

业教育经费投入的使用效率,以确保职业教育的物质保障质量。① 另外,欧洲各国在职业教育与培训共同质量保证框架的基础上,建立了职业教育与培训质量保证参考框架,为各成员国进一步制定共同的质量原则、参考标准和指标奠定了基础,内容层面主要由质量保证和改进过程、监控过程及测量工具三个部分构成,以确保职业教育与培训的质量不断提高。②

我国关于职业教育质量保障的研究主要集中在对高等职业教育质量保障的研究,而总体来看,我国高等职业教育质量保障研究的现状如下:第一,有限的政策。保障主体欠周延,保障制度欠完善。第二,欠缺的理论。多样性与统一性、自主性与依附性、系统性与片面性并存。第三,偏倚的实践。蓝洁(2014)认为,在政策方面,要建立高职教育质量保障体系,形成公民参与的社会问责制度;在理论方面,需要在高职教育自身的发展规律和内在逻辑中去寻找资源;在实践方面,宏观上政策制度推进,微观上要从质量决策到质量生成再到质量评价。③

在高等职业教育质量保障体系建构的研究方面,戴娟萍(2003)基于全面质量管理理念,以组织、资源、过程与程序四个要素为质量保障体系关键点。在组织保障方面,设立质量管理部门;在资源保障方面,培养双师型教师;在过程保障上,建立教育质量自我评估体系;在程序保障上,重视教学质量标准化建设。④肖凤翔、薛栋(2013)从基本理论研究、经验事实研究、应然状态研究三方面入手来分析中国现代职业教育质量保障体系的研究框架。首先,在基本理论研究方面,质量保障体系的责任主体是政府、职业院校、行业企业、社会组织、学生多元主体;质量标准是定向与非定向的二维结构;职业教育质量保障体系的运行需要质量标准系统、组织执行系统、监测评估系统与反馈控制系统来保障。其次,在经验事实研究方面,职业质量观应以合发展性的质量观为价值取向;发达国家的模式有一体化模式、二元模式以及第三方模式;我国职业教育质量保障体系科学性和规范性不够;在应然状态研究方面,高职院校要以自我质量保障为核心建立

---

① 袁晓东等:《高等职业院校内部质量保障体系建设(下卷)》,高等教育出版社 2011 年版,第918 页。

② 吴雪萍、张科丽:《欧洲职业教育与培训质量保证参考框架分析》,《教育研究》2011 年第3 期。

③ 蓝洁:《高等职业教育质量保障的现状及其再认识》,《职业技术教育》2014 年第 1 期。

④ 戴娟萍:《高等职业技术教育质量保障体系的建构》,《深圳职业技术学院学报》2003 年第4 期。

科学的评估制度和保障制度、形成多元主体公共治理。① 也有学者认为质量保障体系是三层面两平台的基本架构。其中,三层面是学校、省级、教育部,教育部和省级评估是宏观质量保障,校内质量保障体系是微观保障;两平台分别是社会监督和参与平台。②

(三)对相关研究的评析与启示

从已有研究来看,国内外均重视对职业教育质量的研究,其中国外职业教育质量研究的理论与实践较为成熟,特别是欧洲国家的职业教育质量保障体系研究的资料较为丰富,说明国外教育界对职业教育质量关注较多,且研究具有一定深度。

首先,关于职业教育与培训质量系统的研究。这是国外研究者的研究热点和重点。欧盟国家专门成立了一个委员会对职业教育与培训确定了一个质量框架。学者们基本都基于这样一个共通的质量框架来研究职业教育与培训质量的内涵、目标、内容以及评价标准等。在职业教育与培训系统的运作中,一个非常突出的特点就是社会参与度较高,政府、社会组织机构、私人机构与个人都积极参与并投资于职业教育与培训系统,进一步加强了利益相关者之间的联系,推动了职业教育与培训系统的改革。其次,关于对职业教育质量保障体系的研究。国外学者研究职业教育质量保障体系的目的在于对职业教育质量进行监控,进一步促进职业教育与培训质量的提升。欧盟成员国的职业教育与培训质量保障体系主要基于通用质量保障框架来实施的。这一质量保障模式主要包括目标性的计划、目标达成中的行为执行、目标评估与结果评估、反思。这一通用质量保障框架具有一定的严密性。不仅如此,各国还专门制定了职业教育质量保障的相关制度,以制度保障促质量提升。可以看出,国外职业教育质量保障不仅在制度上得以保障,而且政府对职业教育与培训质量的关注度较为密切。国外职业教育与培训质量受到政府、社会与学校的层层监控和评价,可见国外职业教育质量保障体系的特点表现在:强监控性、主体参与的积极性高、评价标准较为严谨、健全的制度保障体系。

① 肖凤翔、薛栋:《中国现代职业教育质量保障体系的研究框架》,《江苏高教》2013 年第 6 期。

② 韩奇生:《高等职业教育质量保障体系建设述评》,《高教探索》2012 年第 4 期。

就国内相关研究而言,关于职业教育质量保证的研究内容相对较为具体。第一,从研究内容来看,学者们的研究主要集中在职业教育质量标准、职业教育质量评价、职业教育质量保障、职业教育质量监控与管理等方面,其中对第三方评价机制的研究较少,这也是国内职业教育质量评价研究中的薄弱环节。总体来看,理论研究相对较多,实证研究相对较少,个案研究更是屈指可数。但丰富的理论研究为实践研究奠定了一定理论基础,这有利于推进我国职业教育的实践研究。第二,从研究视角来看,研究者们基于不同视角对职业教育质量问题进行了不同层面的探讨,相对而言研究视角较为丰富。如职业教育改革、市场经济发展、职业教育内在逻辑、大数据时代背景、ISO9000、ISO29990 等质量管理、现代职业教育治理、国内外比较、地方特色发展、利益相关者等管理学、社会学、教育学视角等。第三,从研究成果类型来看,国内研究者的相关研究成果主要以专著、期刊文章、学位论文与研究报告的形式呈现,其中期刊文章数量较多,学位论文和专著偏少。由此看来,我国职业教育的质量发展,无论是实践中存在的问题,还是研究上存在的不足,均应当引起广泛的重视,在借鉴国外先进理念的同时,也需要结合我国的实际,全方位探索切合我国职业教育发展实际的质量治理有效模式并完善我国职业教育质量发展的理论体系。

二、职业院校治理研究

职业院校的治理研究是在职业教育框架下考察具有职业教育特殊性的治理体系,虽然职业院校的治理与普通学校的治理在一定层面上具有相似之处,但毋庸置疑的是职业教育与区域产业升级转型以及与地方经济结合度上更为紧密,因而其在治理上更应符合不同利益相关者的需求以及经济社会发展的需要。国外关于职业院校的治理研究,普遍集中在从国家职业教育整体层面的研究或者是针对某大学进行的专门性的探讨。国家整体层面的职业院校治理研究,如德国的双元制治理,同样强调外部治理和内部治理,外部治理又主要包括德国社会的三方面力量,即主要包括企业界的雇主集团和行业协会、工会以及主管职业培训工作的文化教育部门。德国职业院校内部治理又主要包括董事会、技术专业委员会、协调委员会,这样三方面的治理。美国的职业院校治理以其社区学院模式为代表,其治理体系主要包括政府的州管理制、学院董事会制和院长负责制、社区学院协会三个层面的治理。政府的州管理制主要根据州的发展需要提供法律保障和经费支持。通常各社区均有自己的董事会,主要由政府官员、企业界代表、社区居民代表组成,主要任务是筹集资金、聘任院长、监督办学和加强学院与社会的联系等。另外,美国的社区学院协会属于全国性的,主要负责政策研究与争取办学经费,进行各种调查和信息发布,为社区学院提供教育服务,加强协会成员与支持团体之间的联系与协作。综而观之,国外参与职业教育治理的主体较多,且设有除政府和学校之外的专门机构进行职业院校的治理,各级各类治理主体分工明确,权责清晰,在诸多方面多是国内职业院校治理现代化发展需要借鉴并结合实际实现的。

而从国内研究层面,本书在梳理关于职业院校治理的研究中发现,已有研究主要集中在以下几方面内容。

首先,关于高职院校治理结构的内涵研究。董仁忠(2011)指出,所谓高职院校治理结构即是指"在所有权与经营权分离的情况下,关于高职院校内部的组织机构设置及其权力配置、制衡和激励,以及处理公立高职院校各利益相关者之间关系的一系列制度安排"[①]。另外,胡玲丽(2012)认为高职院校治理结构是指协调高职院校组织中各利益关系的一系列制度安排,它通过权力的配置和运作机制来达到关系的平衡,以保障组织的有效运行并实现其根本目的。[②] 以上两种对高职院校治理结构的内涵释义主要从宏观层面进行内涵界定。也有学者从微观内部治理层面对高职院校的治理结构进行界定,如崔清源(2014)指出,高职院校内部治理结构是关于以其经营管理者为代表的行政人员、教师和学生等内部利益相关者如何行使控制权的制度性安排。从以上几个关于高职院校治理结构的内涵与构成研究可以看出,高职院校治理结构的形成离不开一系列利益相关者的参与以及一系列规则制度的安排。通过一系列规则制度安排使高校形成良性的运作,是普通高校和职业院校共有的特性,而相对于普通高等学校来说,职业院校的利益相关者更多,利益相关者的诉求也相对更为复杂。若单从以上几种关于内涵界定本身来看,并没有有效指出职业院校的治理结构区别于普通高校治理结构的本质特征,这也是本书后续研究需要改善的。

其次,关于现行高职院校治理结构存在的问题归结。国内关于高职院校治

---

① 董仁忠:《高职院校治理结构研究》,《教育发展研究》2011年第7期。
② 胡玲丽、张继恒:《高职院校治理结构研究》,《职教论坛》2012年第19期。

理结构存在问题的研究较多,从而也说明了我国高职院校治理结构的问题较为突出。如陈寿根、刘涛(2012)指出,高职院校内部治理结构存在的主要问题包括决策主体单一,决策权力集中;学术权力虚位、行政权力越位、学生权力无位;监督机制缺失,监督实效低下。① 董仁忠(2011)指出当前高职院校治理结构主要存在如办学自主权未能完全落实,法人财产权制度不够健全,权力过于集中,行政权力过大,学术权力式微,领导干部选任缺乏有效监督,党政关系不够协调,组织结构臃肿,行政人员过多,未形成行业企业有效参与高职院校治理机制等问题。② 另外,崔清源(2014)从高职院校内部治理的理论和实践两个层面提出职业院校治理的问题,在理论层面主要存在着治理主体参与理念的研究不够,且参与机制的研究薄弱,研究机构缺乏,研究经验不足,制度层面的研究虽有借鉴,但本土化研究还有待加强的问题;在实践层面主要存在着改革缺乏一致的目标,缺乏高职院校内部治理理念的支撑等问题。③ 王作兴(2011)从高职院校内部治理结构出发提出当前一些高职院校存在的问题:一是职业院校与二级学院间的问题。如高职院校与二级学院间职能划分过于宏观,权力主要集中在校级决策层,管理重心并不能实质性地下移。二是两级管理的组织建构和制度设计不完善。这两级管理缺乏相应的配套政策和管理制度,从而导致两级管理效率低下。三是二级学院内部问题。二级学院内部党政部门职责不清晰,管理组织机构和队伍建设较薄弱,管理效能低下。四是缺乏对二级学院科学的绩效考评体系。五是高职院校内部行政权力过于泛化,学术权力与行政权力界限模糊。④ 韩连权(2021)从现代性视角审视高职院校治理结构,认为不同组织或机构之间的沟通协商不顺畅、治理结构普遍存在着羸弱单一现象、高职院校内部不同权力之间常常职责不明、权责不清问题。⑤

综合国内外已有的研究发现,若从职业院校治理体系发展来看,国外职业院校治理体系相对成熟,而国内职业院校治理体系近年来也越发成熟,但仍需通过

① 陈寿根、刘涛:《高职院校内部治理结构的制度设计》,《教育发展研究》2012 年第 17 期。
② 董仁忠:《高职院校治理结构研究》,《教育发展研究》2011 年第 7 期。
③ 崔清源、傅伟:《内涵发展观视野中的高职院校内部治理结构研究》,《职教论坛》2014 年第 18 期。
④ 王作兴:《完善高职院校内部治理结构的现实选择》,《江苏高教》2011 年第 4 期。
⑤ 韩连权、檀祝平:《我国高职院校治理体系现代化的内涵、困境与路径选择》,《职教论坛》2021 年第 7 期。

制度的设计进一步完善。在对职业院校治理研究的内容层面,国内研究又主要表现为研究内容较为单一,多数研究遵循"职业院校治理是什么""职业院校治理存在的问题"以及"职业院校治理的路径或改进措施""三段式"研究模式,并没有形成关于职业院校治理研究的完整体系。

作为与经济社会发展关系最为密切的职业教育,以及作为承载职业教育主要载体的职业院校,其治理结构、体系、水平等方面都与经济社会发展密切相关。而实际上,相比普通学校的治理研究来说,职业学校的治理研究就显得少之又少。较普通教育而言,职业教育不仅具有普通教育所具有的公益性、公共性、知识性等共性特征,还具有如实践性、技能性、行业性、社会性等个性特质,因而涉及对职业院校的治理研究要相对复杂。但从本书已掌握的资料来看,大多数对职业院校治理的研究均从职业教育与普通教育所共有的共性特征出发,重在从整体层面来看待高等院校的治理情况,却缺少对职业院校的"个性关照",建立在此基础上的研究,也势必会因片面化而不能有效说明现实问题。

三、职业教育教学质量管理的研究

(一)职业教育教学质量管理主体相关研究

由于职业教育是一种跨界融合性教育类型,因而其质量管理的参与主体相对多元。多元主体参与职业教育教学质量管理在国外较为普遍,从职业教育教学质量的宏观管理层来看,职教教学质量管理层主要由董事会及其聘任校长构成。国外绝大多数高校均设立类似董事会的机构作为学校最高领导决策层,学校的招生、基建、财务等重大事项都由董事会集体决策,并由董事会聘任校长,以分管教学相关工作,校长定期向董事会汇报学校教育教学工作,以接受教育教学相关工作的监督。① 事实上,作为职业学校教育教学重大事务决策主体的董事会,其成员构成也较为多元,如澳大利亚的职业学校(院)董事会中,一般行业代表就要占一半左右。② 从中观和微观层面的教学质量管理执行主体来看,其管理人员的构成也相对多元,为保障教学内容的质量,参与职业学校课程开发的人员也由多元主体构成,如美国社区学院在职业教育课程开发上,从外到内的相关

---

① 王义智等:《中外职业技术教育》,天津大学出版社 2011 年版,第 1290 页。
② 袁晓东等:《高等职业院校内部质量保障体系建设(下卷)》,高等教育出版社 2011 年版,第 918 页。

主体包括联邦和州立法机关、政府官员、各级教育委员会(课程委员会)、学校行政管理人员和管理者、教师组织、学生、教育设备和资料的提供者、出版社、考试机构、基金会、家长和教研专家等等[1],并且这些人员和机构都能切实参与到职教课程的开发中去,并在其中发挥重要作用。另外,从澳大利亚的教学质量管理情况来看,其在职业学校教育教学质量管理上,也配备有专门的内部教育教学质量评估人员,主要负责监督职业学校内部的教学系部的教育教学资源是否到位,而针对每一门课,还配备有专门的质量保障工作小组,其成员来自不同的职业学校,主要负责审核专业教学材料的鉴定和安排。从外部职业教育教学质量管理主体来看,行业是职业教育教学质量的监督和评价主体,在职业教育教学质量管理中占据着极为重要的位置,就如澳大利亚的职教教学质量管理来看,其国家质量委员会的 20 个成员中,代表行业的企业和组织就占了 5 名,主要负责职业学校的教学质量的监督和评价,不仅如此,澳大利亚的职业学校(院)中的董事会构成成员,一般行业代表就要占一半左右的比例,[2]由此可见行业企业在澳大利亚职业教育教学质量管理中的重要地位。

与国外相比,国内关于职业教育质量管理主体的研究,因受到共治思想的影响,学者们开始探索多元力量参与职业教育管理的研究,然而这也主要集中在宏观层面职业教育整体质量的管理上,而从微观层面专门探讨多元力量参与职业教育教学层面质量管理的研究相对较少。从外部管理层面来看,我国职业教育教学质量的外部管理主体主要集中在政府或教育行政部门以及评估机构上,而从内部质量层面来看,主要集中在职业学校内部的分管教学校长、教务处(教务主任)、教学委员会、教学督导组等共同实现的教学质量管理上,而行业企业以及其他社会力量直接参与职业学校教学质量管理的机制相对来说并不健全,且不为社会和教务行政管理者重视,这与国外强调多元力量直接参与职业教育教学质量的管理形成强烈反差。

而从研究内容层面来看,区别于职业教育的整体性质量管理系统,职教教学质量管理系统作为其子系统,其内容体系也相对微观。因而,国内关于职教教学质量管理主体的研究,多数集中在职业学校内部微观课堂教学层面的教学质量

---

[1] 王义智等:《中外职业技术教育》,天津大学出版社 2011 年版,第 1290 页。

[2] 袁晓东等:《高等职业院校内部质量保障体系建设(下卷)》,高等教育出版社 2011 年版,第 918 页。

管理上,如王殿复等(2020)指出,职教教学质量管理应教学工作委员会、督导团,与教务处、科研处、督导室、学工处、招生就业办等形成管理队伍。[①] 也有研究探索除职业学校内部系统外的外部职教教学质量支撑系统的开发和建设,如吉文林(2007)指出,职业学校教学质量管理要建立包括政府以及社会各界共建的外部支持系统,以形成对内部教学质量管理的配合。[②] 由此可以看出,对职教教学质量管理主体研究也关注外部主体的探索。不仅如此,相关研究逐步探索多元主体参与的职教教学质量管理,如杨强(2009)指出要从职业学校、企业、教师和学生四个层面建立一种"多极互动"的管理系统,其中职业学校要有明确的质量管理意识,并制订科学的管理规范和质量管理文件;职教教师要深入到企业中进行培养培训,从而着力于自身的专业化水平和教学技能的提升;企业则全力配合职业学校制定教学质量保障性文件和体系的建设,并协助职业学校成为教学质量监控的重要责任人,从而全程参与职业学校真实情境中的教学管理、成绩考核和教学评价;学生则要积极与教师和学校配合,培养并保持职业兴趣,并能与教师、学校和家长及时进行沟通交流。[③] 由此看来,国内研究在基于对职业教育教学实践中的主体单一性问题进行反思性批判的基础上,也强调多元主体,尤其是企业深入职业教育教学质量管理的重要性及其参与管理的作用机制。

(二)职业教育教学质量评价相关研究

职业教育教学质量评价是教学质量管理的重要内容。国内外均非常重视职教教学质量的评价工作。从国外职教教学质量评价实践来看,在一些职业教育发达的国家中,如德国、日本、法国等国均十分强调对职业学校内部教学相关信息的评测,通过建立了一整套较为规范的教育教学评估制度,并配套建设高效、快捷的网络教学质量评价系统,从而对职业学校内部教学、学科专业等质量进行实时评价,以保证基本的教学质量符合标准要求。从评价的主体和内容层面来看,德国的职教教学质量评价系统,尤其强调企业的参与,在部分基于企业的评价标准基础上,联合企业共建一套严格的质量评价系统,行业和企业则成为职教

① 王殿复、薛雯:《中职学校教学质量监控系统构建的实践与探索》,《职业技术教育》2020年第23期。

② 吉文林:《构建高职院校教学质量保障体系的理性思考》,《南京理工大学学报(社会科学版)》2007年第7期。

③ 杨强:《试论"真实情境"教学模式质量的监控体系》,《黑龙江高教研究》2012年第5期。

教学质量评价的主要主体,并由雇主联合会、工会以及职业学校三方代表共同进行对教学质量的评价,①而对职业教育教学质量的高低判断,并非主要以学生的成绩进行衡定,而是基于学生本专业服务现场的职业岗位标准来核定。由此看来,国外职业教育教学质量的评定,在评价主体上强调多元主体的共同参与,尤其强调行业企业在评价中的地位和作用,在评价内容上均强调切实参照与行业企业共建的质量评定标准,以推进职教教学质量的发展能够切实满足企业和社会发展的需要。

就国内而言,国内关于职业教育教学质量的评价实践,也越来越重视外部力量的直接参与。从《职业教育提质培优行动计划(2020—2023年)》所提出的"完善多元共治的质量保证机制,推进职业教育高质量发展"可以看出,多元共治机制为吸引外部力量参与职业教育质量治理指明了方向。

从职业教育教学质量评价的研究来看,首先,关于职业教育教学质量评价研究的视角,主要基于不同的侧重面提出建构不同的评价体系。如宋维堂等(2021)侧重于从高职教师层面建构教学质量综合评价制度,并提出以教学质量保障系统为支撑建构"两评一测"教学质量综合评价体系,以推动质量结果评价、过程评价、增值评价等多元评价相融合。② 杨浩(2019)侧重于在教学模式创新基础上建构高职教学质量评价指标体系,在SPOC的混合式教学模式,即"教学准备—课前模仿练习与难点发现—课中难点突破与专项训练—课后强化训练与应用迁移—及时评价与反思提高"的"五段式"混合教学模式③基础上建构教学质量评价体系。郭扬(2015)侧重于从评价政策制度层面,提出建立"四维整合、五方参与"的制度体系:即学生评、专业评、教学常态评、政府责任评四个维度,政府、学校、学生、行业企业、第三方专业组织五方参与,④以此建构中国特色的职业教育质量评价制度。

---

① 柳燕君:《现代职业教育教学模式——职业教育行动导向教学模式研究与实践》,机械工业出版社2014年版,第133页。

② 宋维堂等:《高职院校教学质量综合评价体系构建研究》,《职业技术教育》2021年第11期。

③ 杨浩:《高职院校混合式教学质量评价指标体系构建与应用实践》,《中国职业技术教育》2019年第11期。

④ 郭扬、郭文富:《职业教育质量评价的政策需求与制度建设》,《中国职业技术教育》2015年第21期。

其次,关于职业教育教学质量评价的指标体系研究,主要集中以质量评价的指标构成、质量评价相关学说研究为主。如黄才华(2010)指出,根据教育教学质量的影响因素及教学质量包括的基本要素,建立教学质量评价的指标体系,包括设立专业设置与人才培养目标、实训基地建设、师资队伍建设、课程与教材建设、教学组织管理、人才培养模式、学生发展水平、教学实施过程、办学绩效与校院文化建设 10 个一级指标,在一级指标下设有 32 个二级指标(其中 12 个重点指标:体现中职教育教改方向)以及 79 个三个指标。[①] 高山艳(2014)归纳现有关于职业教育教学质量评价指标,提出有四种观点:第一是学生能力说;第二是"投入—过程—结果"说;第三是"学生评价、社会评价和学校评价"说;第四是"内部—外部"说。[②]

最后,关于职业教育教学质量的三方评价研究,集中从第三方评价的参与主体以及第三方评价的内容展开研究。职业教育教学质量第三方评价的研究有三种不同的认识。第一种观点是第一方和第二方之外的第三方;第二种是与评价对象无隶属关系,但有利益关系的一方;第三种是在第一方与第二方无隶属和利益关系前提下的之外的一方。梁卿(2014)认为"第三方"是第一方和第二方之外,与评价对象没有隶属关系和直接利益关联的一方。[③] 微观层面,行业企业主体是第三方;宏观层面的第三方就是政府之外的个人或组织,这里指非营利、非政府的民间组织机构,而针对我国职业教育的第三方评价应该是以第三方参与的方式进行评价。徐兰(2015)指出,职业教育质量评价第三方应该以企业为主导,其评价内容由教学实践前的人才培养计划、实训技能培训、课程标准设置、教学资源配置、教学质量、职能能力与素养的形成。基于以上评价内容从事前指标(专业筹建与人才培养方案)、事中指标(教学资源配置与人才培养过程管理)和事后指标(人才培养质量)三个维度来构建企业主导的第三方质量评价体系。[④] 赵金英(2013)认为第三方评价机制主要以组建评价机构、确定评价办法、规定

①　黄才华:《中等职业教育教学质量评估指标体系研究》,《中国职业技术教育》2010 年第 36 期。

②　高山艳:《职业教育质量评价指标的争议与追问》,《职教论坛》2014 年第 1 期。

③　梁卿:《职业教育质量第三方评价的概念探析》,《职业技术教育》2014 年第 13 期。

④　徐兰:《以企业为主导的第三方职业教育质量评价体系构建》,《职业技术教育》2015 年第 10 期。

评价内容(学业成绩、社会实践能力)为构建渠道。①

（三）职业教育教学质量管理内容和体系研究

职业教育质量的发展在很大程度上取决于职业教育质量保障体系及保障机制的健全程度。从几个职业教育发达国家的发展经验来看，德国、美国、英国、澳大利亚等国，均强调质量保障体系的建设，并将职业教育教学质量作为质量保障的核心内容。从整体看来，西方国家在内部教育教学质量管理上侧重于对内部质量保障系统的建设和优化；对产学研结合的人才培养道路的探索；重视职教师资队伍的建设；强调建立标准化的课程以及职业资格开发制度；分权运作的质量管理体系等。② 具体来说，如北美的 CBE 能力本位职业教育模式在质量保证上，主要致力于开发一种应用学习包、技能学习指导书和学习计划等，并充分利用社区学院建立的工业资源中心以推进对学生能力的培养，从而保证基本的教学质量和教学效率；③德国的双元制职教模式，主要通过实现统一的标准、统一命题、统一考核时间、统一阅卷等方式实现对教学质量的管理和保障④，通过建立这种教考分离的考核办法并制定统一严格的考核管理机制，以确保教学质量达到特定的标准要求。⑤ 加拿大制定了相对灵活的教学质量标准，各省可根据其职业院校专业发展情况建立一整套教学质量标准体系，如安大略省建立了一套 PQAPA 质量标准体系，从而体现自身发展的特色。⑥ 总体而言，国外对于职教教学质量的探讨集中于在中宏观层面对教学质量管理的探索，并通过组建一些具体的质量管理和测评系统以保证职教教学的质量。

教学质量管理同样是我国职业教育质量保障重点关注的议题，不管是实践探索或是理论研究均涉及较多。一方面，从我国职教教学质量管理发展的实践探索来看，不同地区职业学校在基于国外先进质量标准的基础上，开始致力于探索适合本地区的具有鲜明特色的职教教学质量管理体系。如北京信息职业学院

---

① 赵金英：《职业教育教学质量第三方评价的探索》，《现代教育》2013 年第 16 期。

② 袁晓东等：《高等职业院校内部质量保障体系建设(下卷)》，高等教育出版社 2011 年版，第918 页。

③ 邓泽明、张扬群：《现代四大职教模式》，中国铁道出版社 2011 年版，第 9 页。

④ 邓泽明、张扬群：《现代四大职教模式》，中国铁道出版社 2011 年版，第 94 页。

⑤ 边文霞：《本科教学模式与大学生学习能力、就业能力关系研究》，首都经济贸易大学出版社 2012 年版，第 50 页。

⑥ 陆春妹：《加拿大职业教育对我国高职教育的启示》，《苏州教育学院学报》2009 年第 5 期。

课题组针对高等职业院校教育教学质量管理体系创新与实践的研究成果较为突出。该成果基于 ISO9000 质量管理体系标准,根据 8 项原则和 PDCA 方法,坚持以教育服务理念和顾客满意质量观,把教育服务、过程管理、持续改进、顾客满意理念融入质量管理运作中,以此制定了《质量管理手册》与《控制程序及工作规程》等 4 个质量管理文件和 239 个控制程序。[①] 另一方面,从我国职教教学质量管理的理论研究来看,相关研究主要集中在高等职业教育教学质量管理体系的探索上,而管理体系在内容层面又集中在教学质量督导评估、教学质量保障、教学质量控制等方面。

　　首先,从职业教育教学质量管理的内容来看,现有研究主要基于不同的视角范围,以及基于不同的质量管理标准探索适用于我国的教学质量管理内容和体系。如苏天高(2007)把教学质量管理分为宏观管理和微观管理。宏观管理是指学校为人才培养制定的质量要求以及相关管理政策;微观管理是指学校对教学环节进行全面有效调节、控制和管理。蓝洁(2014)建议建构内外两层面的职业教育治理体系,外部治理是在职业教育机构、政府、市场、社会之间的关系治理,内部治理是多元主体在职业教育中的权力占据、资源分配。[②] 曾庆柏(2008)根据 ISO9000 质量管理理念,把教学活动分为教学输入、教学运行以及教学输出。高职教育教学输入质量由生源质量、课程质量、教学设施质量、教师队伍质量组成;教学运行质量主要由理论教学质量、实践教学质量、素质教育质量、教研教改质量、成绩考核质量五个因子构成;教学输出质量由知识理论、基本技能、综合素质、就业创业以及社会评价五因子组成[③]。熊宇(2019)则探索运用 ISO29990 质量标准建构高职院校的质量保证模型,这一 ISO29990 质量标准同样是在 PDCA 基础上实现的,基于 ISO29990 质量标准所建构的质量保证模型主要适用于在高职院校的专业层面进行。[④]

　　其次,从职业教育教学质量管理的问题来看,多数研究侧重于从教学质量管理主体、监督机制、保障体系等方面指出问题。如李响(2018)指出,高职院校教

---

　　① 武马群等:《基于 ISO9000 质量管理体系标准的高等职业教育教学质量管理与保障体系研究实践》,《中国职业技术教育》2014 年第 32 期。

　　② 蓝洁:《职业教育治理体系与治理能力现代化的框架》,《中国职业技术教育》2014 年第 20 期。

　　③ 曾庆柏:《高等职业教育教学质量标准研究》,《中国高教研究》2008 年第 3 期。

　　④ 熊宇等:《基于 ISO29990 的高职院校质量保证模型构建研究》,《职教论坛》2019 年第 8 期。

学质量管理存在的问题主要表现在教学质量评估主体错位、缺乏独立的教学质量保障机构、缺乏固化的教学质量标准、缺乏完善的教学质量保障体系、教学质量管理理念和方法落后等五个方面。[①] 沈汉达(2010)从职业教育内部质量问题展开研究,分析了职教教学质量的问题,其认为我国职业教育教学质量问题突出表现在以下几个方面:第一,对教学质量的重要性认识不清;第二,人才培养环节中不科学的目标定位、模糊的专业设置、缺乏引导的课程改革、相对落后的教学模式以及不健全的评价体制;第三,教学质量保障机制不健全。[②]

最后,从职业教育教学质量管理的策略来看,随着全面质量提升时代的到来,"提高质量"的教育发展观取代了以规模扩张为核心的发展观。关于怎样提升职业教育教学质量这一问题,宋维堂(2021)指出完善教学质量综合评价办法,推动教学质量综合评价理念更新与制度创新;强化"双评"和"三段式"全过程监控评价,建立健全教师教学质量激励与约束机制打造两级混编教学督导评价队伍,推动教师质量评价全员全覆盖。[③] 李响(2018)将全面质量管理方法(TQM)运用于高职院校教学质量管理,并探索构建全面质量管理框架,通过制定教学质量管理体系、管理方针、管理手册、控制机制、内部审核机制、质量评价、信息反馈和质量改进机制,[④]以促进高职院校教学质量的全面提升。王建平(2013)指出,高职院校可持续发展的工作重点是强化教学质量提升,明确职责、加强管理、健全人才培养质量监控体系,而提高高等职业教育教学质量的关键在于建立高水平的师资队伍,动态管理教学内容和课程体系是教育教学质量提高的根本。[⑤] 除此之外,周晓杰、董新稳(2013)指出科学应对职业教育质量问题是关键,第一,要树立"做而优则仕"的公众职业教育观念;第二,要保障职业教育的社会地位和尊严;第三,要健全职业教育政策体系,以政策保障质量。[⑥]

---

① 李响等:《基于全面质量管理的高职院校教学质量管理研究》,《职教论坛》2018 年第 2 期。

② 沈汉达:《当前职业教育教学质量存在问题与改革建议》,《中国职业技术教育》2010 年第 25 期。

③ 宋维堂等:《高职院校教学质量综合评价体系构建研究》,《职业技术教育》2021 年第 11 期。

④ 李响等:《基于全面质量管理的高职院校教学质量管理研究》,《职教论坛》2018 年第 2 期。

⑤ 王建平等:《高等职业院校教育教学质量探析》,《教育与职业》2013 年第 9 期。

⑥ 周晓杰、董新稳:《当下我国职业教育质量问题及其对策探析》,《河北师范大学学报(教育科学版)》2013 年第 5 期。

（四）对相关研究的评析与启示

综合以上研究发现，从实践层面来看，国外非常重视职业教学质量的管理，并将其纳入其职业教育保障体系的重要构成部分，并制定相应的教学质量考评机制，以保证职业教育教学质量达到预期目的。而在研究领域，学术界关于职业教育教学质量管理方面的专门研究相对较少，研究的内容相对分散，但总体看来，国外职业教育教学质量强调实行制度化、体系化的管理，并整合实现质量评价、质量监控、质量保障等的标准化、系统化和规范化，这是我国职业教育教学质量管理需重点借鉴的。

而就国内层面来看，我国职业教育教学质量管理无论是在实践层面，还是在研究领域层面的起步均较晚，对于职业教育教学质量管理的专门研究相对较少，研究的视域也相对狭窄。具体来说，国内关于职教教学质量管理的研究主要体现两种特点，一种是对职教教学质量管理的研究主要融合在整体职业质量管理体系研究的内容范畴内，另一种是侧重于微观的课堂层面对职教教学质量的管理研究，并综合运用国外相关质量标准而进行对教学质量管理的探讨。事实上，职业教育教学质量管理作为职业教育质量管理整体系统下的一个子系统，有其自身的特色和内在运行规律，专门从职教教学层面系统探讨其质量的提升，并有效借鉴国外职教教学质量管理的先进理念和可行方法，全方位推进对职教教学质量管理的系统研究，才更有利于切实解决当前职教教学过程中的重大急迫和现实针对性问题。

第三节　核心概念的界定与辨析

一、治理

（一）治理的内涵、外延与本质表征

从"治理"一词的词源的角度来看，在我国古代，"治"从水，本义为水名，如《说文·水部》记载："治，水出东莱曲城阳丘山南，入海"，后逐渐引申为有效的管理。"理"从玉，本义指攻玉的方法或沿着玉石纹路切割，如《说文·玉部》："理，治玉也"，后逐渐引申为沿着规则、规律做事。① 春秋战国时期，"治理"逐

---

①　卜宪群：《中国古代"治理"探义》，《政治学研究》2018 年第 3 期。

渐联合成一词,多指君主对国家与人民的管理、统治等,如《荀子·君道》:"明分职,序事业,材技官能,莫不治理,则公道达而私门塞矣,公义明而私事息矣。"随着时代变迁,"治理"一词的词义也演变得更为宽泛,逐渐衍生出管理、制度、秩序等义。直至五代时期,"治理"一词,又衍生出"良政"和"善治"等义,如《鉴诫录》所记载:"四海归仁,众志成城,天下治理。"①

在西方,"治理"(governance)一词最初源自古典拉丁文或古希腊语"引领导航"(steering),其最初的含义是控制、引导和操纵。随着对治理研究的深入和体系化,"治理"逐渐形成较为完善的理论框架和逻辑体系,从而发展为一套完整的理论体系。作为治理理论的创始人之一的詹姆斯·N.罗西瑙(James N. Rosenau)在其著作中,将治理定义为一系列活动领域的管理机制,并能在这一系列活动领域中有效发挥作用。随着治理内涵外延的不断拓展,罗伯特·罗茨(Robert Rhoads)基于已有研究,分领域地梳理了治理一词的六个方面的定义,包括国家管理层面的治理定义、公司管理层面的治理定义、公共管理层面的治理定义、社会管理层面的治理定义、作为善治的治理定义以及作为自组织网络的治理定义六种,②治理一词的内涵也因涉足领域的不同,其涵盖的具体内容也各有所异。而对于治理的定义,较为权威的是全球治理委员会(Commission on Global Governance)的界定:治理是各种公共的或私人的个人和机构管理其共同事务的诸多方式的总和。全球治理委员会的这一界定强调,治理是一个过程,是一个持续互动的过程,这一过程的基础在于协调,既可以是公共部分的治理也可以是私人部门的治理,这一过程能够使相互冲突的或不同的利益得以调和并且能够采取联合行动。③

国内学者也进行了对治理概念的广泛研究,而其中与本书主旨思想大体一致的治理定义是:治理指官方的或民间的公共管理组织在一个既定的范围内运用公共权威维持秩序,满足公众的需要。④ 治理作为一种公共管理的活动及公共管理的过程,其中包括了必要的公共权威、管理规则、治理机制和治理方式等

① 赵宇霞:《"治理"的中国传统文化基因》,《山西日报》2021年1月6日。
② 俞可平:《治理与善治》,社会科学文献出版社2000年版,第97页。
③ Commission on Global Governance, *Our Global Neighborhood: Report of the Commission on Global Governance*, London: Oxford University Press, 1995, p.23.
④ 俞可平:《全球治理引论》,《政治学》2002年第3期。

内容,其目的是运用权力去引导、控制和规范各种不同制度关系中公民的各种活动,以最大限度地增进公共利益的实现。① 由此可以看出,与全球治理委员会关于治理定义相似的是,俞可平教授关于治理的定义,也尤其强调治理的过程性,并通过治理活动在过程中达成对公众利益的需求。

本书在综合诸多研究的基础上对治理的内涵和外延进行了一些拓展性阐释。首先,从治理的内涵来看,治理是由利益相关主体所构成的公共管理组织,为实现公共利益的最大化,通过一整套管理规制对公共事务进行秩序规范的持续性公共管理活动。与其他关于治理内涵界定不同的是,本书对治理的界定内在地包含了治理的本质、治理的主体、治理的对象、治理的方式、治理的目的等一系列治理要素,并遵循着一定的实现路径。其次,从治理的外延来看,治理包含了比管制、管理、控制、引导等更宽泛的内容。从治理的作用对象来看,治理可以是对人、对事物或者事务,也可以是对问题的治理。从治理的运用领域来讲,治理可以是国家管理层面、社会管理层面、公共管理层面、教育管理层面、公司管理层面等一系列领域的治理。因而若与其他与治理内涵相关与相似概念比较,治理无论是在其内涵或外延上,抑或是其所指向的独特领域和范畴上,均具有广泛的意义。

治理一词虽具有广泛的内容,但并非所有具有这一内在意义的词语都可以被称为"治理"。本书认为,治理作为一种过程性的管制活动,其本质地表征为如下几方面内容:第一,治理是一种持续性的过程存在。治理强调对公共事务管理、控制,而这种管理控制引导之力并非经由一次性的作用力便停止,而是一种持续性的作用过程,从而往复不断地推进治理目的的实现和优化(如图 0-2 所示)。第二,治理内在地表征为一种公共性。从治理包括的要素来看,治理的主体是作为一种公共性存在的共同体,治理的客体是关涉共同利益的公共事务,治理的手段是一种制约共同体行为的规制,治理的目的是共同体利益的实现,因而由此可以看出,治理无论是其关涉的主体、客体、手段和目的均凸显一定层面的公共性,因而治理内在地表征为一种公共性存在,并且具有广泛的公共意义。第三,治理具有强行的规制性。由于治理主要关涉公共的利益,而围绕公共利益所构成的共同体之间势必会存在利益之间的竞争和争夺,因而治理必定需要一套

---

①　俞可平:《全球治理引论》,《政治学》2002 年第 3 期。

秩序规范,从而规范和制约共同体的行为,以实现公共利益的均衡和协调。第四,治理过程强调高效性。治理主体因利益而集结,利益的最大化实现也是治理追求的最终目的,而利益是否最大化地实现必然涉及治理的过程是否高效地运行,由于治理本身是一种过程性存在,因而治理过程运作的效率是治理本身意义存在的重要表现。第五,治理的本真在于服务。治理强调在民主基础上的协同共治,其终极目的在于实现公共利益的最大化,其在本质上表征为是一种对共同体的共同利益发展服务,因而治理在本质上又可表征为是一种发展服务。

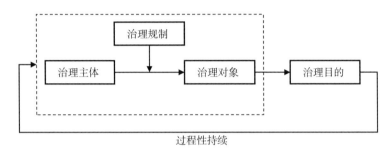

图 0-2 治理路径推进图

(二)治理与统治

治理一词最初之意为控制、引导和操纵。随着治理理论的创生,理论界对治理的研究也更加深入和广泛,治理一词的外延与内涵也因此得到扩展。与统治内涵不同的是,治理强调由共同目标支持的活动,这一活动并没有获得正式授权,活动主体不一定是政府,其活动也不需要国家强制力量来实现,其概念外延也远比统治的内容丰富。继而治理成为比统治更科学民主,更愿意被公众接受的专业术语。

通过对治理相关文献梳理的基础上,本书认为,若将治理一词按其内涵发展可以划分成四个阶段,各个阶段治理的具体指代内容也不尽相同。首先,治理内涵的早期萌芽阶段。治理早期主要来源于古拉丁语,而此时的治理主要指代为控制、引导和操纵之意。其次,治理内涵的初步形成阶段。随着社会发生着深刻的变革,在政治领域中,因"统治"一词的内涵显得过于直白和刺眼,这使得政治家们亟须选择一个更为合理的词来代替统治,因而,"治理"一词也就被赋予了深刻的政治意涵,而成为"统治"的代名词,主要指代为统治之意。再次,治理内涵的后期发展阶段,由于治理所依附的社会背景逐渐民主与科学化,治理一词的内涵又进一步得到发展,而这个阶段的治理,逐渐发展成了一个专门术语,体现了更多的民主管理的意涵,从而也被大众所接受,因此"更少的统治,更多的治理"也由此成为越来越多国家政府管理改革和发展的口号;最后,治理内涵的最终形成阶段。随着治理理论的发展和治理研究的广泛化和深入化,1995 年全球治理委员会对治理一词进行了专门的界定,由此治理一词也便具有了现如今所指代的广泛内涵和外延。

治理一词在发展过程中因与统治一词有着广泛的联系,因而要更深入地认识治理一词,则有必要将治理和统治一词进行区分。首先,从内涵的差异来看,通过治理内涵的发展阶段可以看出,治理与统治之间在内涵上有着显著的差别。从统治的内涵来看,统治主要指依靠权势控制、支配和管理,也指统治的权势。而治理主要指由利益相关主体所构成的公共管理组织,为实现公共利益的最大化,通过一整套管理规制对公共事务进行秩序规范的持续性公共管理活动。与统治内涵不同的是,治理强调由共同目标支持的共同活动,活动主体不一定是政府,其活动也不需要国家强制力量来实现,其概念外延也远比统治的内容丰富。其次,从两者的本质区别来看,统治的权威来自政府,而治理虽然需要权威,但其权威并非一定来源于政府机关。① 治理的主要特征"不再是监督,而是合同包工;不再是中央集权,而是权力分散;不再是由国家进行再分配,而是国家只负责管理;不再是行政部门的管理,而是根据市场原则的管理;不再是由国家'指导',而是由国家和私营部门合作"。② 不仅如此,两者在管理过程中权力运行的向度也不一样。③ 统治的权力主要来源于政府,并依靠政府的权力制定政策、实施政策,并施行对社会公共事务的单向度管理,因而总体而言,其权力运行方向主要是一种自上而下的运行;而治理主要是依靠共同的目标,通过合作、协商通过建立共同体而进行对公共事务的管理,是在利益主体公共利益的基本认同基础上进行的合作,其权力向度是多元和相互的,其权力运行的方向也是多向的上下互动管理。

① 俞可平:《治理和善治:一种新的政治分析框架》,《南京社会科学》2001 年第 9 期。
② [瑞]弗朗索瓦-格扎维尔·梅理安:《治理问题与现代福利国家》,肖孝毛译,《国际社会科学(中文版)》1999 年第 2 期。
③ 俞可平:《治理和善治:一种新的政治分析框架》,《南京社会科学》2001 年第 9 期。

二、质量治理

质量治理,顾名思义是在质量范畴内的治理。要深入把握质量治理的本质内涵,则需先从质量概念本身着手。质量,在经济学范畴主要指产品或工作的优劣程度,在社会学范畴,主要指客观价值或主题感受的现量,而无论从哪个角度认识质量或衡量质量,其最核心的一点是,事物的特性或价值对人的需求、适应性的满足程度。由此看来,质量终归跟人的需求相关联。在基于对治理内涵和外延的理解上,那么基本可以推导出质量治理的内涵和外延。质量治理从其内涵来看,即为由某一公共管理组织,在基于特定的标准或规则的基础上,为使某一事物的特性或价值满足公共群体的需要而进行的持续性管理活动。而从其外延来看,质量治理包含了诸如质量管理、质量控制、质量评估、质量保证等内容。

由于质量治理在外延层面与质量管理、质量控制、质量评估、质量保证或质量保障等存在一定程度的包含关系,要全方位保证质量治理的实现,还需要分别从质量管理、质量保证、质量控制和质量评价等方面,来确保事物对人的需求和适应性的满足。事实上,虽然质量治理与这些概念之间存在一定程度的包含关系,但若分别考察各个概念的内涵,那么各自的内涵侧重点又存在一定的差别。质量管理主要侧重于某一单方面力量通过一系列强制性或刚性的手段作用于事物,从而达成使事物的特性或价值达到符合人们需要的目的。通常情况下,质量管理又包含了质量控制、质量评价和质量保证等内容;质量控制强调通过各种手段过程性地使事物的特性或价值维持在一定的水平和程度范围内;质量评估主要强调对事物质量特性或价值整个生成过程的水平和程度的衡量;质量保证则主要强调为满足人们的需求而提供使对方信任的证据。与这些概念相比较而言,质量治理更强调作用主体的多维性,目标实现的利益最大化,相对民主的权力运作规则和持续的循环作用过程等,由此看来质量治理在公共领域的运用更为科学与合理。

(一)质量治理与质量管理

质量管理与质量治理分属不同的概念系统,又因彼此间相互关联而共生共存。质量管理是某一单方面力量通过一系列强制性或刚性的手段作用于事物,从而使事物的特性或价值符合人们的需要;质量治理即为由某一公共管理组织,在基于特定的标准或规则的基础上,为使某一事物的特性或价值满足公共群体的需要而进行的持续性管理活动。① 两者之间既有区别也有联系。

就区别而言(如表0-1),两者的目的不同,质量管理的目的仅在于既定质量目标的实现;质量治理的目的不仅包括既定质量目标的实现,还涵盖了多元利益主体之间利益的均衡和利益的最大化实现。两者权力运行方向不同,质量管理之意主要在于质量的"管"和"理"上,在"理"的基础上进行"管",在管的支配下更好的"理",因而质量管理通常是自上而下地进行,权力运行方向主要是一种垂直的方向;质量治理的权力运行方向通常是多样化的,既有自上而下的运行,也有自下而上和平行的运行。两者的运作模式不同,质量管理的运作重在管,通过强制的、刚性的手段而达到预期目的;质量治理的运作重在治,通过民主的、合作的手段而实现共同质量目标。② 两者运作过程的持续性不同,质量管理侧重于质量目标的实现,管理的过程也往往具有短暂性和临时性,若既定目标达成,质量管理的行为通常可停止,有时根据具体情况也可继续往复;质量治理是一种过程性存在,追求的是公共利益的最大化实现,在持续的过程中追求"精益求精",因而这种过程往往是持续而不间断的。两者的科学与民主程度不同,质量管理决策的做出往往取决于管理主体单方面的意愿,管理决策的科学和民主程度相对有限;质量治理的决策往往是基于治理主体的共同利益,通过民主协商,在达成广泛共识基础上所做出的决定,因而治理的决策往往科学和民主程度较高。③

表0-1 质量管理与质量治理的区别

区别	质量管理	质量治理
运作目的	既定目标的实现	目标的达成与利益的协调
权力运行方向	垂直运行	多向运行
运作模式	重在"管"	重在"治"
过程的持续性	过程持续性较短	过程持续不间断
科学民主程度	科学与民主程度有限	科学与民主程度较高

---

① 朱德全、徐小容:《协同共治与携手共赢:职业教育质量治理的生成逻辑与推进机制》,《西南大学学报(社会科学版)》2016年第4期。

② 肖俊华:《从管理到治理:领导者如何引领单位建设》,《领导科学》2014年第3期。

③ 徐小容、朱德全:《职业教育质量治理:公共之"道"与理性之"路"》,《西南大学学报(社会科学版)》2019年第1期。

就两者的联系而言,质量治理在外延上往往包含了质量管理的内容,并同时涵盖了质量控制、质量评估、质量保障等方面;质量管理是质量治理的基础,质量治理是质量管理的发展目标。质量治理无论是科学与民主程度,抑或追求的目标与价值效益均是传统质量管理所不能比拟的,因而,质量管理通常从属于质量治理,质量治理需要在质量管理基础上发展。

(二)质量"共治"与质量"善治"

质量共治是多元主体以特定的质量标准和治理规则为基础,为使质量产品能够满足社会需求侧一方的需要而共同实现的持续性管理活动,是多元主体协同实现的质量治理活动。质量善治是在质量共治基础上发展而成的。质量善治之"善"主要包含了两层含义:一层是善于、擅长之意,多元主体之间通过共生合作,以形成一种高效的质量治理模式,从而提升质量治理的效率和效益;另一层是美好理想之意,多元主体通过协作合作治理,以达成在质量治理上的一种理想状态,从而在实现提升质量的同时,也共同推进治理者之间的互利共赢。由此可以看出,质量善治是多元质量治理主体通过质量共治而达成的一种目标和理想状态。对应善治之"善"的两重意蕴,质量共治与质量善治之间也主要包含两层关系:一方面,质量共治是质量善治的基础,质量善治是质量共治发展的更高层次,因而两者是基础与高层的关系;另一方面,质量共治是质量善治的手段,质量善治是质量共治的目标和理想状态,因而两者又是手段与目的的关系,通过职业教育质量共治以更好地推进并实现职业教育的善治。[①]

职业教育是与经济社会发展关系最为密切的教育类型,职业教育质量的提升能够有效推动经济社会发展,经济社会的发展也会倒逼职业教育质量的形成,由此决定了职业教育的质量系统,是职业教育"自系统"与社会"超系统"共同作用的结果。与普通教育质量系统的"定界"性相区别是,职业教育质量系统是一种"跨界"的半开放性系统,这种半开放性为多元、多维主体共同参与质量治理提供了契机,不仅决定了行业企业以及其他社会力量能够以治理主体或兼职教师的身份参与到职业教育中,并成为"治"与"教"的重要构成体,也决定了行业企业的新入职职工、在岗职业以及需要入职的社会下岗职工、失地农民等能够成

---

① 徐小容、朱德全:《职业教育质量治理:公共之"道"与理性之"路"》,《西南大学学报(社会科学版)》2019年第1期。

为职业教育"学"的重要构成体。因而,职业教育质量系统同时也是一种时空半开放的"泛治"性系统,而这种"泛治"性,又使得职业教育的质量共治以及通过共治走向善治成为可能。①

三、职业教育教学

由于职业教育是一种区别于普通教育的特定类型教育,其教学也与普通教育的教学之间也存在一定程度的性质差异。受职业教育本质特征的影响,职业教育教学在本质上是一种"有目标的活动"即行动,强调"行动即学习"并"通过行动学习"。② 因而职业教育的教学尤其强调在借以"行动",通过"行动"并实现在"行动中学习",从而表现出一定的行动导向性。诚然,职业教育的教学也内在涵盖了教学的本质特征,其同样是借以课程内容为中介的师生双方"教"和"学"的共同活动,③从而达到职业知识和技能的传授与掌握,以促进学生的全方位发展。综上对职业教育教学的本质认识,并充分结合职业教育作为传授某种职业或生产劳动知识和技能的教育④内涵,本书认为,职业教育教学的内涵即是,以职业知识和技能传授和掌握为中心,通过教师的教和学生的学共同组成的,以传授某种职业或生产劳动知识和技能的行动导向性教育活动,从而促进学生职业能力的全方位发展。

从职业教育教学的外延来看,职业教育教学依据不同的划分标准,可以包含不同的内容。通常情况下,若以职业教育教学的任务不同为标准,可将职业教育教学分为理论教学和实践教学,理论教学主要侧重于对理论知识的掌握,实践教学主要侧重于在实验室或生产现场,根据实验、设计和生产任务要求,在教师的指导下,实现学做结合以提升学生综合实践能力;⑤若以职业教育教学所依托的场所不同为标准,可将职业教育教学分为课堂教学与实训基地教学,课堂教学主要以教室为载体,主要围绕基础课程理论知识及专业基础实践操作要领的传授而进行的教学活动,实训基地教学主要以实训基地为载体,主要围绕某一职业有

---

① 徐小容、朱德全:《职业教育质量治理:公共之"道"与理性之"路"》,《西南大学学报(社会科学版)》2019 年第 1 期。
② 姜大源:《职业教育学研究新论》,教育科学出版社 2007 年版,第 21 页。
③ 顾明远:《教育大辞典》,上海教育出版社 1991 年版,第 1691 页。
④ 顾明远:《教育大辞典》,上海教育出版社 1991 年版,第 2167 页。
⑤ 汤百智等:《论高职实践教学过程的优化》,《职业技术教育》2006 年第 1 期。

关的技术演练程序及其要领的传授,①从而在做、看、听中实现职业技能获得的教学活动。

四、教学质量治理

（一）教学质量治理的内涵、外延与本质表征

"教学"既可以是宏观范畴的教育教学,也可以是中观层面的学校教学,也可以是微观范畴的课堂教学。因此,职业教育教学质量治理,也包括了宏观层面的以职业学校为核心的集政府、行业企业、评估机构、社会其他力量共同构成的教育教学质量治理,中观层面以机构部门为核心的集教务处、教学委员会、督导处等构成的学校教学质量治理,以及微观层面的以课堂为核心的集职教教师、学生、教学指导人员等共同构成的教师教学质量治理。

就治理理论的整体研究情况来看,目前还没有关于教学质量治理内涵界定的专门研究。因而本书将治理内涵与教育教学质量具体情况相结合,认为教学质量治理即由教学利益相关者所组建的教学共同体,在一定的教学质量标准和质量管理规制的基础上,为保证教学特性或价值符合学生全面发展、教师专业提升以及共同体利益实现的需要,通过一整套管理规制对教学质量相关事务进行系统性、持续性管理的活动。

基于对教学质量治理的内涵界定,教学质量治理在外延上内在地包含了教学质量治理目的、教学质量治理主体、教学质量治理对象、教学质量治理过程和教学质量治理规制等内容。首先,从教学质量治理的目的来看,由于教学质量治理是一项由多元主体共同参与的公共性组织管理活动,这一活动的主要目的在于,使教学各项特性能够顺利达成促进作为"教"的主体教师专业的提升,"学"的主体学生的全面发展,以及所有直接或间接参与者利益最大化获得的需要。其次,从教学质量治理的主体来看,由于治理是一个多方力量的共同作用活动,因而教学质量治理的主体也是多元和多维的,对于职业教育教学质量治理而言,治理主体包括学校外部的政府、行业企业、评估机构和社会性组织等,学校内部的双师型教师、专家教授、校长、学生、教务主任等共同组成,从而以形成共同体

---

① 朱德全、张家琼:《职业教育课程与教学论》,西南师范大学出版社 2010 年版,第 26—27 页。

的形式而共同实现对教学质量的治理和保证。再次,从教学质量治理对象来看,不仅指向的是教学活动、教学问题,更多的是指向教学作为一个整体系统存在的本身,以及质量治理系统本身,因此,对教学质量治理的治理(教学质量"元治理")则成为必然。再次,从教学质量治理过程来看,由于治理本身强调整体的过程性实现,因而,教学质量治理的过程,也是在整体的过程性层面保证教学质量治理符合预期标准和目标达成的持续过程。为此,本书认为,教学质量治理在过程上可分为三种类型:第一种是教学输入质量治理,保证教学输入质量治理系统的健全和完善,并能够实现基本的教学输入达标,从而为过程质量治理与输出质量治理奠定基础;第二种是教学过程质量治理,使教学过程质量治理系统过程性地保证教学质量监督、控制、改进的高效进行,从而保证教学质量的生成符合预期的需要;第三种是教学输出质量治理,有效教学输出质量治理的作用,从而系统保证教学质量达成预期的质量标准和质量需求,并能产生持续性的循环作用效应。最后,从教学质量治理规制来看,由于任何一个共同体的组建均会涉及不同个体之间的权力作用关系以及利益的均衡和协调,因而强调教学质量的共治,势必需要建立一整套规则和制度,以实现对利益主体自身权力和行为的规制和约束,从而使教学质量治理井然有序的进行。

教学质量治理是治理在教学质量领域的体现,因而教学质量治理的本质表征,也内在地涵盖了治理的相关特性。首先,教学质量治理是一种持续性的过程存在,通过对教学及其相关事宜循环往复地监测、修正、改进和完善,从而促成治理目的的高效率达成。其次,教学质量治理具有广泛的公共意涵。教学质量治理活动同样涉及多元治理主体的参与,以及公共治理目标的达成,因而教学质量治理活动本身也内在地表征为一种公共性。再次,教学质量治理具有规制性。在质量治理共同体中,由于利益主体之间的利益需求不同,以及各自在教学质量治理活动中的权利关系和作用程度不同,从而使得各自在教学质量治理行动中的行为倾向性也各有不同,因而推进教学质量治理,需建立一整套规章制度和协调机制,从而制约并规范各主体的治理行为,使质量治理活动秩序井然。最后,教学质量治理过程的高效性。教学质量治理强调在过程性层面,各治理主体通过分工合作、密切配合从而形成彼此间的共生合作关系,并共同推进质量治理输入、过程和输出质量治理的层层推进,环环相扣,以确保质量治理效率和效益的提升,从而使教学质量治理内在地体现一种过程的高效性。

(二)教学质量治理与教学质量管理

教学质量管理与教学质量治理两者之间既有区别也有联系。教学质量管理是教学质量管理者参照一定的管理标准,通过一系列管理活动和手段,使教学质量达到既定的质量目标并符合质量标准的过程。而教学质量治理则由教学利益相关者所组建的教学共同体,在一定的教学质量标准和质量管理规制的基础上,为保证教学特性或价值符合学生全面发展、教师专业提升以及共同体利益实现的需要,通过一整套管理规制而进行的对教学质量相关事务的系统性、持续性管理活动。从两者的内容层面来看,教学质量治理一定程度地包含了教学质量管理的内容,可作为教学质量治理方式的一种,教学质量治理离不开教学质量管理。诚然,两者之间也存在较大的差异,这种差异性主要体现在如下几方面。

其一,两者的目的不同。教学质量管理的目的在于正常教学质量秩序的维护,并指向具体教学质量目标的达成;教学质量治理的目的在于集共同体之力,有效率地达成教学质量共治目标,从而使质量治理利益的最大化实现。

其二,两者的权力运行方向不同。教学质量管理主要是教学质量管理者,对关涉教学质量的活动进行的自上而下的管理,其权力运作过程往往是某单方面意志的体现;教学质量治理的意志则是整个质量治理共同体意志的集中体现,并强调治理过程的民主性,因而教学质量治理的权力运行方向可以是自上而下、自下而上或平行的权力运行方向,也可以是这些方面的融合。

其三,两者运作过程的持续性不同。教学质量管理重在借助一定质量的管理手段或措施,过程性地达成某一具体质量目标,质量管理的过程也往往具有短暂性和临时性;教学质量治理强调治理过程的循环往复,并过程性地推进教学质量不断改进和完善,从而使质量从"共治"向"善治"发展的过程,同时也是教学质量治理"善态"目标的达成过程。因而,教学质量治理的过程具有持续性和长效性。

其四,两者的科学与民主程度不同。教学质量管理重在按照教育教学规章制度或教师个人的主观意愿,通过刚性的质量管理手段达到维护管理秩序的目的,管理对象往往成为被动管理的"受体";教学质量治理主要是在质量治理相关主体友好合作与民主协商的基础上,通过各种科学民主的治理手段,有效促成各治理主体形成在教学质量治理上的一致合力,以保证教学质量共治能够顺利向"善治"发展。

第四节 研究设计

一、研究目标与问题

职业教育作为一种与经济社会发展关系最为密切的教育类型,其承载着更多更重要的发展使命,不仅要实现技术技能型人才的培养,还要通过所培养的人才从事职业岗位工作和生产,从而间接地促进经济社会的发展,因而职业教育的发展具有广泛的公共性意义。然则,现实中的职业教育教学质量往往是某一层级、某一个体主体单方面意志的体现,而这种单方面的治理意志并不能有效满足公共的意愿和需求。为此,本书提出共治的职业教育教学质量治理思想,旨在树立一种职业教育教学质量治理的公共理性逻辑,全方位吸纳职业教育质量提升的各方主体力量共同参与到职教教学质量治理的行动中,从而达到以共治求善治的总体目标。

在研究问题方面,本书从职业教育教学质量相关问题出发,以问题为导向,通过发现问题、分析问题并探索问题解决的有效路径,旨在从理论和实践层面为职业教育教学质量发展提供路径参考。

问题一:为什么要探讨职业教育教学质量治理的问题?

本书在为什么要探讨职业教育教学质量治理这一问题的同时,还着重围绕如下几个子问题进行详细说明,即为什么要从治理的角度来研究职业教育教学质量? 职业教育教学质量治理和普通教育教学质量治理之间有区别吗? 职业教育教学质量治理的特殊性在哪里? 围绕这些问题,本书拟通过文献回顾的方法探索职业教育教学质量治理的国家战略选择、时代背景、现实困境以及研究的领域背景,通过对这一系列问题的作答中体现本书选题的意义所在。

问题二:职业教育教学质量治理的现实情况如何?

当前职业教育的问题主要反映在职业教育的质量问题上,而职业教育的质量问题又可追溯到职业教育教学质量本身及其管理问题上来。但职业教育教学质量管理问题的整体状况如何? 主要表征在哪些方面? 其主要原因是什么? 等等,也是值得深究的问题。围绕这些问题,本书拟通过定量与定性相结合的方法,对问题出现的实质和原因进行深入发掘,从而为后续研究教学质量共治的提出和方法体系的建构奠定基础。

问题三:职业教育教学质量共治是什么?

为更好实现职业教育教学质量治理,本书提出职业教育教学质量共治的思想,而围绕职业教育教学质量共治是什么的问题,必然又会牵涉诸如职业教育教学质量与共治之间是什么关系? 为什么要在职业教育教学质量领域提出职教教学质量共治的思想? 其提出的依据何在? 职教教学质量共治能否切实解决职教教学质量领域的实际问题? 等相关子问题。不仅如此,由于职业教育教学又涉及教学自主权的问题,而多元主体参与的教学质量共治与职业院校的教学质量自主治理权之间究竟是何种关系? 围绕这一系列问题,本书拟在具体研究中对教学质量共治从理性逻辑发展的角度进行说明,并通过对职业教育教学质量治理进行法理透视,以有效说明各种治理权之间的相关问题。

问题四:如何实现职业教育教学质量从共治向善治发展?

如何推进职教教学质量从共治及向善治发展的问题也是本书需要重点攻破的问题。要有效回答如何实现职教教学质量共治的问题,又涉及如职教教学质量共治的主体是什么、职教教学质量共治主体之间的权责和利益如何协调、职教教学质量共治及向善治发展的实现机制是什么等子问题。围绕这些问题,本书拟在建立规制秩序的基础上构建职教教学质量治理共同体,并建立相应的协调和协同机制,以推进职业教育教学质量从共治向善治发展,从而最终实现在职教教学质量治理上的"善态"形成。

二、研究假设

研究假设是研究者根据经验事实和科学理论对所研究问题的规律或原因做出的推测性论断和假定性解释,是在进行研究之前预先设想的、暂定的理论。①

(一)前提假设

本书提出职教教学质量治理的共治思想的前提性假设如下:第一,职业教育教学系统是区别于普通教育教学系统的一种半开放系统。这是本书得以展开的

---

① 潘懋元等:《中国社会科学研究质量标准体系研究》,广东高等教育出版社2014年版,第35页。

基本前提。事实上,并不是任何类型的教育教学,均能实现在其教学质量上的共治,如普通教育教学质量,尤其是普通教育初等和中等教育阶段,若实现以众多相关主体共同参与的教学质量治理,想必不仅不能有效促使其教学质量效益的提升,反而可能会一定程度影响其正常的教育教学秩序。而职业教育受其本身特性的影响,其与社会生产与经济发展之间的关系最为密切,其关涉的内容面较广,利益的辐射面较大,产教融合、工学结合等联结职教与社会工作和生产等模式,却成为促进教学质量提升的有效路径,因而,相对来说,职业教育教学系统是一种半开放性质的系统,这也为多元、多维主体的共同参与提供了契机和现实可能性。第二,职业教育教学是一种时空半开放的"自系统"与"超系统"并存的实践活动。职业教育作为一种横跨"职业域"与"教育域"的"跨界"性教育,正是受其教学系统的半开放性影响,使得职业教育教学也成为一种"自系统"与"超系统"并存的实践活动,同时也成为一种复杂的、多因素影响的"泛治"性活动。

(二)理论假设

本书提出的理论假设为:职业教育是作为一种以教学为载体的共用资源准公共产品,其外化表征的教学产品、人才产品和服务产品均体现了这种共用资源的准公共产品性质。受准公共产品性质的有限性以及这种产品提供者的逐渐多元化,从而决定了职教教学质量治理的公共化。职教教学质量管理的发展是由其各个阶段发展所依附的理性决定的,职教教学质量的共治是职教公共理性的彰显和发展的必然。

(三)目标假设

本书的目标假设是:推进在职教教学质量领域以共治求善治的理性发展逻辑,能够有效助推职教教学质量向"善态"发展。围绕这一总体目标假设,本书又提出了如下两个具体假设:(1)职教教学质量共治能显著提升教学质量的治理效率;(2)职教教学质量共治能有效助推治理参与者公共利益的广泛达成。

三、研究思路和框架

本书主要遵循以"共治"求"善治"的职教教学质量治理逻辑展开,有效结合质的研究和量的研究两种方式,以助推在共治过程中不断实现善治的生成,从而最终达成在职教教学质量治理上的"善态"。首先,在文献研究的基础上,对职教教学质量治理进行追本溯源,从而奠定了本书的理论基础;其次,在调查研究的基础上对职教教学质量治理进行现状扫描;再次,在综合不同的研究方法并结合不同理论的基础上,深入探究职教教学质量治理在"公共性"与"善性"之间的发展关联,以确立职教教学质量治理的理性逻辑,并从治理逻辑、治理主体、治理过程和治理效果等方面,全面建构职教教学质量的共治体系;最后,通过建立各层面、各向度的保障机制,以全方位确保职教教学质量在共治向善治的发展生成,从而最终促进职教教学质量进入"善态"的发展循环。具体的研究路线如图 0-3 所示。

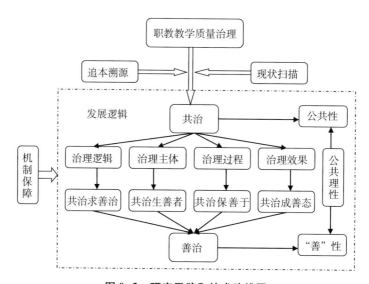

图 0-3　研究思路和技术路线图

本书在遵循以上思路的基础上,围绕以质量生成的前提性基础、过程性生成和整体性保障整个过程为研究发展的主线,并沿着对"缘何""是何""何状""何向""何人""何以""何态"和"如何"这八个层面问题的解决而展开研究,确立在职教教学质量治理领域以共治求善治的公共理性发展逻辑。本书的框架如图 0-4 所示:

第一,"缘何"主要指向职业教育教学质量治理的"问题缘起",也是本书在绪论部分需要解决的问题。这部分内容主要运用文献法从国际和国内职业教育教学质量发展的现实背景出发,全面梳理我国职业教育教学质量发展的现实情况,从而提出针对当前我国职业教育教学质量管理领域需要进行路径革新的基本思想。不仅如此,本书还对国内国外相关研究进行了详细的文献梳理,指出该

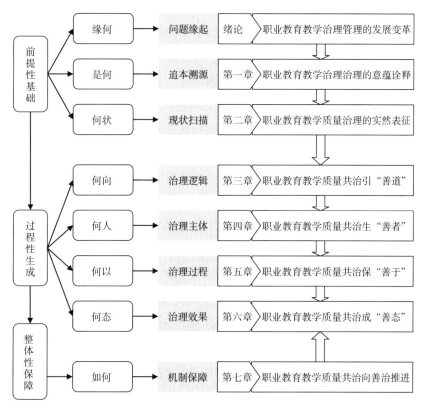

图 0-4　研究框架图

领域研究对本书的启示、存在的不足和未来研究的走向。此外,此部分还对"治理""管理""统治""教学质量治理""教学质量管理"等核心概念进行了系统界定,并对几对易混词进行了区分和关系梳理。另外,此部分还"自上而下"地对整个研究进行了顶层设计,从而阐明了本书所要达成的研究目标和要解决的核心问题,以及问题解决的思路、方法等。

第二,"是何"主要指向职业教育教学质量治理的"意蕴诠释",这也是本书在第一章所要解决的问题。这部分主要阐明职业教育教学治理的立论基础、内在意蕴、发生机制、价值取向,从而确立职教教学质量治理在主体、过程、方法等方面的多维度、多向度、多层面治理基础,并在此基础上建构一个整合性的分析框架,以确保质量治理研究井然有序地展开。

第三,"何状"主要指向职业教育教学质量治理的"现状扫描",这也是本书在第二章着力解决的问题。该部分主要从整体层面探讨职教教学质量管理的现状,并综合运用德菲尔法和问卷调查法深入到职业学校中去,具体考察这些职业学校在教学质量方面存在的主要问题,并深入剖析这些问题的原因。

第四,"何向"主要指向职业教育教学质量治理的"治理逻辑",这也是本书在第三章着力解决的问题。该部分主要探讨了"公共"与"理性"的逻辑因应,并确立了职教教学质量治理经由"公共性"逻辑起点,到"善性"逻辑终点的过程性发展,而其中指引从起点到终点的逻辑向道,便是公共理性指引下"共治"求"善治"的治理发展逻辑,从而为本书在职教教学质量治理的发展线索奠定基础。

第五,"何人"主要指向职教教学质量治理的"治理主体",这也是本书在第四章着力解决的问题。该部分主要探讨如何实现在职教教学质量共治中"善者"的生成,具体通过确立治理主体在意识层面与行为层面的归属认同,进而明晰与其他治理主体之间的间性关系和各自所拥有的权力和职责,通过组构一种在职业教育教学质量治理上的"产学研用"共同体,并相应建立对各治理主体权责关系和外在行为上的规制,从而确保各治理主体形成内在意识层面的认同和外部行为层面的协同,以保证"善举者"和"善治者"的过程性生成。

第六,"何以"主要指向职教教学质量治理的"治理过程",这也是本书在第五章着力解决的问题。该部分主要围绕职业学校层面教学质量生成的整个过程,从而对教学质量过程性治理的专门探讨,具体通过沿着职业学校教学输入质量、过程质量和输出质量这一整体过程,通过共谋职教教学目标、共商职教教学内容、共议职教教学方法、共理职教教学过程和共评职教教学的质量,以提升各治理主体教学质量治理的能力,并逐步在职教教学各阶段质量目标的共同保证中推进"善于"治理实现的过程。

第七,"何态"主要指向职教教学质量治理的"治理效果",这也是本书在第六章着力解决的问题。该部分主要围绕职教教学质量治理在完成一个阶段的工作后其后续的影响作用,对职教教学质量治理结果生成的效果治理,是为了推进职教教学质量治理工作发展成一种"线"状,进而到"环"状的治理发展模式,并通过建构一种针对治理工作本身治理的"元治理"机制和协调协同机制,以促使职教教学质量共治能够产生持续性的正向促进作用,从而使职教教学质量治理在良性循环发展过程中走向"善态"。

第八,"如何"主要指向职教教学质量治理的"机制保障",这也是本书在第七章着力解决的问题。该部分主要围绕建立全方位促使职教教学质量在共治中走向善治的保障机制,具体实现以制度推进机制确保职教教学质量共治的有章可循;以合作动力机制增加职教教学质量共治的持续动力;以利益协调机制凝聚职教教学质量共治的一致合力;以权责明晰机制打造职教教学质量共治的有序秩序;以督导评估机制助推职教教学质量共治的效益提升。通过多元机制的建立,以全方位保障职业教育教学质量从共治向善治发展,并在这一过程中逐步推进教学质量治理利益的共增和效益的共赢。

第一章　追本溯源:职业教育教学质量治理意蕴诠释

第一节　职业教育教学质量治理的立论探源

一、职业教育教学质量治理的发展溯源

（一）质量管理向质量治理的理论演化

明人杨通气在嘉靖《山西通志·序》中说:"治天下者以史为鉴,治郡国者以志为鉴。"质量治理作为一个不间断的发展性过程存在,从其发展源头来看,其在起端上不乏含有质量管理的影子,并在质量管理基础上实现了优化和超越。若要更为全面地了解质量治理,势必需要从质量管理的发展历史来捕捉质量治理的演进历程和发展势头。质量管理的理论发展经历了五个发展阶段①(如表1-1 所示)。

表 1-1　质量管理理论演化历程

发展阶段	质量检查	统计质量管理	全面质量管理	战略质量管理	经营质量管理
年代	20 世纪初—30 年代	30—60 年代	60—90 年代	80 年代至今	90 年代至今
重要人物/组织	泰勒	修哈特、道奇	朱兰、戴明	国际标准组织	波多里奇
标志性事件	科学管理理论提出	战时质量管理标准提出	全面质量管理提出与出版	ISO9000 系列标准设立	波多里奇质量准则版本

---

① 张群祥:《质量管理实践对企业创新绩效的作用机制研究:创新心智模式的中介效应》,博士学位论文,浙江大学 2012 年,第 22 页。

续表

发展阶段	质量检查	统计质量管理	全面质量管理	战略质量管理	经营质量管理
参与主体	检测部门	制造部门	所有部门	所有相关主体	利益相关方
主要方法	控制图	直方图	TQM 方法	质量保证体系	全面管理
特征	事后检测	特定部门统计与方法应用	"三全"的质量管理	质量保证体系与全面质量管理结合	追求卓越
企业实务	西部电子成立检测部门	战时军工企业应用	GE 公司全面导入 TQM	Motorola 等	IBM、波音等
运作层面	质量管理部门出现	质量运作深化	企业战略层面	战略质量管理	经营质量管理

质量检查阶段（20 世纪初至 30 年代）的理论发展主要源自泰勒的"科学管理"理论，泰勒（F.W.Taylor）强调为实现企业产品质量的标准化，需在企业生产中专门增设产品质量检查环节，在具体实践中主要表现为质检部门对企业产品的质量按质量标准进行检验，从而实现质量管理在企业生产中与生产制造环节的首次分离，质量管理理论也因此发展起来。但由于这种质量检查属于事后检查，质量控制的主导权力还在于生产制造商，因而这个阶段的质量管理也容易出现质量问题出现后的责任推诿、顾客满意度低以及资源浪费等问题。随着质量管理在社会各领域的逐步受重视，"事后把关"式的质量检查管理已不能满足顾客和社会对质量的需求，至此，一些质量管理专家和数理统计专家便着手于探寻一套更为科学有效的质量管理方法，并试图用质量控制图、抽样检测表等运用于对质量的管理，其中休哈特（W.A.Shewhart）和道奇（H.F.Dodge）开创性地将数理统计方法引入质量管理中，从而开拓了统计质量控制理论（30—60 年代），并因此而成为统计质量控制的创始人。数理统计方法在质量管理中的运用，尤其是第二次世界大战期间受军需产品高质量高规格需求的促动，使统计质量管理实现了从事后把关到事前预防的积极管理转变，在显著提高质量管理的效率和效益的同时，这种定性和定量相结合的质量标准检验也助推了质量管理走向成熟。诚然，统计质量管理受统计方法技术掌握要求的限制，一定程度制约了统计质量管理的推广和应用。随着社会生产力和科学技术的迅猛发展，人们的质量意识也普遍增强，并对产品质量提出了更多更全面的质量要求，而这种人们对产品和服务日渐提高的质量要求与企业生产中的传统质量管理方法之间便形成基本的

质量矛盾。为了突破这种问题,费根堡姆(A.V.Feigenbaum)(旧译菲根堡姆)提出了全面质量管理,即实现在既定质量水平要求下的质量控制,后朱兰(J.M. Juran)和戴明(W.E.Deming)在具体的实践中有效助推了产品质量在企业中的全面推行,从而形成了集"全员参与""全面的质量""全过程管理"于一体的全面质量治理理论(TQM)(60—90 年代)。随着经济全球化和国际贸易的扩大化,产品质量逐渐演变成国家间经济竞争的战略武器,在这种形势推动下,国际标准化组织制定并颁布了 ISO9000 系列国际标准,用于指导企业建立以顾客需求为中心的过程导向质量运作体系,从而形成了以"国际化的质量保证体系标准和全面质量管理系统方法有机融合,打造质量竞争优势"[1]为阶段特征的战略质量管理理论体系(80 年代至今)。在战略质量管理的基础上,受产品质量周期缩短和顾客需求复杂多变的影响,学者们日渐关注能够适应顾客需求和环境变化的经营质量管理(90 年代至今),并提出卓越绩效模式。这种经营管理强调能够根据领导、战略、顾客与市场的实践需要并超越客户的需要,以"全面管理、追求卓越,不断超越"为阶段特征的,囊括全面管理框架以实现组织经营管理绩效提升的经营质量管理。从质量管理理论演进的历程来看,后一阶段的质量管理均是在前一阶段基础上的升级和发展。质量管理的参与主体实现了从单一的检测部门或制造部门向所有利益相关方参与的跨越,其参与主体变得更加多元;质量管理的方法从单纯以严格的"事后把关"逐渐发展到"事先预防"再到以统计方式、全面质量管理和全面的保证体系相融合的全面质量方式演进,方式变得更为科学合理;质量管理在运作层面上也逐渐从企业质管部门延伸至企业战略以及经营发展的全过程层面,在运作上变得更加深化且被社会广为重视。

综而观之,质量管理在理论层面逐渐进入到更为深化的发展阶段。从质量管理理论现有的发展历程来看,质量管理演进的过程主要由两种理性起着导向作用,一种是技术理性导向的质量管理,另一种是行为导向的质量管理。技术理性提升了质量管理的效率和层次,行为导向的理性将质量管理引向"人"的层面。诚然,两种理性导向的质量管理奠定了质量管理的方法论基础,但这两种理性导向也终将日益暴露出其在质量管理上的缺陷。技术理性导向的质量管理忽

---

① 张群祥:《质量管理实践对企业创新绩效的作用机制研究:创新心智模式的中介效应》,博士学位论文,浙江大学 2012 年,第 21 页。

视了人的主观能力在质量管理上的强大效力，从而将质量管理导向视为一种工具性的固定程式；行为导向虽强调人的主观作用效力，但这种行为导向也易走向质量深化归于何处的发展迷途。因此，质量管理的发展应走上一条以需求为导向的发展之路。需求导向的质量管理更能助推技术导向和行为导向质量管理的有效融合，不仅能实现质量管理的效率和人性需求的有效融合，也能实现质量管理在工具理性和价值理性层面的深度融合，从而更能满足经济和社会发展对质量的多样化需要。不仅如此，随着市场经济逐步进入"提优增质"的深化发展阶段，产业与经济结构的调整升级，公共意义层面的质量需求越来越成为质量管理进入更深层发展阶段需面临的重要问题，加之质量管理本身关涉的要素较多，体系较复杂，以至于任何单维性的理性导向终将不能胜任在社会公共层面的多样化需要的质量管理引领驱动。由于单维性的技术导向和行为导向主要将质量管理导向为一种"私欲"层面的质量满足，而不能上升到"公共"层面的大众化质量需要上，因而，质量管理应脱离"私利"的发展束缚而步入"公利"的发展路向上，推动质量管理在公共利益层面上质量需求的最大化满足，这才是质量管理的最终发展归向。另外，质量治理较质量管理而言，其权力运作方向和模式更为合理，其科学和民主程度也更高，也更为强调多元主体利益的最大化，因而从质量管理走向质量治理也将是质量管理理论发展的一种趋势。因而，本书认为，质量管理理论在经营质量管理阶段之后，势必会步入一个新的发展阶段，即公共质量治理阶段。公共质量治理阶段主要以多维理性相融合的需求导向为引领，因而其在质量治理活动中所采用的方法也主要是在质量管理前几个阶段方法基础上的整合，并有效率地运用各种方法；由于公共质量治理强调公众的集体参与从而满足在"公共"层面上的大众化质量需要，因而这一阶段的参与主体不仅有利益相关方的参与，而且利益非相关方也可以间接参与到质量的共同治理活动中；公共质量治理阶段在操作层面上更强调民主与科学以及质量治理的效率与效益，这在操作层面上也不仅局限于企业产品质量的经营管理和顾客质量需求的满足，而是可以延伸辐射至涉及质量效益的各个领域，并实现在过程上的"事前预防""事中控制"以及"事后把关"，为此，公共质量治理也可表现为一种"公共参与的全面质量治理，追求公共利益最大化实现"的阶段化发展特征。

（二）职业教育教学质量治理的衍生

职业教育作为与经济社会发展关系最为密切的教育类型，其质量直接影响着经济社会的发展水平,然而职业教育对经济社会发展作用的最终体现,也主要反映在职业教育对人才输出和转化的质量上(如图1-1所示)。

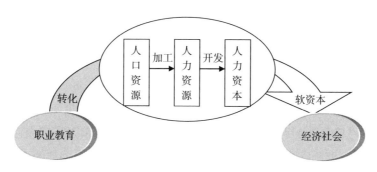

图1-1　职业教育作用经济社会发展的方式

职业教育作用于经济社会的发展,主要通过对人口资源的初级加工,将人口资源转化成具有一定知识和技能的劳动者,从而实现人口资源向人力资源的转化;再而,职业教育通过对人力资源进行深层加工与优势开发,提升人力资源本身以知识技能和价值为表现形式的资本积累,不断催生人力资源在经济发展中的效益,从而实现人力资源向人力资本的转化。由此可见,职业教育正是通过对人力资源的加工与人力资本的输出,实现对区域经济"软资本"(人力资本)的投入,为经济社会的发展注入新鲜血液,从而推动经济社会的发展。由于职业教育质量直接决定着职业教育人才输出和转化的质量,而决定职业教育质量的关键却落在了职业教育的教学质量上。职业教育教学质量决定了人口资源向人力资源加工和改造的效率,也一定程度上决定了人力资源向人力资本开发和转化的效益。由于职业教育教学质量本身只是一种对职业教育教学优劣程度的反映,而职业教育教学质量的形成才是决定人口资源向人力资本转化的效果和效益的关键。诚然,职业教育教学质量的形成是诸多教育要素和条件共同作用的过程,其中必然涉及对各要素和条件进行整合的力量。由于职业教育具有与经济社会发展直接关联的特殊性,因而职业教育的发展必然牵涉政府、学校、行业、企业、市场、社区、公共服务机构等多元力量的共同参与并形成一种整合力量,主要通过作用于职业教育教学而共同影响职业教育教学质量的形成,而这种以提升职业教育教学质量为主要目的的、多元力量整合并共同作用于职业教育教学质量的过程,便产生了职业教育教学质量的治理。由于职业教育教学质量是职业教育发展的"生命线",因而关系职业教育教学质量形成的质量治理被提上教育发展的重要战略位置也就越来越受社会各界的广泛关注。

二、职业教育教学质量治理的理论筑基

（一）新公共管理理论：公共管理集成与公共理性无限

20 世纪 70 年代以来，随着公共选择理论、新制度经济学和管理理论的发展以及西方各国掀起的改革运动，新公共管理理论随之兴起并发展起来。新公共管理理论主要以经济学相关理论和管理学相关理论为基础。

其一，从其经济学基础来看，新公共管理理论有效借鉴了经济学的两个基本假设，包括理性人假设和单个理性人集合的假设。假设之一，经济人具有理性有限、机会主义基本特征的假设。这种假设认为，任何单一经济人的理性具有有限性，从而不能够构想出完美的决策方案以及对其未来发展的任何可能性作出精确的预见，尤其是在信息不对称以及存在私人信息的情况下，均会对最优发展决策的作出形成限制。而受机会主义影响下的个体也会作出一些自私自利甚至损人利己的行为。假设之二，单个理性人因其理性具有有限性，因而单个有理性的人可以集合起来并建立起在某一高度上的精心复杂组织的假设。这种假设认为，理性人的有效集合能够有效避免单个理性人的理性有限的缺陷，从而使共同体获得更大的效益。经济学关于人性的假设，同样适用于对公共组织的运用与分析上，并需要以制度来约束和制约各种不规范行为。此外，委托代理理论认为，委托人以一定契约的方式对代理人进行权利赋予从而建立一种委托代理关系。受理性有限性和机会主义的影响，代理人和委托人之间容易出现利益冲突问题，而这种委托代理关系若发生在公共选择领域，在一定权力和利益的驱使下，也容易造成逆向选择和道德风险问题。另外，根据交易成本的理论，交易成本是产品与服务从一方转移到另一方，并由另一方交付款项，即双边交易相关的成本。科斯（R.H.Coase）认为，双边交易是在交易成本最低的组织模式中进行，而相对的交易成本也就决定了组织是否生产或购买某一产品或服务。① 交易成本理论为人们提供了一个成本分析的框架，使人们有效认识了委托成本和效益之间的价值选择的重要性，从而更好地组织交易和作出价值判断。

其二，从其管理学基础来看，新公共管理理论主要借鉴了管理学的私人管理

---

① R.H.Coase, *The Nature of the Film*, London：Economica, 1937, pp.386-405.

的基本方法。由于社会变迁和经济社会环境的不断变更,私人企业也主要通过改革组织结构,以更灵活的管理模式适应不断变化的经济社会环境,而这些科学有效的管理模式和方法,同样适用于公共部门,诸如目标管理、绩效评估、灵活化与弹性化的组织模式和人力资源开发方式等注重顾客需求和服务导向的管理理念,也逐渐渗入到公共管理部门,从而一定程度上形成了新公共管理的理论基础。

总之,新公共管理理论强调在"用者付费、合同外包、顾客导向和绩效评价"等管理理念的指引下,将私人部门管理的技术、工具和方法结合市场机制而引入公共领域,通过建立准独立的行政单位为主的分权结构,打破传统的具有垄断性质的管理规制,从而营造以竞争为特征的公共部门管理新方式。① 新公共管理理论作为新时期管理的发展走向,以顾客需求为导向,对公共目标和结果的强调等均对传统的管理体制形成一定冲击。职业教育质量治理同样属于公共部门的管理范畴,若以新公共管理理论为理论支撑,则其对职业教育教学质量治理的支撑作用主要体现在如下几方面。

第一,新公共管理理论建构了职业教育教学质量共治的实践样态。新公共管理理论强调单个经济人具有理性有限和机会主义的特征,而多个经济人的组合并实现公共管理手段的企业化,能够有效推进在更高战略层面的理性决策和公共管理目标的高效实现。这种关于经济人的理论假设同样适用于职业教育教学质量治理领域。职业教育教学并非仅靠职教教师单维主体的质量实现,通过职业教育教学质量治理多维主体之间的共生合作,并以组建各种类型共同体的方式实现在职业教育教学层面的质量共治,更能推进和确保职业教育教学决策的科学合理与理性实现。另外,新公共管理理论推崇建立经济共同体组织,并实现管理手段的企业化,也为职业教育教学质量管理手段的多样化实现提供了实践上的样态参考。

第二,新公共管理理论奠定了职业教育教学质量治理的服务意识。新公共管理理论尤其强调树立以顾客至上的价值导向,通过对顾客多样化需求的满足而为顾客提供回应性的服务。职业教育作为一种服务受教育者和经济社会发展的公利性活动,其价值核心也应当是为利益相关者提供能满足其各种需求的回

---

① 宋官东:《教育公共治理导论》,东北大学出版社 2012 年版,第 59 页。

应性服务。诚然，职业教育的教育价值导向与行业企业赢利的价值导向之间时有冲突和背离，推进行业企业参与职业教育教学质量的共治，势必会引发社会对职业教育从"公利性"向"功利性"演变的担忧，为此，坚持以新公共管理理论中的服务理念为价值导向，无疑会对职业教育教学质量治理利益的协调和服务理念的形成打下一定的理论基础。

第三，新公共管理理论实现了职业教育教学质量管理范式的优级转向。新公共管理理论实现了从主体中心向客体中心、权力中心向服务中心、个体利益中心向公共利益中心的管理范式转向，①而这一系列在传统管理层面上的优化升级，又为职业教育教学质量治理在公共理性层面实现以服务为中心、以学生就业为导向、权力中心的分散转移以及公共利益最大化实现提供了治理参照。

（二）公共产品理论：产品属性定位与供求结构分析

公共产品理论作为公共经济学的核心内容之一，其思想的萌芽最早可追溯到 18 世纪 90 年代大卫·休谟（David Hume）的《人性论》相关思想。休谟认为，人类在生产和生活中存在一些公共需要的"产品"，人性的弱点决定了人们在通常情况下容易忽视长远利益而只重视眼前利益，对共同需要的"产品"具有坐享其成的心理倾向，而这个时候作为正义执行者的政府可以通过拟定促进某种利益的计划，以在某种程度上有效解决人性短视等弱点和问题。因时代发展的局限性，休谟关于公共产品的思想在当时的历史条件下并没有得到应有的重视，但却成为公共产品思想产生的萌芽。②

随着公共经济学的纵深发展，公共产品理论也进一步发展升华。保罗·萨缪尔森（Paul A.Samuelson）作为公共产品理论的奠基人，最早提出了公共产品的定义，即每个人对这种产品的消费均不会导致其他人对该产品消费的减少。公共产品包括国防、科技、教育、秩序等，一般主要由政府或社会团体提供。③ 区别于私人产品，公共产品在使用或消费上不具竞争性，在受益上也不具排他性特点。若依据公共产品的特性进行分类，则主要可以分为纯公共产品和准公共产品。纯公共产品主要指能够同时满足受益的非排他性和消费的非竞争性的公共产品，在一定程度上还具有非分割性的特征，一般由政府提供，由众多消费者共

①　转引自王义：《西方新公共管理概论》，中国海洋大学出版社 2006 年版，第 15 页。
②　转引自蒙丽珍、古炳玮：《财政学》，东北财经大学出版社 2013 年版，第 40 页。
③　贾元华：《城市交通经济》，北京交通大学出版社 2013 年版，第 217 页。

同使用。准公共产品是指需要付费使用的公共产品，在具有公共产品诸多特性的同时，也在一定程度上具有私人产品的特征，因而这种公共产品也被称为混合产品。这种准公共产品可以是政府直接提供，也可以是政府和社会团体甚至其他私人部门之间通过合作的方式提供，主要具有有限的非竞争性和非排他性、拥挤性和外部性等特征。显著区别于纯公共产品的是，准公共产品具有在一定程度上对消费者数量限制的拥挤性特征，当消费者数量超过边际成本为正的"拥挤点"时，便会影响对该产品的消费效益。若将准公共产品按其消费点不同再进行细分，又可分为具有消费的非竞争性和收益的排他性特征产品，以及具有消费的竞争性和收益的非排他性产品两类。前者会因消费者数量增加而出现拥堵现象，从而表现出收益的排他性；后者由于产品消费具有竞争性特点，从而可以一定程度上保障产品的质量和消费者的效益。

作为一种产品，若以不同的视角对其进行分析，那么职业教育便变成不同性质的产品。从已有研究来看，有学者认为，由于职业教育一方面其效用可以被全社会所享用，因而其具有在收益上的非排他性；另一方面，由于职教资源具有有限性，因而人们对职业教育产品的消费或享用能够超过边际成本为正的"拥挤点"，从而使得职业教育在一定程度上表现出价格的排他性和消费的竞争性，因而便得出职业教育是一种准公共产品的结论。[①] 此外，也有学者认为，职业教育、个性化培训以及高等职业教育机构提供的服务均属于私人产品，企业的员工培训又属于俱乐部产品。而以上的几种观点又形成关于职业教育产品的"准公共产品说""私人产品说"以及"俱乐部产品说"。诚然，这些关于职业教育产品性质的分析，若站在单一的标准认定基础上来看，具有一定合理性，但职业教育系统具有复杂和多变的特性，单维地评判职业教育的产品性质会产生片面的认识错误，若仅以私人产品、纯公共产品和准公共产品来分析职业教育，那么也会走在对职业教育本质认识不清的迷途上。诚然，职业教育教学的质量产品在一定程度上具有职业教育产品的某种特性，但其性质相对于职业教育产品的性质来说，更容易区分。本书对职业教育教学质量产品的性质判定将在后文作专门论述，这里便不予赘述。若以公共产品理论作为对职业教育教学质量治理的理论支撑，则主要反映在如下两方面内容。

---

① 肖化移：《市场经济条件下职业教育发展的理性思考》，《教育与职业》2002年第6期。

其一，公共产品理论为职业教育教学质量产品的属性定位提供了理论基础。职业教育教学质量产品是从职业教育教学层面衍生出的产品，因而，对职业教育教学质量产品的分析，也主要以教学层面的属性为分析基础。公共产品理论明确了私人产品、纯公共产品和准公共产品的区分标准，从而为职业教育教学质量产品提供了属性定位的理论基础。职业教育区别于普通教育的一个本质特点在于，职业教育是一种"跨界"教育，因而职业教育教学质量治理区别于普通教育教学质量治理的一个重要特点在于，职业教育教学质量治理的主体具有相对多元性和性质的多维性。从公共产品理论角度出发对职业教育教学质量产品属性进行定位，一方面，能够有效"打破"职教教学质量治理的"普教牢笼"，将职业教育教学质的治理从普通教育教学质量治理体系中剥离出来，助推职业教育教学质量治理形成独有体系和治理范式；另一方面，能够找准职业教育教学的属性定位，从而使职业教育教学不至于迷失在校企合作下的企业盈利模式或育人模式选择困境的迷途中。

其二，公共产品理论为职业教育教学质量产品的供需结构提供了分析框架。产品的生产和制造是以产品的供求情况为前提的，职业教育教学质量产品亦然。相比普通教育教学质量产品侧重产品的生产制造（尤其是在普通教育的初级和中级阶段）而言，职业教育在强调产教融合和校企合作的宏观背景下，其教学质量产品除了要关注职教本身的教育发展规律并实现"产品的生产制造"外，还关注企业的运行规律以及市场的需求和调节情况。因而，职业教育教学质量产品从"生产制造"层面便和经济社会发展的需求对接，从而推进职业学校的教学和企业生产对接，职业学校的课程与职业标准对接，职业学校的专业设置与经济社会的产业发展对接，以更好地实现职业教育教学质量产品在市场调节下的社会供需平衡。而公共产品理论关于产品的供需结构分析则为职业教育教学质量产品的供求提供了独有的分析视角。

（三）公共治理理论：共同体筑构与权责关系明晰

20世纪90年代，随着新公共管理理论的进一步发展深化，公共管理部门在公共事务管理领域进行私有化改革并掀起改革的浪潮，而这又引发了西方社会对新公共管理的价值反思。在这种背景下，治理理论在公共管理理论的基础上得到新的发展，"治理"概念也因此在对公共选择理论扬弃的基础上而被赋予了新的内涵，从而使"新治理"诞生。"新治理"也即公共治理，其基本要义在于形成政府、市场和公民社会在互利合作中发展成为伙伴关系,在相互依赖中共享权力,共同分担在公共事务管理上的责任,以最终促进在公共事务管理上的良善管理。① 公共治理理论随着研究的深入和社会公共治理的推进,其内容体系也逐渐丰富,并作为社会科学的前沿理论之一而被广泛运用于公共管理领域。英国治理理论的权威代表人物格里·斯托克(Gerry Stoker)在已有研究基础上总结了公共治理的核心观点,主要体现在如下几方面:

第一,公共治理是由多元主体共同组成的公共管理行动体系。公共管理主体由来自政府以及非政府的社会公共机构和行为者共同组成。这种公共管理行动体系的出现不仅对政府权威形成了一定的挑战,更推进了多中心治理权威的形成,从而更好地保障公共治理目标的实现。

第二,公共治理意味着公共行动组织在解决社会和经济问题中易出现责任边界模糊的问题。受公共选择理论的影响,社会公众越来越对政府的社会公共管理责任和能力失去信心,这时候公共事务治理的责任便被部分转移到非政府组织甚至私人个体的身上,而在由政府组织和非政府的社会公共机构或行为者共同组成的公共治理组织中,各治理主体因公私性质的不同,公私界限变得模糊不清,具体表现为由于诸多民营企业向传统公共领域的涉入、政府对传统社会领域的干涉以及社会公共领域和市场领域的逐渐融合,从而使得各种社会公共组织在公、私属性上变得难以区分,而伴随着诸如一些非营利组织、非政府机构、社区企业、合作社等大量非政府组织的出现,更是加剧了公共治理组织的责任边界模糊问题。

第三,公共治理明确了各个公共治理组织或社会公共机构之间在涉及集体行为上存在着相互间的权力依赖关系。在公共治理体系中,由于各治理主体无论是公共机构和组织抑或是私人组织,在共同的公共管理活动中,都不具备解决一切问题的完全信息和全部资源,因而这些组织或机构之间势必需要通过谈判或交易等方式进行合作,以在共同解决问题和共同达成目标过程中实现各自的预期目的,从而形成一种公共治理主体间的权力依赖关系。

第四,公共治理意味着多元治理主体间将形成一种自主网络。在公共治理体系中,由于各治理主体之间存在着一种相互间的权力依赖关系,各主体在实现

---

① 韩志明:《公共治理行动体系的责任结构分析》,《重庆社会科学》2006 年第 2 期。

相互间的权力依赖过程中,通过各种交易、合作、对话和互动机制的建立,从而最终建构起一种自主治理的公共治理网络体系。这一网络化的公共治理,能够有效推进治理从传统的权力集中向权力在纵向横向上的同时分散,推动治理从监督走向信任、从单一管理走向自主合作,从而助推公共组织多元化共同利益目标的实现。

第五,公共治理的理想状态是善治的实现。"善治"是"治理"的发展升华,是通过公共治理而推进公共层面利益最大化的实现过程。在格里·斯托克看来,共同治理也存在如责任推卸等问题,当治理失效时,善治便是解决问题的有效途径。善治的本意在于形成政府与公民之间的合作伙伴关系并共同对社会公共事务进行治理,通过利益协调而实现公民与政府之间的利益最大化,以推动政府、市场和社会之间建立起一种新型关系,从而形成一种有效率的、法治的、责任明晰的公共服务体系。

职业教育质量作为一个关涉政府、受教育者、社会、市场等共同利益,较普通教育更为复杂的系统,其必然牵涉公共组织和一些私人组织的共同参与,并共同作用于教学质量治理中,而如何协调这些治理力量的关系和利益,以形成一个关涉公共利益的公共服务体系,最终实现公共利益的最大化,则是职业教育教学质量治理的关键。因而,将公共治理理论运用于职业教育教学质量治理是一种发展趋势,而这一理论对职业教育教学质量治理的理论支撑主要体现在如下几个方面。

第一,公共治理理论构筑了职业教育教学质量治理公共行动主体的理论基石。该理论强调形成多元主体共同组构的公共管理行动体系,通过多中心治理改革单维的治理权威,并形成对治理权威的分散,而这一公共管理行动体系的形成及其实践样态又为职业教育教学质量治理共同体的建构提供了一定的理论基础和参考。通过建构职业教育教学质量治理领域多元治理主体共同参与的治理模式,也为改革职业学校单一治理主体行动模式提供了一定借鉴,以更好地推进和保障职教领域公共治理目标的实现。

第二,公共治理理论奠定了职业教育教学质量治理主体权责关系明晰的基础。公共治理理论尤其强调形成治理主体之间的权力依赖关系,从而推进各种性质组织机构之间的互动合作。诚然,治理共同体的组建必然涉及各治理主体之间权力和责任的明确问题,权力不清晰以及责任边界的模糊均会对职业教育质量治理共同体的组建并形成稳固结构造成阻碍。公共治理理论关于权力依赖和责任边界的相关论断,正好为职业教育教学质量治理主体权责关系的明晰提供了理论基础,而这部分内容也将在本书第四章作专门探讨。

第三,公共治理理论建构了职业教育教学质量治理走向善治的逻辑导向。善治是公共治理的所要达成的理想状态。随着公共治理理论的深化发展,善治也逐渐建构起其自身的内涵体系,并逐渐拓展到除政府治理外的其他领域。在职业教育教学质量的共同治理活动中,走向善治的治理是在"善意"的目标导向下,建构起作为"善者"的职业教育教学质量治理协同共同体,通过全程性、全面性、全方位"善于"治理的实现,从而达成职业教育教学质量治理"善态"的共同体目标,这也是本书在公共治理理论基础上确立的从共治走向善治的公共理性逻辑。

三、职业教育教学质量治理的方法架轨

前文提到的新公共管理理论、公共产品理论以及公共治理理论主要是作为本书研究的理论基础,而本部分所要谈及的 ISO9000 族标准、TQM 全面质量管理、SERVQUAL 服务质量评价主要是作为本书的方法论基础。

(一)ISO9000 族标准与职业教育教学质量治理

国际标准化组织(简称为 ISO)于 1987 年制订的 9000 号标准被称为 ISO9000,是 ISO9000—ISO9004 五个标准的总称,其核心理念在于"质量第一,消费者至上"。这一标准建立的主要目的在于对产品生产过程质量的控制,主要由质量术语标准、使用或实施指南标准、质量保证模式表征、质量体系要素标准和质量技术标准等五大部分构成。ISO 族标准的内容较多,体系较复杂,而其用八项管理原则总结了质量管理的最基本的、最普遍的规律,即顾客中心、领导作用、全员参与、过程方法、管理的系统方法、持续改进、基于事实的决策方法、与供方互利的关系。[①] 其基本原理又主要体现在如下四个方面的内容上:[②]

首先,质量形成原理。这一原理强调质量在生产的全过程中形成,即在产品

① 张晓霞、宁德煌:《ISO9000 族标准与薄弱学校教学质量管理改进应用研究》,科学出版社 2010 年版,第 3 页。

② 马国柱、马坚宁:《质量管理和质量保证 TQM 与 ISO9000 族标准》,机械工业出版社 1998 年版,第 162 页。

产生的整个过程,包括研制开发、生产制造、流通、使用等阶段中形成。这一原理彻底打破了传统关于产品质量的"制造说""设计说""检验说"等片面观点,从而将产品的质量引入过程性质量生成的视域,这对全程把控产品的质量起到了重要的推引作用。

其次,质量控制原理。这一原理强调在产品质量形成的基础上实现对质量的全程性控制,并将全部影响因素控制在一定范围内,"必须使影响产品质量的全部因素在生产全过程中始终处于受控状态"。从"全部""全过程""始终"等词语可以看出,对质量的控制强调一种全程性、全面性和全方位性。

再次,质量保证原理。这一原理又是在质量控制基础上实现对产品的质量保证,"使企业具有持续提供符合要求产品的能力"。使企业提供的产品能够切实符合社会的需要,主要通过内部和外部质量保证共同确保企业生产的产品的合需要性。

最后,质量改进原理。这一原理又是在前几个原理基础上实现的。由于过程性的事物总是处于不断变化发展中,并且是具有潜力的,而质量改进就是为了对客观存在的潜力挖掘,通过保证各种质量目标的实现,以满足顾客和社会不断变化的需求。

而在上面四种原理基础上,ISO9000 族标准建构了一种内部结构关系,在这一关系体中,企业需建立一种质量体系,并全程性地改进和完善这一体系,这一体系需包括生产经营的全过程,从而全面覆盖影响质量的因素。ISO9004-1、ISO9004-2、ISO9004-3、ISO9004-4 等内容明确了企业建立质量体系的主要目的,即通过质量体系的建构使质量管理的组织结构、过程和资源等有机整合起来,以全面控制影响产品质量的所有因素,从而全方位保证产品的质量。诚然,企业建立的质量体系,能否保证其产品的质量以及具有向顾客提供符合其需求产品的能力,则需要向顾客或相关机构进行证实,如通过内部质量保证并经由第二方顾客审核和第三方认证机构审核,以证实企业具有持续提供符合需求产品的能力。

ISO9000 族标准对于职业教育教学质量治理来说有重要的参考价值。ISO9000 族标准强调在全过程基础上建立规范化的质量管理模式,并重点关注影响过程性管理的诸多要素和活动,其关于质量目标、质量控制、质量改进和质量保证等内容,能为职业教育教学质量治理过程层面提供重要参考。不仅如此,

ISO9000 族标准从标准层面为职业教育教学质量治理提供了一定的方法基础，也为职业教育教学质量治理的合标准性价值判断提供了有效借鉴。诚然，由于ISO9000 族标准主要是针对企业生产质量管理而言的，其质量管理的标准和方法不一定完全适用于教育领域的质量管理，若将教育质量等同于企业产品质量，使学校的质量管理参照企业产品管理进行，则会忽视教育主客体以及教育质量本身的特殊性，势必使教育的性质产生异化，这也决定了学校的质量管理不能照搬并套用企业的标准化质量管理体系。

（二）TQM 全面质量管理与职业教育教学质量治理

全面质量管理（Total Quality Management，简称 TQM）即质量管理的全面性，是在美国管理大师费根堡姆提出的 Total Quality Control（简称 TQC）的基础上发展而来的，并经由美国、日本和欧洲的实践验证而不断充实，从而发展成为一种内涵丰富、方式多样、全面的、综合的经营管理理念和方式。随着 TQM 的理论与实践发展深入，其逐渐形成了一整套关于质量管理的科学思想和发展理念，如质量至上、顾客导向、系统管理、全员参与、过程控制、预防为主、持续改进、团队合作、精确度量、充分授权等先进思想和理念。① 由于全面质量管理的内容较多，体系较复杂，现就其主要内容进行介绍。全面质量管理从其表述来看，突出一个"全"字，而概括起来其核心内容主要体现在"五全"方面。

第一，全员参与的质量管理。强调除了核心的管理人员外，其他人包括被管理的对象、与管理相关者或非相关者均可以参与到质量管理中来，而这些参与管理的人员在质量管理中通过不同作用的发挥和效能的组合，均会不同程度地影响企业经营管理全过程中的产品或服务质量，因而全面质量管理强调对质量管理的全员性参与，使质量管理的所有成员都能各尽其责，从而共同致力于产品质量的提升。

第二，全过程的质量管理。强调质量管理覆盖企业生产产品生命周期的全过程，而非仅限于产品的生产制造过程。从全过程质量管理包括的过程性内容层面来看，这一过程主要是集产品质量的产生、质量的形成和质量的实现于一体，通过对产品生产过程的所有环节进行质量把握与监控，从而做到既能对产品质量进行事前预期，也能形成对质量过程的控制和质量结果的"事后把关"，通

---

① 王章豹：《基于 TQM 的高校教学质量管理模式》，浙江大学出版社 2012 年版，第 21 页。

过对产品质量的不断改进,以最终符合市场和顾客的全面需求。

第三,全面内容的质量管理。在传统质量概念的基础上发展而成,为了满足生产管理能够适应顾客对产品质量的多样需求和多元变化而产生。质量的内容范畴也从狭义的质量内涵,如产品的耐用度、精度、安全性等产品性能质量,发展为包括产品的性能质量、工作质量以及服务质量的全方面质量。而全面质量的管理则是对关涉产品质量相关的各个单位、部门、各个方面的工作质量、管理质量、服务质量的全内容把控,以及对影响质量的各要素,包括质量管理人员、方法、设备、环境等全面要素的全面把关,从而使质量管理的各要素实现优化组合。

第四,全面方法的质量管理。随着社会生产的广泛化以及生产技术的现代化,社会和顾客对产品性能的高要求以及对产品需求的规模也成倍增长,产品生产的效率和效益便成为企业产品生产的核心考虑因素。因此,越来越多的提升产品生产以及质量管理效率的方法也便应运而生。全面质量管理也便是强调对采用如质量螺旋法、数理统计法、PDCA 循环法、价值(功能成本)分析法、运筹法、投入产出法等多样和综合性的方法而全面提升产品生产和质量管理的效率和效益,从而形成一个囊括不同内容和体系的方法系统,以便企业质量效益的全面提升。

第五,全面范围的质量管理。要保证质量管理所关涉的内容范围的全面管理,包括产品的设计、研发、制造、生产、供应、销售(售前、售中、售后)服务等全过程的质量管理。[①] 保证质量生成的全过程均能置于可控和可调节范围内,从而使产品质量能够得以全面地保证和保障。

全面质量管理的核心内容主要由"五全"内容体系构成,而其在具体的操作过程中也遵循一定的科学程序,不同的管理大师提出了各自不同的质量管理程式,较为核心的有:朱兰创建的集质量策划、质量控制和质量改进为一体的"质量管理三部曲"和生产全过程循环的"质量螺旋";爱德华兹·戴明(E.Deming)的集计划(Plan)—执行(Do)—检查(Check)—处理(Action)循环为一体的"PDCA 循环"及 14 条管理原则;费根堡姆的集制定标准、评价符合标准的程度、必要时采取措施以及制定改进计划等为一体的"质量控制四步骤和包括'新设

---

① 马国柱、马坚宁:《质量管理和质量保证 TQM 与 ISO9000 族标准》,机械工业出版社 1998 年版,第 90 页。

计的控制'、'进厂材料的控制'、'产品的控制'和'专题研究'结合的质量管理四项基本工作";石川馨等人创建的"质量圈"(也称为 QC 小组)等等核心管理程序和流程。正是这些质量管理大师质量管理成果的不断推出,丰富并发展了全面质量管理的内容和方法体系,从而使质量管理变得更为科学和合理。

职业教育教学质量也是一个在教育领域内的全面质量管理内容体系,因而对于全面质量管理的基本理念、核心内容以及一些质量管理的程序模式,均可实现对其扬弃的基础上进行借鉴运用。职业教育教学质量作为一个整合的内容体系,其关涉的要素更多,不仅限于生产管理者之间、生产者管理者与消费者之间,以及加工生产的过程性要素之间的关系,更涉及质量产品外围层面的人员和要素,因而,全面质量管理关于工作的质量、产品的质量和服务的质量等全面质量管理的思想和模式可在一定程度上支撑职业教育教学质量的治理。但在借鉴运用全面质量管理的"五全"思想的同时,还需切合职业教育教学的切身实际,毕竟职业教育教学质量管理面向的主要对象是学生,而全面质量管理面向的主要对象是企业生产产品,因而对全面质量管理的思想、理念以及模式原理等的运用,也不可生搬硬套。

(三)SERVQUAL 服务质量评价模型与职业教育教学质量治理

质量的管理不仅关涉产品质量的管理,更是关涉服务质量的管理,尤其是在商业服务领域,服务质量更是其关注的核心范畴,因而专门针对服务质量的研究也便由此开展。其中最负盛名的当属帕拉素拉曼(A. Parasuraman)、隋赛摩尔(V. Zeithaml)和贝利(L. Berry)研究团队(俗称"PZB")所提出的 SERVQUAL("service quality"的缩写)服务质量评价模型。SERVQUAL 评价方法主要是建立在顾客对服务质量的期望(Expectation)与其接受服务后所感知到的服务质量(Perceived service performance)基础上的,并通过衡量这两者之间的差异而判断服务的质量,用表达式表示为 Q=P-E。当 P>E 时,服务质量 Q 便是良好的。由此看来,顾客对质量的感知的主观意识便成为服务质量研究的关键。SERVQUAL 从内容层面来看,其主要包括服务质量的有形性维度、可靠性维度、响应性维度、保证性维度以及移情性维度等五个方面的维度。[①]

第一,有形性。主要指服务包括的实际设施、社会以及服务人员的外表等。

---

① 汤兵勇、刘凤鸣:《服务管理》,化学工业出版社 2013 年版,第 83 页。

第二,可靠性。主要指服务提供者能够可靠地、准确地履行承诺的服务能力。

第三,响应性。主要指服务提供者帮助顾客以及提高服务水平的愿望。

第四,保证性。主要指服务提供者所具有的知识、礼节以及表达出自信与可信的能力。

第五,移情性。主要指服务提供者对顾客的关心程度以及提供个性化服务的程度。

随着 SERVQUAL 服务质量的研究深入,PZB 进一步提出了服务质量的差距分析模型(如下图 1-2 所示)

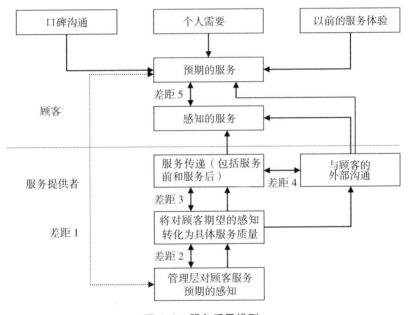

图 1-2　服务质量模型

资料来源:A. Parasuraman et al.,"A Conceptual Model of Service Quality and Its Implications for Future Research",*Journal of Marketing*,Vol.49,No.4,pp.41-50。

该模型正是通过将各种服务预期与实际感受到的服务之间的差距进行对比,以此作为判断服务质量的手段。在这一模型中,总共存在五种程度的质量差距,包括质量感知差距、质量标准差距、服务传递差距、市场沟通差距以及感知服务质量差距。质量感知差距即图 1-7 所示的差距 1,这种差距主要是管理者不能准确地感知顾客对服务的预期水平;质量标准差距也即图中的差距 2,这种差距主要是服务提供者所制定的服务标准与管理层所认知的顾客对服务期望之间的差距;服务传递差距,也即图中的差距3,这种差距主要是服务生产与传递过程与事先设定好的标准之间的差距;市场沟通差距,也即图中的差距4,这种差距主要是市场宣传中所作出的服务承诺与服务提供者实际提供的服务之间的差距;感知服务差距,也即图中的差距5,这种差距主要是顾客所感知的或实际体验的服务质量与其事先预期得到的服务质量之间的差距。[①] 而在以上几种差距中,顾客的感知服务差距是整个模型的核心。因而,在不同情境下的服务,均应当以顾客的服务感知为重心。

在职业教育教学质量管理中,教学服务质量的管理也是质量管理的重要构成。学生、家长、社会甚至企业均可以看作是职业教育的"顾客"(其中企业往往具有双重身份,在一定情况下也可以是服务的提供者),职业教育教学也即为各类别的"顾客"提供不同程度的教学服务,而在整个职业教育教学服务体系中,各类别"顾客"对职业教育提供的教学服务的感知应当是整个服务质量管理的核心工作。因而,强调全面质量的职业教育教学质量治理,也势必要侧重对教学服务质量的治理,只有满足众多利益相关者对教学服务的质量预期,才能让职业教育的服务对象切实感受到质量治理所带来的真实成果体验。SERVQUAL 服务质量评价模型也在一定程度上为职业教育教学服务质量与服务管理提供方法论意义上的参考。诚然,职业教育的教学服务提供者、服务管理者与服务享受者与 SERVQUAL 服务质量评价模型中强调的服务提供者与顾客之间具有显著的性质不同,因而 SERVQUAL 服务质量评价也需切合职业教育教学质量治理的实际并做一定程度的改进,才能运用于职业教育教学质量治理中,这也为本书从服务质量管理层面对职业教育教学质量治理的意义建构提供了有利契机和服务治理的方法论基础。

(四)"输入—过程—输出"转换增值模型与职业教育教学质量治理

《第五项修炼》作者圣吉(Peter Senge)指出:系统是一系列相互联系的实体,这些实体接受输入,然后通过转换增加价值,产生输出来完成所设定的系统目的、使命或目标。由此看来,一个整体系统是由输入、过程和输出共同构成的过程性体系,输入主要是施加给活动的条件,输出是活动给予环境的作用,而这两

---

① 韩映雄:《高等教育质量管理:体系与方法》,北京大学出版社 2013 年版,第 150 页。

者之间的转化过程则是一个增值的过程,[1]任何一个系统的构成均离不开这三个方面的共同作用(如图1-3所示)。质量也是一个集输入、过程和输出为一体的过程性系统,而质量的生成是在输入条件作用基础上,在过程中不断实现增值,从而作用于外在环境的过程,从而实现对质量的管理也是要严控质量生成的每一个环节,重点实现质量的转换增值。

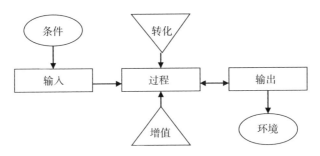

图1-3　"输入—过程—输出"转换增值模型

职业教育教学质量治理同样是一个集教学输入、教学过程和教学输出为一体的系统质量治理过程,在教学条件输入后,实现对条件的过程性转化和增值,通过教学产品的输出而作用于外在环境。职业教育教学质量的治理过程,要实现对职业教育教学输入、过程和输出的全面把握和控制,使职业教育教学质量能够在过程中实现转换增值,从而通过质量输出以促进职业教育教学质量治理公共利益最大化目标的实现。

第二节　职业教育教学质量治理的内在意蕴

一、职业教育教学质量治理的基本意涵

随着社会各界对质量本质的认识升华,质量也相应地拥有不同的内涵。要全面认识职业教育教学质量,势必首先需要认清质量的内涵本质。从已有对质量的内涵界定来看,质量的内涵主要有以下四层含义。第一,适用性的质量。美

---

[1]　王章豹:《基于TQM的高校教学质量管理模式》,浙江大学出版社2012年版,第227页。

国著名质量管理专家朱兰从产品供需层面出发,认为产品的质量就是使用的产品对顾客的满足程度,即产品对于顾客的适用性,产品适用性的高低也就决定了产品质量的高低。朱兰对质量的这种界定也因此形成了一种适用性的质量观。第二,需求性的质量。需求性的质量主要反映在美国的几位质量管理专家的质量概念界定中。克劳斯比主要从产品生产者的角度出发,认为质量是"产品符合规定要求的程度";此外,德鲁克(Peter F.Drucker)从产品的功能角度出发,认为"质量就是满足需要"。第三,标准性的质量。国际化标准组织从事物特性层面出发,认为某一特定事物包含有其各种固有特性,而事物的质量便是其特性对顾客或相关方动态性需求的满足程度,因而国际化标准组织将质量定义为"一组固有特性满足要求的程度"。另外,全面质量创始人费根堡姆从产品的生产过程角度出发,认为"产品或服务质量是指营销、设计、制造、维修中各种特性的综合体"。① 第四,发展性的质量。② 质量是一个发展变化的概念,事物优劣程度和性能好坏也是一个动态的变化过程,因而事物性能向正向的发展变化程度也即是反映了该事物的质量。学术界对于质量的内涵还有其他角度和层面的界定,但从总体来看质量的内涵主要囊括了产品的适用性、顾客需求的满足、符合特性规范和发展性的满足四个主要方面。

从职业教育教学质量层面来看,职业教育的教学质量直接决定了教学产品的输出质量。在职业教育教学与经济社会相互关联的作用体系中,职业教育教学输出质量主要外在性地表征为一种"人才产品",而这种"人才产品"却作为一只"无形的手"实现了交织职业教育教学质量各相关方如职业学校、企业、市场等的联系(如图1-4所示)。

在将人才视为一种产品的前提假设下,职业学校便成了"人才产品"的"制造商",并通过"人才产品"的供应从而实现职业学校对经济社会的发展功能价值。与"人才产品""制造商"相对应的便是"人才产品"的"消费商",企业通过对职业学校教学"制造"出的人才产品进行"消费",从而以提升经济效益而保证企业自身的良性运作,因而,对企业而言,不断地引进和更新人才,是企业保持活力的长足动力。由此看来,职业学校与企业之间便形成一种以"人才产品"为中

---

① [美]费根堡姆:《全面质量管理》,杨文士等译,机械工业出版社1991年版,第5页。
② 赵志群:《现代职业教育质量保障体系研究:现状与展望》,《西南大学学报(社会科学版)》2014年第7期。

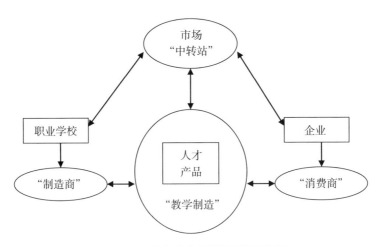

图 1-4　"人才产品"的流通示意图

介的供需关系。由于职业教育教学质量的保证是这种"人才产品"质量保障的
基础,因而职业学校教学输出质量涵盖的内容则应切合"人才产品"对"消费商"
的适用性,即"人才产品"在具体使用过程中能够为顾客创造经济效益,能够符
合"消费商"人才需求的规格标准以及能够满足"消费商"的各种需求。诚然,职
业学校教学输出的"人才产品"质量不一定能完全合乎"消费商"的多样化和动
态式的需要,因而若争取到"消费商"对职业教育教学的参与并实现"制造商"与
"消费商"之间的通力合作,势必更能保证"人才产品"的适用性、符合特性规范
顾客需求和发展性的满足。诚然,职业学校教学质量产品输出的前提在于职业
学校教学输入和教学过程质量的保证和监控保障,对"人才产品"的加工和制造
才是保障"人才产品"输出质量的重心,为此,职业教育教学的前提性输入和过
程性保障便成为教学质量保证的核心和关键。而要全面实现职业教育教学质量
的全员参与和全过程保证,职业教育教学质量治理便作为一种过程性的、全员性
的、全面性的教学质量管理而被赋予特有的意涵。然而"人才产品"并非一"制
造"出便能够被企业"消费",其必定要经过产品"中转站"——市场才能流经企
业。市场虽然不是职业教育与区域联动中的主体,但其在"人才产品"流通中起
着较为重要的辅助性作用。若将市场视作宏观领域的经济市场,那么市场在人
才产品的流通中起着重要的调节与配置作用,而如果把市场视作微观层面的人
才市场,那么市场便在"人才产品"的流通中起着重要的中转与服务功能。综合
言之,本书认为,职业教育教学质量治理是指职业教育利益相关方与非相关方通

过共同体的组建,为促进职业教育教学公共群体利益最大化实现的基础上,以全过程性的质量管理方式直接或间接地作用于职业教育教学的系统性、持续性活动。这种活动同时实现了"人才产品"的社会适用、符合人才培养的质量规格、满足"人才产品""消费商"的需求和促进教学本身的动态发展的统一和融合。

二、职业教育教学质量治理的本质表征

在职业教育教学质量内涵界定的基础上,其本质特征主要表征为如下几点内容。

(一)职业教育教学质量治理的主体具有"全员性"

由于质量治理是一个开放的系统,职业教育教学质量治理的主体可以是利益相关方也可以是利益非相关方,利益相关方主要通过直接的方式参与质量治理,并在其中发挥主导性作用。为了保护职业教育教学的正常秩序,利益非相关方则以间接的方式参与职业教育教学质量的治理,并在其中发挥辅助性作用。

(二)职业教育教学质量治理的方式具有"全面性"

与普通教育教学系统的相对独立性和封闭性相比,职业教育教学系统较为开放,因而为追求教学效率和效益的提升,职业教育教学也不可避免地会引入一些社会有利因素。由于职业教育具有与经济社会直接对接的特殊性,职业教育教学的效果和效率也一定程度上决定了经济社会发展的效益和效能,因而,无论是行业发展或是企业生产中的任何科学的、合理的、有效率的质量管理方式方法,如质量保证体系、全面质量管理方法、数理统计方法等均可以经改造后而在职业教育教学中借鉴运用。

(三)职业教育教学质量治理的过程具有"全程性"

现代治理理论尤其强调全程性、持续性和系统性的管理,因而职业教育教学质量治理也必然牵涉对教学质量的全程性管理和把控。由于职业教育教学是一个集输入、过程和输出为一体的全程性系统活动,因而,对职业教育教学质量的过程性管理和把控,不仅要实现对教学的"事前预防"和"事中控制",还要实现"事后把关",对应质量治理的环节也即是形成对职业教育教学质量的输入保证、过程监控和输出评估。这种教学质量治理区别于传统的将质量管理过程进行断续性割裂的管理模式,实现了将职业教育教学质量管理、质量保证、质量监控和质量评估作为一个整体而融入于教学质量中。

（四）职业教育教学质量治理的目的具有"公利性"

黄炎培曾指出，职业教育的终极目的是实现"使无业者有业，使有业者乐业"，从而彰显了职业教育的服务宗旨。职业教育教学质量治理在秉承该宗旨的基础上，更强调通过教学质量的系列管理活动而有效率地实现公共利益的最大化，从而在彰显职业教育教学"服务育人"功能的同时，也体现了职业教育教学质量治理的"公利性"。

（五）职业教育教学质量治理的内容具有"工作导向性"

职业教育作为一种就业教育，需以就业为主要导向，因而，职业教育教学也应在一定层面上服务于学生的就业。作为具有"公利性"意义的职业教育教学质量治理，在围绕以就业为导向而提供适切服务的活动中，也主要参照某一工种或职业岗位的具体工作流程而展开，以保证质量治理的各环节与职业教育教学内容形成有效对接，从而更好地实现教学质量治理的层层递进和环环相扣。

三、职业教育教学质量治理的要素系统

职业教育教学质量治理作为一个整体的不间歇变化的复杂系统，由教学、质量、管理等子系统构成，各子系统又分别包含不同的要素。若将各子系统的要素加以整合，并基于质量管理的基本构成和运作程序，沿着从"谁"在什么"基础"上运用什么"手段"对什么"内容"作出什么"行为"这一思维路径，本书将职业教育教学质量治理的要素分为人力要素、条件要素、方法要素、信息要素和行为要素等五大要素（如图1-5所示）。

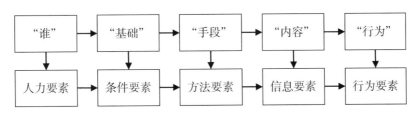

图1-5　职业教育教学质量治理的要素构成

第一，人力要素。职业教育教学质量治理关涉的人员要素较多，主要包括作为直接相关者的教师、学生、学校行政管理人员、用人单位、企业、评估机构、产学研合作单位、政府或教育行政部门；非直接相关者如家长、校友、社区、媒体、社会公众等。而在直接相关者里，教师、学生和企业作为核心成员参与职业教育教学

质量的治理。首先,教师作为职业教育教学"教"的主体,也是质量治理的核心力量,教师的教学观、质量观、教学策略、专业与实践水平等均无不在潜移默化中影响教学质量;学生作为职业教育教学"学"的主体,是职业教育教学的中心,学生职业知识和职业技术技能的获取情况、关键能力和核心能力的发展情况都直接反映了职业教育教学的效果和效率,而在职业教育教学过程中,学生已有的知识覆盖域、学习动机、抱负水平、学习态度、与教师的配合意愿等都一定程度地影响教学效果的直接表征水平;企业作为职业教育教学"教"层面的另一重要主体,也通过一定方式如对职业学校教学的技术指导、为职业学校指派技术人员辅助实践教学、通过与职业学校形成合作关系而参与职业学校的教学质量治理,企业的经营理念、企业的文化、企业的先进技术等都可能会对职业学校的教学质量产生影响。由于企业的本质表征为营利性、赢利性和盈利性三个方面,通过各种经营管理方式牟求利润的获取而体现其营利性;通过赢利而刺激企业运作从而体现其赢利的动力性本质表征;通过盈利而获得收益从而以追加成本而获得更多的利润,从而体现其盈利性。由此可以看出,企业生存发展的本质在于通过人员投入、战略决策和运营管理等方式而获取更多的经济利润。现如今存在的以校企合作等形式实现的企业参与职业学校教学质量治理,其前提也在于为长远的发展和更多利润的获得奠基,因而,任何企图从企业身上榨取利益的校企合作均是短视的,且不利于校企之间的深度合作。事实上,企业能通过一定形式参与职业学校教学质量治理工作的前提也在于校企之间已形成深度合作关系,因而,维护企业的利益,实现在互利互助基础上的有效合作才是校企进行质量共治的基本前提。另外,如学校行政管理人员、用人单位、评估机构、产学研合作单位、政府或教育行政部门、学生家长、社区、媒体等其他相关者和组织也会对职业学校的教学质量产生一定的影响,而这种影响作用相对间接。

第二,条件要素。职业教育教学质量治理能够顺利实施,势必首先具备进行教学质量治理的基本条件。这些条件包括职业教育教学必需的硬件条件和软件条件。硬件条件主要指职业教育教学运作所需要的基本物资资源,如教学设备、教学场地、实训基地、教材等有形的要素资源,而这些要素相对较为固定,在质量管理过程中其性质往往不受或较少受人为主观意志转移;软件条件主要指保证职业教育教学运作的基本特质要素,包括课程与专业、教学目标、教学信念、教学原则、教学制度等无形的要素资源,而这类要素资源在管理过程中其性质和内容,常常会因人而异,并容易受管理者主观意愿而转移。

第三,方法要素。"工欲善其事,必先利其器"。在职业教育教学质量治理中,方法的合理利用能够显著提升教育教学的质量。职业教育教学质量治理的方法若依其层次为标准,主要可划分为四种类型。① 首先,普遍的哲学方法。在管理实践中,唯物辩证法作为普遍的哲学方法为人们提供了分析和解决问题所需要的科学的世界观和方法论参考。马列辩证唯物主义和历史唯物主义的思想观点,同样适用于职业教育教学质量治理的实践,从而为各质量治理人员教学质量治理方向的确定、目标的选定、立场的坚定提供方法论基础。其次,横断科学方法。横断科学方法作为一种在传统管理方法优势继承与劣势摒弃的基础上,并有效结合现代管理科学理论而发展起来的管理方法,主要由系统论的方法、信息论的方法、控制论的方法、耗散结构理论、协同论和突变论等新、旧三论相结合的方法构成。这种横断科学方法比较注重对数学方法的引入,并有效结合计算机技术、现代网络技术等先进手段,从而实现管理的定量化、模型化与高效化。职业教育教学质量治理对横断科学方法的引入和运用,也能有效促进教学质量治理的高效化。再次,一般管理方法。一般管理方法主要是在管理实践活动中普遍运用的方法,而这些一般管理方法普遍都适用于职业教育教学质量的管理,如一些数理统计方法、经济方法、系统分析方法、调查研究法等等,是处于普遍的哲学方法、横断科学方法与特殊管理方法的中间层次,主要表现为是作为抽象方法的具体化和特殊管理方法的抽象化的结合,因而其运用较为普遍。最后,特殊管理方法。特殊管理方法主要是运用于某一专业领域与某一特定工作性质相关联的具体管理方法和技术,而这种管理方法也主要运用于某一特定性质的工作,需具备专门的知识才能掌握,因而这种管理方法运用的范围也较为受限,不断探索和挖掘适用于职业教育教学质量治理的特定管理方法,也是在公共意义层面上推进职业教育教学质量治理有效实现的路径之一。

第四,信息要素。职业教育教学质量治理的信息要素主要指在职业教育教学中关涉教学与质量管理的相关信息,包括信息的预测、信息的捕获和信息的反馈。首先,信息的预测是在职业教育教学之前实现的对教学进行的先验性预知,

① 王章豹:《基于TQM的高校教学质量管理模式》,浙江大学出版社2012年版,第322—323页。

由于职业教育本身发展具有滞后性特征,因而事先的信息预测有利于推动职业教育教学与社会经济发展的动态式对等。信息的预测主要体现在教学管理人员或管理共同体通过市场调查、经济发展预测、人才结构分析等方式建立人才市场需求的预测机制,以事先获取社会对人才的需求结构、需求类型、需求规模等信息,从而有针对性地调整职业教育教学以提升教学适切性。其次,信息的捕获主要是在职业教育教学过程中及时获取教学质量相关信息,从而助推职教教师和其他管理者及时地调整教育教学和管理行为。对教师而言,教师的教学信息捕获如教师通过课堂提问、随堂测验、课后作业以及各种考试等方式,实现对学生学习情况的诊断性信息、形成性信息和终结性信息的及时捕获,从而全程把控学生的学习效果;对于管理者而言,对教师教学质量信息的捕获如通过建立期初、期中、期末教学质量检查制度,教务处和各学科、系院(部)进行任务分工和教学质量检查例行会议上的按时汇报,组建教学评议专家、企业管理层成员、教学督导组成员、教学质量委员会委员进行阶段性的教学质量检查,通过教师听课和学生评教等方式,实现点面结合式的教学质量管理和监测,从而及时获取教师教学质量的相关信息,从而全程性地把控教师的教学效果。最后,信息的反馈主要是形成一种关于教学、管理与质量为一体的信息反馈环路,将在教学过程中或教学过程后期的学生学习和教师教学情况及时反馈给相应的责任人,使各质量治理人员都能够及时把握教育教学的基本情况,从而更快地改进教育教学策略和管理办法。

第五,行为要素。职业教育教学质量治理是在教学质量管理的基础上形成的。职业教育教学质量管理的要素主要由制度管理、时间管理、人员管理、行为管理、环境管理、教学常规管理等方面构成。其一,制度管理。职业教育教学制度包括教研活动制度、教师备课制度、教师听课评课制度、教学过程性督查制度、教学质量监测评估制度、教职工教学例会制度等。职业教育教学制度是教学质量管理形成的基本前提,科学合理的教学制度能够使教学管理形成有序秩序,从而助推教学管理质量的提升。对于职业教育教学质量治理来说,通过质量治理共同体的组建实现对制度的管理,再而通过制度实现对教学质量的管理才是质量管理的前提性基础环节。其二,时间管理。职业教育教学时间管理在一定程度上决定了教学管理的效率,然而教学时间管理却往往易被忽视。在职业教育教学质量管理中,时间要素尤为重要。由于职业教育校企之间的合作能提升职业学校人才培养的质量,因而"教学工厂"、教学与生产的结合、现代学徒制等校企合作教学路径提升了行业与企业对教学的参与,然而,现实情况是职业学校常常以自身的教学时间为主要参照,却忽视了企业或工厂运转本身存在的"淡季""旺季"的时间差异,若是职业学校的实践教学和实习安排在企业或工厂运行的"旺季"时期,职业学校的教学安排势必是对企业或工厂的经营"添乱",以至于对企业和工厂的经营效益形成阻碍,从而不利于企业真正参与职业学校的教学和教学质量的治理。为此,校企之间共同实现对教学时间的管理更有利于教学形成良好的秩序并促使教学效率的提升。其三,人员管理。人员管理是对职业教育教学参与者、教学管理者、教学监督者和教学评价者等一系列人员要素进行管理和协调。在职业教育教学治理的协同体中,由于各教学质量治理参与人员,尤其是职业学校以外的教学参与人员,因各自秉持的治理目标不同,在教学质量治理中往往会因利益不同、立场不同、权责不同而易出现利益冲突和治理行为失调等问题,因而对职业教育教学人员要素的管理也是职业教育教学质量管理的关键环节。其四,行为管理。行为管理是指职业教育教学参与者的教学行为和质量治理行为的管理。在职业教育教学质量治理活动中,各治理人员因各自的职责不同而表现出不同的治理行为,进行行为的管理要保证各治理人员的教学治理行为的协同一致,从而形成一致合力以保证教学质量的提升。其五,环境管理。环境管理包括物质环境与心理环境的管理、显性环境和隐性环境的管理、理论教学环境和实践教学环境管理等方面内容,不同情境下的环境管理发挥着不同的效益。由于职业教育教学质量治理是全员、全方位、全过程的质量治理,因而职业教育教学环境的管理也应当是全方位的、全面的环境管理,并实现不同情境下各种环境管理的有效整合和优化。其六,教学常规管理。职业教育教学常规管理既具普通教育教学常规管理的共性特点,也具职业教育教学本身的个性特征,主要包括人才培养方案管理、课程标准管理、教材管理、教案管理、备课管理、授课管理、作业布置与检查管理以及考试管理等方面。常规管理的每一方面都与职业需求和能力发展挂钩,从而形成以就业为导向、以能力为本位的管理模式。职业教育教学常规的管理是教学质量管理的关键,而教学常规管理的主体主要是职业学校的教师,因而职教教师的教学理念、教学能力、"双师"素质、教研能力、职业道德和职业情意等方面均影响着教师教学常规的管理绩效,为此,从教学常规管理层面建立专门的教与学共同体,更能从一定程度上提升教师队伍常规管理的绩效。

由此看来,职业教育教学质量的治理相比普通教育来说更为复杂和多变,因而,职业学校的教学质量管理也应相应地从刚性管理走向柔性管理。

四、职业教育教学质量治理的功能特质

职业教育作为与经济社会发展最为密切的教育类型,其质量水平对经济社会的发展意义重大。尤其是在经济全球化和工业现代化的宏观背景下,对职业教育及其质量的关注和重视也越来越成为各国的重要发展战略。职业教育对经济社会的发展作用不容置疑,实现对职业教育质量的治理是为了更好地推进职业教育质量的提升。职业教育的质量需最终落实到职业教育教学质量上。职业教育教学质量的治理也是教学质量管理向更高更优级水平的发展,通过教学层面的质量治理能更好地推进职业教育质量的提升和公共利益的最大化实现。总体而言,职业教育教学质量治理的功能特质主要体现在如下几方面内容:

第一,助推人口资源向人力资本的加速转化。职业教育作用经济社会的发展主要表现为,职业教育通过将人口资源向人力资本的转化从而向经济社会注入"软资本"以作用于经济社会的发展,而人口资源向人力资本"加工制造"和转化的过程主要由职业教育教学来实现,通过教学授予受教育者相关的职业知识和技术技能,使人口资源初级加工成为人力资源,并通过实训教学、实验、实习、项目设计等方式不断对人力资源进行再加工,以促使人力资源向人力资本的转化,最后以人才出口的方式投入企业和市场中以作用经济社会的发展。在这一过程中,职业教育教学的质量也就决定了这种对人力资本的"加工制造"质量。而推进职业教育教学质量的治理,也是从职业教育教学质量本身出发,通过对质量的治理以推动人力资本加工和转化的效率和效益。

第二,加速抽象符号向具体操作构思和产品构型的内在转化。职业教育教学的过程侧重于推进受教育者知识技能的获取和技能技术的转化过程,而这一过程也注重将抽象的理论符号向具体的操作构思或产品构型的转化,以及人自身的生产职能作用于生产实践的过程性转换,而这一转化和转换过程也是对人的生产职能使用效率和效能的强调。职业教育的教学质量在一定程度上反映为强调通过教学向人们传授技术技能知识和经验,并指导人们怎样更好地利用其部分或全部的生产职能,使其有效率地达成技术使用目的的程度,不仅强调知识

技能的传授并向人的生产职能转化，更强调使人们在具体生产实践中能够将其生产职能有效率地作用于生产实践，从而实现将职业教育教学所传授的抽象符号向具体的操作构思与产品构型的转化。而高质量的职业教育教学，是使受教育者能够实现从"如何使用"并"会使用"的"教会"过程，发展到能够将已经领会的知识、技能技巧向生产职能以及生产实践有效率的过程性转换，从而实现"怎样有效率地使用"以及"使用效率程度"的"掌握"过程。对职业教育教学质量的治理，是为了推进高质量职业教育教学的实现，从而更好地促使抽象符号向具体操作构思和产品构型内在转化。

第三，助力潜在技术向实在技术的推演转化。在职业教育发展的层次体系中，相对而言，初等和中等职业教育教学更强调对受教育者技能技巧的传授，使其能够获得某一特定的技能并能够从事某一独立工种的操作和生产；而高等职业教育教学更强调对受教育者技术的传授，从而获取该技术的人工物或技术的规则。然而在职业活动的实践过程中，技术和技能之间往往被割裂以及存在重技术轻技能的错误取向，事实上，中等职业教育在本质上主要以经验层面的技能人才培养为主，高等职业教育在本质上则侧重于培养策略层面的技能人才。推进职业教育教学质量的治理，则是要及时转变职业教育教学实践中存在的重技术轻技能的错误倾向，通过技术技能教育的有效结合，引导受教育者从技术的人工物和技术规则里深入挖掘隐含在其中的潜在技术价值和技术功能，以更好地促进以技能实现的潜在技术向实在技术的转化，推进职业教育教学效果和效益的提升。

第四，推进职业学校质量品牌的打造。质量是任何一个组织、机构和活动的生命线，质量品牌则是这些组织、机构和活动生命活力的外在展现。质量品牌对于职业学校来说，意味着学校人才产品的质量、职业学校的教育教学实力以及其市场和社会的影响力大小，是一种特殊形式的资源。因而对于任何一所学校来说，打造质量品牌是其内涵与长远发展的重要目标。职业学校质量品牌的打造，需通过职业教育教学活动和教学质量治理活动实现，通过对教学的治理，助推职业学校特色教学模式的建构、独特教学文化的凝练、优势教学风格的养成以及特色学科专业的建设；通过对教学质量的治理，即时发现职业教育教学中存在的问题并及时改进。通过对职业教育教学质量的全面治理，以有效助推职业学校质量品牌的塑造。

第三节　职业教育教学质量治理的生成逻辑

职业教育教学质量的治理是在特定教学质量观指引下,在遵循教学质量生成和发展过程性规律的基础上,为助推教学质量向预设方向发展的过程中生成与发展。

一、职业教育教学质量观的渐进萌生

质量的产生源于质量管理者所秉持的质量观。通过对教育教学质量发展的理论梳理,本书认为,在教育教学中主要存在五种质量发展学说,从而形成了五种不同的质量发展观。

第一,"程度说"——合需要性质量观。"程度说"主要是在"需要性的质量"本质内涵的基础上发展而成,这种学说在教育教学中的发展,强调教育教学的质量在多大程度上能够满足受教育者的需要,以及对教育教学目标的达成程度的衡量。在这种学说的影响下,主要形成了一种合需要性的质量观。合需要性的质量观认为,受教育者(学生或学生家长)是教育的顾客和消费者,由于顾客和消费者的需求具有个性化、弹性化、多样化、动态化等变化特征,由此决定了教育教学也应当满足这种需求的动态性和多变性,而教育教学对顾客和消费者需求的满足程度则是衡量教育教学质量的有效标准。

第二,"特性说"——合标准性质量观。"特性说"主要是在"标准性的质量"本质内涵基础上发展而成的,这种学说在教育教学中的发展,强调教育教学的各个方面在多大程度上符合教育教学的质量标准。在这种学说的影响下,主要形成了一种合标准性的质量观。合标准性的质量观认为,国家和社会是教育服务的主要提供者,同时也是教育的主要顾客和消费者,因而,应当在国家和社会层面,从教育本身的特性出发,建立一套整齐划一的教育教学质量标准,用以衡量教育教学的质量。当教育教学的各项指标符合质量标准时,这种教育教学便是高质量的,相反则质量较低。合标准性的质量观受国家本位思想的影响,主张通过一整套国家教育教学质量标准去衡量教育机构的办学和教育教学质量,各种标准的制定又主要根据国家利益和国家要求制定,较少考虑学生个体的发展需要,教育机构教学质量高低的判断标准则是教育教学是否符合各种"标准",并以"学生产品"的质量判断教育机构的办学质量。这种质量观的逻辑起点在于,教育产品应首先符合国家的需要,其次才是符合个体发展的需要,若个体需要与国家需要发展冲突时,个体需要在服从国家需要的前提下可较少考虑个体需要。①

第三,"中心说"——合目的性质量观。"中心说"主要是在两种教学质量生成模式的基础上发展而成的,即学生生成模式和教师生成模式。② 学生生成模式主要是在"学生中心论"的思想指导下形成,代表人物如卢梭和杜威等人,在他们看来,学生的成长和发展是一种自然的过程,是学生个体在经验中的主动行为建构,因而,一切教学活动均应以学生为中心,教师不能主宰和干预学生的发展,而是作为"自然仆人"引导学生的兴趣和发展,而教学则应最大限度地创造能让学生做出个人选择和主动活动并进行自我发展内在潜能挖掘的教学环境,因而教学质量的生成则在于衡量教学活动对学生主体性的尊重、对学生个性、潜能和自我实现等教学目的的满足程度。教师生成模式主要是在"教师中心论"的思想指导下形成,代表人物如赫尔巴特。在赫尔巴特等"教师中心论"者看来,课堂教学中,教师的角色就如航船上的舵手,不仅引领着前进的方向还把握着航行的进程,教师是教学过程的绝对支配者,学生需要积极配合教师的教学设计和安排,因而,教学质量的生成则在于衡量教师的教学水平以及教师引领的教学活动在多大程度上实现了教学计划和教学目的。在"中心说"核心观点的引领下,合目的性的质量观则强调教学活动在多大程度上满足了学生发展的目的和教师教学活动设计和安排的目的,则多大程度上表现了其质量。

第四,"系统说"——合发展性质量观。"系统说"主要是在"系统的质量"发展理念影响下形成,这种学说在教育教学中主要形成一种系统生成模式,并强调系统生成是一个动态的体系,其包含了教师生成、学生生成、技术生成等几种质量生成模式的内容。③ "系统说"强调将教育教学视作一个完整的系统,并以教学系统为中心,全面系统地考察教学的发展情况,如从教师、学生、教学目标、

---

① 魏宏聚:《教育质量观的内涵演进与启示》,《教育导刊》2010 年第 1 期。

② 王嘉毅、王利:《课堂教学质量的系统生成模式和因素分析》,《中国大学教学》2005 年第 7 期。

③ 王利:《课堂教学质量的系统生成模式析要》,《教师之友》2005 年第 6 期。

教学内容、教学方法、教学制度、教学设施、教学产品等方面系统地考察教学,并把影响教学质量的要素从人的要素、环境要素、教学结构要素、管理要素、教育技术要素等进行概括,而最优化教学质量的生成,则是要实现这些要素形成一种最优水平上的组合,并衡量这种系统组合的整合和优化的程度。在这种学说的影响下,主要形成一种合发展性的质量观。合发展性的质量观认为,课堂教学是一个动态性的系统发展过程,教学的每一环节在发展中均会出现不可预期的变化,因而应当以发展性的视角全面地、动态地、全程监控教学质量的生成。

第五,"治理说"——公共质量治理观。"治理说"主要是在"全面的质量"发展理念影响下形成。"治理说"在治理理论发展的基础上,强调在教育领域建构现代教育体系并提升教育治理能力,从而推进教育治理体系和治理能力的现代化。受"全面的质量"发展理念的影响,"治理说"在教育教学中的发展强调教育教学质量的治理在多大程度上符合质量治理全员的需求,符合全过程、全方位质量治理监控和保障的程度,以及满足公共利益实现的程度。另外,从质量管理理论的演化发展来看,质量管理势必要走上一条公共质量治理的道路上,从而形成一种公共参与的全面质量治理以追求公共利益最大化实现的公共质量治理观,也即质量共治观。因而,教育教学领域内的公共质量治理观是在质量管理理论的发展和"治理说"理论在教育教学中拓展的共同作用下形成。这种公共质量治理观是在合需要性、合标准性、合目的性和合发展性质量观的优势整合基础上,强调多维质量管理方法的有效整合,全员质量治理主体的共同参与,全程质量管理阶段的融合共生,以工作过程为导向从而追求"服务育人"与公共利益的最大化的过程性实现。

二、职业教育教学质量的生成和发展

职业教育教学质量的生成和发展,主要是在几种质量观的影响下的生成和发展。首先,"程度说"——合需要性质量观指引下的教育教学质量的生成和发展逻辑,是在教育教学过程中,教育教学对作为教育顾客和消费者的受教育者个性化发展需求的满足,而教育教学质量的高低也就是教育教学给受教育者带来的幸福快乐和满足的程度。其次,"特性说"——合标准性质量观指引下的教育教学质量生成逻辑,是在教育教学过程中,关涉教学的各项指标应符合质量标准的规定要求和参数,教育教学质量的高低是使教学各项指标朝质量标准靠拢和达成的程度。再次，"中心说"——合目的性质量观指引下的教育教学质量生成和发展逻辑，是在教育教学的一切活动和安排应满足预先设定的教学目标并能够有效促进学生知识与能力、情感态度价值观等方面的全面发展，教育教学质量的高低也是对教学目标和学生发展目标达成程度的衡量。然后，"系统说"——合发展性质量观指引下的教育教学质量生成和发展逻辑，是教育教学在整合教学的各要素使其在一种最优水平上的优势整合，从而在切合学生全面发展的变化和需要中动态性生成，教学质量的高低也是教学系统本身的优化程度以及动态促进学生发展的程度。最后，"治理说"——公共质量治理观指引下的职业教育教学质量，同样处于特定质量观指导下不断生成和发展的过程中，是职业教育教学在人员参与、方法利用、过程性控制、人才培养效率效益、公共利益目标实现等关乎职业教育需求和标准方面的满足和切合程度，而职业教育教学质量的高低也是对这些需求、标准和发展性的符合和满足程度的衡量。

三、职业教育教学质量治理的动态生成

职业教育教学质量的治理受各种内在和外在因素、可控和不可控因素、预期和非预期等因素的影响，在过程中动态生成。整体看来，职业教育教学质量治理主要沿着如下逻辑动态生成（如图1-6所示）。

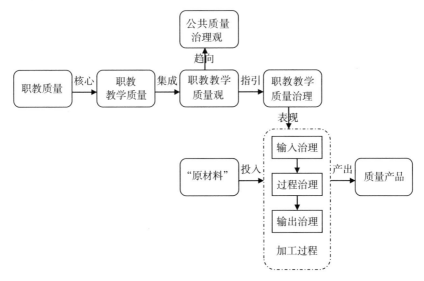

图1-6　职业教育教学质量治理的动态生成

从教育质量生成的路径来看,职业教育质量主要通过职业学校质量体现出来,而职业学校质量的核心又主要体现在职业教育教学质量上。在质量管理理论发展学说的影响下,职业教育教学质量管理在实践上长期形成的文化、经验、知识等方面信息要素的集成,又构成了职业教育教学质量治理的质量观。诚然,在不同的教学质量治理情境和治理实践的作用下会形成不同的职教教学质量治理观,如合需要性质量观、合标准性质量观、合目的性质量观、合发展性质量观等,而实际上这些质量观在不同的治理情境下均有其发展优势,若将这些质量治理观进行整合,并创生成一种全面的公共质量治理观,势必会是未来职业教育教学质量治理观的发展趋势。在职教教学质量观,尤其是在公共质量治理观的指引下,职业教育教学质量治理也将走上一条公共质量治理的道路上。若从职业教育教学质量治理的过程体系来看,职教教学质量治理也主要表征为一种在过程中的动态生成,是在职业教育教学的投入、过程加工和产出过程体系中的动态生成。职业教育教学质量治理也主要是在这一过程体系中的"加工过程"环节,即职业教育教学输入治理、过程治理与输出治理中的生成。通过全员参与、全程把控和全面优化,从而实现对教学收益与教学成本投入的比对,以及对关涉教学质量各要素的动态式整合优化和满足,以保证教学质量目标的最优化实现。而关涉职业教育教学质量的这一关键环节治理内容也将在后文做专门剖析,这里不予赘述。

第四节　职业教育教学质量治理的价值取向

在传统职业教育教学质量管理领域,由于受理想主义与实用主义对质量管理主体的双重影响,职业教育的教学质量管理走上了一条唯技术理性之路,从而形成了在管理意识层面上的固势思维和在管理行为上固定程式的传统职业教育教学质量管理取向。传统的职业教育质量管理在具体实践中主要表征为一种秉持合规定性的质量价值目标、单向度价值判断和单维度的质量价值选择的取向。合规定性的质量价值目标主要是一种以外在指令性的规定或特定的刚性质量标准为价值参照物,职业教育教学发展的目标是不断减少向指令性规定或权威的刚性标准靠拢的目标差,而这种单纯以外在指令性规定或刚性标准为质量的价值参照物，容易造成职业教育教学走向一种"千课一面"模式化、程式化与功利化的发展路向上；单维度的质量价值判断也正是在合规定性质量目标取向影响下形成的，主要以是否达到规定性要求和标准，以及对规定要求和标准的达成程度为判断职业教育质量优劣和高低的价值标准。单维度的质量价值选择主要集中在对狭义层面的职业教育教学质量价值选择上，而职业教育教学质量的优劣也主要通过学生作品和学业成绩等外在性物化质量表征出来，并主要以这些外在性物化质量作为教学质量的衡量依据。然而，职业教育具有其本身发展的特殊性，因而其教学质量也不仅仅集中在教学层面上，教学产品的质量、教学服务的质量同样是职业教育教学质量治理的重要内容，单维度的质量价值选择只会使职业教育教学质量治理的视域变得狭窄，从而不利于从整体层面考察职业教育教学的质量。诚然，职业教育质量系统是一个涉及多元主体利益、牵涉多维价值尺度、关涉多向度治理关系的复杂系统，并非某单方力量可保证和实现的。

因而，本书认为，职业教育教学质量治理的价值取向是一个渐进的循环生成过程，这种生成关系如图 1-7 所示：

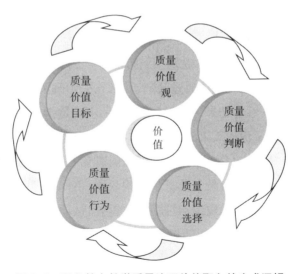

图 1-7　职业教育教学质量治理价值取向的生成逻辑

这一生成过程主要沿着在职教教学质量治理价值目标的引领下催生质量价值观，在质量价值观的关照下作出一定的质量价值判断，在质量价值判断的基础上作出一定的质量价值选择，在质量价值选择的作用下引导作出质量价值行为的这一思维逻辑,使质量治理的价值在动态循环过程中生成,从而更好地通过质量治理行为作用于职业教育教学质量治理的实践。因而,在职业教育质量治理中,需重塑一种集多元融合的教学质量治理价值目标,多向共生的教学质量价值判断,多维整合的教学质量治理价值选择为一体的现代职业教育质量治理价值取向。

一、多元融合的职业教育教学质量治理价值目标

职业教育教学质量治理是一个关乎众多相关者利益的复杂系统,推进职业教育教学质量的治理必然要实现各相关者利益目标的协调和利益关系的协同,因而,职业教育教学质量治理的价值目标应当是一种多元融合的目标体系,以有效推进各相关者利益目标的动态耦合。由于任何的管理都极为强调管理的效果、效率、效益和效能,治理亦然,因而,职业教育教学质量的治理也同样强调质量治理的效果、效率、效益和效能。因此,本书认为,职业教育教学质量治理的价值目标应当是一种质量治理效果、效率、效益、效能、效应多元融合的目标体系,而职业教育教学质量治理的价值目标也主要是在职业教育教学中实现各质量治理目标的动态耦合。

(一)职业教育教学质量治理"效果"目标

职业教育教学质量治理的"效果"目标是教学质量治理最为直接和最易达成的目标,是教学质量治理主体通过某一治理行为、治理力量、治理方式和因素而产生出的合乎目的性的结果,一般强调的效果主要是指质量治理取得的良好结果,而衡量教学质量治理效果的最直接方法是看质量治理的后果与质量预期之间的吻合程度。职业教育教学质量治理的预期又主要是各质量治理主体治理动机的集结。而在职业教育教学质量主体构成中,不同治理主体因各自的利益诉求不同而各自拥有不同的质量治理动机。首先,从职教教学质量的直接治理主体来看,职教教师的质量治理动机主要体现其内部动机和外部动机两方面。一方面,职教教师通过理论和实践教学有成效地传授给学生特定知识和技能,并能够满足学生从事某一工种或职业岗位的发展需要,而职教教师便在此过程中获得自我价值实现的成就性内部动机;另一方面,职教教师通过参与质量治理活动,在提升自身教学质量的同时也能够有效助推教学绩效的提升,职教教师也因此而拥有通过绩效提升获取更多工资报酬的外部动机。企业参与职业教育教学

质量治理的动机主要体现在其直接动机和间接动机两方面。一方面,企业参与职业教育教学质量治理的直接动机主要在于在校企合作过程中,通过提升职业学校的影响力从而同时提升企业自身的品牌影响力,并从中获得能够员工再培训等优惠;另一方面,企业参与职业教育教学质量治理的间接动机在于,通过提升职业学校的质量从而保证获得企业需要的优质技术技能型人才。学生参与职业教育教学质量的动机也主要体现在其内部动机和外部动机两方面。一方面,学生参与教学质量的治理能够有效提升其在教学中的主体地位,从而使其获得自我价值体现的内部动机;另一方面,学生参与教学质量治理能够有效保证其教学需求的实现,以更高效地提升其发展所需的职业能力、核心能力和关键能力等,并切实促进其高质量就业而体现出来的外部动机。其次,从职教教学质量的间接治理参与者来看,如学校行政管理人员、政府或教育行政部门、评估机构、产学研合作单位、学生家长、社区等参与职业教育教学质量治理的直接动机在于通过提升职业学校教学质量而从中获得如地位提升、绩效保障等一定利益,而其间接动机主要体现为通过推进职业教育质量的提升从而一定程度体现其社会责任的履行。诚然,不同的治理主体因其治理动机的不同,对职业教育教学质量治理效果的认定也不尽相同,因而职业教育教学质量治理的"效果"目标是推进多元治理主体利益的协调,并在此基础上实现各主体质量治理动机的有效整合,从而形成一致合力共同推进职业教育教学质量提升。

（二）职业教育教学质量治理"效率"目标

效率主要指在单位时间内完成的工作量。职业教育教学质量治理的"效率",主要是将治理效率置于管理领域内,从而体现为在特定时间内,职业教育教学组织的各种投入与产出之间的比率关系。因而要考察职业教育教学质量治理的效率,势必要对教学投入和教学产出之间的关系进行把控和比对,从而衡量职教教学质量治理的效率高低。从另一层面来看,职业教育教学质量治理效率的问题,也就是教学质量治理各主体对有限职教资源的配置问题。职业教育教学质量治理强调达成"效率"目标,也就是要实现各主体在特定时间内,对教学产品的生产效率的提升,以及通过各种治理手段实现职教教学资源的最优化配置,因而,这种效率目标也主要体现为质量治理共同体对教学产品的生产效率和对职教资源的配置效率两方面。首先,从教学产品的生产效率目标来看,提升生产效率也即要在职业教育教学特定的时间范围内,以较少的教学投入催生出最多的教学产出。在教学投入上包括教学人力资源、物力资源、信息资源、财力资源等方面的投入,而教学产出则主要是教学产品的产出。这种教学产品既包括抽象的教学产品也包括具体的教学产品,抽象的教学产品如教师专业的发展、学生技术技能的获取、教学服务的供给等等,具体的教学产品包括学生的毕业设计、工艺作品、技能大赛获奖等。其次,从教学资源的配置效率目标来看,优化职业教育教学资源的配置,主要通过一系列治理措施、手段和方法,将现有教学资源从低收益的地方向高收益的地方进行调度和调节,以减少资源的浪费从而以最大化地开发和利用教学资源。

（三）职业教育教学质量治理"效益"目标

从经济学层面来讲,效益是指劳动(包括物化劳动与活劳动)占用、劳动消耗与获得的劳动成果之间的利益比较。职业教育教学质量治理的效益,指在职业教育教学质量治理中所投入的劳动(物化劳动与活劳动)占用、劳动消耗与取得的质量治理成果产品之间的比较。实现职业教育教学质量治理的"效益"目标,则是要推进质量治理在同等情况下的质量成果价值高于质量管理所占用和所消耗的治理劳动代价,使质量产品的产出多于质量治理的投入。诚然,职业教育教学质量治理效益的高低反映了其治理水平的高低,这便需要各主体间通过共同的治理活动,同时减少治理劳动的投入、占用、消耗,并提升教学质量产品的输出。整体来看,职业教育教学质量治理的效益主要表现在三个方面:其一,教学效益。职业教育教学质量治理的效益主要通过教学效益表现出来。教学效益即实际的教学效果与应有的教学效果之间的比值。具体而言,是在特定的目标范围内,职业教育教学参与者实际所投入的时间、精力、成本等以及通过职业教育教学产出的受教育者知识、能力、品德等方面实际发展所得的总和,与在预定时间内抛开所有影响因素,由全体教学参与者预期实现的全部投入和其能够产出的受教育者知识、技能、品德等方面的全面发展因素总和之间的比值。这种教学效益若通过效益目标反映出来,也即是通过教学实现对教学目标实际的达成度与预期应实现的教学目标达成度之间的比值。这其中,任何教学投入的欠妥如教学人员水平不佳、教学方法使用不当、教学内容选择不适等均会影响教学质量的产出,从而影响教学的效益,因而职业教育教学质量治理的效益目标,是需要诸多教学相关人员通过共同努力保障和实现的。其二,经济效益。对于主体中以盈利为主要目的的企业来说,经济效益便是其通过参与治理而追逐的核心利益目标。由于经济效益是指生产总值与生产成本之间的比值，而对于企业而言，参与质量治理而达到的经济效益，则是参与职业学校人力资本的生产和转换，以减少生产成本而推动职业学校人力资本的输出，从而保证为企业自身和社会制造更多的收益和经济价值。其三，质量效益。职业教育教学的质量效益是职业教育教学一切工作的生命，教学质量效益主要通过教学产品、质量产品、服务产品等表现出来。提升职业教育教学质量的效益，则要保证这些产品的生产经营质量，加强全员参与、全过程控制、全方位保障，并融合教学效益、经济效益、质量效益为一体，从而实现教学质量相关者综合利益的最大化。

（四）职业教育教学质量治理"效能"目标

效能主要指事物本身所蕴含的有利价值和作用。职业教育教学质量治理的"效能"，主要是指职业教育教学质量治理本身所具有的作用和能力。强调职业教育教学质量治理的"效能"目标，则是要力求推进教学质量治理在质量产品的产出与质量治理能力之间的平衡。在职业教育教学质量管理的实践中，往往存在两种质量管理的"钟摆"现象：一种是部分职业学校往往将质量产品的产出作为质量管理的终极目的，在他们看来，教学质量管理的质量产品产出才是检验质量治理效果的最终标准，而实际上这种以质量产品作为质量管理最终目的的行为只是一种要"鱼"不要"渔"的短视行为；另一种是部分职业学校尤其强调对教学质量管理主体的质量管理能力提升，并通过各种如培训、训练、检查、监督等方式实现对质量管理人员的能力培养，却较少关注职业教育教学质量直接成果的产出，实际上这种只注重质量管理能力的培养和提升，而不注重质量产品产出的质量管理行为，便犹如"只吃饭不下蛋"的无效行为。因而，追求职业教育教学质量治理的"效能"目标，则是要寻求在质量产品产出和质量治理能力提升"钟摆"之间的有效平衡，既要注重教学质量产品的产出，又要注重教学质量治理能力的提升，既避免要"鱼"不要"渔"的短视行为，又要避免"只吃饭不下蛋"的无效行为发生。

（五）职业教育教学质量治理"效应"目标

效应即指"因子的某个水平或因子间的某个交互作用对反应值（即反应量）所产生的影响"[1]，从本质上来看，效应强调因素与结果之间的因果关系，并强调

---

[1]　顾明远：《教育大辞典》，上海教育出版社1991年版，第1456页。

这种因素的关系总和对结果产生的影响程度。职业教育教学质量治理的"效应",主要是指通过质量治理所产生的对职业教育教学的影响力的总和。职业教育教学质量治理主要由教学质量管理构成,教学质量管理又由各个管理因素构成。实际上质量管理由各个质量管理因素及其关系的不同组合构成,而因素之间的组构和融合所产生的效应往往是大于单个质量管理因素简单相加所产生的效应。教学质量管理的效应亦然,也是诸多教学质量管理因素间关系组构和融合所产生的效应大于单个教学管理因素之间简单结合所产生的效应,若用 A(Administration)代表教学质量管理的某一方面因素,则这种关系用公式表达则如公式 1-1 所示:

$$nA > n(A_1 + A_2 + A_2 + \cdots\cdots + A_n) \tag{公式 1-1}$$

相比教学质量管理来讲,教学质量治理关涉的要素更多,要素间的关系也更为多元和复杂,因而教学质量治理因素总和产生的效应也远大于教学质量治理单个因素的叠加产生的效应,若用 G(Governance)代表教学质量治理的某一方面因素,则这种关系如公式 1-2 所示:

$$nG > n(G_1 + G_2 + G_2 + \cdots\cdots + G_n) \tag{公式 1-2}$$

由此看来,教学质量治理虽强调各种有利因素的投入,如多元治理主体的参与、多维治理方法的使用、多元路径的推进、全程全方位治理的共同保障等,但这些因素在教学质量治理中的投入并非只是单纯的运用于其中,而是强调对这些要素进行优化组合,使教学质量治理产生最大化的正向效应。虽然教学质量治理的构成离不开教学质量管理,但教学质量治理产生的正向效应是教学质量管理所不及的,因而强调形成在教学质量管理基础上的治理,更能有效地促进教学质量治理正向效应的发挥,这种关系如公式 1-3 所示:

$$nG > nA > \sum_{i=0}^{n} A \tag{公式 1-3}$$

由于效应有正向效应和负向效应之分,因而在谈职业教育教学质量治理的"效应"目标时,实际上指的是推进职业教育教学质量治理的正向效应目标的实现。这种"效应"目标是指通过教学质量的治理将质量治理关涉的各要素进行最优化配置和组合,使各要素之间形成一种稳定的、高效的关系结构,从而使职业教育教学质量治理产生对职业教育教学、职业教育教学质量、职业教育、社会经济、等方面更多、更大的正向效应和作用。

总之,职业教育教学质量治理的价值目标之间并非是一种相互割裂的关系,而是一种质量治理效果、效率、效益、效能、效应多元融合的目标体系(如图1-8所示),并在职业教育教学质量治理的实践中实现各质量治理目标的动态耦合。

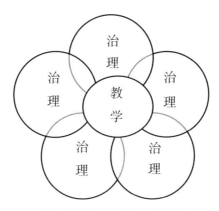

图1-8 职教教学质量治理的"五效"目标耦合关系

二、多向共生的职业教育教学质量治理价值判断

与普通教育不同的是,职业教育教学除了强调受教育者知识和能力的全面发展外,还指向通过人才产品的输出推动经济社会发展的提质增效,因而职业教育教学质量治理的价值判断,较普通教育更为复杂,而部分适用于普通教育教学的学术取向或成绩取向的质量价值判断标准,却不一定适用于职业教育教学发展的实际,任何企图以一套适用于普通教育教学的质量判定标准来量定职业教育教学质量的做法,均是有违职业教育本身和经济社会发展规律的。因而,现代职业教育教学质量治理的质量价值判断应切合职业教育教学本身的特点,以职业教育能否教学满足受教育者和经济社会的发展需要、是否能够实现个体发展和经济社会发展目标的达成、是否能实现职业教育本身内涵建设与可持续发展等多维层面的价值整合,并以此作为质量判断的依据和标准,在体现职业教育教学职业性特质的同时,以促使职业教育教学质量判定走上合理的发展道路。在前文"职业教育教学质量治理的发生机制"内容部分已经谈到,职业教育教学质量治理主要秉承一种公共质量治理观,也是一种质量共治观,而这种公共质量治理观是在合需要性、合标准性、合目的性和合发展性质量观的优势整合基础上,强调多维质量管理方法的有效整合,全员质量治理主体的共同参与,全程质量管

理阶段的融合共生,以工作过程为导向从而追求"服务育人"与公共利益的最大化的过程性实现,因而这种质量共治观引领下的教学质量判断也必然是一种区别于传统单维性的、外在合规定性的,是集合需要性、合目的性、合标准性、合发展性为一体的多维整合的质量价值判断。

首先,合需要性的质量价值判断指明了职业教育教学质量治理的意义。职业教育作为联结学校、人才、市场、社会的重要纽带,其存在的意义在于通过教学使受教育者获得某种职业知识和职业技能,使其能够从事一定的社会生产,在满足受教育者个体发展需要的同时,也能够通过职能生产和岗位创新而满足社会经济的发展需要。由此决定了职业教育教学最基本的职能应当是满足个体和社会的需要。因而,职业教育教学质量治理也应当为导向,一方面,满足受教育者职业知识和职业技能的获得从而使其高质量地就业,并同时满足社会经济发展对高技术技能复合型人才的需要,从而促使经济社会优质与高效发展;另一方面,在于满足职业教育教学质量治理共同体以及其他利益相关者的利益需要,从而实现公共利益的最大化。而这种职业教育教学质量治理的价值高低的判断,则一定程度地反映在对各方需求的满足程度上,并作为价值高低判断的重要指标之一而非唯一的判断指标。这种合需要性的质量价值判断取向应当是一种对个体与社会、利益相关者与市场共同发展需求和要求的职业教育内生性意义的达成,而非受外在力量的强行干预和控制。诚然,受教育者的就业需求、利益相关者的需求以及经济社会对人才的需求之间需经过市场进行"中转"和调节,因而这几方面的利益诉求也在一定程度上可整合为合市场需要性的价值判断导向。

其次,合目的性的质量价值判断取向指明了职业教育教学质量治理的方向。由于需要决定了目的,因而合目的性的价值判断取向秉承了合需要性判断取向在职业教育教学在促进人和社会发展上的意义,并指明职业教育教学质量治理在满足受教育者就业、岗位适应和社会服务上的质量判定方向。而合目的性的质量价值判断即职业教育教学质量治理在多大程度上符合教学质量治理在满足受教育者就业、岗位适应和社会服务的程度,也以此作为质量价值高低判断的重要指标之一而非唯一的判断指标。诚然,合目的性的质量价值判断取向在指明了教学质量治理价值判定方向,而其在具体的质量治理行为上则主要表征为,职业教育教学质量治理主体共同体通过不断地进行负反馈调节,以调整职业教育教学与人才市场的岗位需求、企业的技术技能需要、经济结构调整升级对高技术技能人才的需求等方面职业教育职能目标与教学目标实现上的目标差,从而确保职业教育教学质量判断合目的性的实现。

再次,合标准性的质量价值判断指向了职业教育教学质量治理的效益。在工业社会初期,工业制造的标准化推进了工业产品的生产效率和生产效益的提升,而随之标准化在社会生活的各个领域普遍兴起,并在经济、科学、技术和管理等社会生活和实践活动中,通过制订、发布和实施等程序实现对重复性的事物或事件的标准化处理,从而使其形成良好的秩序并获得最佳效益。在职业教育教学质量管理领域,合标准性的质量价值判断也是在职教教学质量管理上推进质量判断的标准化,通过建构一种科学合理的标准化体系,并实现在职业教育教学质量治理层面的各要素和指标与质量标准间的比对,若各质量治理要素与质量标准间匹配度越高,则其质量价值也就越高。合标准性的质量价值判断可以有效提升职业教育教学质量治理价值判断的效率和效益,因而其也是质量价值水平判断的重要构成之一,但在强调推进标准性的质量价值判断时,应将这种标准化处理过程控制在科学和合理的范围内,以避免职业教育教学质量价值判断走向"唯标准化"质量价值判断的程式化发展路向上。

最后,合发展性的质量价值判断取向指明了职业教育教学质量治理的内涵。职业教育教学质量的治理是一个不断变化的复杂过程,因而在质量治理过程中,也应以一种动态发展性的质量治理理念和方式来应对不断变化的情境,从而使职业教育教学质量的治理能够在实现与受教育者、质量治理参与者以及经济社会在发展需求上动态式对等的同时,也能实现职业教育本身的内涵式发展。因而合发展性的质量判断取向指明了职业教育教学质量治理的本真内容,而对职业教育教学质量治理的价值判断也应当以职业教育教学质量治理在多大程度上符合其在促进受教育者、质量治理共同体、经济社会以及职业教育本身等质量相关者的内涵与动态发展上的满足程度,并将其同样作为职教质量治理价值高低判断的重要指标之一而非唯一的判断指标。

另外,在推进职业教育教学质量治理的合需要性、合目的性、合标准性与合发展性等质量价值判断多向融合共生的同时,也有必要强调,职业教育各质量治理主体,在多维整合职业教育教学质量价值判断时,还应在质量判断的侧重点上形成有效整合,对于政府部门和职业学校来说,职业教育教学质量治理的重心不应仅落于职业教育教学的输入质量治理上；对于评估机构而言，职业教育教学质量的评估也不应仅关注职业学校教学的输入和过程质量；对于行业企业来说，对职业学校人才培养的关注点也不应只落在职业学校通过教学实现的人才输出质量上，而应该是集合政府、职业学校、行业企业以及评估机构的多维力量，从整体的协同治理层面，整合判断职业教育教学在输入质量、过程质量和输出质量上对职业学校教学的发展、职业人的发展和对经济社会发展的满足程度。

三、多维整合的职业教育教学质量治理价值选择

价值选择是在价值判断的基础上做出的选择，价值判断是价值选择的基础，而价值选择又是价值判断的外在体现。由于职业教育教学质量治理关涉的要素较多，体系较复杂，因而不同质量治理主体的治理动机和利益也不尽相同，而当各自的立场不同、利益诉求不同时，则易造成质量治理主体之间的利益冲突，而这时，从整合利益的层面出发作出质量治理的正确价值选择，便是有效解决利益冲突问题，从而形成一致合力以共同推进质量治理效率和效益提升的有效路径。由于职业教育教学质量治理的价值选择也是基于教学质量治理价值判断的基础上实现的，多向共生的职业教育教学质量治理价值判断，决定了职业教育教学质量治理的价值选择也具有多维性，并实现这些价值选择之间的多维整合。由于职业教育教学质量治理推崇一种集合需要性、合目的性、合标准性与合发展性于一体的职业教育教学质量治理的价值判断，而要推进职业教育教学质量治理价值选择与之相适应，则本书认为，整合推进职业教育教学质量治理在教学工作的价值、服务的价值和产品的价值于一体的职业教育教学质量治理价值选择，更能适应多向共生的职教质量治理价值判断，通过这几方面价值的整合，从而为下一步质量治理价值行为的作出提供指导。

教学工作的价值指向职教教学的价值本真，是关涉教学参与者的价值选择。教学的价值是职业教育教学质量治理的核心，在职业教育教学质量治理共同体中，职教教学工作价值的本身指明了质量治理应始终保持教学的教育性，从而保证多元复杂利益主体参与的质量治理不至于缺失教育的本性。

产品的价值指向职教教学质量的输出，是关涉职业学校与企业的价值选择。无论是职业学校加工制造并输出质量产品或是企业接受质量产品，均是以产品的价值属性为价值选择的核心的。职业教育教学质量治理产品是更切合职业学

校的教育性属性还是更切合企业生产的经济属性，便决定了两者进行价值选择的基本立场。因此，职业教育教学质量治理便是要实现职业学校与企业共同实现对输出产品的教育属性和经济属性的价值保证，以便两者之间在产品的价值选择上协同一致。

　　服务的价值指向职教教学的价值关键，是关涉社会的价值选择。职业学校教学质量的输出不仅包括产品的输出，也包括服务的输出，从社会宏观层面来看，社会公众对职业教育教学质量的关注，更侧重于从其提供的社会服务来考察其价值，因此，职业教育教学质量治理便应立足于对职业教育教学提供服务层面，如对企业在职员工的职业再培训、为城市闲散劳动力的就业培训、农村失地农民的职业培训等服务，职业教育提供的服务越周到越符合社会公众的需求，社会对职业教育的价值选择点就要越多，而不同职业学校通过职业教学培训而为社会提供的服务水平和服务质量，也为社会对该职业学校进行价值选择提供重要支撑。

第五节　"教学—服务—产品"质量治理层次推进模式：一个整合性的分析框架

一、职业教育教学质量治理层次推进模式的建构分析

　　整合前文关于 ISO9000 族标准、TQM 全面质量管理、SERVQUAL 服务质量评价的基本观点和方法可以看出，工作质量、产品质量和服务质量是质量管理的必不可少的内核品质，而区别于企业质量管理的以工作为核心的管理来看，教育质量管理的核心在于教学，但又与普通教育教学相区别的是，职业教育教学具有"职业域"与"教育域"之间的跨界融合性，因而职业教育教学质量治理的核心不但涵盖了职业学校的教学，还涵盖了企业的工作过程，这也是现如今职教领域众多专家学者强调的基于工作过程导向进行职业课程开发的原因所在，其同时也是本书可以一定程度借鉴企业质量管理方法及原理并能运用到职业教育教学质量管理上的基础。

　　作为强调全面内容质量管理的职业教育教学质量治理来说，其治理也应同

样涵盖包括工作质量、服务质量和产品质量在内的全面质量管理。因此,本书认为,职业教育教学质量治理一方面是在融合职业教育课堂教学和企业工作流程的基础上,在内容层面集职业教育教学工作质量、职业教育教学服务质量、职业教育教学产品质量于一体的质量治理;另一方面,新公共管理理论、公共产品理论与公共治理理论又从一定层面为职业教育教学质量治理的共同体建构、教学质量产品属性定位和公共理性的集成奠定了理论基础。

另外,职业教育教学质量治理也正是在公共理性的支配下,通过共同体组构而推进教学质量产品的不断生成过程,其中必然涉及质量治理发展逻辑、质量治理的主体、质量治理的过程和质量治理的结果,而对应质量治理发展的主体、质量治理的过程和质量治理的结果,本书有效借鉴了公共管理学者陈广胜关于将善治置于汉文化语境研究的思想,①并在对其充实发展的基础上,提出了"共治求善治"的逻辑研究、"共治生善者"的主体研究、"共治保善于"的过程研究以及"共治成善态"的效果研究。

综上而言,本书在遵循质量管理从理论到实践的推演逻辑,并结合职业教育教学质量生成逻辑的基础上,探寻在职业教育质量共治的动态发展中推进善治的生成,并因此建构了基于"教学—服务—产品"质量治理的层次推进模式作为本书的分析框架(如图 1-9 所示),从而在此基础上建构了本书的内容框架。

二、职业教育教学质量治理层次推进模式的内容框架

"教学—服务—产品"质量治理层次推进模式,主要围绕职业教育教学工作的质量、教学服务的质量和教学产品的质量,并沿着教学质量治理从共治向善治的逐层推进而展开,其中,教学工作的质量是起点和核心、教学服务的质量是价值内核、教学产品的质量是关键。通过对职业教育教学质量的逐层治理,从而推进职业教育教学质量在共治的过程中达成善治的理想状态。② 这一推进过程具体如下:

职业教育教学质量治理起于教学工作质量的治理,而这涉及教学工作质量

---

① 公共管理学者陈广胜在其专著《走向善治——中国地方政府的模式创新》中,将治理研究置于汉文化语境中,从而提出"就治理主体而言,善治是'善者治理';就治理方式而言,善治是'善于治理'、就治理结果而言,善治是'善态治理'"的思想。

② 陈广胜:《走向善治:中国地方政府的模式创新》,浙江大学出版社 2007 年版,第 2 页。

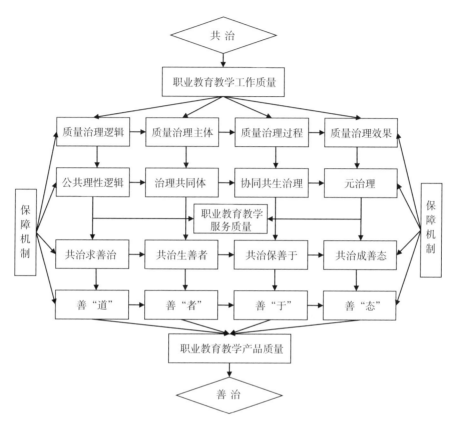

图 1-9 "教学—服务—产品"质量治理层次推进模式

治理所遵循的治理逻辑、所需要的治理主体、承载的治理过程和所反映的治理效果等问题。首先,质量治理的逻辑决定了质量治理主体行为的发展方向,质量治理逻辑是否合理,也决定了质量治理的方向是否正确,因而,明确职业教育教学质量治理应遵循的理性逻辑,则是本书首先要探讨的重要问题。由于职业教育是一项涉及公共利益、具有复杂性质的组织活动,其公共性品质决定了职业教育教学质量治理应遵循一种公共理性逻辑,而这种公共理性逻辑则应当是一种共治求善治的理性逻辑,从而形成一种在职业教育教学质量治理上的"善道"。对于职业教育教学治理的逻辑相关内容将在第三章专门呈现并重点论述。其次,在明确治理逻辑的基础上,便是探讨治理主体的问题。质量治理主体作用的发挥程度在较大程度上决定了质量治理的效果,对质量治理主体及其关系问题的探讨也是本书需着力解决的重点问题。公共治理理论强调治理是多元主体的共同参与,而多元主体共同参与并不能实现彼此之间的有效合作,因而治理共同体的组构便是质量治理必然要实现的,通过共同体的组建,实现各主体之间的紧密合作,以推进在共治中"善者"的生成,而这部分内容将在第四章做专门探讨。再次,质量治理主体作用的发挥又主要是在质量治理过程中进行的,由于质量治理是全过程性的,因而对质量生成的全过程控制才能有效保证质量治理效果达到预期水平,这便需要质量治理共同体在职业教育教学输入、教学过程和教学输出上共生合作,以全程性保障质量的生成,并提升质量治理共同体的治理水平和治理能力,实现共治保"善于",从而确保在下一次治理循环中质量的提升,而这一部分内容将在第五章做专门探讨。最后,质量治理效果是质量治理水平和能力一定程度的体现,而治理水平和能力只是对一定时间和一定阶段内治理能力的体现,而真实的治理水平和能力是在反复的实践过程中不断凝练和实践智慧的集结过程,因而对质量治理本身的治理更能有效促使质量治理水平和能力提升,以确保在共治中"善态"的达成。诚然,由于教育本身是一项公益事业,职业教育教学工作也应当实现其服务职能,因而无论是治理的逻辑、治理的主体建构、治理的过程抑或是治理的效果均应围绕教学服务这一价值核心,并通过建构一系列质量保障机制,以更好地推进在质量共治中高质量职业教育教学产品的生成,最终促进善治的达成。

第二章 现状扫描:职业教育教学质量治理的实然表征

第一节 职业教育教学质量治理调查的工具开发

从已有的研究情况来看,基于普通教育质量测量的工具较多,而这些测量工具也在某一些方面借鉴性地运用于职业教育教学质量治理的测量。然而,职业教育是区别于普通教育的一种教育类型,其系统更为复杂,因而,适用于普通教育的测量工具并非一定适用于职业教育教学质量的测量。而若要全面了解职业教育教学质量管理的情况,则势必需要切合职业教育教学的实际,开发适合职业教育教学质量管理的工具,从而考察职业教育教学质量管理的基本情况。

一、调查目的

职业教育教学质量治理是一个宏观的复杂系统,其教学质量治理的基本情况主要通过教学质量管理表现出来。本书试图通过编制职业教育教学质量管理现状问卷,整体了解当前职业学校教学质量管理的大致现状,深层剖析职业学校教学质量管理中存在的问题。具体来说主要包括:第一,在已有理论模型的基础上建构调查问卷的基本维度,并编制专家意见征询问卷,通过三轮专家意见调查,从而确定职业教育教学质量管理问卷的框架体系和访谈提纲;第二,通过调查的实施,从而收集本书丰富的第一手数据和信息资料;第三,通过对收集来的调查信息进行加工分析,从而把握当前职业学校质量管理的基本情况和现有问题,为后文更深入地研究提供一定支撑。

二、调查理路

在上一章已提到,一个系统主要由一系列相互联系的实体组成,而这些实体通过接受输入,并通过转换增加价值,从而产生输出来完成所设定的系统目的、使命或目标。任何一个系统的构成均离不开这三个方面的共同作用,从而形成了一种集"输入—过程—输出"为一体的转换增值模型。这种模型最初源自Hackman 创建的"输入—过程—输出"模型,即 IPO(Input—Process—Output)模型,主要运用于群体活动和团队建设中。根据这一模型,输入变量(如群体的人员、组织制度、信息等)影响群体的过程(群体发展、关系变化等),而群体过程又决定了群体的输出(如群体的绩效、成就、影响力等),即输入变量通过影响过程变量,从而对输出产生影响。而随着这一理论模型的进一步发展,越来越多的学者认为,这一模型显得过于静态,需动态地看待输入、过程和输出的系统演变过程,因而马克斯(Marks)、马修(Mathieu)和扎卡罗(Zaccaro)[1]等人认为,输入相对来说是一个静态的过程,而团队活动的动态性主要体现在"团队过程"上,因而其主要从"团队过程"和"历程状态"两方面看待团队活动的系统过程。为此,他们认为,团队过程应当是团队成员之间通过认知、言语与行为活动,从而共同将输入的因素转化成结果,以完成预设的目标和任务的过程,在这一过程中,比较重要的是要对团队成员的活动进行指导、调整和监督,以确保任务的完成能够达到预期的效果。另外,他们强调,"历程状态"并不是过程中的团队行动和互动,而是团队共同经历的一个产物,是输入和输出共同产生的结果。

职业教育教学质量治理同样是一个集教学输入、教学过程和教学输出为一体的质量治理系统过程。职业教育教学质量在经由教学条件输入后,主要通过对条件的过程性转化和增值,并通过教学产品的输出而作用于外在环境。诚然,职业教育教学质量治理并非仅靠某一个人能够实现,相比普通教育教学质量治理来说,职业教育教学质量治理的参与人员更多,因而,形成职业教育教学质量治理团队,并实现在输入、过程和输出上的协同努力,才能够有效达成教学质量治理的预期目标。正如 IPO 模型在团队建设和发展活动中强调的,相对静态的

---

① [荷]伯纳德·尼斯塔特:《群体绩效有效管理的基石》,曹继光译,人民邮电出版社 2013 年版,第 153 页。

输入变量(人员、组织制度、信息等)对相对动态的过程变量(指导、调整、监督)的影响,从而决定了群体的输出(绩效、成就、影响力等)。为此,本书为实现对职业教育教学质量治理的调查,从维度上有效借鉴了从系统层面考察组织效益的"输入—过程—输出"模型,从而确立了从输入质量管理、过程质量管理和输出质量管理三大维度考察职业学校教学质量治理的问题。

三、项目的德尔菲法筛选

本书在调查项目的收集上主要借鉴了德尔菲法并切合职业教育教学特殊性进行对项目的收集。本书邀请了 2 位职业技术教育专业的教授、2 位从事职业技术教育研究的研究员、1 位职业技术教育研究的博士后、4 位职业技术教育专业的博士生以及 3 位中高职教师共同组成了 12 人的专家小组,具体征询过程包括了三轮专家意见征询的调查。

(一)第一轮专家意见征询

在第一轮专家意见征询调查中,总计发放问卷 12 份,回收 12 份,有效回收率为 100%,其中 92% 的专家赞成本书对一级指标的划定,而在二级指标的认定上,具体调查过程和内容如下。

首先,在初拟的输入质量管理二级指标中,主要包括了教学人员管理、教学对象管理、教学信息管理、教学经费管理、教学理念管理、教学条件管理、教学环境管理、教学方法管理、教学内容管理、教学目标管理、教学制度管理以及教学场地管理等 12 个指标,按照问卷调查要求,每个专家限定 5 个必要指标,通过对12 个专家的意见进行统计,其结果为:"教学人员管理"条目所占必要指标个数为 9 个,参考指标个数为 3 个,无效指标 0 个;"教学对象管理"条目必要指标个数为 4 个,参考指标数 2 个,无效指标数为 6 个;"教学信息管理"条目必要指标数为 8 个,参考指标为 4 个,无效指标 0 个;"教学经费管理"条目所占必要指标个数为 1 个,参考指标为 4 个,无效指标 7 个;"教学理念管理"条目所占必要指标个数为 2 个,参考指标 3 个,无效指标 7 个;"教学条件管理"条目所占必要指标个数为 9 个,参考指标 2 个,无效指标 1 个;"教学环境管理"条目所占必要指标个数为 6 个,参考指标 3 个,无效指标 3 个;"教学方法管理"条目所占必要指标占 7 个,参考指标 3 个,无效指标 2 个;"教学内容管理"条目所占必要指标 7 个,参考指标 4 个,无效指标 1 个;"教学目标管理"条目所占必要指标 3 个,参考指标 2 个,无效指标 7 个;"教学制度管理"条目所占必要指标 3 个,参考指标 6 个,无效指标 3 个;"教学场地管理"条目必要指标占 2 个,参考指标 4 个,无效指标 6 个。具体统计结果如图 2-1 所示。

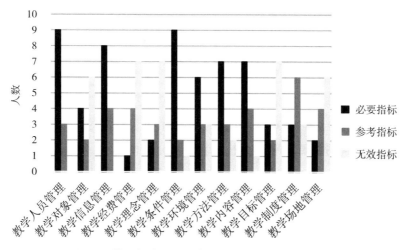

图 2-1 第一轮输入质量管理维度专家意见统计结果

若对各指标按其重要程度进行赋值,专家选定的必要指标分数指定为 4 分,参考指标指定为 2 分,无效指标指定为 0 分,则得出每个二级指标的总分,若按总分从高到低排序,则依次为"教学人员管理"42 分、"教学信息管理"40 分、"教学条件管理"40 分、"教学内容管理"36 分、"教学方法管理"34 分、"教学环境管理"30 分、"教学制度管理"24 分、"教学对象管理"20 分、"教学目标管理"和"教学场地管理"均 16 分、"教学理念管理"14 分、"教学经费管理"12 分。有必要指出,在专家问卷调查过程中,多数专家均强调,他们选定的无效指标并非意指其不重要,而是部分指标之间出现内在的包含关系,因而除去排分最低的几个条目,剩下总分靠前和几个有争议的项目,从而保留"教学人员管理""教学信息管理""教学条件管理""教学内容管理""教学方法管理""教学环境管理""教学制度管理"几项指标形成第二轮输入质量管理维调查的指标条目。

其次,在初拟的过程质量管理二级指标中,主要包括了教学质量指导、教学质量督导、教学质量监督、教学质量控制、教学质量改进、教学质量调节、教学质量把控、教学质量奖惩、教学质量激励等 9 个指标,按限定五个指标的要求,对 12 位专家第一轮问卷征询的统计结果为:"教学质量指导"条目所占必要指标数为 2 个,参考指标数为 2 个,无效指标为 8 个;"教学质量督导"条目所占必要指标数为 7 个,参考指标数为 2 个,无效指标数为 3 个;"教学质量监督"条目必要指标数为 9 个,参考指标为 3 个,无效指标 0 个;"教学质量控制"条目所占必要指标个数为 8 个,参考指标 3 个,无效指标 1 个;"教学质量改进"条目所占必要指标个数为 7 个,参考指标 4 个,无效指标 1 个;"教学质量调节"条目所占必要指标个数为 6 个,参考指标 4 个,无效指标 2 个;"教学质量把控"条目所占必要指标个数为 3 个,参考指标 4 个,无效指标 5 个;"教学质量奖惩"条目必要指标占 4 个,参考指标 5 个,无效指标 3 个;"教学质量激励"条目必要指标占 2 个,参考指标 4 个,无效指标 6 个。具体统计结果如图 2-2 所示。

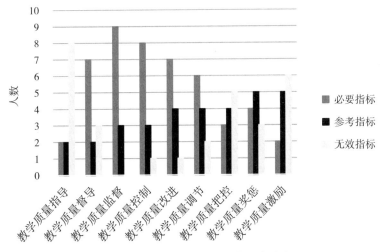

图 2-2　过程质量管理维度专家意见统计结果

同样通过对指标赋值并计算总分的形式来筛选和排查有效指标,按分数从高到低排列,则依次为,"教学质量监督"42 分、"教学质量控制"38 分、"教学质量改进"36 分、"教学质量调节"和"教学质量督导"32 分、"教学质量奖惩"26 分、"教学质量把控"20 分、"教学质量激励"16 分、"教学质量指导"8 分。排除得分最低和专家认为重复的几项指标,从而保留如"教学质量督导""教学质量监督""教学质量控制""教学质量改进""教学质量调节"等指标,从而构成第二轮过程质量管理维专家意见征询的指标条目。

最后,在初拟的输出质量管理二级指标中,主要包括了学生素质管理、学生作品管理、学生出口管理、教学成果管理、教学模式管理、教学特色管理、学生就业管理、学生就业质量管理、教学服务管理、社会服务管理等 10 个指标,同样按限定五个指标的要求,对 12 位专家第一轮问卷征询的统计结果为:"学生素质管理"条目所占必要指标数为 7 个,参考指标数为 4 个,无效指标为 1 个;"学生作品管理"条目所占必要指标数为 9 个,参考指标数为 3 个,无效指标数为 0 个;"学生出口管理"条目所占必要指标数为 8 个,参考指标为 4 个,无效指标 0 个;"教学成果管理"条目所占必要指标数为 8 个,参考指标为 4 个,无效指标 0 个;"教学模式管理"条目所占必要指标个数为 3 个,参考指标 2 个,无效指标 7 个;"教学特色管理"条目所占必要指标个数为 4 个,参考指标 3 个,无效指标 5 个;"学生就业管理"条目所占必要指标个数为 7 个,参考指标 4 个,无效指标 1 个;"学生就业质量管理"条目必要指标占 4 个,参考指标 4 个,无效指标 4 个;"教学服务管理"条目必要指标占 6 个,参考指标 6 个,无效指标 0 个;"社会服务管理"条目必要指标占 2 个,参考指标 3 个,无效指标 7 个。具体统计结果如图 2-3 所示。

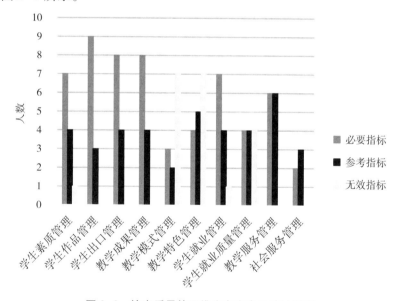

图 2-3　输出质量管理维度专家意见统计结果

同样通过对指标赋值并计算总分的形式来筛选和排查有效指标,按分数从高到低排列,则依次为,"学生作品管理"42 分、"学生出口管理"和"教学成果管理"40 分、"学生素质管理"36 分、"教学服务管理"36 分、"学生就业管理"36 分、"学生就业质量管理"24 分、"教学特色管理"18 分、"教学模式管理"16 分、"社会服务管理"14分。排除得分最低和重复的几项指标，从而保留"学生作品管理"
"学生出口管理""教学成果管理""学生素质管理""学生就业管理"和"教学服务
管理"等指标，从而构成第二轮输出质量管理维度专家意见征询的指标条目。

（二）第二轮专家意见征询

第二轮的专家意见征询的过程也主要包括了对输入质量管理、过程质量管
理和输出质量管理二级指标的确定上。本轮调查总计发放问卷12份，回收12
份，有效回收率为100%，具体调查过程如下。

首先，关于输入质量管理的几项指标，在上一轮筛选后剩下的几个指标经由
专家意见统计后，其结果为："教学人员管理"条目所占必要指标个数为10个，
参考指标数为2个，无效指标占0个；"教学信息管理"条目所占必要指标数为9
个，参考指标为2个，无效指标1个；"教学条件管理"条目所占必要指标个数为
9个，参考指标3个，无效指标0个；"教学环境管理"条目所占必要指标个数为2
个，参考指标3个，无效指标7个；"教学方法管理"条目必要指标占8个，参考指
标4个，无效指标0个；"教学内容管理"条目必要指标7个，参考指标5个，无效
指标0个；"教学制度管理"条目必要指标3个，参考指标5个，无效指标4个。
具体统计结果如图2-4所示。

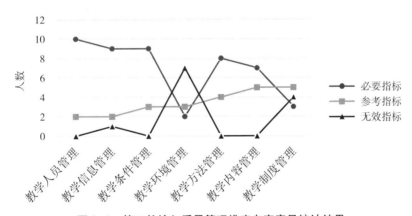

图 2-4　第二轮输入质量管理维度专家意见统计结果

通过对第二轮指标赋值并按总分排序，则依次为"教学人员管理"44分、
"教学条件管理"42分、"教学信息管理"和"教学方法管理"40分、"教学内容管
理"38分、"教学制度管理"22分、"教学环境管理"14分。若按先前的考虑，筛
选五个核心指标，则仅筛选掉"教学环境管理"和"教学制度管理"指标。从理论

上讲,则保留"教学人员管理""教学条件管理""教学信息管理""教学方法管理"和"教学内容管理"五个指标。诚然,专家们在按要求给各指标的重要程度进行判定的同时,也指出了这种指标设定上存在的问题:其中一名专家指出(筛选掉的指标这里不作解释),"教学内容管理"指标不能包含在输入质量管理维度内,可一定程度视为过程质量管理的内容。不仅如此,还有专家指出,按照本书设定的五个核心指标统计而得的结果指标,也不一定能囊括输入质量治理考察所必需的指标,并且各指标之间处于一种相互割裂的关系中,从而建议笔者在上一轮调查的基础上,从系统的层面对各指标进行归类。基于第二轮输入质量治理维度专家意见的调查结果,有效吸纳专家提出的宝贵意见,并结合职业教育教学的实际情况,本书从职业教育教学质量管理的基本构成和运作考虑出发,着力于从"谁"在什么"基础"上运用什么"手段"对什么"内容"作出什么"行为"这一管理基本运作层面,从而最终确立在职业教育教学质量管理的人员要素、条件要素、方法要素、信息要素和行为要素五大层面建构输入质量管理的维度。

其次,关于过程质量管理的几项指标,在上一轮筛选后剩下的几个指标经由专家意见统计后,其结果为:"教学质量监督"条目所占必要指标个数为 4 个,参考指标数为 3 个,无效指标占 5 个;"教学质量监督"条目所占必要指标数为 10 个,参考指标为 2 个,无效指标 0 个;"教学质量控制"条目所占必要指标个数为 9 个,参考指标 3 个,无效指标 0 个;"教学质量改进"条目所占必要指标个数为 8 个,参考指标 3 个,无效指标 1 个;"教学质量调节"条目必要指标占 3 个,参考指标 4 个,无效指标 5 个。具体统计结果如图 2-5 所示。

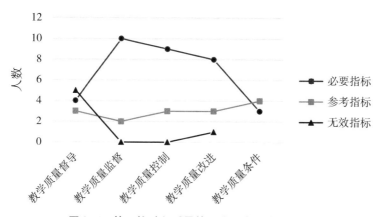

图2-5 第二轮过程质量管理维度专家意见统计结果

通过对第二轮指标赋值并按总分排序,则依次为"教学质量监督"44分、"教学质量控制"42分、"教学质量改进"38分、"教学质量督导"22分、"教学质量调节"20分。专家们对各指标重要程度进行判定的同时,同样也指出了二级指标在设定上存在的问题:其中有专家指出,在现有的几个二级指标中,"教学质量督导"从其内容体系来看,其内在地包含了教学质量监督、教学质量控制、教学质量改进、教学质量调节等内容,因而,从过程性质量考察方面,"教学质量督导"便和后面的几个指标之间因内在包含而重复,从这一层面来看,建议去掉"教学质量督导"这一指标。另外也有专家指出,从排分最后一位的"教学质量调节"来看,教学质量调节实质上是在"教学质量控制"和"教学质量改进"中同时实现的,因而这几者之间也出现内容重复的情况,因而可考虑去掉"教学质量调节"这一指标。诚然,教学过程性质量管理从一般层面来看,也主要囊括了教学质量监督、教学质量控制和教学质量改进的内容,因而,基于这一思考,并结合专家们提出的宝贵意见,本书最终确立职业教育教学过程质量管理维度在"教学质量监督""教学质量控制"和"教学质量改进"的二级指标条目。

最后,关于输出质量管理的几项指标,在上一轮筛选后剩下的几个指标经由专家意见统计后,其结果为:"学生素质管理"条目所占必要指标个数为6个,参考指标数为5个,无效指标占1个;"学生作品管理"条目所占必要指标数为7个,参考指标为3个,无效指标2个;"学生出口管理"条目所占必要指标数为6个,参考指标4个,无效指标2个;"教学成果管理"条目所占必要指标数为9个,参考指标3个,无效指标0个;"学生就业管理"条目必要指标占10个,参考指标2个,无效指标0个;"教学服务管理"条目必要指标占8个,参考指标2个,无效指标2个。具体统计结果如下图2-6所示。

通过对第二轮指标赋值并按总分排序,则依次为:"学生就业管理"44分、"教学成果管理"42分、"教学服务管理"36分、"学生素质管理"34分、"学生作品管理"34分和"学生出口管理"32分。由此看来,在第二轮过程质量管理维度专家们的意见主要集中在"学生就业管理""教学成果管理"和"教学服务管理"上。诚然,这几方面的指标并不能全面代表职业教育教学输出质量管理的总貌,为此,有专家认为,"学生就业""学生素质""学生出口"以及"学生作品"均是学生层面成果的输出,虽然各自的重要程度不同,但均可将其归为学生成果一类,并建议在教学输出质量管理的二级指标设定上应重点切合职业教育的特殊性。

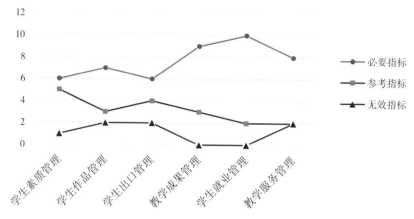

图 2-6 第二轮输出质量管理维度专家意见统计结果

在综合专家意见统计结果和参考意见的基础上,本书将已有指标进行合并和重组,从而最终确定了从教学产品、人才产品和服务产品三个维度来考察职业教育教学输出质量管理的基本情况。

(三)第三轮专家意见征询

本书在前两轮专家意见调查的基础上基本确定了职业教育教学质量治理一级维度和二级指标的框架体系。本轮调查总计发放问卷 12 份,回收 10 份,有效回收率为 83%,具体调查过程如表 2-1 所示。

表 2-1 第三轮专家意见评分表

专家评分	维 度			
	输入质量管理维度	过程质量管理维度	输出质量管理维度	总分
E1	92	94	94	93
E2	93	93	95	94
E3	92	91	93	92
E4	94	90	94	92
E5	85	87	88	88
E6	94	95	94	94
E7	88	89	90	88
E8	93	91	94	93
E9	91	93	96	95
E10	89	90	93	90

　　若将专家评分作算术平均数处理,从而得出输入质量管理维度的专家得分约为 91 分,过程质量管理维度的得分约 91 分,输出质量管理维度得分约 93 分,总分平均得分约为 92 分。由此可以看出专家们对各维度指标设定比较满意,从而基本确立了本书的问卷调查维度和条目,包括 3 个维度,11 个指标项目,也为后文从过程性角度分析职业教育教学质量治理的情况奠定了有效基础。

四、初始问卷的编制

　　在三轮专家意见调查的基础上,有效结合本书目的以及职业教育教学的实际情况,从而编制了职业教育教学质量管理现状的初始问卷,其结构如表 2-2 所示。

表 2-2　职业教育教学质量管理现状初始问卷条目

问卷名称	初拟维度	编号	原始项目
职业教育教学质量治理基本情况问卷	教学输入质量管理	01	我校负责教学质量管理的人员较多
		02	我校教学质量管理人员的构成类别多样
		03	我校教学质量管理人员的素质差异大
		04	我经常尝试不同的教学管理方法
		05	多样化教学质量管理会影响教学的效率
		06	我会经常做社会人才需求的预测分析
		07	我会通过各种手段及时把控教学的基本情况
		08	我校经常投入与教学相关的物资资源
		09	我校的教学质量管理制度有待合理
		10	我比较重视教学常规管理
	教学过程质量管理	11	我校教学质量监督体系较复杂
		12	我校经常不定时进行对教学质量的督导考核
		13	我校教学质量监督的形式多样
		14	我经常有意识地把控教学质量
		15	我校教学质量被控制在良好状态内
		16	我校教学质量督导对改进教师教学质量有较大作用
		17	相比教学质量过程督导我校更重视教学质量的改进
	教学输出质量管理	18	我指导的学生在全国技能大赛中获奖
		19	我校个别单位和个人获得教学相关成果奖
		20	我校经常举办教学技能大赛
		21	我校经常为在岗人员提供培训服务
		22	职业学校缺少对社会发展的服务意识
		23	我校积极探索毕业生的就业渠道
		24	我校在提高毕业生就业质量上不懈努力着

本书的调查主要从职业教育教学输入质量管理、教学过程质量管理和教学输出质量管理三大维度与包括 11 个指标项目和 25 项操作性条目构成。具体来说,问卷的 1—10 题主旨在于考察职业学校教学输入质量管理的基本情况,1—3 题旨在了解该职业学校教学人员管理的基本信息,4、5 题旨在了解该学校教学管理方法及教学质量管理方法的运用信息,6、7 题旨在了解该职业学校对教学信息管理的基本情况,8 题旨在了解该职业学校对教学相关条件投入的基本情况,9、10 题旨在了解该职业学校对教学质量管理上的管理情况;问卷的 11—17 题主旨在于考察职业学校教学过程质量管理的基本情况,11—13 题旨在了解该职业学校对教学质量监督的基本情况,14、15 题旨在了解职业学校以及教师对教学质量控制的基本信息,16、17 题旨在了解职业学校和教师对教学质量改进的基本信息;18—24 题主旨在于考察职业学校教学输出质量管理的基本情况,18—20 题旨在了解该职业学校教学产品管理的基本情况,21、22 题旨在了解该职业学校对社会的服务意识和具体服务情况,23、24 题旨在了解该职业学校对人才产品的管理情况。本问卷所有项目均采用封闭式的回答,回答选项主要采用李克特量表(Likert scale)五级编码形式,根据被试对职业学校教学质量管理现状的知觉程度,由高到低 5 个级点积分,"完全符合"记为 5 分,"大部分符合"记为 4 分,"一半符合"记为 3 分,"大部分不符合"记分 2 分,"完全不符合"记分 1 分。

本书在进行问卷项目的收集过程中,部分参照了专家调查意见而同时编制了针对职业学校教师的访谈提纲。由于受研究条件的限制,对部分教师的访谈主要借助现代通信设备、现代媒体工具,如微信、QQ 和电子邮件形式进行了现场交谈(录音)和在线交流,从而将收集到的信息进行了相应处理,以辅助研究结论的得出。

五、问卷项目的预测

在问卷项目收集和初始问卷编制完成后,便进入到对初始问卷的预测阶段,而这一阶段的工作主要包括对问卷的项目分析,以及对问卷的信效度检验。

(一)项目分析

此次调查项目分析的工具主要选用 SPSS20.0 为分析工具,在项目分析过程中,主要通过求出每个项目的临界比值(Critical Ratio 也即 CR 值),并以此判断各题项的区分水平。在具体的操作过程中,主要通过计算出所有被试在问卷各题项上的得分,并按高低得分进行排序,从而区分出高分组被试和低分组被试,并求出高低分两组被试在每个题项的平均数差异的显著性,通过显著性检验从而筛选出不符合要求的题项。经过分析发现,在试测的问卷项目中(表 2-2),编号为 03、11、20 的三个项目的 CR 值没有达到 0.05 水平,从而意味着这三个项目不能够有效鉴别不同被试的反应程度,而其余 21 个项目均达到了显著性差异水平并能较好地区分不同被试的反应程度,为此,对编号 03、11、20 三个项目进行删除,从而得到由剩余 21 个项目构成的,正式的职业教育教学质量管理现状问卷(见附录 2)。

(二)信度与效度检验

《职业教育教学质量管理情况问卷》试测后,对问卷的信效度进行了检验,以此确保问卷调查的可信度与可行性。通过对试测结果的信效度检验,不断对问卷进行调试,不断完善问卷结构,优化问卷的各级项目,提高问卷的整体水准,以保证在后续的正式调查中发挥问卷最佳的作用效果。

在信度检验方面,本书采用克隆巴赫阿尔法系数(Cronbach´s alpha)和分半信度(split-half reliability)来检验《职业教育教学质量管理情况问卷》的信度。通过 SPSS20.0 统计软件对问卷的信度进行检测(如表 2-3 所示),该问卷总项目的内部一致性 a 系数介于 0.692 到 0.880 之间,分半信度介于 0.675 到 0.844 之间,其中教学输入质量管理的 a 系数为 0.805,分半信度为 0.675;教学过程质量管理的 a 系数为 0.880,分半信度为 0.844;教学输出质量管理的 a 系数为 0.692,分半信度为 0.679;总问卷的 a 系数为 0.864,分半信度为 0.799。从数据分析可知,本问卷无论在 a 系数还是在分半信度方面都达到了较好的水平,证明该问卷的信度较好。

表 2-3　问卷信度分析

维度	因素	N	a 系数	split-half reliability
1	教学输入质量管理	9	.805	.675
2	教学过程质量管理	6	.880	.844
3	教学输出质量管理	6	.692	.679
总问卷	—	26	.864	.799

在信度检验的基础上对效度进行检验,研究者主要采用内容效度的检验方法,通过对中高职院校教学质量管理信息的采集,邀请业内专家学者对教学质量管理的内容进行有效归纳,对研究领域内相关问题进行分析、综合,确立了三大维度的问卷指标体系,较高水平地保证了指标体系设计与研究目标的一致性。

六、问卷的发放与回收

《职业教育教学质量管理情况问卷》调整确定后,开始进入问卷的正式发放过程中,研究者以纸制和电子版两种形式在福建、深圳、四川、天津、重庆、贵州六个地区进行了问卷发放。在问卷发放过程中,主要采用分层抽样和随机抽样相结合的抽样方式,选取了最适宜本书的调查样本。分层抽样主要是将职业院校分层为高职院校与中等职业学校,对高职院校则分层为国家级示范性高等职业院校和国家级非示范性高等职业院校,中等职业学校则分层为国家级示范性中等职业学校和非国家级示范性中等职业学校,在发放问卷时保证对四类职业院校发放一定数量的问卷,在学校分层的基础上,研究者在对各职业院校内各类型的教师也有所关照,尽量使发放的问卷能够兼顾到各类教师群体。在分层抽样的基础上研究者进一步采用了随机抽样的方法,好是在对高职院校与中职学校分层定位的基础上,不分其性别、年龄、教龄等因素随机对校内教师群体进行问卷发放。本次发放问卷共计 600 份,回收问卷 588 份,其中有效问卷 573 份,占回收问卷的 97.4%,达到了较好的回收效果。

在对职业院校教师及教学管理人员的调查中,高职院校教师 257 人,占总人数的 44.9%,其中国家级示范高职院校教师 170 人,占总人数的 29.7%;中职学校教师 316 人,占总人数的 55.1%,其中国家级示范中职业学校教师 123 人,占总人数的 21.5%。在教师职务的调查中,校级领导 14 人,占总人数的 2.4%;中层行政管理干部 52 人,占总人数的 9.1%;专业(学科)负责人 40 人,占总人数的 7%;普通教师 467 人,占总人数的 81.5%。在教师工作岗位类型的调查中,公共基础课教师 178 人,占总人数的 31.1%;公共理论课教师 306 人,占总人数的 53.4%;专业实践课教师(实训实习指导教师)89 人,占总人数的 15.5%;其中"双师型"教师 276 人,占总人数的 48.2%。在教龄方面,3 年以下教龄的教师 121 人,占总人数的 21.1%;4—10 年教龄的教师 199 人,占总人数的 34.7%;11—20 年教龄的教师 168 人,占总人数的 29.3%;20 年以上教龄的教师 85 人,占总人数的 14.8%。(如表 2-4 所示)总体来讲,无论从教师来源、教师类型还是学校管理层面来说,问卷抽样都达到了较好的覆盖率。

表 2-4　问卷信度分析

基本情况	项目	样本数/个	百分比/%
学校类型	国家级示范高职	170	29.7
	非国家级示范高职	87	15.2
	国家级示范中职	123	21.5
	非国家级示范中职	193	33.6
职务	校级领导	14	2.4
	中层行政管理干部	52	9.1
	专业(学科)系部负责人	40	7.0
	普通教师	467	81.5
岗位类型	公共基础课教师	178	31.1
	专业理论课教师	306	53.4
	专业实践课教师	89	15.5
"双师型"教师	是	276	48.2
	否	296	51.7
教龄	0—3 年	121	21.1
	4—10 年	199	34.7
	10—20 年	168	29.3
	20 年以上	85	14.8

在对正式问卷进行回收、整理的基础上,研究者开始对数据进行内部整理、编码、保存,并主要通过运用 SPSS20.0 统计软件进行数据的整理、分析,以考察职业院校教学质量管理在输入、过程与输出体系中的现状及存在的问题,寻找影响因素,以期提出有效的改良举措。

在实施问卷调查的同时,本书还有针对性地选取了部分中高职教师、教管人员以及企业管理人员进行访谈调查。访谈形式包括现场访谈和网络访谈两种。针对现场访谈,本书主要选取了重庆市中高职教师共 5 名,重庆市企业管理人员共 3 名;针对网络访谈,本书主要借用 QQ 聊天工具,与来自天津、福建、深圳、贵州、四川等省市的 10 名中高职教师以及 5 名企业管理人员进行在线交流,将所获取的访谈资料进行归类整理,选取其中有用信息,并有针对性地对部分论点进行佐证说明。

第二节　职业教育教学质量治理的统计分析

一、职业学校教学质量治理的描述性统计

（一）教学输入质量管理现状

教学输入质量管理情况的调查具体包括对教学人员要素、教学方法要素、教学条件要素、管理行为要素五个方面，具体从九个问题出发进行调查。根据教学输入质量管理调查问卷结果分析可知（如表 2-5 所示），职业院校教学输入质量管理总水平为 19179.00，平均水平为 33.4712，最小值为 16.00，最大值为45.00，标准差为 5.61105。

表 2-5　教学输入管理系统的描述性统计

序列	N	MIN	MAX	SUM	MEAN	SD
A1	573	1.00	5.00	2077.00	3.6248	1.03803
A2	573	1.00	5.00	2109.00	3.6806	1.01953
A3	573	1.00	5.00	2265.00	3.9529	.99626
A4	573	1.00	5.00	2124.00	3.7068	1.16531
A5	573	1.00	5.00	1937.00	3.3805	1.03527
A6	573	1.00	5.00	2320.00	4.0489	.92991
A7	573	1.00	5.00	2072.00	3.6161	1.01003
A8	573	1.00	5.00	1857.00	3.2408	.85154
A9	573	1.00	5.00	2418.00	4.2199	.9048
总水平	573	16.00	45.00	19179.00	33.4712	5.61105

在对职业院校教学输入质量管理的调查中，九个子项目的调查表明了教师们对学校输入系统质量管理的认知与态度，从均值分布可以看出（如图 2-7 所示），关于教学输入系统质量管理情况的调查，教师们在认同度上普遍较高。在各项评价中，"我会通过各种手段及时把控教学的基本情况"和"我比较重视教学常规管理"两项的分值最高，说明教师们对自身在教学常规管理中的要求较高，认同度也是最高的，同时在"我会经常做社会人才需求的预测分析""我校的

教学质量管理制度有待合理"这两点上得分较低，两相对比可知，职业学校总体来说较为重视常规教学管理，但对发展性的、预测性的、专业性要求较高的管理相对欠缺；同时教师们认为学校的管理有较大改进空间。

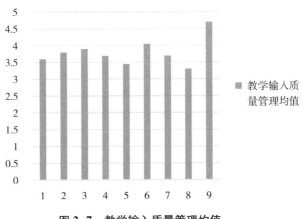

图 2-7　教学输入质量管理均值

在教学输入质量管理的调查中，问卷通过九个问题对五个内部要素进行了具体分析，获得了相关数据，教学人员要素涉及两个问题："我校负责教学管理的人员较多"（A1）、"我校教学质量管理人员的构成类别多样"（A2）；教学方法要素涉及两个问题："我经常尝试不同的教学管理方法"（A3）、"多样化教学质量管理会影响教学的效率"（A4）；教学信息要素涉及两个问题："我会经常做社会人才需求的预测分析"（A5）、"我会通过各种手段及时把控教学的基本情况"（A6）；教学条件要素涉及一个问题："我校经常投入与教学相关的物资资源"（A7）；管理行为要素涉及两个问题："我校的教学质量管理制度有待合理"（A8）、"我比较重视教学常规管理"（A9）。具体数据如表 2-6 所示。

表 2-6　教学输入质量管理数据表

项目	完全不符合		大部分不符合		一半符合		大部分符合		完全符合	
	人数	百分比	人数	百分比	人数	百分比	人数	百分比	人数	百分比
A1	21	3.7	37	6.5	219	38.2	155	27.1	141	24.6
A2	14	2.4	52	9.1	178	31.1	188	32.8	141	24.6
A3	14	2.4	38	6.6	100	17.5	230	40.1	191	33.3
A4	29	5.1	61	10.6	140	24.4	162	28.3	181	31.6
A5	21	3.7	80	14.0	228	39.8	148	25.8	96	16.8

续表

项目	完全不符合		大部分不符合		一半符合		大部分符合		完全符合	
	人数	百分比	人数	百分比	人数	百分比	人数	百分比	人数	百分比
A6	5	0.9	32	5.6	108	18.8	213	37.2	215	37.5
A7	5	0.9	76	13.3	186	32.5	173	30.2	133	23.2
A8	6	1.0	108	18.8	230	40.1	200	34.9	29	5.1
A9	5	0.9	32	5.6	59	10.3	213	37.2	264	46.1

综合以上数据可见,大部分教师对教学输入质量管理的五个维度,都保持了较积极的态度,重视对教学输入质量的管理。

在教学人员要素的管理方面(如图2-8所示),调查结果显示,中高职院校在教学质量管理人员的数量及教学质量管理人员构成类别方面还是较为重视的,大部分教师认为其所在学校教学质量人员的数量及人员构成类别较为丰富,但这种教学质量管理人员主要由职业学校内部相关人员组成,外部力量还没有真正深入到职业学校的教学质量治理上。同时如图2-8可见,在此两项内容的调查中持中意见者较多,说明有相当部分的教师不满意学校在管理人员方面的配置,各校应该重视进一步优化教师人员数量,进一步丰富教学质量管理人员的类别。

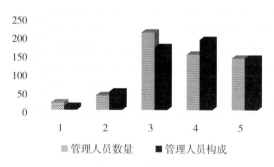

图2-8 教学人员要素

而对应在访谈研究中关于教学人员要素输入情况的调查上,对应"外部力量在贵校教学质量管理上的参与情况如何"这一问题,大多数访谈对象均给出了较为明确的回答。

教管人员L:外部力量能够真正深入到职业学校的教学质量管理,恐怕根据现在的条件还难以实行,要是真要外部力量参与职业学校的质量管理,那么企业肯定是一个重要力量,从目前的形势来看,企业有一定程度地深入到教学质量管理工作,但参与的效果还不太良好。我们学校的教学质量管理工作目前还主要集中在学校内部的教务部门、督导组进行的教学质量管理,另外,我们也专门成立了检查小组,随机性对教学进行检查。

教师 W:职业学校的教学质量管理,主要由职业学校内部教学相关人员组成,外部力量参与教学质量的管理,有但是相对还是比较少。

教师 Z:我们学校与企业之间有一定形式的合作关系,但是企业也没有直接参与到我们的教学质量管理中。

企业管理人员 M:我们与职业学校之间有合作关系,这种合作主要集中在对学生的联合培养上,我们通过设立专项资金,以奖学金的形式激励合作学校学生的发展,并配合职业学校开展理论教学与实践操作实习。合作学校的毕业学生限定数额进入我们企业工作。我们目前还没有设置专门人员参与职业学校的教学质量管理。

在教学方法要素的管理方面(如图 2-9 所示),调查结果显示,中高职院校中绝大部分教师在教学管理方法的运用上主动性较强,能够经常尝试不同的教学管理方法,同时大部分教师也赞同多样化的教学质量管理会影响教学的效率。表明教师们具有较积极的教学方法自我管理意识,并能较主动地参与到教学管理方法的改进与提升之中,同时能将教学方法的改进与教学效率的提升有机结合。

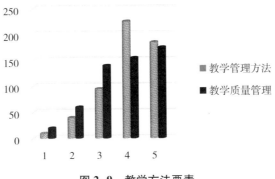

图 2-9　教学方法要素

在教学信息要素方面(如图 2-10 所示),调查结果显示:教师们对两大类教学信息要素的管理存在较为明显的差别,教师们对自身在社会人才需求的预测分析上认同度不高,仅有不到半数的教师认为自己会经常从事此项活动,持中意见者占到了大部分;但另一方面,教师们在通过各种手段把控教学基本情况方面却得分较高,说明教师们在教学常规管理方面较为关注。两相对比可见,职业院校的教师们更关注传统的、常规的教学管理,对发展性的、专业性要求较高的预测分析与管理较为欠缺。

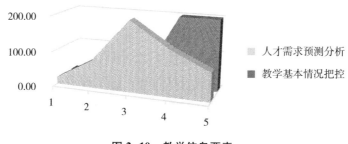

图 2-10 教学信息要素

在教学条件要素的管理方面(如图 2-11 所示),调查结果显示,占半数以上教师同意学校经常会投入与教学相关的物资资源,但赞同比例在整个调查数据中优势并不明显,由此可以说明学校在教学相关物资资源的投入量与投入率都有所不足,教师们在学校对教学条件的有效配给有自身的需求与愿望。统计数据也进一步提出学校未来的改进方向,一方面学校应在教学条件的投入方面不断地加大力度;另一方面学校在投入教学相关物资资源时必须要根据教师们真实的诉求来有效供给。

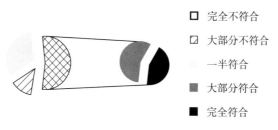

图 2-11 教学条件要素

在教学行为要素的管理方面(如图 2-12 所示),调查结果显示:在对学校教学质量管理制度是否需要进一步合理化的调查中,仅有少部分教师表示不赞同,说明学校教学管理制度仍需不断的优化;而在教师的教学常规管理方面,教师们重视度较高,说明教师们重视自我的教学行为管理。两相较之,中高职院校在教学行为管理必须保证学校层面、教师层面的内在统一。

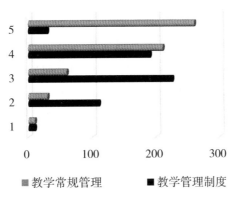

图 2-12 教学行为要素

总体来看,职业院校在教学输入质量管理方面做了较为积极的探索,在教学人员要素、教学方法要素、教学信息要素、教学条件要素、教学行为要素五个方面都有所改进,但同时也显现出各学校在教学输入质量管理方面有较大的改进空间,只有重视管理的多样化、科学性、服务性,才能真正有效地保证教学质量的有效提升。

(二)教学过程质量管理现状

教学过程质量管理情况的调查具体包括教学质量监督、教学质量控制、教学质量改进三个方面,具体从六个问题出发进行调查。根据教学过程质量管理调查问卷结果分析可知(如表 2-7 所示),职业院校教学过程管理总水平为 13680.00,平均水平为 23.8813,最小值为 8.00,最大值为 30.00,标准差为 4.49085。

表 2-7 教学过程管理系统的描述性统计

序列	N	MIN	MAX	SUM	MEAN	SD
B1	573	1.00	5.00	2358.00	4.1152	.93532
B2	573	1.00	5.00	2235.00	3.9005	1.00986
B3	573	1.00	5.00	2392.00	4.1745	.78284
B4	573	1.00	5.00	2249.00	3.9250	.92344
B5	573	1.00	5.00	2231.00	3.8935	1.04154
B6	573	1.00	5.00	2219.00	3.8726	.96955

续表

序列	N	MIN	MAX	SUM	MEAN	SD
总水平	573	8.00	30.00	13684.00	23.8813	4.49085

在对职业院校教学过程质量管理的调查中,六个子项目的调查表明了教师们对学校过程质量管理系统的认知与态度,从均值分布可以看出(如图2-13所示),关于教学过程系统质量管理情况的调查,教师们在认同度上普遍较高。在各项评价中,"我校经常不定时进行对教学质量的督导考核"(B1)和"我经常有意识地把控教学质量"(B3)得分最高,在"相比教学质量过程督导我校更重视教学质量的改进"(B6)项上得分最低。对比教师们的评价可以发现,中高职院校普遍采用了督导考核的方式对教学质量加以管控,但问题在于在学校内部对教学过程的管理中,更注重形式化的督导考核,而更为实质的教学质量的提升并未成为督导的核心内涵,二者呈现出本末倒置的状况。由均值表的分配可以指明各级学校在教学过程质量的管理中,一定要将教学质量的改进作为各级管理行为实施的指导思想,以具体化的教学督导促进教学质量的有效提升。

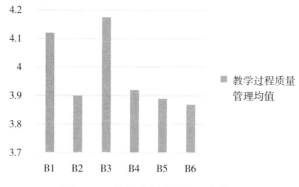

图2-13　教学过程质量管理均值

在教学过程质量管理的调查中,问卷包括三个核心要素,具体则通过六个问题加以调查,并对获得的相关数据进行了梳理,以期在此基础上进行具体分析。教学过程质量管理包括以下内容:教学质量监督包括两个要点:"我校经常不定时进行对教学质量的督导考核"(B1)和"我校教学质量监督的形式多样";教学质量控制包括两个要点:"我经常有意识地把控教学质量"(B3)和"我校教学质量被控制在良好状态内"(B4);教学质量改进包括两个要点:"我校教学质量督导对改进教师教学质量有较大作用"(B5)和"相比教学质量过程督导我校更重视教学质量的改进"(B6)。具体数据如表2-8所示。

表2-8 教学过程质量管理数据表

项目	完全不符合		大部分不符合		一半符合		大部分符合		完全符合	
	人数	百分比/%	人数	百分比/%	人数	百分比/%	人数	百分比/%	人数	百分比/%
B1	5	0.9	32	5.6	95	16.6	201	35.1	240	41.9
B2	6	1.0	49	8.6	140	24.4	179	31.2	199	34.7
B3	4	0.7	11	1.9	77	13.4	270	47.1	211	36.8
B4	1	0.2	37	6.5	150	26.2	201	35.1	184	32.1
B5	5	0.9	57	9.9	143	25.0	157	27.4	211	36.8
B6	6	1.0	54	9.4	112	19.5	236	41.2	165	28.8

综合以上数据可知,B1项中持符合意见的人数达到了77%,B2项中持符合意见的人数达到了65.9%,B3项中持符合意见的人数达到了83.9%,B4项中持符合意见的人数达到了67.2%,B5项中持符合意见的人数达到了64.2%,B2项中持符合意见的人数达到了70%,说明大部分教师在教学过程质量管理的三个维度上,都表现了较肯定的态度,在大方向上较为认同其所在职业学校对教学过程的管理。

在教学质量监督方面(如图2-14所示),调查结果显示,中高职学校在学校督导的实施与控制方面做得较好,无论在数量还是在形式方面都较为丰富,此结果说明目前的中高职学校较为重视督导工作的开展,并将其作为提升教学质量的重要手段。

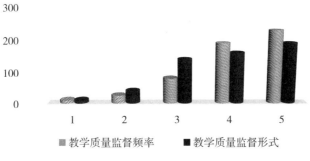

图2-14 教学质量监督

在教学质量控制方面(如图 2-15 所示),调查结果显示,无论在教师自我层面对教学质量的管理还是学校层面对教学质量的控制都处于相对良好的状态,特别是教师们对教学质量有较明确的要求,在教学质量的管理方面也达到了相对满意的程度。总体可见,中高职学校在教学质量的控制方面,通过教师自我控制与学校控制达到了基本的效果。

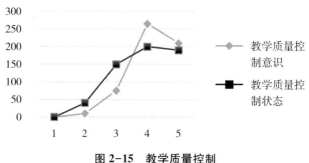

图 2-15　教学质量控制

在教学质量改进方面(如图 2-16 所示),调查结果显示,教师们普遍赞同学校内部采取的教学督导对改进教师教学质量发挥了积极的作用,在对教学质量过程督导与教学质量改进关系的感知上,教师们普遍认为各自所在学校更为重视教学质量的改进。由此可见,教学质量督导已然成为教学质量改进的有效办法,二者的内在统一是促进学校教学质量提升的内涵所在。

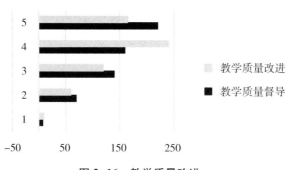

图 2-16　教学质量改进

对应在访谈研究中关于职业学校教学质量管理基本情况的调查上,大多数访谈对象均给出了较为明确的回答。

教管人员 C:我们学校的教学质量管理的重心主要集中在教学质量检

查和教学工作质量评价上,教学质量检查主要由教务处和教学质量检查小组进行日常教学质量检查和期中教学质量检查,形式包括定时检查和不定时检查,主要对教师课堂教学、教案、授课计划、教学进展、学生作业及批改情况、实验实习(实训)情况等进行检查,以及每学期组织一次教师工作质量综合评价等,大体情况是这样的。

教师 Z:我们学校比较重视教学质量的管理,这种教学质量管理工作重在对教师的教学工作情况的管理,教务处、督导处组织各种形式的听课、评课、考核,对教学质量的提升有较大的作用,但是相对来说教师工作的任务和压力也挺大。

企业管理人员 P、W、Z(综合意见):职业学校的办学资金、办学场地、软硬件设备、双师型教师、生源素质、管理体制以及政策等等,这些因素均直接或间接地影响着职业教育的教学质量。从目前的情况来看,职业学校的整体教学质量还不高,职业学校在提升教学质量上所做的努力以及努力的程度,我们不太了解,也不好评价。职业学校的教学质量管理应当侧重于与市场需求接轨,无论是专业设置、课程标准、教学内容、教学手段、教学媒体等都不仅要切合企业的发展要求,还要切合学生的发展需求,但整体看来,职业学校在这方面做得还不够到位,仅仅关注结果不关注过程性的培养,也不能有效提升职业教育教学的质量。

通过调研发现,从职业学校范畴来看,职业学校内部管理人员和教师均较为认可所在学校在提升教学过程质量方面所取得的成效,同时,也较为认可学校所采用的教学督导方法在提升教学质量上的效果。多数被调查者认为在后期的教学过程质量控制中如何更好地运用教学督导,加强教学督导在教学质量改进中的作用,并积极探索新的适用性方式方法应是教学质量过程管理的重点所在。从深层层面来看,职业学校在过程性的教学质量的督导检查上,却主要沿着一种自上而下的方式进行,教师在这一过程中往往是被动检查的对象,自主性相对较弱。从企业的角度来看,一些没有直接与职业学校合作的企业,对职业学校的教学质量并不十分认可,整体也可以反映出这些企业对职业学校的关注程度较低,但这些企业对职业学校教学质量问题的归因认识还是比较清晰。

（三）教学输出质量管理现状

教学过程质量管理情况的调查具体包括教学产品管理、服务产品管理、人才产品管理三个方面,具体从六个问题出发进行调查。根据教学输出质量管理调查问卷结果分析可知(如表 2-9 所示),职业院校教学输出质量管理总水平为12578.00,平均水平为 21.9511,最小值为 8.00,最大值为 30.00,标准差为3.30570。

表 2-9　教学输出质量管理系统的描述性统计

序列	N	MIN	MAX	SUM	MEAN	SD
C1	573	1.00	5.00	1657.00	2.8918	1.56519
C2	573	1.00	5.00	2460.00	4.2932	.98480
C3	573	1.00	5.00	2196.00	3.8325	1.06265
C4	573	1.00	5.00	1590.00	2.7749	1.29277
C5	573	1.00	5.00	2343.00	4.0890	.99690
C6	573	1.00	5.00	2332.00	4.0698	1.12754
总水平	573	8.00	30.00	12578.00	21.9511	3.30570

在对职业院校教学输出质量管理的调查中,六个子项目的调查表明了教师们对学校输出质量管理系统的认知与看法,从均值分布可以看出(如图 2-17 所示),关于教学输出系统质量管理情况的调查,教师们在认同度上呈现出了一定的差异。在各项评价中,"我校个别单位和个人获得教学相关成果奖"(C2)和人才产品管理中的两个问题"我校积极探索毕业生的就业渠道"(C5)和"我校在提高毕业生就业质量上不懈努力着"三个问题的均分都在 4 分以上,说明表示赞同的教师数量达到了绝大多数。相较而言,在"我指导的学生在全国技能大赛中获奖"(C1)和"职业学校缺少对社会服务发展的服务意识"(C4)两项的得分偏低,但这二者说明了不同的问题,一是在教学产品的质量当中,学生的整体技能水平有待提高,特别是全国范围内的竞争力有待提升,二是职业学校在社会服务意识上而并未表现太差,教师们也不太认可学校缺乏服务社会发展的意识,这一看法正与人才产品管理评分较高呈现内在一致性。对应教学输出质量管理系统的调查结果,可以发现,中高职学校对学生的输出质量较为重视,特别对学生服务社会需要及就业单位需要的质量把控效果较为明显,但也可以看出,学校

较为重视学生的输出数量,对学生的核心竞争力培养还有待完善,特别在学生能力素养的提升方面还有较大的空间。由此可见,中高职院校的教学输出质量已然得到社会的验证,教学输出质量的管控效果已然显现,后期需在输出质量的优质性上下功夫,将输出数量与输出质量有效提升,促进其内在的良性循环。

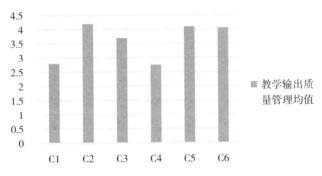

图 2-17 教学输出质量管理均值

在教学输出质量管理的调查中,问卷同样通过六个问题对三个核心要素进行了具体分析,获得了相关数据,教学产品管理包括两个要点:"我指导的学生在全国技能大赛中获奖"(C1)和"我校个别单位和个人获得教学相关成果奖"(C2);服务产品管理包括两个要点:"我校经常为在岗人员提供培训服务"(C3)和"职业学校缺少对社会发展的服务意识"(C4);人才产品管理包括两个要点:"我校积极探索毕业生的就业渠道"(C5)和"我校在提高毕业生就业质量上不懈努力着"(C6)。具体数据如表 2-10 所示。

表 2-10 教学输出质量管理数据表

项目	完全不符合		大部分不符合		一半符合		大部分符合		完全符合	
	人数	百分比/%	人数	百分比/%	人数	百分比/%	人数	百分比/%	人数	百分比/%
C1	185	32.3	54	9.4	98	17.1	110	19.2	126	22.0
C2	8	1.4	31	5.4	77	13.4	126	22.0	331	57.8
C3	15	2.6	55	9.6	124	21.6	196	34.2	183	31.9
C4	137	23.9	83	14.5	188	32.8	102	17.8	63	11.0
C5	20	3.5	11	1.9	108	18.8	193	33.7	241	42.1
C6	36	6.3	19	3.3	72	12.6	188	32.8	258	45.0

综合以上数据可见,教师们在教学输出质量管理的三个维度上的认知与态

度存在着一定的差异,对人才产品管理的评分最高,表现出中高职院校重视对学生就业的管理,并达到了较好的管理成效;在服务产品管理方面,教师们的评价与较高,认同学校在对在岗人员的培训服务和对社会发展的服务方面所做的贡献;在教学产品管理方面呈现两极差异,一方面学生们在全国技能大赛中获奖数相对较少;另一方面校内教师与个人获得教学成果奖的数量相对较多,对比说明教师们较为重视教学质量的提升,取得了相应的教学成果,得到了社会层面的相对认同,但教学质量与水平的提升仍有较大的空间,这也与国家层面的评定方式有一定的关系。

在教学产品管理方面(如图 2-18 所示),调查结果显示,中高职学校的学生们在全国技能大赛中获奖比例尽管不高,但学校单位与个人所获教学相关成果奖相对较多,二者尽管在数量上有明显的差距,这有其现实的背景,即国家级的技能大赛竞争量大,学生数量与获奖名额间一定会有相对的比率控制,而学校单位与个人所获教学奖的数量说明中高职学校、教师、学生较为重视教学质量的提升与改进。在肯定中高职院校教学产品管理方面成效的基础上,数据的差异仍然说明中高职学校教学产品管理仍有较大的提升空间,应进一步提升学生们的技能水平。

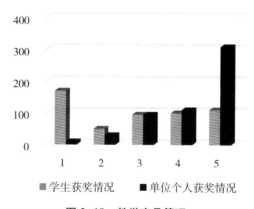

图 2-18 教学产品管理

在服务产品管理方面(如图 2-19 所示),调查结果显示,大多数教师赞同学校经常为在岗人员提供培训服务,在此项上持否定意见的人数仅占 12.2%,说明中高职院校较为重视对教师的培训,重视教师教学质量的提升。在对职业学校服务社会发展的调查中,教师们的评分较为分散,否定职业学校缺少对社会发展服务意识的人数并未占到优势,这一方面说明各中高职学校能够有意识地服务于社会发展的需求;但另一方面也说明中高职学校在通过提升教学质量服务社会发展方面的作用水平仍然不够,有巨大的发展空间,各职业学校必须在服务社会发展领域作出更多的探索与努力。

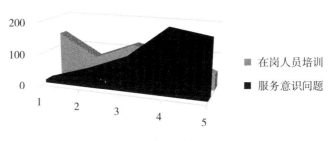

图 2-19　服务产品管理

在人才产品管理方面(如图 2-20 所示),调查结果显示,中高职院校在探索毕业生的就业渠道和提高毕业生就业质量方面表现均较好,说明中高职院校较为重视人才产品的管理,重视提升教学质量,特别是将教学与社会需求有机结合,打通就业渠道,保证毕业生的有效就业。中高职院校在人才产品管理方面体现的优质性,也正是说明中职业院校的办学特色,没有优质的毕业生,没有能适应社会发展需要的人才产品,中高职院校便不可能得到社会的认可,不可能获得最佳发展。

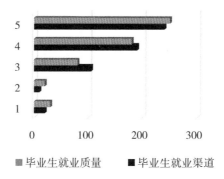

图 2-20　人才产品管理

对应访谈研究中人才产品的管理上,职业学校部分教管人员与企业部分管理人员在访谈中给予了较为明确的回答。

教管人员 F:我们学校非常重视毕业生的输出,大部分毕业生直接输送到合作企业,就业率比较高,针对毕业生的输出质量,我们学校还进行了追踪调查,普遍跳槽率和失业率都比较小,企业反映也比较好,而针对自主择业的部分学生,相对来说我们关注得比较少,他们在职在岗情况我们也不太清楚。

企业管理人员 L:我们与 A 高职学校在人才培养上进行了订单式合作,并签署协议,到现在已经合作了有 4 年时间了,从合作的情况来看,第一批毕业学生的情况都还不错,我们具体通过在职业学校设立订单班,并而介入对职业学校的人才管理工作,职业学校学生可以进入我们企业实践实习,我们还为实践实习学生提供住宿,总体来看,效益还是比较好的。

企业管理人员 M:我们与职业学校之间没有进行合作,这几年经济发展波动比较大,我们企业总体效益也不怎么好,我们根本不敢冒风险再花费资金与职业学校进行合作,也没有那个精力去合作。况且无论是职业学校或者普通高校年年毕业的大学生那么多,我们想要招到自己想要的人也比较容易,因而没有太大必要花时间和成本去与职业学校合作。

以上数据表明,通过调研发现,在职业院校范畴,中高职院校在提升教学输出的质量管理方面表现较好,教师们对人才培养的方式与成果较为认可,对学校在保证人才培养与社会需求的吻合性方面也较为认可;从企业参与的范畴,经济实力较强的企业较愿意与职业学校进行人才培养合作,但部分企业也存在与职业学校合作上的顾虑和担忧。总体而言,中高职院校的发展建立在人才培养的质量上,建立在培养社会发展所需的现实人才方面,也为中高职院校的长期发展指明了方向,但也进一步表明各学校以及社会各界应当更重视教学质量的提升与管理,特别要为学生的长远发展服务,提升学生的创新精神与实践能力。

二、职业学校教学质量治理的差异性推断

(一)不同类型学校教学质量差异分析

对于中高职学校而言,我们将其学校类型以国家评定的类型来划分,一类是示范类职业学校,一类是非示范性职业学校。在教学质量管理的差异性显现方

面,不同类型的中高职学校除在教学输入质量管理系统中未表现出差异性外,在教学输入质量管理系统和教学过程管理系统都呈现出明显的差异。就各子项目分析可看出,在教学输入质量管理系统中,国家级示范高职院校在教学输入质量管理方面明显优于非国家级示范高职院校,而国家级示范高职院校在教学输入质量管理方面则明显优于国家级示范中职学校。就教学过程质量管理系统而言,国家级示范高职院校在教学过程质量管理方面明显优于非国家级示范高职院校,而国家级示范中职院校在教学过程质量管理方面则明显优于国家级示范高职院校。数据统计分析说明目前为止我国各类中高职学校在教学质量管理方面还存在着明显的差异,如何根据各学校的发展规划、人才培养需求、社会服务诉求来改进与完善内部管理要素必然会成为未来学校教学质量治理的关键所在(如表 2-11 所示)。

表 2-11　不同类型学校差异性分析

项目	变　量	N	M	SD	F	sig
教学输入系统	国家级示范高职院校	170	3.3915	.39708	32.540**	.000(2 < 1)*
	非国家级示范高职院校	87	3.6322	.58973		(2 < 3)*
	国家级示范中职学校	123	3.9901	.53571		(3 < 1)*
	非国家级示范中职学校	193	3.8739	.71518		
教学过程系统	国家级示范高职院校	170	3.6010	.53580	25.818**	.000(2 < 1)*
	非国家级示范高职院校	87	3.9808	.67697		(1 < 3)*
	国家级示范中职学校	123	4.1206	.79166		
	非国家级示范中职学校	193	4.2245	.78282		
教学输出系统	国家级示范高职院校	170	3.6618	.43303	.308	.819
	非国家级示范高职院校	87	3.6954	.64007		
	国家级示范中职学校	123	3.6707	.56959		
	非国家级示范中职学校	193	3.6313	.59003		
总系统		573	3.7764	.54043	21.234**	.000

注:* 表示 $0.01 < P < 0.05$;** 表示 $P < 0.01$,下同。

(二)教师职务

以教师职务为基础探讨教师职务的不同是否会影响学校教学质量的治理是研究的假设之一,但从问卷数据的分析可以看出,总体看来,教师职务的差异并未明显影响到各中高职学校教学质量的管理,在三个子项目当中,教学输入质量管理、教学过程质量管理都未因教师职务的差异而显现出明显差异,仅在教学输出质量管理系统中,教师职务的差异显现出了不同的影响,而其影响主要表现在专业(学科)系部负责人与校级领导的差异上,其原因可能较为多重,但这里可以看出各中高职学校的专业(学科)系部负责人对学生的就业及发展有更为明显的关切与重视,这是值得学习与提倡的,需要在后续的研究中发掘这类群体的管理经验,有效提炼以发挥更大的作用。(如表 2-12 所示)

表 2-12 不同职务下的差异性分析

项目	变 量	N	M	SD	F	sig
教学输入系统	校级领导	14	3.7460	.93006	1.838	.139
	中层行政管理干部	52	3.8248	.45751		
	专业(学科)系部负责人	40	3.8917	.60518		
	普通教师	467	3.6916	.62836		
教学过程系统	校级领导	14	3.7024	1.09228	1.253	.290
	中层行政管理干部	52	4.0705	.65375		
	专业(学科)系部负责人	40	4.0958	.62462		
	普通教师	467	3.9686	.75526		
教学输出系统	校级领导	14	3.2500	1.01852	3.772*	.011(1 < 3)*
	中层行政管理干部	52	3.5994	.49205		
	专业(学科)系部负责人	40	3.8042	.49913		
	普通教师	467	3.6649	.53763		
总系统		573	3.7764	.54043	1.828	.141

(三)工作岗位

在对不同工作岗位的教师的调查之中发现,在中高职学校的教学质量管理体系中,教师们并未因工作岗位的差异而明显地影响学校的教学质量管理。无论是在教学质量管理总系统还是在教学输入质量管理、教学过程质量管理中都未体现出明显差异,仅在教学输出质量管理系统中,教师们才因工作岗位的不同而表现出在差异,这也说明教师们因工作岗位性质的不同,特别是职业类院校人才培养目标的不同而导致教师们在教学质量管理方面呈现出一定的差异性。如何在后续的调查中深入探讨不同工作岗位的教师们在教学输出质量管理中的差异性,特别是积累其中的优质经验,提升各不同岗位教师们在教学输出质量管理中的一致性,这将极大地影响毕业生的培养质量、毕业生的就业前景以及各类职业学校的发展与繁荣(如表 2-13 所示)。

表 2-13　不同工作岗位下的差异性分析

项目	变　量	N	M	SD	F	sig
教学输入系统	公共基础课教师	178	3.7853	.62849	1.512	.221
	专业理论课教师	306	3.6837	.62698		
	专业实践课教师	89	3.7079	.59680		
教学过程系统	公共基础课教师	178	4.0019	.79901	.579	.561
	专业理论课教师	306	3.9902	.69049		
	专业实践课教师	89	3.9026	.83515		
教学输出系统	公共基础课教师	178	3.5974	.57833	3.658*	.026
	专业理论课教师	306	3.7162	.53014		
	专业实践课教师	89	3.5824	.54883		
总系统		573	3.7764	.54043	.459	.632

（四）"双师型"教师

在中高职学校教育质量治理体系的调查中发现,"双师型"教师与非"双师型"教师在学校教育质量治理系统中的认知与作用是有一定差异的。在教学输入质量管理系统中,是否"双师型"教师的差异并不显著,说明在输入系统中,受前期教育影响及学校整体规划、统筹有较明显关系,教师在其中更多是以政策、规则为导向进行教学管理,但在教学过程质量管理系统与教学输出质量管理系统中,是否"双师型"教师的差异就比较显著了,"双师型"教师的认知与管理明显优于非"双师型"教师,由此证明对中高职学校而言,"双师型"教师的培养与引进更有利于学校教育质量的治理(如表 2-14 所示)。

表 2-14　"双师"背景下的差异性分析

项目	"双师型"教师		非"双师型"教师		F	sig
	M	SD	M	SD		
输入系统	3.7548	.63022	3.6866	.61717	.016	.899
过程系统	4.0175	.80505	3.9426	.69133	7.470**	.006
输出系统	3.6636	.62627	3.6526	.47169	15.261**	.000
总系统	3.7824	.60157	3.7714	.47829	11.196**	.001

（五）教龄

不同教龄教师们在教学质量管理方面体现出了显著性的差异。在教学输入质量管理系统中,3 年以下教龄的教师在教学输入质量管理方面优于 4 年至 10 年教龄的教师,说明新入职的教师们更加关注教学输入质量的管理,关注教学人员、教学方法、教学信息、科学家条件与管理行为的优化与提升,这与新入职教师对职业的敬畏感,面对入职挑战的自我提升密切相连。在教学过程质量管理系统中,3 年以下教龄的教师在教学过程质量管理方面优于 4 年至 10 年教龄的教师,说明学校在教学质量监督、教学质量控制、教学质量改进方面所做的努力对 3 年以下教龄教师的作用力更为显著,这说明新进教师更能接受学校新的管理理念、方法与改进措施,相对易于投入到学校的教学质量治理系统中。在教学输出质量管理系统中,4 年到 10 年教龄的教师在教学输出质量管理中明显优于 20 年以上教龄的教师,这一数据说明有经验的年轻教师在教学产品管理、服务产品管理及人才产品管理方面发挥了更为积极的作用,发挥出中坚力量的积极作用,同时也说明 20 年以上教龄的教师在对教学输出质量管理方面有所忽视,未能发挥出多年教学经验的优势作用。由此可见,如何更好地引导各教龄段教师参与学校教学质量治理,发挥各教龄段教师的优势作用,共同提升职业院校的教学质量,更好地服务于人才培养、社会服务的效能应该是后期教学质量治理理念改进与提升有重要关注点(如表 2-15所示)。

表 2-15 不同工作岗位下的差异性分析

项目	变量	N	M	SD	F	sig
教学输入系统	0—3 年	121	3.8779	.65112	5.877**	.001(2 < 1)*
	4—10 年	199	3.5985	.57742		
	11—20 年	168	3.7017	.63231		
	20 年以上	85	3.8092	.61712		
教学过程系统	0—3 年	121	4.1639	.78291	3.188*	.023(2 < 1)*
	4—10	199	3.9129	.65666		
	11—20 年	168	3.9425	.75972		
	20 年以上	85	3.9510	.84391		
教学输出系统	0—3 年	121	3.6570	.48462	3.729*	.011(4 < 2)*
	4—10	199	3.7312	.55394		
	11—20 年	168	3.6567	.53198		
	20 年以上	85	3.4941	.63696		
总系统		573	3.7764	.54043	2.681*	.046

三、职业教育教学质量治理相关性统计分析

中高职学校教学质量治理系统涉及教学输入质量管理、教学过程质量管理、教学输出质量管理三个维度,三个维度的相关性决定了在职业教育教学质量的治理理念、方式与路径,因此有必要对三大维度的相关性进行有效统计(如表2-16所示)。

表 2-16　教学质量管理要素相关性分析

		教学输入质量管理	教学过程质量管理	教学输出质量管理
教学输入质量管理	Pearson	1	.748**	.373**
	Sig.（2-tailed）		.000	.000
	N	573	573	573
教学过程质量管理	Pearson	.748**	1	.495**
	Sig.（2-tailed）	.000		.000
	N	573	573	573
教学输出质量管理	Pearson	.373**	.495**	1
	Sig.（2-tailed）	.000	.000	
	N	573	573	573

注:** 在0.01水平上(双侧)显著相关。

在对问卷数据的整理、分析基础上可知,教学输入质量管理、教学过程质量管理、教学输出质量管理三大维度间呈现出显著相关性,教学输入质量管理与教学过程质量管理显著相关(Pearson=0.748,P=0.000),教学输入质量管理与教学输出质量管理显著相关(Pearson=0.373,P=0.000),教学过程质量管理与教学输出质量管理显著相关(Pearson=0.495,P=0.000)。

第三节　职业教育教学质量治理调查的结论与讨论

综合问卷调查和访谈调查的相关信息并在整理分析的基础上,本书得出关于职业学校教学质量管理的结论主要如下。

一、职业教育教学质量管理系统的状态分析

（一）职业院校普遍重视教学质量管理，但质量管理系统仍有较大提升空间

职业教育教学质量管理系统从不同的层面来看，可以是不同内容的整体集结。从过程性系统来看，职业教育教学质量管理系统是集教学输入质量管理、教学过程质量管理、教学输出质量管理于一体的整体系统；从系统的外在表征来看，职业教育教学质量管理系统是集教学工作产品的质量管理、教学人才产品的质量管理、教学服务产品的质量管理于一体的整体系统。

一方面，从职业教育教学质量管理的过程系统来看，职业教育教学质量是集教学输入质量、教学过程质量与教学输出质量于一体且不可分割的整体质量系统，每一个质量环节均对整体的教学质量起着决定性作用，任何一个环节出现质量问题，必然会影响下一个环节的质量发展。从对职业学校教学输入质量、过程质量和输出质量管理的整体调查结果来看，职业学校均普遍重视整体的教学质量管理工作，但相对而言，职业学校的教学质量管理重心，又主要集中在过程质量和输出质量的管理上，却一定程度地忽视了对教学输入质量的管理上。诚然，教学输入质量是过程质量和输出质量的基础，基础不稳也必然影响过程质量的效率和结果质量的社会反响，因而，整体把控职业教育的教学质量管理工作，把关每一个质量管理环节，并从整体上优化教学质量管理的系统结构，是教学质量管理工作的重中之重。

另一方面，从职业教育教学质量管理的外在表征系统来看，职业教育教学质量管理系统是集教学工作产品、教学人才产品、教学服务产品质量管理于一体的整体系统，教学工作产品的质量管理在一定程度上决定了教学人才产品和教学服务产品的质量，教学人才产品的质量决定了职业学校整体质量的外在效度，教学服务产品的质量决定了社会对职业学校质量的满意度。基于问卷调查和访谈调查的相关信息来看，职业学校质量管理重心集中在教学工作质量和教学人才产品质量的管理上，虽然大部分教师和教学行政管理人员均认同服务产品质量的应有地位和价值，但在实践操作中却往往易被忽视，从而一定程度地影响了社会对职业学校教学质量的认同度。为此，要全方位确保职业教育教学质量的提升，需着眼于职教教学质量整体结构的优化和完善。

（二）职业教育教学质量管理侧重于学校范围内的"自系统"管理，社会参与不够且参与机制不健全

受职业教育"跨界"性质的影响，职业教育教学系统是一个区别于普通教育教学系统的半开放性系统，职业教育教学质量的生成，也是众多内外因素共同作用的结果。诚然，从调查的基本情况来看，目前在职业学校领域，主要形成一种由职业学校自组织的封闭型教学质量管理系统，而这种自组织的封闭管理系统，又以职业学校中观层面的教学质量管理为主，外部力量难以真正参与到职业学校内部的教学质量管理活动中。从访谈调查获得的信息也可以看出，企业参与职业学校教学质量管理的意识还不够，参与的水平也不够深入，并且参与机制也不健全。不仅如此，从调查中发现，部分教师和教学管理人员认为，学校的教学质量管理制度还需不断优化，教学质量管理最终落到了对教师的管理上，事实上，教学质量管理活动的核心在于教学活动而非教师，单纯以教师作为被管对象，不仅不能显著提升教学的质量，反而会在无形中增设教师的压力，以致引起教师的抵抗情绪，为此，应推动职教教学质量管理的系统性变革，不断优化完善职教教学质量管理制度，打破职业学校自系统式封闭管理，全面推进社会力量广泛参与到职业学校的教学质量管理中来，并实现"共治"向"善治"发展，才能显著提升职教教学质量管理的效率和效益。

二、职业教育教学质量管理内容和要素的状态分析

通过调查发现，多数职业学校在教学质量管理内容和要素层面均做了较为积极的探索，在教学人员要素、教学方法要素、教学信息要素、教学条件要素、教学行为要素五个方面都有所改进，但同时也显现出各学校在教学质量管理方面有较大的改进空间，只有重视管理的多样化、科学性、服务性，才能真正有效地保证教学质量的有效提升。

（一）部分职业学校教学质量管理的人员结构较为单一

在职业教育教学质量管理上，由于主要形成一种由职业学校自组织的封闭型教学质量管理系统，受这种系统的封闭性影响，外部力量较难真正深入到职业教育教学中去。调查发现，其中作为职业教育发展重要外部力量的企业，虽然与一些职业学校之间进行了某种程度的合作，但这种合作关系往往是表面性的，企业的作用很难真正深入到教学质量生成的关键环节中去。而职业学校

自系统构成的教学质量管理人员,往往又主要由职业学校内部的教学主管副校长、教务处长以及各学院教学主任/学科室组长等组成,管理人员结构相对单一,为此,各学校应当进一步丰富教学质量管理人员的类别,优化整体质量管理队伍结构。

(二)职业学校教学质量管理的运作形式的"自上而下"

职业学校自组织式教学质量管理机制的运作方式,往往是"自上而下"的。从高等职业学校/学院来看,主要形成校、院、系三级管理运作机制,从中职学校来看,主要形成从分管副校长到教务处再到教研室的管理运作机制,而这些教学质量管理的运作均是沿着一种自上而下的权力路径延伸和管理路线渗透,而作为"最基层"层面质量主导者的教师和学生,在整个教学质量管理活动中的自主权利却被一定程度地制约。调查中部分老师表达了对这种自上而下的教学质量管理运作模式的意见,教师的自主意识和意愿往往被忽视。

(三)部分职业学校内部教学质量管理的内在失调

经由调查研究的总体情况来看,一方面,在职业教育教学质量管理的前提性工作中,职业学校在教学相关物资资源的投入量与投入率都有所不足,教师们在学校对教学条件的有效配给有自身的需求与愿望。统计数据也进一步提出学校未来的改进方向,职业学校不仅应在教学条件的投入方面不断地加大力度,在投入教学相关物资资源时也还必须要根据教师们真实的诉求来有效供给。另一方面,调研发现中高职院校在提升教学过程的质量方面有较好的成效,教师们对教学质量的提升效果也较为认可,而具体来看,在教学质量管理的内容层面,职业学校总体来说较为重视常规教学管理,但对发展性的、预测性的、专业性要求较高的管理相对欠缺,教师们也普遍认为学校的教学质量管理还有较大的改进空间,而这又一定程度地反映出,职业学校教学质量管理行为与教师自主的教学质量管理行为之间存在一定程度的失调问题。从职业学校内部的教学质量督导管理层面来看,教师们总体上对学校的教学督导方法比较认可,但在后期的教学过程质量控制中如何更好地运用教学督导,加强教学督导在教学质量改进中的作用,积极探索新的适用性方式方法还应是职业学校教学质量过程管理的重点所在。为此,职业学校在教学质量管理上,务必需要保证学校管理层面、控制层、执行层面之间关系的调节,并在教学质量上形成内部一致的合力,以全方位确保职教教学质量的提升。

三、职业教育教学质量管理发展的状态分析

（一）职业学校之间在教学质量上出现一定程度发展不均衡问题,而问题解决的路径在于推进社会的全面共治

在党中央高度重视,国家和社会逐渐加大对职业教育质量的重视力度的宏观大背景下,职业院校也普遍重视教学质量的管理,但由于不同职业学校之间的历史、基础、条件等的限制,各级各类职业学校在发展之间出现一定程度的不均衡问题。调查显示,在教学输入质量管理系统中,国家级示范高职院校在教学输入质量管理方面明显优于非国家级示范高职院校,而国家级示范高职院校在教学输入质量管理方面则明显优于国家级示范中职学校。就教学过程质量管理系统而言,国家级示范高职院校在教学过程质量管理方面明显优于非国家级示范高职院校,而国家级示范中职院校在教学过程质量管理方面则明显优于国家级示范高职院校。数据统计分析说明目前为止我国各类中高职学校在教学质量管理方面还存在着明显的差异,如何根据各学校的发展规划、人才培养需求、社会服务诉求来改进与完善内部管理要素必然会成为未来学校教学质量治理的关键所在。为此,职业教育教学质量的治理应打通各层次职业院校的界线,以有效实现职业学校之间的互相学习,互补互助,资源共享。另外,在教学产品管理方面呈现两极差异,一方面学生们在全国技能大赛中获奖数相对较少,另一方面校内教师与个人获得教学成果奖的数量相对较多,对比说明教师们较为重视教学质量的提升,取得了相应的教学成果,并得到了社会层面的相对认同,但通过教学而促进学生的发展方面还相对不足,从而一定程度说明,教学质量与水平的提升仍有较大的空间,这也与国家层面的评定方式有一定的关系。为此,职业教育教学质量管理,应当侧重于从整体层面全面考察问题,才能有效推进职教教学质量向共赢善治发展。

（二）职业教育教学质量管理的社会需求对接度相对较低

职业教育教学质量的高低,在较大程度上反映为其对教学相关者利益和发展需求的对接度上,这不仅表现为对教学直接相关者的需求对接上,还表现为与社会发展需求的对接上。从问卷调查和访谈调查获得的资料显示,目前职业学校教学质量管理在需求对接度上还较为不足,主要表现为,一方面,职业教育教学质量对内部管理者和教师的需求之间的对接度低;另一方面,职业学校教学质

量管理与企业和社会发展需求之间的对接度够不上。因而,推进在职业教育教学质量上的治理,对内则应该激发教师、学生的全面参与,特别要听取教师们的教学发展诉求与教学改革意见,对外应加大职业教育教学对社会发展的服务力度,使职教教学质量治理在充分实现对教师、学生、社会发展需求的有机整合上,进一步导向为一种对利益相关者需求满足的发展路径上。

总之,当前职业学校的教学质量管理还集中表现为一种以职业学校"自系统"实现的管理为主,外界参与职业学校教学质量管理还不够深入,参与的机制也并不健全,而受职业学校个体发展理性的有限性限制,从而使得职业学校无论是教学质量管理系统的状态、教学质量管理的内容和要素情况以及教学质量管理发展的状态,均一定程度地反映出各种问题。为此,本书通过对当前职业教育教学质量情况的现状考察,并在深入挖掘职业教育教学质量单向度管理问题的基础上,为后文"善道""善者""善于"和"善态"相应内容实现问题的各个击破和路径选择提供支持,从而进一步验证本书关于职教教学质量以"共治"求"善治"的核心论点的现实必要性。

第三章 治理逻辑:职业教育教学质量 共治引"善道"

职业教育的公共思维意识决定了职业教育质量的公共治理行为,而这种公共思维意识又遵循了一定的公共思维逻辑,从而成为质量治理公共行为作出的先导。一般来说,从抽象到具体的思维演进逻辑是逻辑思维过程的重要构成方法。在社会科学研究的思维逻辑中,强调从抽象上升到具体的方法,一般是沿着从逻辑起点到逻辑终点发展的思维范式。为此,本书借用社会科学研究思维的演化方法,在对职业教育教学质量治理研究的思维逻辑上,旨在沿着从逻辑起点到逻辑终点发展的思维范式,着重探讨职业教育教学质量治理的逻辑;在职业教育教学质量治理的实践逻辑上,旨在推进职教教学质量的治理,也主要沿着在公共理性指引下,从"共治"到"善治"和以"共治"求"善治"的实践发展逻辑,从而促使现实的职教教学质量治理走上一条"善性"的发展道路。诚然,以"共治"求"善治"并非本书独创,最先提出以"共治"求"善治"思想的是国内学者褚宏启[1],本书正是在有效借鉴这一思想的基础上,创造性地从职业教育教学质量层面,谈"共治"求"善治"的治理逻辑,并厘清了其理性来源及其发展的逻辑走向。

第一节 产品品性:职业教育教学质量的 "公共"缘起

一、职业教育的"产品"属性

职业教育作为区别于普通教育的一个重要特征在于,职业教育涵盖的内容

---

① 褚宏启:《教育治理:以共治求善治》,《教育研究》2014 年第 10 期。

体系更宽泛和全面,从"大职教观"层面看职业教育,职业教育囊括了各种职业培训、工作本位学习、民间学徒制、职业学校教育、义务教育阶段职业生活教育、弱势群体就业培训、"绿色证书"教育等与职业和职业性相关的培训和教育。若要考察职业教育的属性,势必要将这些内容体系涵盖在内。在公共产品理论看来,区别于公共产品和私人产品的主要标准在于,在使用上是否具有竞争性和在受益上是否具有排他性,若这种产品在消费或使用上具有非竞争性以及在受益上具有非排他性,那么这种产品则为公共产品,反之则为私人产品。而在公共产品类别里,又可分为纯公共产品和准公共产品(通常也被称为混合产品)两类。由于职业教育的性质复杂,决定了职业教育的产品性质也复杂多样,从其涵盖的不同内容,以及从不同视角出发看待职业教育的产品性质,那么其既具私人产品的性质,也具公共产品的性质;而在公共产品性质类别内,其又同时具有纯公共产品性质和准公共产品的性质。有学者根据职业教育的内容体系,并以非竞争性和非排他性作为分类标准,专门就职业教育产品的性质作了如下分类①(如表3-1所示)。

表3-1　职业教育产品属性的类型差异

	排他	非排他
竞争	私人产品	准公共产品—共用资源
	个性化职业培训 民间学徒制	高等职业教育 中等教育阶段职业教育:技校、职高、中专、综合高中、普通高中职业生活教育
非竞争	准公共产品—俱乐部产品	纯公共产品
	员工职业培训 工作本位学习	义务教育阶段职业生活教育,远程职业教育 弱势群体(农民工、残疾人、城市下岗人员、就业困难群体等)职业教育,"绿色证书"教育

　　由此看来,职业教育的产品属性,在性质上主要可以区分为三种类型,包括私人产品、准公共产品(共用资源和俱乐部产品)、纯公共产品。

　　首先,从私人产品来看,一些民办的或其他社会组织(社会中介组织、高校、企事业单位等),主要面向市场并以营利为目的而举办的具有个性化的职业培训或民间学徒制,包括一些职业院校举办的职业资格证书教育、技校举办的职业

---

① 董仁忠:《职业教育供给:在政府与市场之间的选择》,《教育学报》2009年第5期。

培训等形式的职业教育,均属于私人产品性质的职业教育,而这种性质的职业教育主要存在在使用和消费上的竞争性以及从一定程度上看具有在受益上的排他性特点,其产品的供给方式,也主要是面向市场,由市场负责,并由市场的价格机制控制其供需。

其次,从准公共产品来看,职业教育的产品属性又可细分为职业教育共用资源和职业教育俱乐部产品。职业教育共用资源主要包括高等职业教育和中等阶段的职业教育。从高等职业教育层面来看,由于高等职业教育的资源相对紧缺,因而在使用这些产品和资源的时候,势必会以录取分数、高额学费等方式限制学生或其他社会成员对其的享用,而在特定的名额限制内,一部分人获得享有高等职业教育资格的同时,也必定会影响或排斥其他人享有高等职业教育的入学机会,由此看来,高等职业教育具有在使用上的竞争性特点。对于中等职业教育(包括职高、技校、中专等)来说,中等职业教育也同样受入学条件的限制,从而一定程度地表现出对这种产品和资源使用的受限性和竞争性特点。诚然,高等职业教育和中等职业教育并非是一种以营利为目的存在的组织机构,其对于使用者而言,同时具有资源的共用性特点,并且使用者的受益也并不影响其他使用者的受益,从而表现出受益的非排他性特点,因而从这种程度来说,高等职业教育和中等职业教育是作为共用资源的准公共产品而存在的。另外,职业教育俱乐部产品主要是企事业单位及其他社会组织,为了提升员工的工作能力和工作效率,从而举办的一种职业培训和在职职工的工作本位学习。一方面,由于这种职业培训主要是由企事业单位和组织自发发起的,培训经费也多由发起者自己承担,接受职业培训的成员均有机会接受这种教育,从而使得这种职业教育表现出在使用和消费上的非竞争性特点;而另一方面来看,这种性质的职业教育,尤其是一些针对性较强的培训项目,能够明显增加受训者的工作效益及经济收益,而相对于未接受培训者而言,这种获益又具有明显的排他性特点,从而使得这种职业教育表现出俱乐部产品的性质。

最后,从纯公共产品来看,主要包括义务教育阶段职业生活教育、远程职业教育以及弱势群体职业教育、"绿色证书"教育。一方面,这一类型的职业教育主要由政府或公益组织提供,而这种职业教育的提供者已投入足够的资源和经费,每个成员均有机会享有和接受这种教育,不会因为经费和资源问题而排斥同类成员接受这种教育,从而表现出这种职业教育在使用上的非竞争性;另一方面,这种职业教育不仅实现了个体收入的提升,也有效促进了国民基本素质的提升,个体受益从整体层面也不会影响和排斥其他个体的受益,因而这种类型的职业教育可视为一种纯公共产品。①

二、职业教育教学质量的"公共产品"属性

从职业教育的产品属性看来,职业教育主要可表征为私人产品、准公共产品(共用资源和俱乐部产品)和纯公共产品三种类型。这三种类型的职业教育产品属性划分,主要是基于从"大职教观"的视野进行的划分,而若从职业学校领域所实施的职业教育来看,其性质相对较为简单。职业学校所实施的职业教育,主要集中表现为中等职业教育和高等职业教育两个方面,按照如上关于职业教育产品属性的划分来看,则这两种类型的职业教育主要表征为作为共用资源的准公共产品。诚然,准公共产品从其本质来看,虽不属于纯公共产品和私人产品类别,但其内在地涵盖了两种产品的基本属性,即私人性和公共性,从而被列入混合产品的范畴。职业教育教学是中等和高等职业教育的核心工作,职业教育教学质量作为对职业教育教学水平及优劣程度的衡量标准,也主要通过一系列质量相关产品反映出来。

前文提到,全面质量管理理论、ISO9000 族标准、SERVQUAL 服务质量评价模型等关于质量管理的系列理论和方法体系,均侧重于在质量内容层面对工作的质量、产品的质量和服务的质量三个方面内容的探讨。而这三方面的内容反映在职业教育教学质量领域,则主要体现在职业教育教学工作质量、职业教育教学服务质量和职业教育教学产品质量上,由于质量只是对教学水平和优劣程度的衡量,其最终需要通过外在的以物化的形式表征出来,而若以产品的形式表示,职业教育教学质量则集中反映在职业教育教学产品、职业教育人才产品和职业教育服务产品的质量上(如图 3-1 所示)。

中等与高等职业教育作为一种以教学为载体的共用资源准公共产品,其外化表征的质量产品包括职业教育教学产品、职业教育人才产品和职业教育服务产品。职业教育教学产品主要指通过职业教育教学而直接产生的成果,如职业学校的教学成果获奖、教学竞赛获奖、教学模式输出、教学特色文化等;职业教育

---

① 董仁忠:《职业教育供给:在政府与市场之间的选择》,《教育学报》2009 年第 5 期。

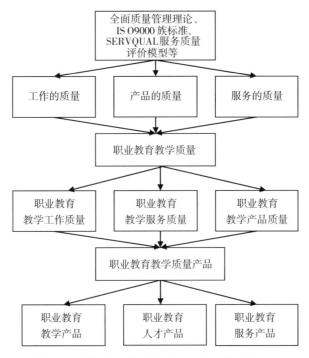

图 3-1 职业教育教学质量产品的演进思路

人才产品主要指通过职业教育教学而输出的职业性人才,如技术型人才、技能型人才、技术技能复合型人才等;职业教育服务产品主要指通过职业教育教学而为学生、企业、社会等提供的混合性质的服务产品,这种服务产品可以是有偿使用的,也可以是无偿使用的。由于中等与高等职业教育是主要以教学为载体的共用资源准公共产品,因而其外化表征的教学产品、人才产品和服务产品也一定程度地体现了这种共用资源的准公共产品性质。若从准公共产品的基本特征来看,其内在地涵盖了私人性和公共性特质。那么职业教育教学产品、职业教育人才产品以及职业教育服务产品也同样是公共性和私人性的集结。

第二节 职业教育教学质量治理的"公共性"逻辑起点

逻辑起点是理论形成的起点和研究对象的基本单元。从职业教育教学质量产品的产品性质来看,其主要表征为一种作为共用资源的准公共产品,因而其本质特征首要地表征为一种公共性,而对这种职业教育教学质量产品治理的逻辑起点便落到了"公共性"层面。

从"公共"的词源来看,在我国古代,"公"在《说文解字》中解释为:"公,平分也,从八从厶。八犹背也"。"自环为厶,六书之指事也。八厶为公,六书只会意也"。① 这里的"公"主要指平均分配,其中,"八"主要指"相背,相反"的意思,"厶"主要指"私",意指"与私相背则为公"。韩非子指出,"分其厶以与人为公"(《韩非子·五蠹》),意指将私有的分给其他人则为公。由此看来,我国古代最初对"公"解释主要涵盖了"平均分配""与私相对""少部分利益为多数利益"等意思。随着儒家学说的进一步发展,"公"的内涵和外延进一步得到了拓展,主要表现在:其一,"公"逐渐与"义""利"等联系到一起,从而逐渐涵盖"公义"和"公利"内容。"公义"是儒家处理个人与国家共同体关系的重要原则,也是个体公共行为和公共交往的一个最高准则,在"公义"导向下,便衍生出一条"公利"之路。孔子曾言:"义以生利,利以丰民,政之大节也",这便是古代儒家早期的公利思想,而追求公利必先以公义为前提,儒家学说进一步认为"夫义者,利之足也""废义则利不立",因而要做到"见利思义"。② 其二,"公"还具有"公理"和"公道"之意。"公理"在中国古代,其意思主要代表"善""义""正""天理"等内容,而这又与西方的公共理性涵义相区别;而"公道"则主要指代一种在生活和实践中普遍遵循的规律和道德准则。其三,随着社会民主化进程的起步与发展,"公"又逐渐涵盖"公开""公共""公平""公正"之意,如晚清时期,"公举""公议政事""公议堂"等术语和机构的出现,"公开""公共""共同"之意普遍流行,另外,民主化社会发展要求在政治和生活中体现公正公平的思想,如"公否平否,当以民之信否质之,乃得其至公至平""以民之信否证之,乃得其真公真平"。③ 其四,随着社会民主化程度的高度发展,新的公共观念和话语体系逐渐发展,"公"逐渐代表"公共"而普遍出现,而其外延层也涵盖了"公德""公益"等内容,"公德"在意识层面主要代表一种公共意识和公共心,在社会伦理层面,则

---

① 段玉裁:《说文解字》,上海古籍出版社2000年版,第49页。
② 胡群英:《社会共同体的公共性建构》,知识产权出版社2013年版,第119—123页。
③ 何启、胡礼恒:《曾论书后》,《新政真诠》初编,第18页,转引自熊月之:《中国近代民主思想史》,上海社会科学院出版社2002年版,第175页。

主要强调个人在公共场合需遵循的规范和义务;"公益"则强调从整体国家层面或社会集体层面所代表的宏观利益,包括国家利益、社会集体利益、公共利益和大众利益等内容,而在通常情况下主要指代一种社会集体利益。

在西方,最初的"公"来自拉丁文的"Publics"一词,而其又主要由"Populus"(人民)演变而来,由此看来,"公"是与多数人有关的一种集合形式。不仅如此,"公共"一词在希腊文中主要源于"Koinon",其含义类似于英文中的"Common",主要表达"共同"之意,①由此看来,在西方文化最初对"公共"一词的界定,主要涵盖了"多数人""共同参与"等内容。随着时代的发展变迁,"公共"一词的内涵外延也逐渐发展丰富,主要表现在:其一,从"公"的层面来看,"公"主要指代"公开""公法"等意,主要体现在古希腊罗马时期,如阿伦特指出,"公"即指代公开显现;公法,是作为维护人类生活秩序的公法。其二,公共性话语体系的形成和发展。随着欧洲文艺复兴和人文主义思潮的兴起和发展,人的自然权利成为人们关注的重心,由此,人的个人利益也变得神圣不可侵犯,因而个体利益和公共利益及两者的关系也成为众多学者讨论的话题,为此他们认为,"公"的存在是以保护"私"为前提的,而"公"的层面,公共权力、社会契约、公共权威、公共利益等公共性话语体系也相应发展成熟,从而成为西方关于人类共同体思想和理解的建构奠定一定的基础。诚然,由于人性具有自私自利的一面,霍布斯(Thomas Hobbes)认为,为了维护绝大部分人的权利,在社会生活中需要一种公共权力的存在,个人需要让渡自己自然权利的一部分,从而形成在契约基础上的公共权力和公共权威,②而这一论述又为后面的研究者提出以集体为组合形式的共同体组建提供了一定的思想基础。不仅如此,为了使人类更好地共在和共处,伏尔泰、卢梭等人提出,需要建立一系列具有公共性质的法律、制度和规范实现对公众利益和行为的保障和维护。其三,现代公共性话语的形成。一方面,康德认为,由于公共性是一个具有批判性意义的哲学范畴,为此,公共性可以运用到所有善于运用理性者的公开使用活动过程中,而这也是法的公共性基础所在,从而体现一种普遍的意志,当然,这种普遍的意志需在一种公开运用理性的前提下才能实现;③另一方面,哈贝马斯指出,康德认为在实践理性基础上政治与道

---

① 胡群英:《社会共同体的公共性建构》,知识产权出版社2013年版,第98页。
② [英]霍布斯:《利维坦》,黎思复等译,商务印书馆1985年版,第94—97页。
③ [德]哈贝马斯:《公共领域的结构转型》,曹卫东等译,学林出版社1999年版,第125页。

德可以实现"公共和谐",而公共性则是保障两者和谐统一的重要基础。

由此看来,伴随着社会历史的发展深入,学者们对于"公共"问题的探讨也逐渐从"公"走向了"公共"并进一步迈向了对"公共性"问题的深入思考,由此而衍生了私人领域与公共领域、个体与集体、私利与公利、道德和政治等相关问题,而要深层剖析这些问题,并推进这些问题在公共层面的利益调和,则需要从一种公共的、普遍的意志出发,在前提、过程和结果上均体现出一种公共意志,从而在整体层面奠定解决问题的公共性基础。职业教育教育教学质量同样是一个关涉私人领域与公共领域、个体与集体、私利与公利、道德与政治等公共层面意志和利益的问题,对职业教育教学质量的治理,便是从公共性层面调和并解决这些问题,从而使职业教育教学质量能够符合广泛公共大众的利益,为此,职业教育教学质量治理的逻辑起点也便落到了其内生层面所涵盖的公共性问题上。诚然,公共性问题是一个由社会、教育、政治、文化等多领域交互作用的综合性问题,这便决定了职业教育教学质量治理在公共性问题上,也涵盖了其所辐射的社会、教育、政治和文化等方面的属性和关系,从而在共同的质量治理过程中表征出公共社会性、公共教育性、公共政治性和公共文化性,并由此而组构成一种围绕"公共性"而形成的"矩阵"结构(如图3-2所示)。

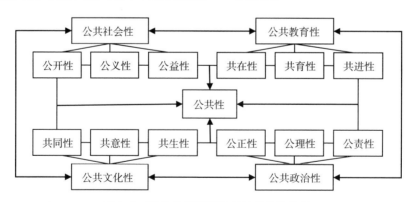

图3-2 职教教学质量治理的公共性结构

在这一职业教育教学质量治理的公共性结构中,公共社会性是起点,职业教育的教学质量治理也正是在各相关主体之间的交往活动中,通过相互作用、相互影响而缔结成的一定社会关系,并体现为一种公开性、公义性和公益性的集结,而如何协调这一社会关系,明晰各自的任务职责,形成各司其职、分工明确的高效治理结构,使各方力量能够形成在质量治理上的一致合力,也是本书着力解决的重点问题;公共教育性是在公共社会性基础上的发展延伸,从而在公共的教学质量行动中体现一种共在性、共育性和共进性的结合;由于公共治理的行为需要通过一定形式的制约而达到治理的协同,由此便涉及一种公共政治关系的形成,从而体现在治理行动中的公正性、公理性和公责性的发展衍生;当各治理主体之间形成一种分工明确、职责鲜明、结构稳定的治理结构后,这种质量治理也便走上了一种公共文化的形成和发展之路,并在文化熏陶和影响下,以体现质量治理的共同性、共意性和共生性。

一、公共社会性:公开性—公义性—公益性

由于职业教育教学主体的类存在是各个体治理主体与共同主体和谐统一的共在、共存和共处过程,各治理主体在这一过程中通过交互作用、交互影响从而形成一种相互缔结的复杂社会关系,由此看来,公共性是一个社会范畴,职业教育教学质量治理的公共性存在也是一个社会性的存在,而这种社会性也成了公共性形成的基本前提,并因此建构了职业教育教学质量治理的公共社会性起点。在这一起点基础上,职业教育教学质量治理个体之间,通过交往、互动和相互作用,并沿着在公开的治理活动中,在公义的整体层面推进公共利益的实现,从而达到质量治理公益目的这一发展逻辑,从而又体现了质量治理行为内在包含的公开性、公义性与公益性。

(一)职业教育的"跨界"性:教学质量治理公开性的基础

在教育教学质量范畴内,传统的教学质量观主要集中在普通教育体系范围内,并立足于教师的"教"和学生的"学",重在探讨教师在多大程度上通过教学达到了预设的教学目标,并以此衡量教学的质量,而参与教学质量管理的人员,也主要集中在校长、教导处、教师等学校层面的管理人员身上。事实上,普通教育作为一种"定界"的教育类型,其系统结构相对简单,普通教育的教学也主要围绕在学校教育场域内,通过知识的传授从而使受教育者个体获得全面和谐发展,由此决定了普通教育的教育教学也相应地形成了一个相对封闭的系统,其教学场地主要集中在学校场域内,并强调教学的相对独立性和不受外在力量的干预和控制,因而其教学质量的管理也主要由学校场域内的教育教学相关人员承担,管理人员的构成结构相对单一,管理要素也相对简单。

职业教育作为一种"跨界"融合性的教育类型,是教育与职业的"跨界"融

合,而这种"跨界"性又为职业教育教学质量治理的公开性奠定了重要基石。职业教育的"跨界"性主要体现在如下几方面:

第一,职业教育教学主体的"跨界"公开。职业教育是教育与职业的"跨界"融合,因而承载职业教育教学的主体,不仅包括职业学校的专职教师,还包括由企业的一些技术技能型人才组建的兼职教师,以及社会其他机构的一些外聘教师,职业教育教学主体的"跨界"融合,也使得职业教育教学质量治理也必须持有一种开放的态度,广纳贤人能士的参与。

第二,职业教育教学场域的"跨界"公开。职业教育的"跨界"融合性又决定了职业教育教学所承载的场域也具有"跨界"性。职业教育教学场地不仅集中在职业学校范围内,也包括一些企业、工厂、机构等社会场域内。职业教育教学质量治理,也正是在教学场域"跨界"的基础上,根据现实教学的需要而不断变换场地,如在职业学校进行一些理论课的教学,在企业和工厂进行实践实训课的教学,并合理布局教学场地的结构,高效利用职业学校的教育资源和企业的生产资源,从而有针对性地实施教学,以提升教学的效率和效益。因而在教学质量治理过程中,各教学场域的交互公开,则成了教学场域资源"跨界"整合的基本前提。

第三,职业教育教学内容的"跨界"公开。职业教育的发展不仅关涉受教育者个体的发展,还关涉经济社会的发展,而承载职业教育教学的载体主要集中在职业学校和企业范围内,因而职业教育教学质量的治理不仅要遵循受教育者身心发展的规律,还应遵循学校教育教学的内在教育规律,以及企业运作的经济发展规律,因而,职业教育教学内容的设定和安排,也应当同时尊重受教育者的身心发展规律、学校的教育规律和企业的经济运作规律,按受教育者身心发展的需要来安排教学内容,按学校教育教学运作的需要实施教学内容,按企业某工种的工作过程运作需要来组排教学内容,从而使职业教育教学内容体现一种多领域复合的公开性,并以一种开放的、广域的视域推进各质量治理行为的协同。

第四,职业教育教学方法的"跨界"公开。由于职业教育尤其强调通过"校企合作""工学结合""产教融合"等方式,使职业教育与区域经济发展的对接,由此便决定了职业教育在教学方法层面上,不仅强调教育中一般的、普遍的方法的运用,还强调对企业经营管理等方法的借鉴运用,更多时候是将两种方法进行融合，以提升职业教育教学的质量效益。如新加坡实行的"教学工厂"教学模式，以及一些具体的如模块化教学法、项目主题式教学法、案例教学法、行动导向教学法等教学方法。职业教育教学质量的治理，则不仅是要不局限于教育与经济领域内的方法，还要公开吸纳广泛领域内的高效、适宜的方法，并充分整合这些方法，从而在提升职业教育教学质量治理效率效益的同时，提高职业教育教学质量治理本身的公开性。

（二）职业教育品质的"混合"性：教学质量治理公义性的基石

由于职业教育教学质量产品的是一种作为共用资源的准公共产品，因而职业教育教学质量产品构成的职业教育教学产品、职业教育人才产品和职业教育服务产品，也作为混合品性的准公共产品，内在地包含了公共性和私人性品质。私人性特质决定了这些产品在一定程度上表现为一种私利性，而公共性的品质则决定了这些产品在一定程度上又表现为一种公利性。在中国儒家思想中，人天生便具有一种趋利的本性，这种本性也是中国古代各公共思想家共同承认的一个理论前提，因而，在任何的公共性活动中，公利性和私利性之间均容易出现相互冲突的问题，而此时，"公义"便成为调和公共关系中各种利益冲突的重要利器。

在社会主义市场经济体制作用的宏观背景下，对作为混合性质的共用资源准公共产品的管理也主要由政府、职业学校、企业和社会共同实现，并在质量产品的管理中表现出各自不同的目的。首先，在越来越强调学校自主权力的今天，政府作为职业教育的主要投资者，其虽不宜直接参与职业学校的教学管理，但可通过一定方式和手段参与对职业学校教学质量的产品治理，并通过对这些教学质量产品的综合调控和宏观统筹，以更好地推进这些产品在公共利益的最大化实现，而从这一层面来看，政府参与对职业教育教学质量产品的治理，主要在于在公共性层面而推进这些产品的公利性目的的实现；其次，由于职业学校进行教学质量产品管理的主要目的在于通过提升教学产品、人才产品和服务产品的质量，以更好地促进学生就业以及自身的发展，从这种层面来看，职业学校在教学质量产品管理中既具公利性目的，也具私利性目的；最后，由于企业存在的主要目的在于赢利，而其参与职业教育教学质量产品管理的直接目的也在于通过一定途径直接或间接地提升其经济利润，这使得其在教学质量产品的管理上也主要秉持一种私利性目的。诚然，私利性和公利性作为一种矛盾关系而存在。在对这些具有混合性质的产品质量管理中,势必会因利益相关者的利益需求不同而发生利益冲突。推进在职业教育教学质量上的共同治理,首要的任务就是调和各治理主体之间的利益关系,当企业、受教育者等"小我"利益与"大家"利益相冲突时,以及当职业学校自身公利性目的和私利性目的之间发生冲突时,秉持"公义"的治理原则便是有效协调利益冲突问题的关键,以此来使私利目的与公利目的之间形成一种平衡态,从而最终推进公共层面利益的最大化实现。

(三)职业教育的公益性:教学质量治理公益性的衍生

职业教育作为一种准公共产品,其内在地包含了公共性和私人性的性质。正是由于职业教育所具有的这种混合性质,使得人们不断质疑其在公共性层面所具有的公益性性质。职业教育教学质量产品也同样具有混合的性质,职业教育教学产品是通过职业教育教学而直接产生的成果,其主要代表的是一种公共性;职业教育人才产品是通过职业教育教学而输出的职业性人才,其直接对接的是学校教学和市场需求,因此既代表了一种公共性,也代表了一种私人性;职业教育服务产品主要是通过职业教育教学而为学生、企业、社会等提供的多元服务,因此主要代表了一种公共性。职业教育教学产品的这种混合性质,也决定了这种产品的提供者也相对多元化。公共性的性质决定了这种产品的提供主要由政府承担,而私人性的性质决定了这种产品的提供包括了个人或市场的共同承担。诚然,在社会主义市场经济高度发展的今天,随着经济结构的调整升级,经济社会对职业教育产品的大量需求却与职业教育本身发展的相对滞后形成了强烈反差,单纯由政府提供的职业教育教学公共产品已不能满足公众对多样化职业教育教学质量产品的需求,而由个人和市场共同参与的职业教育教学质量产品的提供,越来越成为满足公众各种产品需求的重要源泉。

由于公益性是一个社会范畴的术语,其反映的是公众和社会公共的利益,涉及的是宏观整体层面大部分人的利益,而非部分人、少数人的利益,因而,个人和市场共同参与的职业教育教学产品的提供,有效地弥补了政府产品供给的不足,从而在整体层面体现一种满足大众需要的公益性。诚然,教学产品的生命在于教学产品的质量,教学产品的质量则落脚于质量的治理上,由政府、市场、企业、学校、私人等共同参与的以提升质量为共同目的的行动,就是职业教育教学质量治理所体现的最大的公益性。

二、公共教育性:共在性—共育性—共进性

前文提到,职业教育是一种"跨界"融合性的教育类型,主要实现了教育域与职业域的"跨界"融合。教育域的核心要素包括了教育、学校和学习。对于社会而言,教育是教育域之所以形成的根本原因所在,其本质核心也在于其教育性;对于教育者而言,广泛实施教育的主要载体是学校;对于受教育者而言,其在学校的核心任务是学习。也正是教育、学校和学习实现了基本的教育构成。职业域内的核心要素包括了职业、企业和工作,其中,职业是"参与社会分工,利用专门的知识和技能,为社会创造物质财富和精神财富,获取合理报酬,作为物质生活来源,并满足精神需求的工作"①,其基本的承载体在于工作;企业是综合运用各种生产要素,以盈利为目的经济组织,其基本的运作环节也在于工作,因而,工作成为职业域构成的基础。事实上,职业域与教育域之间要真正"跨界"融合,也只有以教学为载体,在推进教育—职业、学校—企业、学习—工作之间在"跨界"融合中整体实现。(如图3-3所示)。

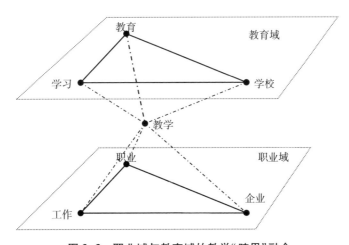

图3-3　职业域与教育域的教学"跨界"融合

教育—职业、学校—企业、学习—工作之间的"跨界"融合,教学发挥了关键性作用,从而体现为一种在教育域与职业域之间的公共教育性。正是通过职业教育的教学架构起了职业域与教育域之间公共教育的桥梁,从而也为两者之间

---

① 李忠民、睢党臣:《人力资源管理概论》,科学出版社2012年版,第224页。

推进职业教育教学质量治理的共在、共育和共进奠定了基础。

首先,"跨界"的共在性是公共教育性形成的基础。在"共在"哲学中,共在存在论指出,共在不是自在的存在,而是一种共在的存在,而这种共在的存在主要表现在共在者之间的互动和间性关系中。在职业教育教学质量治理中,这种共在性不仅指职业域与教育域关键要素的共同存在,更是指这些要素之间的一种互动共在。一方面,学校与企业的互动共在,首先体现在职业学校与企业之间通过校企合作的方式而建立一种伙伴关系,而随着两者的合作深入,企业也参与到职业学校的教育教学活动中,并在职业学校的实践教学环节中发挥着重要作用。诚然,企业参与职业教育教学,并能够实现与职业学校在教学层面的"共同在场",然而,从教学的要素层面而言,企业若能够形成与职业学校之间的互动共在,才是两者真正的共在。另一方面,从学习与工作之间的共在来看,在职业教育领域,学习与工作的共在主要体现在工作过程中学习,即通常所说的"工学结合",这两者之间的"共同在场"也是职业学校教学效率和效益提升的重要方式。现如今在职业教育研究领域,越来越多的专家学者均强调在工作过程中教学、在工作过程中学习、按照工作过程开发职业课程,而这从一定层面来看,是强调学习与工作的一种共在性,若能更进一步推进学习与工作在要素层面的深层互动共在,则更能推进教育域与职业域的深层融合。推进学校与企业以及学习与工作之间的互动共在,职业教育教学是重要纽带。而对职业教育教学质量的治理,更是提升职业域与教育域之间融合程度和融合质量的基础。

其次,"跨界"的共育性是公共教育性的外化表征。职业教育从本质上来说,是教育域与职业域之间,通过学校—企业的跨界融合、学习—工作的跨界融合、职业与教育的跨界融合而成的一种教育类型,而现实的职业教育之所以备受诟病,也正是由于教育域与职业域之间融合程度不高造成的。职业域与教育域之间融合程度的高低必然受两者所依附主体的主观意愿影响。而从职业域的企业主体来说,企业的宗旨在于盈利,而其参与职业教育教学实现人才共育,并不能在短期内获得盈利和实现经济效益的提升,而现实中却不乏存在企业参与职业教育的人才共育情况,而这种共育性更多体现的是一种社会"公义"层面下的共育。事实上,企业参与职业教育的人才共育,不仅仅指企业深入到职业学校中通过教学而体现的共育,还包括企业在自身的工作场域中,推行与职业学校平行的职业教育的人才共育。例如，在德国，多数企业本身就具有从事职业教育的资格，这种类型的企业是德国所谓的"教育企业"，这些"教育企业"从事职业教育并与社会共同实现对人才的培养，其初衷并非主要为盈利，而更多的是一种在"公义"层面下的社会荣誉。无论是企业自身承担的在社会层面的人才共育，抑或企业参与职业学校的人才共育，均是公共教育性的一种外在表现形式，在共在基础上的共育，也为推进职业教育主体之间在教学质量上的共同治理奠定有利基础，而这也是我国实现职业教育教学质量共治需要重要借鉴和有力推行的。

最后，"跨界"的共进性是公共教育的存在方式。若实现职业教育教学的共在和共育，必然会推动职业教育教学相关主体的发展共进，职业教育教学相关主体的发展共进，也必然会推进职业教育教学本身，以及职业教育和社会经济之间的发展共进。在公共教育性包含的共在、共育和共进性中，共在是基础、共育是手段，共进是目的，而若将共进性视作一种起点和动力源，则更能有效推进这种共同参与的公共教育的共在和共育，从而助推作为公共教育形式的职业教育质量和职业教育教学质量治理的良性循环。

三、公共政治性：公正性—公理性—公责性

"治理"一词，自其诞生之时起，便与政治相关而代表一种政治性的意义，强调一种优于"统治"的控制、引导和操纵，主要运用于国家治理和社会治理中。在现代公共管理理论看来，治理理论在本质上强调对关系的治理，这种对关系的治理，在政治意义上则主要指代一种公平、公正、责任、义务、权力、权利等公共政治关系。强调职业教育教学质量治理，则是强调公众共同参与对职业教学质量的治理，而在共同的治理活动中，为提升质量治理的效率和效益，必然涉及形成一种共同体之间的治理结构，若要推进这种治理结构的稳定并能发挥其长效作用机制，这便涉及对职业教育教学质量治理主体之间的公共政治关系的治理。对治理主体关系的治理将在第四章作专门探讨，这里不便赘述。职业教育教学质量治理主体之间通过一定方式而集结成一定的公共政治关系，这种公共政治关系又主要通过其所涉及的公共政治性体现出来，而公共政治性又内在地包含了公正性、公理性和公责性等特性。公正性是治理关系作用下治理行为作出的基础，也是治理关系政治意义形成的基础；公理性又是政治关系中权力关系形成

的基础,是质量治理权力关系中,由公共理性和公众愿望发展起来的,需要治理者共同遵从的道理,因而公理性是约束、规范质量治理者行为的重要准绳;公责性是质量治理者应共同承担的教育公共性责任,使各质量治理者的治理行为能够达到一种理想的政治高度。

第一,公正性体现在职业教育教学质量治理中,则应包含三个层面的公正意涵:首先,作为质量治理主体或参与者基本人权的公正。无论是职业教育教学质量治理的主体,或是参与者,其能够共同加入到质量治理的行动中,则必然应获得在对基本人权的尊重中而体现的公正性。学生作为教学的主体,也理应成为教学质量的治理主体,而现实的情况是,学生参与教学质量治理却没有得到应有的重视,而这种对学生作为治理主体基本人权的尊重不足,一定层面上体现了对治理行动的有失公平性。其次,作为程序和规则的公正。作为程序和规则的公正,主要是在所有质量治理参与者共意的基础上而建立起来的程序和规则等,从而以此保证教学质量治理的公正本身有个合法、合理的来源。最后,作为公共道德的公正。职业教育教学质量的治理作为一个多主体共同参与的活动,在这一共同的活动中以一个公共的道德准则进行部分治理行为的规范和约束,并确保其他人应得的利益,不仅是教学质量治理中的基本原则,更是一切公共治理活动最基本的、最普遍的原则。

第二,公理性体现在职教教学质量治理中,主要是作为一种公理公共性而言的,①这与本书后文提到的"公共理性"是相区别的。这种公理公共性在职业教育教学质量治理的活动中,主要体现了治理者共同的意愿,并主要通过准则、制度、规则等形式表现出来,因而这种公理公共性,是质量治理共同者内在的公共意愿和外在行为规范共同实现的,内在的公共意愿是公理公共性形成的基础,代表绝大部分治理者的公共意愿才能形成外在的行为准则、制度,并以此限制和规范少部分人的治理行为。

第三,公责性体现在职教教学质量治理中,主要指代了质量治理者之间所应承担的共同责任。职业教育教学质量治理的公共产品性质,以及职业教育本身的"跨界性",决定了这种质量治理活动必然是一种公共参与的质量治理。而这

---

① 公理公共性主要由胡群英同志提出,其认为在社会共同体的实践属性中,主要体现了一种公理公共性,这种公理公共性是共同体共同意愿的实践表达,需经由所有成员在自由讨论、批判、认可的基础上实现,主要以常识、准则、制度等程序化的方式表现出来。

种质量治理行动的公共属性,又决定各质量治理者必然要超越自身,而对外承担一定的不可推卸的公共性责任,[1]这种公共性责任又主要表现为一种保证质量的责任,以及一种在质量问题出现后的追责责任。例如,职业教育教学质量治理在形成共同体的情况下,这个共同体中的每一个参与者均有从公共层面保证教学质量的责任,以及在出现质量问题后责任的公共性共担。

四、公共文化性:共同性—共意性—共生性

职业教育教学质量治理,是一个从质量问题到质量治理再到质量提升的持续性过程活动,而在这一持续的过程中,质量治理者通过相互影响、相互作用共同致力于教学质量的提升,而这其中必然会在相互作用中形成一种治理文化。实际上,这种治理文化是质量治理相关者在共同的行动中缔结而成的一种关系文化,从而体现为一种质量治理的公共文化性。公共文化性是以文化的存在形态表现出来的公共性,职业教育教学质量治理体现出的公共文化性,又内在地包含一种共在性、共意性和共生性。

第一,共同性是职业教育教学质量治理公共文化性外化表征的前提。在职教教学质量治理中,各治理参与者之间主要通过协同一致的治理意志和治理行为,从而在治理活动中凝结而成各种同质性属性和关系,而正是这种同质属性和关系在形成过程中,又促使各质量治理参与者之间,逐渐形成一种围绕质量、教学、治理而产出的,能够共同认可并能实现相互之间进行传承的一种公共意识形态,并在这种公共意识形态作用下而体现一种共同治理的公共文化性。由此看来,共同性是教学质量治理公共文化形成的前提,是教学质量治理参与者共同活动和共同关系的一种总体概括,从而保证质量治理参与者之间在时空下保持"共在"的存在状态,以及保证一致的治理行动能够保持同质的性质、同质的内容、同质的目标、同质的文化特质及同质的价值追求等。

第二,共意性是职业教育教学质量治理公共文化性内在一致的基础。共意性是任何一个有组织和有结构共同活动形成的基础。职教教学质量治理同样是一个围绕质量问题而开展的共同行为活动,各质量治理相关人员之间在围绕教学质量问题上,也只有通过在公共层面形成共同的观念、意识和情感意志等,才

---

① 胡群英:《社会共同体的公共性建构》,知识产权出版社 2013 年版,第 254 页。

能保证质量治理行为的协同一致。这种共意是一种在质量治理上"善"的共意,也是促进质量治理走向共生的基础。各质量治理相关者之间在教学质量上共意的程度,也决定了各质量治理者之间的凝聚程度,从而又一定程度地决定了共同的文化意识形态的形成程度。由此看来,共意性是助推质量治理公共文化形成的重要力量。

第三,共生性是职业教育教学质量治理公共文化性持续生成的关键。在共同的职教教学质量治理活动中,共同性是文化公共性在共意性层面的基础,而共同性与共意性又成为文化公共性在共生性层面的基础。在职教教学质量治理的共同活动中体现的共生性,是在共同、共意的情况下,促使各质量治理个体与其他个体之间的共生,与质量治理共同体之间的共生,以及与教学质量效益的共生,并在这一过程中,通过相互支持、相互依赖而共享教学质量提升带来的质量效益和经济利益。共生性是职教教学质量治理在公共性层面所追求的理想状态,也是促使职教教学质量治理达成一种文化生态平衡的关键,通过对这一理想境地的不懈追求,从而使得职教教学质量治理在达成一种文化生态平衡的情况下,又能进一步反促职教教学质量达成一种"善治"的状态。

第三节 职业教育教学质量治理的"理性"逻辑向道

所谓向道,即指引道路。古有韩愈曾言:"今之君天下者,不亦劳乎! 为有司者,不亦难乎! 为人向道者,不亦勤乎!"亦有朱熹之说:"所谓人者,指应举者而言。为之作向道者,谓指引其道路所向。"①而逻辑向道,是在逻辑起点和逻辑终点之间发展路向的指引。职业教育教学质量治理的"理性"逻辑向道,是对职业教育教学质量治理从逻辑起点到逻辑终点发展的"理性"指引,而在这种"理性"指引下的发展逻辑,更能切合职业教育教学质量治理在"公共的善"目标指引下,在过程层面"理性的善"的生成。

---

① 余冠英等编:《唐宋八大家全集·韩愈集》,国际文化出版公司1998年版,第220页。

一、个体理性向公共理性的发展走向

职业教育教学质量产品作为一种共用资源的准公共产品,其在表征一种公共性的同时,也内在地涵盖了私人性的性质,而受这种私人性质的影响,又使得教学质量产品在具体的管理过程中,又受一种个体理性的发展指引。由于理性是"行动者为自己的生存利益规定的行动目标,以及在其知识和智慧范围内保持最为有效的手段来达到目标的能力",①而个体理性则是某一个体为实现行动目标而所做出个体的最有效行为,诚然,个体理性往往为一种有限理性而存在,而有限理性只是关心单次或少量行为经常的公利量,并且行为者能考虑到的行为进程也是相对短暂的,②由此决定了个体理性必然内在地涵盖了自利性、个体收益和目标效用最大化、期望最大化和最省原则等内容,③而受个体理性的影响,职教教学质量主要是一种管理性质的活动。在具体的管理行动中往往表现出一定的自利性、独治性、排他性、盲目性和低效性的特点。首先,自利性特点主要表现为在一些校企之间的合作中,职业学校往往以自身的利益出发,将企业视为"鸡肋",无限地榨取企业所拥有的各种与教学相关的资源"营养",而职业学校自身却并没有给企业带来任何实质性的回报④;其次,独治性的特点主要表现为职业学校在教学质量管理上,往往形成一个相对独立的自组织系统,并致力于经由学校自身的力量而实现对教学质量的管理,为了保证教学各方面工作的秩序并然,而不乐意其他组织系统的参与和干涉,从而在表现出独治性特点的同时,也表现出一种排他性特点;再次,盲目性的特点主要表现为,职业学校在教学质量管理上,由于受有限理性的影响,在相对独立的质量管理情境中,对学校本身的教学质量管理并没有形成与社会大环境需求和变化之间的有效对接,而这种故步自封地进行"闭门造车"式质量治理,又一定程度地表现出职业学校在教学质量管理上的盲目与短视;最后,低效性的特点主要表现为,职业学校在教学质量管理上,因主要局限于校内的教务处、督导处以及一些检查小组共同组成的

---

① 高鸿钧等:《英美法原(上)》,北京大学出版社 2013 年版,第 394 页。
② 朱富强:《活学活用博弈论》,经济管理出版社 2013 年版,第 39 页。
③ 洪名勇:《制度经济学》,中国经济出版社 2012 年版,第 412 页。
④ 朱德全、徐小容:《职业教育与区域经济的联动逻辑和立体路径》,《教育研究》2014 年第 7 期。

质量管理组织方面的治理,却并没有就当前一些职业学校在教学上的集中问题进行有效解决,从而又一定程度地反映了这些单维管理行为的低效。由此看来,个体理性由于受其有限理性的影响下的职教教学质量管理,并不能有效提升职教教学的质量,从而不利于在公共层面"公共的善"目标的达成。为此,职业教育教学质量治理必然需由个体理性走向一种公共理性,从而使得职业教育教学质量治理也从一种有限理性走向一种完全的理性。

二、公共理性推引"理性善"的生成

在西方政治哲学研究中,学者们尤其强调理性与"善"之间存在着一种内在的相互关联关系。正如霍布斯(Hobbes)所认为的,理性是"向每个人指示他们自己的善。"①此外,霍布斯将理性和善之间关联起来,并认为这种善也同时与其欲望相关联②,由此看来,理性与善、欲望之间存在着一种交互的作用关系,个体理性追求的是一种个体的善,而这种个体善的判断又与个体的欲望、喜好和厌恶之间相关联,因而个体理性指引下所要达到的"善",往往受个体的理性有限性限制,而较为局限。而在公共领域内的治理,为满足大部分人的需要,必然需推进个体理性走向公共理性,从而达成一种满足公共利益的"公共善"目的。

然则何谓公共理性?罗尔斯在对康德和黑格尔学说扬弃的基础上,在其政治哲学学说中指出,"公共理性是一种公民的理性,是那些共享平等公民身份的人的理性,而这种理性的目标是追求一种公共善,此乃政治正义观念对社会之基本制度结构的要求所在,也是这些制度所服务的目标和目的所在"③。在罗尔斯看来,公共理性之所以区别于个体或私人理性而是公共的理性,主要因为其是作为自身的理性,而成为公共的理性;其目标是公共的善和根本性的正义;其本性和内容是公共的。④ 由此看来,正是由于公共理性是一种公共意义上的理性,因而其必然是由公共意愿所决定的,从而体现为在目的上的一种公共性善和在过程上的理性的善。诚然,在目的上达成一种公共性的善较为好理解,而在过

---

① [英]霍布斯:《利维坦》,黎思复等译,商务印书馆1985年版,第121页。
② 谭安奎:《公共理性》,浙江大学出版社2011年版,第55页。
③ [美]罗尔斯:《政治自由主义》,万俊人译,译林出版社2000年版,第225—226页。
④ [美]罗尔斯:《政治自由主义》,万俊人译,译林出版社2000年版,第225—226页。

程上要达成一种理性的善,则相对较费解。事实上,公共理性也有发展层次上的区别。在初期的时候,由于受社会发展条件的限制,社会治理主体还处于相对单一的情况下,无论是康德、黑格尔还是罗尔斯,他们关于公共理性的思想总体上可以被视作是一种单一的公共理性思想,而其在关于公共理性的主体层面,也集中蕴含了主体中心化的思想,主要体现为,在公共领域的行政决策中,民主国家和政府是作为公共行政的唯一主体,从而成为提供公共产品的垄断者,和社会正义代表及公共政策价值的决定者。① 而随着社会的进步和民主化发展的加速,社会治理主体逐渐由单一中心向多元中心发展,社会治理也逐渐呈现出一种多元治理的发展趋势。社会治理主体的多元化,使得多元治理必然要求公共理性也随之由单一公共理性向多元公共理性转变,尤其是在社会公共产品脱离了政府的垄断提供,而呈现社会其他主体多元化提供的情况下,多元公共理性也随着社会领域的多元分化而变得越发普遍。事实上,多元的公共理性也容易使不同治理主体之间因组织文化差异而产生一定程度的价值差异,为此,在多元公共理性基础上,多元治理主体间为达成一种共生合作式治理模式,便需要形成一种协作的公共理性,由此便形成了公共理性发展的三个阶段。

职业教育教学质量治理要达到一种理想"善"的状态,必然需要从个体理性走向公共理性,从质量管理走向质量治理。在职业教育教学质量治理的实践中,因理性的发展阶段不同,也对应形成了不同的治理模式,职业教育教学质量治理也正是在这一发展过程上生成一种理性的"善"(如图 3-4 所示)。

在职业教育的早期发展阶段,职业教育主要是一种雇主与雇员之间形成的一种学徒制,职业教育由于主要由私人作坊或雇主提供,主要属于一种私人性质的私人产品,教学的方式主要是模仿和实践,而此时,受个体理性的影响,职业教育教学在实践中主要形成一种单维的质量管理模式,在这个阶段,教学质量管理主要由工匠师傅个人掌控,而这些师傅在工艺或技术的传授中,通过有意或无意地对传授过程进行监控,从而形成一种单维的教学质量管理,这也是职业教育教学质量管理的最初阶段,也是最低效的阶段。随着政府对职业教育发展重视程

---

① 谢新水:《公共理性发展:从一元、多元到合作理性》,《江苏大学学报(社会科学版)》2010年第 6 期。

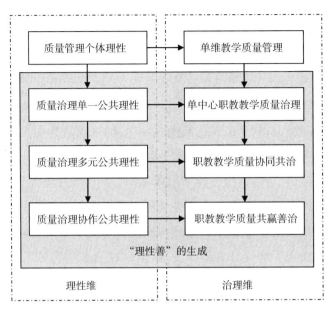

图 3-4　职业教育教学质量治理"理性善"的生成过程

度逐渐提升,政府开始大规模兴办职业学校,而此时,政府成为职业教育产品的主要提供者,职业教育由此而变成一种公共性质的公共产品,职业教育产品在治理过程中,也主要反映了政府的意志,在教学质量上也主要形成一种外在合规定性的质量判定倾向,从而使得职业教育的教学,也主要形成职业学校单一中心,以职业学校中的教师、教师群体、校长为主要治理主体的质量治理单一公共理性,由此使得职业教育教学质量也从单一管理走上了治理之路,从而形成一种职业教育教学质量治理的初级模式。当职业教育得到进一步发展,职业教育产品的提供者也因包括政府、职业学校和社会的共同参与而变得更加多元。产品提供者的多元化也便决定了这些产品治理主体的多元化,而产品治理主体的多元化也就决定了职业教育治理多元公共理性的形成。从职业教育教学来看,前文已提到,职业教育教学是区别于普通教育教学的特殊系统,其系统的半开放性特殊性质,以及其利益关涉的多元与复杂性,为多元主体参与教学的治理提供了契机,而在多元公共理性影响下的职业教育教学,为提升其质量,必然需要各相关主体之间形成一种在职业教育教学质量治理上的协同共治模式,这种教学质量上的协同共治,是各职业教育质量直接相关主体,通过在教学质量上形成一种协同关系,共同参与到职业教育教学质量治理中,并在其中发挥各自应有的作用。

这种协同共治是质量治理的发展进步,社会多元力量能够共同参与到职业教育教学质量的治理中,并在其中发挥应有作用,能够有效提升职教教学质量治理的效果,也是职教教学质量治理发展所必然经历的发展过程。事实上,在职教教学质量治理中,多元的公共理性也容易使得各治理主体之间因各自的依附的文化不同而产生一定程度上的价值差异,为此,职教教学质量治理便需要在多元公共理性基础上,进一步发展成一种协作公共理性。正如霍布斯关于理性与善的关联逻辑所言,理性和善之间有所关联,而这种善也同时与欲望有所关联。职业教育教学质量治理中,因多元公共理性与公共的善之间有所关联,而同时又与多元的欲望有所关联。为此,要调和职业教育教学质量治理的多元公共理性,则需要建立一种协作的公共理性,以实现公共理性、公共善与多元欲望之间的协同,从而促使公共理性的善的生成。协作的公共理性,能够有效促使参与者之间形成一种共生协作关系,从而形成一种职责清晰、分工明确、共治共赢的治理关系。在职业教育教学质量治理中形成一种协作的公共理性,能够有效促使在提升职教教学质量治理效果基础上,更进一步提升质量治理的效率和效益,从而在实践中形成一种职教教学质量治理的共赢善治。

由此看来,受质量管理个体理性的指引,主要形成一种职教教学单维质量管理模式;受质量治理单一公共理性指引,主要形成一种单中心职教教学质量治理模式;受质量治理多元公共理性的指引,主要形成一种职教教学质量协同共治模式;受质量治理协作公共理性指引,主要形成一种职教教学质量共赢善治模式。诚然,在这几种模式中,从公共理性层面衍生出的三种教学质量治理模式,才更有助于促进"公共善"目标的达成,而从单中心职教教学质量治理向职教教学质量共治,并进一步向共赢善治发展的道路,是职教教学质量治理"理性善"的生成过程。

三、"共治"求"善治"的治理逻辑

与个体理性或私人理性相对而言,公共理性是众多行动者围绕一个共同的目标和公共的利益,在一个集体的知识和智慧范畴能够保持作出达到目标的最有效手段的能力,是一个集体智慧和能力的集结,因而其具有个体理性相对来说不可比拟的优越性,从而涵盖了公意性、公利性、公共目标利益最大化等内容。受公共理性的指引,职业教育教学质量的协同共治与共赢善治均具有传统教学

质量管理无法比拟的优越性。职教教学质量在协同共治基础上推进共赢善治的形成,才是职教教学质量治理发展的理性逻辑。

（一）职业教育教学质量的协同共治

职业教育教学质量的协同共治,主要是在多元公共理性指引下,多元质量治理主体之间围绕职教教学质量而形成的一种协同关系,并共同参与职教教学质量的治理。就目前的情况来看,受普通教育将教学及其质量视为一种封闭性系统的影响,职业教育在教学质量治理上,也主要形成一种单中心的职教教学质量治理模式,教学系统还处于较为封闭的状态,对教学质量的治理,也主要集中在职业学校范畴内的自我治理上。事实上,职教教学系统本身具有与普通教育教学系统相区别的特性,如职业学校的课程开发与企业工作过程的对接、职业学校的教学与企业的生产对接、职业学校的毕业标准与职业资格标准的对接等特性,决定了职教教学系统本身就是区别普教系统的一种半开放的系统,而若形成与普教系统相类似的单中心职教教学质量治理模式,必然会阻碍职教教学质量的提升。因而对职教教学质量系统的治理,推进在职教教学质量上的协同共治,也便是促使多元相关主体,如职业学校、企业、政府、社会、评估机构等力量共同参与到教学质量治理系统中,而其中,职业学校和企业主要作为内维性的治理协同,政府、社会、评估机构等主要作为外围性的治理协同,并各自在其中发挥应有的作用。事实上,能够推进在职教教学质量系统上的治理协同,已然是对传统单中心治理模式的一种突破,也是职教教学质量提升必经的关键的一步。

（二）职业教育教学质量的共赢善治

职业教育教学质量治理的共赢善治,主要是在协作公共理性的指引下,多元质量治理主体之间围绕职教教学质量而形成的一种共生关系,并协作参与职教教学质量的治理。这种共生协作式教学质量治理模式,尤其强调各治理主体之间通过分工协作、紧密合作从而形成一种共生协作关系,以全面提升教学质量治理的效率和效益,从而达成各治理主体之间的合作共赢。"善治"之"善"主要包含了两层含义,一层是善于、擅长之意。多元质量治理主体之间通过共生合作,以形成一种高效的质量治理模式,从而提升教学质量治理的效率和效益;另一层是美好、理想之意。多元治理主体通过协作治理,以达成在教学质量治理上的一种理想状态,从而在实现提升教学质量的同时,还共同推进治理者之间的互利共赢。事实上,由于职业域与教育域之间本身在跨界深度融合上便存在一定的困难,而要在两者深度融合基础上,推进在教学质量治理上形成一种共赢善治,必然要经过诸多困难阻滞,因而实现在职教教学质量治理上形成一种共赢善治模式,也必然要历经较长时间和较多困难才能逐步推进实现。

（三）"共治"求"善治"的逻辑

理性与逻辑之间存在着一种复杂的相关关系,治理理性一定程度上决定了治理逻辑。这里以单中心质量治理模式为例,职教教学质量治理处于单一公共理性的影响下,职业学校的教学质量治理的理性便是一种,集中职业学校内部力量,共同完成学科和课程体系预设的教学质量目标,从而达到预期的教学任务,而受这种单一公共理性的影响,职业学校的教学质量治理的逻辑便是围绕课程和教材预设的知识和能力目标,设定教学质量目标、实施理论与实践教学,师生共评教学目标的达成度,改善日常的教学方法和教学手段等。诚然,企业的教学质量治理理性,主要是一种职教教学质量的治理必须能够满足企业盈利以及社会经济发展的需要,受这种理性的影响,企业所认为的职教教学质量的治理逻辑,应当是职教教学必须全面切合行业企业工作过程的运作,使教学和生产进行全面对接,而教学的质量也主要反映在通过教学后,学生能够直接进入生产岗位进行工作和生产。由此看来,职教教学质量治理主体所秉持的理性不同,会产生不同的质量治理逻辑,理性对逻辑起着一定的先导作用。

因此,本书认为,职业教育教学质量治理的理性,应当是一种公共的治理理性,是在职教教学质量治理中秉持一种公共的理性,并在这种公共理性的基础上,形成一种公共的治理逻辑。职业教育教学质量的协同共治和共赢善治均是在公共理性的指引下发展而成的教学质量治理模式,由于这种协同共治与共赢善治质量治理模式的形成并非是一蹴而就的,必然是在各相关主体长期的交互磨合与共同完善的过程中形成,尤其是在想要达成一种共赢善治的状态下,必然需要各治理主体之间在价值认同、利益整合、关系明晰和职责清晰的基础上,推进这种理想状态的达成,因而,在多元公共理性和协作公共理性指引下的职教教学质量治理逻辑,应当是一种以"协同共治"求"共赢善治",及在"协同共治"的过程中逐步实现"共赢善治"的公共治理逻辑,从而最终在推进职教教学质量治理的过程中走上一条"善治"之道。

第四节　职业教育教学质量治理的"善性"
逻辑终点

逻辑终点是思维运动在逻辑起点基础上发展周期的结束,一般强调思维发展从抽象到具体发展演变的结果。① 职业教育教学质量治理在实践逻辑层面,其逻辑终点是在公共理性发展基础上,所应达到的"善性"治理目的。在著名的政治哲学家罗尔斯(John Bordley Rawls)看来,公共理性其目标是公共的善和根本性的正义。职业教育教学质量治理要在目的上达成一种公共性的善,是通过职业教育教学质量治理使职业教育的利益相关者普遍受益,从而体现为结果层面"公共的善"目的的达成。若将"公共的善"进行具象化,那么整体上可以将其分解为主体层面公共的"善者"、内容层面公共的"善意"和过程层面公共的"善性"。②

首先,职业教育教学质量治理需要公共"善者"的集成与养成。公共理性指引下的职业教育教学质量治理,是职业教育相关主体共同参与的、是一个服务广泛大众的、具有公益和公利性质的公共性活动。通过质量共治而生成的"善者",包含了公益之善举的"善举者"和具有擅长治理之"善治者"两层含义。③其中"善举者"可以是将教育事业当作公益事业并参与和投入的"善者",也可以是在职业教育教学质量治理过程中舍"小我"利"大我"的"善者",从而支持职业教育及教学质量的发展。而"善治者"则是在共同的质量治理活动中,通过过程性的锻炼而养成善于治理的"善者"。公共"善者"的集成需要广泛吸纳职业教育相关主体如职业学校、行业企业、社会组织等的参与,而公共"善者"的养成,则需要职业教育相关主体在共同的质量治理活动中,通过深入沟通、密切合作等方式而不断助推职业教育教学质量的提升。其次,职业教育教学质量治理

---

① 陈宇翔等:《马克思主义与社会科学方法论》,湖南大学出版社 2012 年版,第 80 页。
② 徐小容、朱德全:《职业教育质量治理:公共之"道"与理性之"路"》,《西南大学学报(社会科学版)》2019 年第 1 期。
③ 徐小容、朱德全:《倒逼到主动:职业教育质量治理对区域经济社会发展的适应性研究》,《职业技术教育》2018 年第 10 期。

结构稳固需要公共"善意"的调节。这里公共的"善意"实指公共意愿或公共意志。职业教育教学质量治理是一个长期的过程,这需要各相关主体深入合作以形成稳固的结构,才能发挥治理结构的长期效益。为此,形成在职业教育教学质量治理上的公共意志,是有效协同各主体参与并协调利益关系的核心所在。最后,职业教育教学质量治理的过程需要公共理性指引下公共"善性"的彰显。这种过程层面公共"善性"彰显,是要有效对接职业教育质量生成的全过程,从输入、过程和输出层面全方位贯彻"善治"性,从而保证职业教育教学质量过程性的生成与提升。[①]

　　若对职业教育教学质量治理的"善性"终点在教学目标上进行分解,那这种目标则主要表现在教学工作的"善性"质量目标、教学服务的"善性"质量目标和教学产品的"善性"质量目标在公共层面的利益目标上(如图 3-5 所示)。

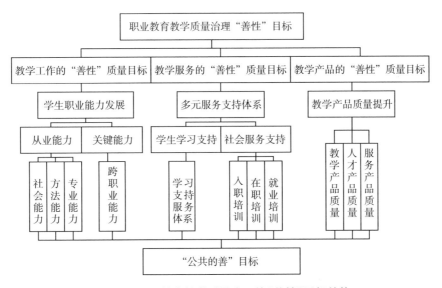

图 3-5　职业教育教学质量治理的"善性"目标结构

一、职业教育教学工作的"善性"质量目标

职业教育教学工作的"善性"质量目标,主要指代职业教育教学本身的职能

　　① 徐小容、朱德全:《职业教育质量治理:公共之"道"与理性之"路"》,《西南大学学报(社会科学版)》2019 年第 1 期。

目标。职业教育教学的目标主要指向通过教学使学生获得从事并适应某一职业岗位的职业能力,并促进其职业能力的发展。德国的双元制职教模式尤其强调,职业教育教学的基本职能目标在于促进学生的职业能力发展,主要包括其从业能力发展和关键能力的发展。为此,本书认为,职业教育教学工作的质量目标,也应当是通过教学而促进学生职业能力的发展,包括学生的从业能力和关键能力的共同发展。为此,职业教育教学工作的质量目标,是通过理论和实践教学,培养学生能够学会共处、学做人等社会能力;培养学生能够学会学习、学会工作等方法能力;以及使学生获得能够从事生产、管理、服务等方面专门的职业活动所需要的专业能力。诚然,由于受各种内外部因素的影响,任何一个职业和岗位都并非是恒久不变的,而当职业和岗位发生变化和变更的时候,学生是否能够迅速地从事并适应新的职业岗位,便成为关涉在新职业或岗位上未来发展程度的重要能力,而这种能够胜任跨职业的综合性能力,也同样成为学生在职业学校中所应需具备的基本能力。由此看来,职业教育教学工作的"善性"质量目标也便是有效率、有效益地促使学生,包括从业能力和关键能力在内的综合性职业能力的发展,从而达成职业教育在教学工作层面上的"善性"目标。

二、职业教育教学服务的"善性"质量目标

职业教育教学服务的"善性"质量目标,主要指代职业教育作为一种具有公益性质的社会活动,其所具有的服务性的职能目标。职业教育的教学服务的"善性"目标除了指向通过教学而达成为促进学生职业能力发展的服务目标外,还指向为社会其他组织和群体的发展服务,从而建构起一种以职业教育教学为主要支撑的多元服务支持体系,以更好地达成在教学服务层面的"善性"目标。一方面,从学生支持服务方面而言,职业教育教学的核心在于促进学生更好地学习,为此,从教学服务层面来看,为学生建构一种能够促使学生自主学习、多元化学习为目的的学习支持系统,则成为教学服务层面的重要治理目标。当前,在普通教育和成人继续教育的远程教育领域,均越来越强调建立以学习中心形式的,以更好地辅助学生学习为目的的学生学习支持服务体系,这种学习支持服务体系,涵盖了从学生入学到学生毕业的一整套服务体系,包括对学生的认知支持、情感支持和学习系统支持等内容,不仅包括学术性的支持服务,也包括非学术性的支持服务,通过这种全面的学习支持服务系统的建立,以保证教学的质量并降

低辍学率。这种促进学生全面发展的学习支持服务系统，同样也可以运用于职业教育教学领域，从而保证学生更好地掌握职业知识和职业技能，为其走向全面和可持续发展做好铺垫。另一方面，从社会支持服务系统方面来说，由于职业教育具有与经济社会发展的高度密切性，以及职业教育本身所具有的"教育域"与"职业域"之间的"跨界性"，决定了职业教育教学系统是与普通教育教学封闭性相区别的半开放性状态，这便为职业教育教学能够同时实现为社会发展的多元性服务提供了现实可能性。其主要表现为：职业教育的"跨界性"使得职业教育必须关注社会岗位的需求和职业的发展，这不仅为与职业和岗位直接提供者相关的行业、企业与社会其他力量等的共同参与提供了基础，也为职业和岗位的直接需求者，如下岗职工、失地农民等的职业培训、岗位培训的需要提供了基础；职业教育教学的半开放性，不仅决定了行业企业和其他与教育相关的社会力量也能够以兼职教师的身份参与到职业教育教学中，从而成为职业教育教学"教"的重要构成体，也决定了行业企业的新入职职工、在岗职业以及需要入职的社会下岗职工、失地农民等均能够成为职业教育教学"学"的重要构成体。由此看来，职业教育在社会支持服务系统层面的教学服务质量目标，是通过各种教学、培训和服务支持形式，为社会各方面提供入职培训、在职在岗培训和就业培训，并通过建立一整套相对成熟和完善的社会支持服务体系，从而为社会发展服务。

三、职业教育教学产品的"善性"质量目标

职业教育教学产品的"善性"质量目标，主要指通过职业教育教学，并在与教学相关的相互关联或相互作用的活动中，将一组教学输入转化成教学输出的结果，这种教学输出的结果，包括有形的物品、无形的服务、组织观念以及由它们相互组合形成的产品形式，通过这种产品成果的获得，从而达成职业教育教学的质量预期目标。职业教育教学产品质的直接目标是教学产品质量的提升，而教学产品的质量又主要通过教学的直接产品、人才产品和服务产品表现出来，因而，提升教学产品的质量，就要促使教学直接产品、人才产品和服务产品质量的提升。前文已提到职业教育教学产品是通过职业教育教学而直接产生的成果，包括职业学校的教学成果获奖、教学竞赛获奖、教学模式输出、教学特色文化等；职业教育人才产品是通过职业教育教学而输出的职业性人才，如技术型人才、技能型人才、技术技能复合型人才等；职业教育服务产品是通过职业教育教学而为

学生、企业、社会等提供的混合性质的服务产品。由此看来，这几方面的产品覆盖了职业学校、学生、行业企业和社会的多样化的需求，提升这些产品的质量，使这些产品能够满足社会公共层面共同发展的合需要性、合目的性与合发展性，因而教学产品的质量目标最终达到的"善性"目标，也便促进整体社会层面的健康、和谐与可持续发展。

第四章　治理主体:职业教育教学质量共治生"善者"

职业教育教学质量治理是一个循环往复的发展性过程,参与职业教育教学质量治理的主体,也主要是在职教教学质量共治的历练中不断成长成熟,从而成为职教教学质量治理的"善者"。前文已提到,职教教学质量相关主体参与的教学质量的共治,主要是为了推进职业教育质量相关的公共利益最大化,是一个具有服务广泛大众的、具有公益和公利性质的活动。事实上,各主体共同参与这一活动,在实现"公共善"这一共同目的的同时,也推进了各主体自身治理能力的发展,因而,强调通过职教教学质量共治而所生成的"善者",实际上包含有两层含义,第一层是具有公益之善举的"善举者"之意,另一层是具有擅长治理的"善治者"之意。

诚然,要真正实现在职教教学质量共治中"善者"的生成,对于各相关治理主体来说,则首先需要在职教教学质量治理意识层面形成一种归属认同,进而明晰与其他治理主体之间的间性关系和各自所拥有的权责和职责,在组构一种职业教育教学质量治理的"产学研用"共同体的同时,还需要各治理主体在外在行为上形成一种规制,从而确保各治理主体形成内在意识层面的认同和外部行为层面的协同,最终保证"善举者"和"善治者"在过程中的有效生成。

第一节　职业教育教学质量治理主体的归属认同

第三章已交代,公共理性指引下的职教教学质量治理,主要追求的是在效果基础上的职教教学质量协同共治以及在效率效益基础上的共赢善治。诚然,无论是职教相关主体的协同共治抑或是共赢善治,均是以各相关主体在内在治理意识层面,形成对职教教学质量治理的归属认同为前提的。事实上,职教教学质量治理相关主体之间若没有对职教教学质量治理的"认同"就没有质量治理的"协同",没有质量治理的"协同"就没有共生共赢治理的"共同",而在这一过程中,"认同"是基础,"协同"是关键,"共同"是目的。

一、身份认同:治理主体归属认同的基础

要实现各相关主体围绕职教教学质量的协同共治,则各主体对其参与职教教学质量治理的身份认同,又是实现职教教学质量协同共治上归属认同的基础。身份认同一词最初源自拉丁文 idem,主要指代相同、同一之意。随着人们对身份认同的认识深化,其逐渐发展成为 identity,从而指代等同、认同、身份等意,其内涵主要指个体对自我身份的确认和对所归属群体的认知,以及所伴随的情感体验和对行为模式进行整合的心理历程。[①]

职教教学质量治理的相关主体主要包括作为直接相关者的教师、学生、学校行政管理人员、用人单位、企业、评估机构、产学研合作单位、政府或教育行政部门;非直接相关者如家长、校友、社区、媒体、社会公众等。本书主要从职教教学质量治理的核心主体出发,主要集中在对政府部门、职业学校、行业企业以及教育评估机构或组织等四方面核心主体做主要探讨。职教教学质量相关主体要实现在教学质量治理上的身份认同,则需要首先明确各自在教学质量治理上的身份以及各自发挥的作用。一方面,由于质量治理主体各自的性质、文化以及利益基点各不相同,要实现这些主体在职教教学质量治理上的协同,必然存在一定的困难;另一方面,受职教教学质量产品的准公共性性质影响决定,职教教学因作为一种公益性的活动,职教教学质量的治理也相应的是一种公益性质的活动。因此,在这两者基础上,调和职教教学质量治理主体性质、文化、利益等同时,使其共同致力于作为公益性质的教学质量治理活动,则实有必要设定一个统一的"服务者"身份。

关于身份的类别,温特(Alexander Wendt)提出存在有四种不同的身份认

---

① 张淑华等:《身份认同研究综述》,《心理研究》2012 年第 1 期。

同,即类属身份、内生身份、角色身份和集体身份,①若分别对应职教教学质量
治理的四个核心主体,本书认为各自在身份认同上存在着如下不同的差异(如
图 4-1 所示)。

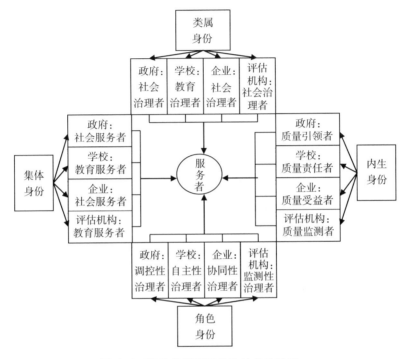

图 4-1 职教教学质量共治的身份认同

首先,从职教教学质量的类属身份来看,由于几个核心治理主体的性质分属
不同的范畴,因而,各自在类属身份上也各有差异。由于教育系统是社会大系统
下的一个子系统,政府作为社会治理的主体,因而其在类属身份上,是作为社会
治理者的身份在宏观上统筹着职教教学质量的治理;职教教学质量是纯粹的教
育治理范畴,因而职业学校在类属身份上,主要是作为一种纯粹的教育治理者;
行业企业作为市场的构成主体,是社会发展的重要构成方面,其在类属身份上,
主要是一种纯粹的社会治理者;评估机构作为对职教教学质量的衡量者,其主要
通过质量评估等手段而参与对职教教学质量的治理,因而评估机构在类属身份
上,也主要作为一种教育治理者。

---

① 夏建平:《认同与国际合作》,世界知识出版社 2006 年版,第 74 页。

其次,从职教质量治理的内生身份来看,各治理主体因其性质不同而内生身份要各不一样。政府部门作为职业教育的主要举办者,其在职教教学质量治理上,主要是以质量引领者的身份参与并引领着职教教学质量的治理;职业学校作为职业教育的主要承担者,在职教教学质量治理上,主要是以质量主要责任者的身份参与并主导着职教教学质量的治理;行业企业作为职业教育质量的最终受益者,其在职教教学质量治理上,主要是以利益循环受益者的身份参与并辅助职教教学质量的治理;教育评估机构作为职业教育质量的主要认定者,在职教教学质量治理上,主要是以质量监测者的身份参与并协助职教教学质量的治理。

再次,从职教教学质量治理的角色身份来看,受内生身份的影响,各治理主体在职教教学质量治理中分别承担着不同的角色身份。受职业学校的自主性限制,政府因不便于直接干预职教教学质量的治理,因而其主要是以一种调控性治理者身份参与到职教教学质量的治理中;职业学校作为职教教学质量的主要责任者,是教学自主的主要实现者,因而其主要以一种自主性治理者身份直接进行职教教学质量的治理;由于职教教学系统具有半开放性性质,因而行业企业可直接参与职教教学质量的治理,并主要以协同性治理者的身份加入到职教教学质量的治理中;评估机构作为辅助职业学校内部自主质量评估的重要力量,主要通过评估等手段监测职教教学的质量,因而其主要以一种监测性治理者的身份而辅助职教质量的治理。

最后,从职教教学质量治理的集体身份来看,各治理主体在一定层面上实现了统一。政府作为社会的治理主体,通过对各领域的调控性治理,以实现对社会各领域的服务,从而一定程度地体现为社会服务者;职业学校的核心工作在于教书育人,并通过教学而传授学生职业知识和技能,以促进学生更好地发展,从而一定程度地体现为教育服务者;行业企业主要通过各种知识创新、技术升级、产品发明等经济手段,在市场竞争中争向发展,从而间接地激活了市场经济,从而一定程度地体现为社会服务者;评估机构主要通过各种监测手段,在实现对职业学校教学评估中,间接地推进了职业学校的发展,从而一定程度地体现为教育服务者。诚然,职教教学质量的协同共治与共赢善治,均强调集各质量治理主体力量于一体从而形成一个以质量为核心的治理共同体。而组构成这一集体的所有个体,均直接和间接地实现了对职教教学质量的服务,因而,各治理主体在"服务者"这一身份上,实现了所有身份的整合和同一。

二、文化认同:治理主体归属认同的核心

第三章已提到,职业教育是"职业域"与"教育域"的跨界融合,两者归属于不同的范畴,并各自依附不同的文化。由于职业域的核心承载体是企业的工作和生产,因而职业域的主体文化是以企业工作和生产为核心的文化;教育域的核心承载体是学校教学,因而教育域的主体文化是以教学为核心的教学文化。实现在职业教育教学质量共治基础上的文化认同,也便是围绕职教教学质量,实现在企业工作与生产文化以及职业学校教学文化有效统整基础上的文化认同。

一方面,从职业域的企业工作与生产文化来看,其主要是围绕企业的工作以及生产过程而形成的制度、观念、价值等的总和。企业的工作和生产是企业运作的核心,而企业作为一种营利性质的组织,追求工作和生产的效率及其产生的经济效益,便是企业工作和生产文化的内核,因而,企业工作和生产的文化,应当是一种追求工作和生产效率及其经济效益的文化;另一方面,从职业学校的教学文化来看,职业学校的教学文化是职业教育文化的核心。纵观一些发达国家二战后的发展经验来看,实现经济迅速崛起的秘诀是:其实体经济与职业教育共同作用的结果,对职业的尊重、对职业教育的重视,也便形成了一种职业文化,渗透在这些国家社会、教育生活的各个领域。诚然,从我国职业教育发展历程来看,随着产业结构调整和经济发展转型的逐步深化,我国也逐渐重视发展职业教育,然而,却在整体上缺乏一种具有普遍价值和凝聚核心的职业教育文化。事实上,职业教育的核心在于职业学校教学,因而,结合职业学校的特色,以职业学校教学为支点,而逐渐渗透一种对职业尊重、对职业教育重视的文化,是形成具有我国特色职业文化的重要支撑。为此,本书在借用姜大源研究员观点的基础上认为,职业教育教学的主体文化,应当是一种具有普遍价值的,对职业敬畏、对技能膜拜、对劳动尊重的文化。

由于职业域的核心文化立足于企业的工作与生产文化上,教育域的核心文化立足于职业学校的教学文化上,因而,推进职业教育教学质量共治,并形成一种在共治基础上的文化认同,则需要在推进企业工作和生产与职业学校教学有效对接基础上的文化整合。职业教育教学质量的共治,也便是通过集合各质量治理主体之力,有效推进职业学校和企业之间的深度合作,以助推企业生产过

程、工作过程与职业学校教学过程的有效对接,在融合校企共同的先进理念和企业文化的同时,逐步实现在教学目标、教学设计、教学过程、教学手段等层面渗透对职业、技能、劳动的尊重和敬畏,并在这一过程中,形成一种职教教学质量的共治文化,而这种共治文化也追求职教教学质量效益提升基础上的利益共赢,从而推进各主体利益目标的共同实现。

三、价值认同:治理主体归属认同的统整

"价值主体之间通过变化着的关系(对话、交往、混乱)使自身的价值观念或价值结构获得重新定位和重新调整的过程"。① 职业教育教学质量共治的价值认同是在身份认同和文化认同基础上所实现的对治理主体归属认同的统整,是使各治理主体在对职教教学质量共治中形成一种统一的、使自身价值观念或价值结构得到重新调整和定位的过程。价值认同的基础在于价值差异的存在,在职教教学质量共治中,因治理主体各自的职责和利益目标有所不同,因而在统整基础上的价值观念和价值立场也不尽相同。

从政府角度来看,政府的主要职责是通过对社会各领域的全方位治理,从而确保社会各领域能够充分、协调发展,而职教教学质量共治的价值,对于政府来说,便是通过共治输出高标准的质量治理产品,在保证职业学校能够良性健康发展的同时,也能够在社会上产生较好的经济利益和社会效益,从而间接地辅助社会各领域的和谐发展;从职业学校角度来看,职业学校的主要职责在于促进学生职业能力的发展,使学生能够高质量地就业和从业,而职教教学质量共治的价值,对于职业学校来说,便是可以集中社会各领域优势力量和资源,全方位保证教学能够与社会生产相对接,从而在确保学生职业能力发展水平的同时,也能够保障职业学校本身的内涵建设与长远发展;从企业的角度来看,企业的主要职责在于经济营利,而职业教育教学质量共治的价值,对于企业来说,便是通过与职业学校形成对接关系,并通过职业学校在培养出合乎自身良性运作需要的高素质技术技能型人才的同时,也能通过职业学校对企业品牌起到一定的推广作用;从评估机构的角度来看,评估机构的主要职责在于通过对职业学校的教学质量评估,在辅助职业学校内部评估的同时,也通过对职业学校教学质量的监测,从

---

① 张秀:《多元正义与价值认同》,上海人民出版社 2012 年版,第 205 页。

而督促职业学校教学质量的提升，而职业教育教学质量共治的价值，对于评估机构来说，便是通过各种监测手段在辅助职业学校提升其教学质量的同时，也在评测过程中获得独立评估的权力和相应的评估地位。

事实上，职教教学质量共治相对于各治理主体来说，总体看来主要包含了两个层面的价值，即职教教学质量共治的普遍价值和职教教学质量共治的主导价值。其中职教教学质量共治的普遍价值是，各治理主体均可以从质量共治中获得各自利益；而职教教学质量共治的主导价值是，各治理主体均能实现在为教育发展服务的同时，也能直接或间接地对社会发展服务，从而体现各自的社会发展服务价值。职教教学质量共治，也正是通过其普遍价值和主导价值的外在体现，有效促使各治理主体在实现治理文化整合的同时，形成对这种共治的价值认同，并能够以一种"服务者"的身份共同参与到为教育、继而为社会发展服务的共同体行动中，从而最终实现对治理共同体的一种归属认同。

第二节　职业教育教学质量治理的主体间性与权责关系

随着马克思主义哲学在中国研究的深化，其在关于主体与活动范式转换研究中强调，人类主体性质的发展经历了从前主体性—主体性—主体间性—共同主体性的发展历程。[①] 而对应到职业教育教学质量治理活动领域，职教教学质量治理主体也同样正在经历着从前主体性—主体性—主体间性—共同主体性的发展转变。事实上，正如第三章关于公共理性部分所述，职教教学质量治理主体性质的这种发展转变，也是受其质量治理过程中所秉持的理性发展所决定。受质量管理个体理性的影响，职教教学质量管理处于前主体性状态，教学质量管理还未体现一种主体性的意识，从而使得职教教学质量管理也出于无意识管理或松散管理的状态。而当质量治理进入单一公共理性指引阶段时，职业学校便逐渐生成一种在质量管理上的主体性意识，职教教学质量治理也逐渐形成以教师为主体，在职业学校领域内由教务处、教研组等共同参与的质量治理局面，诚然

---

① 　郭湛：《社会公共性研究》，人民出版社 2009 年版，第 5 页。

这种单中心治理格局并不能有效提升职教教学的质量,这也是当前我国职业学校包括中职学校和高职学校,在教学质量治理上所面临的共同问题,也是最为棘手和急迫的问题,为此,在职教教学质量治理领域形成一种多元公共理性,并在这种理性指引下推进在治理主体之间主体间性关系的形成,是主体性质关系发展的进一步深化,从而能够有效促使职教教学质量在共治的基础上逐渐发展起一种协同公共理性,以最终推进职教教学质量共同主体性的发展生成。

在多元公共理性的指引下,职教教学质量的协同共治也必然产生多元的主体间性关系。为此,要更好地推进在职教教学质量上的协同共治,则首先需要厘清各治理主体在职教教学质量治理上的间性关系。职教教学质量治理主体的间性关系主要表征为一种多向共生合作的间性关系,是政府、职业学校、行业企业、评估机构等多元主体,在职教教学时空向度上的统筹协调与利益向度上互利共赢的关系。在这一质量治理的共生合作关系体中,不同治理主体因其职责和发挥作用不同,从而以不同的方式参与职教教学质量的治理,并在合作中赢取利益(如图4-2所示)。

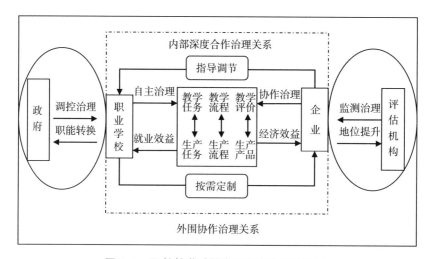

图4-2 职教教学质量治理主体的间性关系

一方面,从职教教学质量的内部治理层面来看,由于职业学校和企业之间主要通过职业人才培养而维系着在教学质量治理上的密切协同关系,因而要提升职业学校的人才培养质量,使之具有较高的岗位适应能力和较强的生产创造能力,是校企在人才培养上合作的重心。人才培养主要通过教学实现,要实现校企之间的深度合作,则推进职教教学与企业生产之间密切对接是关键,由此便形成了校企之间以人才培养为纽带,以教学和生产对接为核心的协同共治关系。

在人才培养上,校企之间又主要形成一种以人才为核心的供需合作关系,职业学校主要以企业的人才需求为中心,按需定制人才,通过提升人才质量的社会需求度,以推进学校就业效益的提升;企业则主要通过对职业学校人才培养的方式和过程进行指导性调节,以有效助推职业学校教学过程与企业生产过程的相互交融、职业学校专业设置与企业岗位需求的实时对接,从而通过协助职业学校人才培养质量的提升,以满足企业良性发展和经济发展效益提升的迫切需求。在教学与生产对接上,则主要是校企之间通过共生合作,以推进职业学校的教学任务与企业生产的任务进行对接,职业学校的教学流程与企业的工作与生产流程对接,职业学校的教学评价与企业生产的产品进行对接,从而使校企之间在目标任务、过程流程以及结果评价这一整体过程中共同发挥作用。诚然,由于学校教育教学的特殊性影响,为保证学校教育的教育性,因而在这一过程中,职业学校在教学质量治理上起着主导作用,并体现一定程度的自主治理性,而企业则起着辅助治理的作用,从而体现一定的协同治理性。而通过校企之间围绕教学质量的深度合作治理,对于职业学校来说,能够有效实现在提升职教质量的同时,也能够显著提升职业学校的人才就业效益;而对于企业来说,能够获取运作需要的高素质职业人才的同时,也能间接推进其经济效益的提升。

另一方面,从外部治理层面来看,政府和评估机构均是职业教育教学质量的外部治理主体,因而政府和评估机构,与职业学校和企业之间主要形成一种以教学质量为中心的外围协同治理关系。

由于政府不便于直接参与职教教学质量的治理,因而,政府主要以调控治理的方式参与职教教学质量的治理,并在其中发挥外围保障和引导调节作用,并不断调整自身在学校教学质量管理上的角色定位,力求寻找在放权与控权之间的最佳平衡点,以此巩固政府在学校教学方面质量管理上的合理位置,[①]这不仅能够有效推进各种质量关系的协调和协同,也能够促进政府在职业学校内部质量治理上,从"全能政府"向"有限政府"职能的转变。评估机构主要以监测治理的方式参与职教教学质量的治理,并在其中发挥质量评估与监测作用,这不仅能够

---

①　韩映雄:《职业教育质量管理:体系与方法》,北京大学出版社 2013 年版,第 46 页。

有效改善部分评估机构在职教教学质量治理上职责不清和地位不明的尴尬境遇,使评估机构能够形成对其他治理主体一定程度监督和制约的同时,也能提升评估机构在教学质量评估上的专业化水平和质量治理上的专业权威。总之,职教教学质量的协同共治,正是集合政府、职业学校、行业企业以及评估机构等主体力量,形成在职业教育质量治理时间持续上和内外部空间协同上的一致合力,以建构各主体之间优势互补、利益共享和责任共担的教学质量良性共治模式,从而有效助推职教教学质量治理由外在"规制型"向内生"服务型"治理范式转变。

职业教育教学质量治理关涉的要素较多,体系较复杂,需集广泛社会范畴的共同力量实现。各治理主体参与职教教学质量的协同共治,从一定层面上看是由各自承担的责任和义务所决定,并且各自在治理中也享有一定的权力和权利。

而从现实背景来看,我国现有的关于职教教学质量治理体制,并没有明确就各治理主体权责进行硬性规定并作相关制度安排,以至于各治理主体间在实现内部质量治理中时有发生权责交叉和利益冲突问题。事实上,职业教育的教学质量是职业教育质量的重要构成,而职业教育内、外部治理的权责关系又对教学质量产生重要的影响,因而在谈及职教教学质量治理主体关系的同时,也实有必要对这些治理主体的权责关系做重要探讨。不仅如此,从研究背景来看,对教学质量治理的相关研究也缺乏对质量治理主体权责关系的清晰厘定和专门探讨。因而,厘清职教教学质量治理主体拥有的权力与权利、明晰各自应负的责任和义务,是推进职教教学质量提升、推动职业教育质量共治实现的重要前提。

一、调控性治理:职业教育教学质量治理的政府权责

(一)政府调控性质量治理的权力与权利

由于政府对学校的治理权力与学校自主治理权力之间时有冲突发生,因而,在探讨政府参与职教教学质量治理上也容易引发一个疑问,即学校享有自主治理的权力,而教育教学上的自主又是学校自主治理权力的核心,政府参与职业学校教学质量的治理,会不会与职业学校自主治理权力相冲突,并侵犯职业学校教学自主的权力?事实上,前文已提到,职教教学系统较普通教育教学系统更具开放性,因而,职教教学系统在不受非法干预的情况下,更需要各种优势力量的集

中参与。政府作为国家权力的执行主体代表,以及作为职业教育的主要投资和举办者,其依法享有对职业教育的质量治理权,而这种质量治理权,从性质上来讲又隶属于政府的社会治理权力范畴,并主要表征为一种在政治上的强制力量。受政府权力演变和职能转换的影响,政府对职业教育的质量治理权主要是一种宏观层面的质量调控性治理权力,并主要由宏观管理权和质量监督权构成。①宏观管理权包括把握职业学校的发展定位、设计职业学校的质量管理制度、承担职业学校质量管理的统筹规划等,并以制定法律或发布政策的形式施行这种宏观管理权。质量监督权主要是政府通过立法监督、行政监督和司法监督的形式实现对职业教育质量的外部监控,以保证职业院校的办学质量向国家、社会的需求方向发展。由于职业教育质量的核心在于职业学校的教育质量,而职业学校的教育质量的核心又主要体现在职业学校的教学质量上,因而政府在职业教育质量治理上的权力,也一定程度地延伸至对职教教学质量的治理上。在职教教学质量治理上,政府的宏观管理权主要表现为对职业学校教学质量治理的宏观管理、保障和引导;政府的质量监督权,主要表现为对职业学校教学质量相关的教学工作、教学产品、教学服务等方面的监督、测评、督促等。事实上,政府在职教教学质量上的宏观管理权,主要是为了保证职教教学质量能够按顶层预设的方向发展,而质量监督权的行使,则是为了监控职业学校能否沿着预设的方向发展,是否偏离预设路线抑或是在出现重大质量问题后的追责。

政府在行使职教质量调控性治理权力的同时,也享有一定程度的质量调控性治理权利,并主要表征为一种在其职责范围内的支配力量。一方面,当政府行使的职教教学质量调控性治理权力控制在其法定的职责范围内,那么政府便享有这种治理权力不受外在干预和影响的权利,尤其是在越来越强调学校自主权的今天,毕竟任何一所学校如何自主都离不开政府调控性治理权力的支持和保障;另一方面,由于政府在职教教学质量上的调控性治理权力,从一定程度上来说,又隶属其社会治理权力范畴的构成方面,那么政府便享有在其法定"作为"的许可、认定和保障范围内,为保证并提升其社会治理绩效而享有的权利,为此,政府在职教教学质量保障中所行使的权力,也应当相应地切合其在推进经济社会及文化发展总体布局和规划中所拥有的权利,并能够确保自身在文化和

---

①　韩映雄:《职业教育质量管理:体系与方法》,北京大学出版社 2013 年版,第 46 页。

社会事务治理上政府绩效的提升。

由此看来,政府在职教教学质量治理上的权力和权利,主要表征为一种外在的宏观调控性治理权,从而引领并保障着职教教学的质量。事实上,只要政府将其在职教教学质量治理上的权力和权利控制在合法与合理的范围内,则能够有效地发挥这种治理权力在职教教学质量上的作用。

(二)政府调控性质量治理责任与义务

政府享有职教教学质量的调控性治理权力和权利,则应相应地履行保障职教教学质量调控性治理的责任和义务。由于权力与责任的主体是同一主体行为的两种表现形式,①因而政府在行使质量调控性治理权力的同时,履行了部分质量调控性治理的责任,但同时也要承担起对权力行使的质量后果责任。

由于政府的权力来源于人民群众的广泛权利,政府在职教教学质量上所应履行的责任和义务也主要由人民大众受高质量教育教学的公共意愿所决定。一方面,人民群众享有接受优质职业教育的权利,因而政府便承担着在其职责范围内通过立法、财政支持、质量监控、监督保障、提供服务等方式,保证和保障职教教学质量的责任和义务。具体表现为:通过立法并完善相应法规,建立起保障人民大众享受优质职业教育的法律壁垒,并明确其他治理主体在职教教学质量治理上的责任和义务;通过财政投入支持职业学校教学发展的软硬件建设;通过对教育教学发展定位的方向引导和整体运行的监控,以保证职教教学在符合教育规律和经济社会规律的同时能够实现持续、协调发展;通过内、外部教学质量保障体系的建构,以确保职业学校内部的教学目标理念、教学条件输入、教学组织运行以及教学质量输出等方面优质和高效,并能实现与外部的行业企业需求以及与经济社会发展的交互联动,从而使职业学校所输送的人才和产品,在满足公众需求的同时也能满足经济社会发展的需要;另一方面,政府所拥有的职教教学质量调控性治理权力主要源于人民大众法定权利的设定与让渡,而当职业教育教学质量切实关系到人民大众的核心利益时,人民大众则需要切身行使参与职教教学质量治理的合法权力及权利,而此时,政府的责任与义务便是还权于民,在协助民众行使其合法权力与权利的同时,也承担着接受人民大众权利的权力监督、权力制约的责任和义务。

---

① 佘绪新:《权利与义务 权力与责任》,中国政法大学出版社 2014 年版,第 58 页。

二、自主性治理：职业教育教学质量治理的学校权责

（一）职业学校自主性质量治理权力与权利

职业学校依法享有办学自主的权力，而作为自主权力构成的质量自主性治理权，则是职业学校在质量治理上所享有的主要权力。若将职业学校质量自主性治理权视为整体，则依据其构成和属性又可分为不同的内容。

第一，从职业学校质量自主性治理权的结构来看，主要包括内部质量治理权和外部质量治理权。一方面，职业学校内部质量治理权的核心在于职业学校教学质量的治理，并主要通过对教育教学本身及其相关层面，如对课程设置、学科与教材建设、教学活动等方面进行评估、监控、调节、保障上行使的治理权力表现出来，其在职教学校权力系统中所处的地位和承载的比重，也是反映职业学校权力运作科学与民主程度的重要指标，从而表征为一种在专业领域内的治理权威。另一方面，在职业学校的外部质量治理权中，职业学校的教学质量治理权是职业学校作为一个独立的整体，在与政府调控性治理权、评估机构监测性治理权的交互作用关系体中，以及在与政府、评估机构、社会力量等共同实现的围绕职教教学质量输出产品，如职教教学产品、职教人才产品和职教服务产品的外部质量预测、质量信息反馈、质量治理调节等治理行为中，能够代表职业学校的精神以及职业学校自身的意愿和利益而表现出来的独立质量治理权力。

第二，从职业学校质量自主性治理权的属性来看，其又存在公、私属性的差异。我国职业学校，尤其是高等职业学校在法律身份上是作为独立法人而存在的，在法律资格上可作为行政主体、民事主体、行政相对人而享有多重法律主体资格，在法律行为上可实现从公法领域和私法领域的交互跨越。而正是由于其在法律上所处的特殊关系，职业学校在质量治理上既具有实现自主性质量治理的权力也享有自主性质量治理的权利，而这种质量自主治理的权力和权利若体现在教学质量治理中，则主要表现为：其一，当职业学校的教学质量自主性治理权力和权利同处利益的集结点时，两者便变得无本质差别。[①] 在职业学校教学质量治理体系内，职业学校在教学质量治理上的自主性治理权力和治理权利，均在于保障职业学校在纵向上教学投入、教学过程和教学产出的教学运作质量的

---

① 龚怡祖：《我国职业学校自主权的法律性质探疑》，《教育研究》2007年第9期。

实现;在横向上人才培养、科学研究和社会服务教学职能质量的高效实现。因而,在这种利益趋同的情况下,职业学校在教学质量上的自主性治理权力和权利因同一性而实现了统一,并在某种程度上相互转化。其二,在法律许可的范围内,当职业学校的教学质量自主性治理权力和权利分处不同的利益点时,这种教学质量自主性治理权力和权利便出现了公、私属性的分化。① 职业学校作为相对独立的公权主体并享有相应主体资格时,其在教学质量自主性治理上的公权力,则可以表现为在学生管理、教师考核、教学质量自主检测、评估等方面所享有的,能够保证基本的输入质量以及学校教学良性运作及其基本职能实现的权力;当国家权力在部分社会领域的逐步退出,职业学校作为独立法人主体而嵌入市场经济时,职业学校也逐渐享有为获取更多更优质教学资源而能够参与并涉足一些民事活动和一些"私领域"的私权利,如通过与行业企业合作、举办岗位培训、在职培训、转移培训等方式争取更多教学资源和多渠道筹措教育教学经费等私权利。事实上,公权力的实现主要是维护学校教学的正常秩序,并能够保证教学质量符合公共利益的层面逻辑上,而私权利的实现多是职业学校自身为获取更多教学资源而采取的相应行动,以保障职业学校教育教学的运作效率,和职业学校质量品牌塑造符合职业学校个体利益的逻辑层面上。因而,在职业学校教学质量保障的共同活动中,当两者出现冲突时,私权利应首先满足公权力的行使需要,从而确保底线的教学质量水平的实现;当两者运行的方向一致时,公权力的行使也可以在合理合法的范围内,维护和保障职业学校在教学上私权利的顺利实现。

(二)职业学校自主性质量治理责任与义务

职业学校在力争更多的质量自主性治理权力与权利的同时,也应当明确在保证和保障质量上的义务和责任。在保证职业教育质量的法定义务层面,《中华人民共和国教育法》第三十三条明确规定,贯彻国家的教育方针,执行国家教育教学标准,保证教育教学质量;另外,从高等教育方面来看,《中华人民共和国高等教育法》第三十一条也明确规定:高等学校应保证教育教学质量达到国家规定的标准。这两条法律条款,不仅是国家层面规定的,同时适用于中等职业学校和高等职业学校,在自主性质量治理权力和权利同一性上所对应并需承担的、

① 龚怡祖:《我国职业学校自主权的法律性质探疑》,《教育研究》2007 年第 9 期。

保证教育教学底线质量水平上的法定义务,从另一层面看,这也是通过法律形式对职业学校在教育教学方面,自主性质量治理权的保障。不仅如此,《高等教育法》第四十四条还进一步明确规定:高等学校的办学水平、教育质量、接受教育行政部门的监督和由其组织的评估。这实际上是明确了高等职业院校在自主性治理权公私属性层面上所对应并需承担的、保障办学和教育教学质量接受政府监督和评估的法定义务;从另一层面来看,其实质上也是对这些高等职业学校在自主性教学质量治理权的部分限制,从而体现职业学校质量治理权的相对自主性。

若说职业学校在自主性教学质量治理上所应承担的义务主要源自法律法规,那么其在自主性教学质量治理上所肩负的责任则是其享有权力的同时所对应承担的"分内责任"。这种"分内责任"主要包括,职业学校作为职业教育实施主体而应承担的教育责任,以及作为社会主体重要构成而应承担的社会责任。一方面,职业学校是通过教学的方式承载职业教育的专门机构和实施主体,其根本活动是教育教学,保证教学的质量不仅是职业学校应尽的法律义务,更是其应履行的第一责任。为此,对于职业学校来说,进行自我教学质量的督促、改进和评估,不断健全并完善内部质量治理体系和结构,并始终以提升教学质量和人才培养质量为内部质量治理的核心工作,不断为内部质量效益提升而努力,这便是职业学校实现教学质量提升所应承担的教育责任。另一方面,职业学校作为所属区域人才输出的重要载体,以及作为推动区域经济和社会发展的重要生力军,在完善内部教学质量治理机制的同时,还需广泛汲取社会意见,吸纳社会有利因素,积极探索一条适合职业学校发展的内外部教学质量治理融合机制或模式,通过优化职业教育教学质量来提升外部质量效益,从而使职业学校更好地服务于社会、服务于经济发展,这也是职业学校实现教学质量提升在外部层面所应承担的社会责任。

三、协同性治理:职业教育教学质量治理的企业权责

(一)企业协同性治理的权力与权利

职业教育是一项社会性的公益事业,关涉众多社会相关主体的共同利益,因而,社会主体参与对职业教育质量的治理,则是从整体层面代表了社会大众的一种广泛社会权力。企业作为社会的重要构成主体,享有一定的社会治理权利,因

而,企业参与职业教育的质量治理,则主要是代表一种社会权力而享有对职业质量治理的社会权利。企业是市场的主体,企业的发展程度决定了市场经济的繁荣程度。事实上,企业竞争的本质在于人才的竞争,而人才输出的重要源头在于职业学校。职业学校输出的质量产品,主要包括了教学产品、人才产品和服务产品三种,而其中人才产品是企业需求的核心,人才产品的质量便与企业自身的发展质量相关联。为此,企业若想获得能够满足自身高效与良性发展的高品质人才产品,则需要与职业学校之间进行合作培养,从而深入到职业教育的教学层面,通过与职业学校共同实现对教学质量的治理,以提升职业学校人才的培养质量。

第三章中提到,职业教育产品的准公共性质决定了职业教育教学质量产品也属于一种准公共性质的产品,而准公共产品的性质又决定了对这种产品的治理既具公利性质,也同时具有私利的性质。事实上,企业参与职业教育教学质量的治理同样是代表一种社会权力而参与到治理行动中,并享有在职业学校的教学质量治理中一定程度的权利,而这种权利也同样具有公利性质和私利性质。一方面,从公利层面来看,企业协同参与职业学校的教学质量治理,并享有与职业学校共同组织教学、实施教学、评价教学等真正能够深入到职业学校的内部教学质量治理上的公利权利,这种公利权利也并非是停留于职业学校其他外在性的治理上的权利,而是一种能够切实深入解决职业学校教学质量问题的权利;另一方面,从私利层面来看,企业通过动用自身的优势资源,如实践教学场地资源、技术工人兼职的教师资源、设备与技术资源、时间资源等而作用于职业学校的教学质量提升,从一定层面来看,会对企业本身的运作产生一定的影响,如机器设备磨损、影响工作进程、降低工作与生产的效率和效益等。因而,企业参与职教教学质量的治理,也需要享有在教学质量治理过程中获取一定利益或报酬的私利权利,这种私利权利可以是政府通过减免税收、财政补贴、提供优惠政策等方式给予补偿,也可以是职业学校给予企业一定的经济补偿、为企业对接供给人才、为企业进行品牌推广等。诚然,企业在职教教学质量治理中所享有的协同性质量治理的私利权利,才是真正维系校企之间深度与长久合作的基础,而这种私利权利也固然需要特定的制度或规章而予以保障。

(二)企业协同性治理的责任与义务

企业代表一种社会权力而参与到职业学校的教学质量治理中,并享有在具体治理行动中一定的权利。事实上,企业在享有职教教学质量治理上的权力和权利的同时,也承担着协同治理职教教学质量的责任和义务。《教育法》第四条明确指出,全社会应当关心和支持教育事业的发展。由此看来,关心、支持和保障教育事业的发展是全社会的共同义务。企业作为社会的重要构成主体,其也同样具有保障职业教育事业发展的责任和义务,而相比职业学校承担着保障职业教育教学质量的上主体责任和义务来说,企业参与职教教学质量的治理主要是一种从属性质的责任与义务,相比职业学校在职教教学质量上承担的自主性治理责任和义务来说,企业在职教教学质量治理上所承担的责任与义务,主要是一种协同性、辅助性的责任与义务,并主要通过协助职业学校,并与职业学校形成在教学质量上的一种共生合作关系,以共同提升职业教育教学的质量。

四、监测性治理:职业教育教学质量治理的评估机构职责

(一)评估机构监测性质量治理权力与权利

职业教育相关评估机构,主要通过教学质量评估的方式对职教教学质量进行监测性治理,并代表一种监测性治理权而成为职教教学质量治理的又一重要力量。若依据评估机构权力作用和权力来源不同来看,这种监测性质量治理权又可表征为不同的内容。

首先,从评估机构质量监测性治理权的作用性质来看,其也可作为一种协助性的质量治理权力和一种制约性的质量治理权力。在评估机构作用于职业学校教学层面上,一方面,评估机构主要通过对职业学校的教学组织、教学水平、教学效果等方面的质量评估,从而与职业学校内部自主教学质量评估形成一致合力,以协助职业学校进行教学质量的诊断和质量改进;另一方面,评估机构通过对职业学校的教学质量评估和质量监督,以制约职业学校的自主教学质量治理权,从而以规避职业学校在自主性质量治理上的独断专行和自由涣散。在评估机构作用于政府治理权层面,一方面,评估机构因政府授权而参与对职业学校的教学质量评估,通过为政府提供教学相关数据信息和教学质量报告而服务于政府的教育决策,从而成为辅助政府教学质量调控性治理权力行使的重要力量;另一方面,评估机构通过对教学质量评估权和监督权的行使,从而对政府过度行政权力形成一定程度的制约。

其次,从评估机构质量监测性治理权的权力来源来看,其又可表征为一定性质的行政性权力和学术性权力。我国的教育评估机构因其权力来源不同,在性质上可以分为官方或半官方性质和民间性质两种类型。官方或半官方性质的评估机构,如教育部高等教育教学评估中心、各教育评估院等,主要是在中央及地方教育主管部门的引导下建立,因而其监测职业学校教学质量治理的权力,主要源自政府因简政放权而实现的权力下放,并通过对职业学校的教学水平进行合规评估、水平评估和优选评估等,而实现对职业学校办学和教育教学质量的监测,由于这类评估机构质量监测治理权的行使主要倚仗一种政府权威,从而体现为一定性质的行政性权力;民间性质的评估机构,如大众传播媒体等,主要依靠社会力量并代表社会民众的意愿而自发组建,因而其监测职业学校教学质量的权力,主要源自人民大众赋予的社会权力,由于其在教学质量监测治理上主要倚仗专家队伍智力支持而表现出一定程度的专业评估权威,从而体现为一定的学术性权力性质。

诚然,这些评估机构在监测职业教育教学质量上享有的权力和权利,又一定程度地表征为作为人民大众权力代表而享有的,推进职业学校教学质量提升的社会权力,以及作为政府与职业学校之间在教学质量评估上的"相对中立者"而享有的,进行公平公正监督和制约政府及职业学校评估权力的社会权利。而无论代表社会权力抑或社会权利,其最终行动方向均是推进职业教育教学质量的提高以更好地服务社会发展,因而这两者也在"公益"这一利益集结点上实现了统一。

(二)评估机构监测性质量治理责任与义务

职业教育相关评估机构享有在教学质量监测性治理权力和权利的同时,也必定会承担一定的责任和义务。事实上,从我国目前的教学质量评估情况来看,职教教学质量评估还主要集中在普通教育教学评估体系范畴内,并且还缺乏较为权威的、针对职业教育教学系统本身的专业性较强的教学评估机构和组织以及独立的职教教学评估体系。由于这类评估机构本身的法律身份和法律地位还并不十分明确,其发展也还缺少相应的法律保障,法律义务也并不明确。而作为一种相对独立的专业性、中介性社会服务型机构,职教教学质量评估机构因其在服务教育、服务社会这一公共利益层面实现了权力与权利的统一,从而使得其在质量监测性治理上的责任和义务,也一定程度地实现了统一。

作为协调政府调控性治理权力和职业学校自主性治理权力的重要中介力量，职教教学评估机构因在质量治理上拥有的权力和权利，主要源自政府在教育质量管理上的权力下放和人民大众受高质量教育权利的赋予，因而，其在职教教学质量监测性治理上也同时承担着公权责任和社权责任。一方面，评估机构在教学质量上承担的公权责任，是与政府在教学质量调控性治理上相匹配的一种责任，主要表现为在保证自身在职教教学质量上相对独立地位与运作质量的同时，通过专业的评估手段、真实的教学评估数据为政府提供具有建设性意义的教学质量治理咨询和政策建议，以辅助政府作出科学行政决策方面所应尽的责任；另一方面，职业教育相关评估机构在教学质量上所应承担的社权责任，则是与人民大众所赋予的社会权力相符合的一种责任，主要表现为在代表人民大众权利而制约政府一览独大在职业教育质量治理权力方面，和在公平、公开、公正地评估职业学校教学水平和教学质量方面所应尽的责任。

第三节　职业教育教学质量治理的"产学研用" 共同体组构

职业教育教学质量的治理是一个从"共治"到"善治"的发展过程。由于职教相关主体的主体性关系是一个经由从前主体性—主体性—主体间性—共同主体性的发展历程，多元公共理性指引下的职教教学质量共治发展到一定阶段后，则必然走上一条由协作性公共理性指引，而走上一条"善治"的发展道路上，而在治理主体层面来看，也是从主体间性到共同主体性的发展过程。形成在职教教学质量治理上的共同主体性，则需要建构在职教教学质量治理上的共同体，从而集各方共同力量，以有效推进在职教教学质量治理上的共生合作关系。由于职教教学质量系统并非是一个封闭的独立系统，其系统的半开放性决定了职业教育的教学必然需要与其相关的研究、生产、实践等相关要素进行关联。推进职教教学质量的共治，则需要有效整合这些要素，从而围绕教学而组构由"治学""治产""治研"和"治用"于一体的"产学研用"治理共同体，以更好地促进在职教教学质量治理上"善举者"和"善治者"的生成。

一、治"学":以"工学结合"为基础的教学—学习共同体

教的目的在于学,在任何一种类型的教育教学中,学习始终处于教学的基础和关键地位。因而,治教的核心便在于治学。在职业教育教学系统中,学生的学习是治学的关键,诚然,传统的职业教育治学中主要出现两种倾向,一种是在部分继承普通教育教学范式的基础上,在教学中主要以学科知识体系为主体教学内容,并主要以学生获取知识的量以及获取程度便是衡量学生学习效果的主要指标;另一种是职教教师或职业培训者,主要通过将某一技术或技能进行对学生或工人"手把手"地传授,并通过让学生或工人机械性的反复练习,进行现场操作的方式检验这些学生或工人的知识掌握或技术获取程度。事实上,对于职教学生而言,无论是以"线状"知识体系为中心的治学,抑或是以"点状"技术技能获取为中心的治学均不能有效地促使学生知识的迁移,知识的延展和创新。因此,本书认为,在职教治学系统中,只有以工学结合为主体方式、以工作过程内容为知识载体而实现的治学,才是有效提升职教治学的关键,而围绕这种工学结合而组构的教学—学习共同体便是有效推进工学深度结合的基础。

"工学结合的课程中,学习的内容是工作,通过工作实现学习"[1],工学结合的教育教学模式已然成为现代职教深入发展的重要模式,因此,围绕工学结合而组建的教学—学习共同体的主要工作任务,也便是围绕企业工作流程和学校教学过程而推进工学结合模式在教师教和学生学中的落实,整个工学结合的过程也便是基于整个工作过程,实现以学生为核心的共同体组成成员,均能在任务明确、过程实施和反馈评价的整个过程中逐步掌握和深化知识,从而共促发展(如图4-3所示)。

以工学结合为基础的教学—学习共同体,在主体层面应主要由教学和学习领域的核心主体构成,如包括职业学校的领导、双师型教师、学生、教研组等核心主体,以及企业的技术工人、行业专家、行业职教教学指导委员会等。由于工学结合的基础在对职业岗位和生产工作过程中的典型工作任务的分解,为此,对于教学—学习共同体来说,其主要任务便是共同对工作任务进行逐一剖析,从而根

---

[1]　赵志群:《职业教育学习领域课程及课程开发》,《徐州建筑职业技术学院学报》2010年第2期。

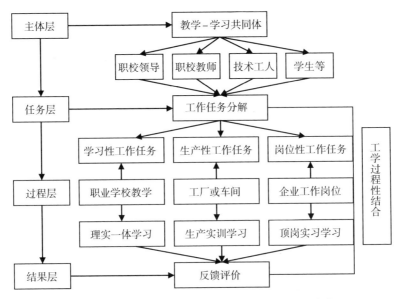

图4-3 "工学结合"的教学—学习共同体治理内容

据共同体活动的范畴以及学生学习的领域重点不同,而将工作任务分解为学习性工作任务、生产性工作任务和岗位性工作任务三种类型。学习性工作任务主要针对某一工种或项目、技术的相关理论知识学习和基本操作的任务;生产性工作任务主要是基于对这一工种或项目、技术的工作流程和步骤学习的任务;岗位性工作任务主要是某一职业岗位工作和操作过程对应的任务。对应三种不同类型的工作任务,并在各自的基础上建立起专业教学单元,使教学任务与工作流程中的工作任务实现实时对接,从而以确保职业域内教学和学习任务的高效率达成。而在三种工作任务基础上形成的学习类型,也主要包括三种,即理实一体学习、生产实训学习和顶岗实习学习。理实一体学习主要对应学习性工作任务,从而保证学生在职业学校掌握与工作过程相关的基本知识和操作技能,因而这种基于工作过程的学习,主要以职业学校为载体,并主要通过职业学校的教学实现;生产实训学习主要对应生产性工作任务,以使学生能够在实际的生产情境中,切实围绕某一工作或技术的整体运作流程而学习,从而获得这种生产技术。因而,这种基于工作过程的学习,主要以企业或工厂为载体,并主要通过企业的生产性车间教学或工厂的实践教学实现;顶岗实习学习主要对应岗位性工作任务,主要是学生切实参与真正的生产和工作情境中,从而在工作或生产岗位中提升技术和职业能力,因而,这种基于工作过程的学习,主要以企业或工厂的工作和生产岗位为载体,并在工作和生产岗位的切实运作中实现职业能力的发展。由此看来,从对工作任务的分解,到教学与学习在工作过程中的融合,从而使工、教、学实现了过程性的融合,并在此基础上进行通过反馈评价而提升工学融合的学习效率。事实上,在教学—学习共同体中,教学的共同体不仅包括了职业学校的教师,也包括了企业工作与生产过程中的技术工人,学习的共同体不仅仅包括职业学校的学生,也包括职业学校的教师,以及企业内的技术工人,从而使学习共同体中的所有参与者均能得到切实的发展。结合案例,具体实现方法如下。

案例1 重庆某职业技术学院"工学结合"教学—学习共同体治理内容分析

重庆某 A 职业技术学院围绕"工学结合"而组建教学—学习共同体,为促进学生更好地学习机电一体化专业课程,职业学校的教学管理人员共同联合双师型教师、学生、教育专家、企业高级技工等相关人员,以组建治理共同体的方式,共同实现对机电一体化专业课程相关领域的核心工作任务分解,通过结合实践操作和岗位发展的需求,探寻此专业课程的核心工作任务,如表4-1所示。

表4-1 机电一体化专业课程共治内容

内容类型	学习性工作任务	生产性工作任务	岗位性工作任务
核心工作内容	机械零件识图、测量与绘图; 用 AutoCAD 绘制图形; 零件公差技术要求标注与识读; 机械工程材料标注与选用; 机械图样三维造型; 装配图的识读与绘制; 电路图的识图和绘图等	机械零件识图、测量; 机械工程材料标注与选用; 典型机械零件的普通机床加工; 典型机械零件的钳工操作; 典型机械零件的数控加工; 机床操作及安全规范等	车间生产组织与管理; 机电设备营销等
行为化转换	图样的识读与绘制	机械零件生产制造	机电产品生产与营销
学习内容	理实一体学习	生产实训学习	顶岗实习学习
行动场域	职业学校教学场地	工厂或车间	工作岗位

围绕核心工作内容，并在此基础上，将机电一体化专业课程内容整体进行学习型工作任务、生产性工作任务和岗位性工作任务归类，如将机械零件识图、测量与绘图、用 AutoCAD 绘制图形、零件公差技术要求标注与识读、机械工程材料标注与选用、机械图样三维造型等内容归属于学习型工作任务；将机械零件识图、测量、机械工程材料标注与选用、典型机械零件的普通机床加工、典型机械零件的钳工操作、典型机械零件的数控加工等内容归属于生产性工作任务；将车间生产组织与管理、机电设备营销等归属于岗位性工作任务。

在完成机电一体化专业课程核心工作任务分解和归类的基础上，则需要将这些工作任务进行行动转换，如学习型工作任务中的机械零件识图、测量与绘图、用 AutoCAD 绘制图形、零件公差技术要求标注与识读、机械工程材料标注与选用、机械图样三维造型等均可以归类到图样的识读与绘制行动领域中；机械零件识图、测量、机械工程材料标注与选用、典型机械零件的普通机床加工、典型机械零件的钳工操作、典型机械零件的数控加工可以归类到机械零件生产制造行动领域中；车间生产组织与管理、机电设备营销等则可以归类到机电产品生产与营销行动领域中。将机电一体化专业课程内容进行行为化转换后，则实现了课程内容的操作性转化。对应不同范畴的学习内容，再根据性质进行学习内容安排以及行动场域的指定。如图样的识读与绘制，作为一种学习性工作任务，其当属理实一体学习范畴，主要在职业学校场域内实现；机械零件生产制造，作为一种生产性工作任务，其当属于生产实训学习范畴，主要在工厂或车间内实现；机电产品生产与营销，主要属于一种岗位性工作任务，其当属顶岗实习学习范畴，并主要在工作岗位上实现。在完成如上步骤的基础上，便需集共同体之力，协同保证学生在工学结合过程中，有效实现在行动中学习，在做中成长，并通过对学生学习效果进行反馈评价，以及时提升学生的学习效率。

二、治"产"：以"产教融合"为核心的教学—生产共同体

"产教融合"是现代职业教育发展的一种趋势，是助推职业教育与区域经济联动发展的重要手段。产教融合的"产"，主要包含了两层含义，一是指宏观层

面的"产业",二是指微观层面的"生产"或"学做";产教融合之"教",也包括了宏观层面的教育,和微观层面的教学两层含义。在职业教育教学领域,所指的产教融合,主要强调实现经济社会的产业发展与职业教育的专业发展之间的对接,以及促进企业的生产与职业教育的教学相对接。推进职业教育教学质量的"治产",实际上主要就是为了推进职教教学能够更好地以质量产品的形式产出,而实现以产教融合为核心,通过教学—生产共同体的组构,则是推进在职教教学质量上共同"治产"的有效途径。在实际的"治产"情境中,通过以组建教学—生产共同体的形式推进职教领域内的产教融合,则需要集合共同体的力量,在推进社会经济产业与职业学校专业对等的同时,有效助推职业教育教学与企业工作和生产的对接,最终实现职业教育教学质量与企业生产质量、职业教育与区域经济之间的联动发展。

职业教育教学—生产共同体主要由教育行政部门、职业学校领导干部、双师型教师、教研组、行业组织、行业职教教学指导委员会、企业干部、企业技术性人才、生产工人等共同构成。

一方面,在围绕经济发展产业与职业教育专业的对接上,从现实情况来看,职业教育的专业结构设置与区域经济的产业结构出现不对接情况。党的十八大明确提出将经济结构调整确定为现阶段最重要的战略任务之一,而其中产业结构的调整是核心内容。各区域为了实现其特色发展,也相应地进行产业结构的调整、优化和升级,然而由于职业教育本身发展的滞后性,以及一些学校在专业设置上的盲目性,区域内职业教育的专业结构并不能与产业结构有效对接,从而造成区域经济与职业教育间的"脱节式"发展。从河南省 2010—2012 三年三大产业的生成总值构成情况来看,第一、二产业所占比重分别从 14.1% 下降到 12.7%,从 57.3% 到 56.3%,两者均有所下降;第三产业所占比重从 28.6% 到 31.0%,正逐年增加。[①] 由此可以看出,近几年河南省产业结构因某种原因正发生着一定程度的变化。此外,从 2012 年河南省按三次产业划分的法人单位构成情况来看,第一产业占绝对构成的 3.7%,第二产业占 33.4%,第三产业占 62.9%。[②] 再根据河南省 2012 年发布的紧缺型职业(工种)的情况来看,河南省

---

① 数据来源于《河南统计年鉴·2013》。
② 数据来源于《河南统计年鉴·2013》。

在机电技术类、电子通信类、交通运输类等八大行业类的 60 个职业（工种）上人才紧缺，这些行业和工种又主要集中在第三产业上，这从一定层面反映了河南省第三产业所具有的良好发展前景。然而，从河南省职业院校的专业结构情况来看，存在着专业设置重复与专业空缺并存的情况，如专业设置的平均重复率达 4.2（个/种），部分第三产业类专业布点少甚至还处于空白状态。[①] 由此可以看出，部分区域职业院校在专业结构的设置上，与区域经济产业结构的对接度并不高，而这又势必会对职业教育自身成长以及区域经济向纵深发展形成阻碍。

而随着现代经济的快速发展，以及产业结构的调整、优化和升级，现代工业、新型服务业或技术密集型产业的发展成为主要趋势，各产业在生产规模上比例关系的协调与产业间关联程度的提高，使得产业结构逐步合理化与产业间关联的高度化。这对于职业院校来说，既是机遇又是挑战。职业教育的专业结构要实现与经济社会的产业结构匹配，需要集教学—生产共同的共同力量，实现从产业结构的最新状态出发，通过实施市场主导型专业设置模式[②]，删减一些重复设置专业与难就业专业；将相邻相近专业进行整合，设置综合专业；增设与区域经济特色资源配套的新兴专业，并瞄准产业结构的新动态，合理调整专业结构的比例，提升专业结构的能级，以建构与产业结构相匹配的专业结构体系，最终适应产业调整和技术提升的内在要求。

另一方面，在围绕企业生产与职业学校教学的对接上，从现实的校企合作发展的情况来看，校企之间在教学与生产上的合作，还主要停留于浅层合作层面，这种浅层次的合作主要表现为假象合作、被动合作和牵制性合作三种关系。假象合作是职业院校和企业之间的一种表层合作，并没有实质性的意义。例如一些职业院校挂名某些企业品牌，以品牌名命名教学楼或教学班，企业也相应地给学校提供一些资金，由此而形成一种假象合作关系。被动合作是职业院校和企业之间，迫于外界压力（如政府的政策安排等）而被动进行的合作。这种被动的合作，虽然在一定层面上实现了校企间的沟通，但这种低效率的合作也存在着合作机制不健全、利益关系不明确、成员关系过于疏松等一系列问题，不但不能提升双方的合作效益，反而对各自的发展形成阻碍。牵制性合作是职业院校和企

---

① 　郑美丽：《河南省高等职业教育专业结构与区域产业结构的协调性研究》，《河南科技学院学报》2011 年第 2 期。

② 　朱德全：《职业教育促进经济社会发展》，《光明日报》2012 年 9 月 24 日。

业之间由于双方权责关系的不明确,而出现的牵制性合作。职业学校在教育教学中将企业视为"鸡肋",无限地榨取"营养",而职业学校自身却并没有给企业带来任何实质性的利益;企业将职业学校视为发展的累赘,时时避让并处处提防。而这种相互牵制性的合作关系,只会制造内耗,导致更多的资源浪费。为此,要突破这些问题,对于教学—生产共同体来说,便是要共同致形成一种校企之间的深度合作关系,并努力探索一条能够实现共生合作的"生产性教学""教学性生产"等融合模式,并借助于"订单式培养""教学工厂""校中厂""厂中校"等方式和路径推进这种产教深度融合的实践落实,从而确保职教教学质量在提升其治理效率的同时,也能够有效发挥其在助推经济发展上的效益。

三、治"研":以"教研共促"为重心的教学—研究共同体

职业教育教学质量的共治,在总体上来说,不仅关涉了职业学校领域的教学理念、教学制度、教学方法、教学内容、教学模式等方面内容,还涉及了企业生产、经济发展等系列内容,是一个关涉广泛、内容复杂的系统工程。因而,要推进这一系统工程的明晰化与有序化,并在此基础上助推质量共治的规范化、科学化和高效化,离不开通过职业教育教学研究而对教学质量本质的深层把握。为此,围绕职教教学质量而建立以"教研共促"为重心的教学—研究共同体,能够有效推进在职教教学中形成以研促教、以教促研、教研共进的良性发展方式。

教学—研究共同体主要由教育行政部门、教研机构(教科院)、教育专家、企业、校长、教师、教研室(组)等共同组成,主要包括了三个范畴的治理力量。教育行政部门和教育研机构,主要代表了政府的治理意志而加入共同体;企业主要代表了市场的治理意志而加入共同体;校长、教师等主要代表了职业学校的治理意志而加入共同体。而要统整这三方面力量于一体,并使其共同在"教研共促"上发挥作用,从现实情况来看,主要还缺乏实现教研共促治理的支持平台,从而导致各治理力量的条块分割。为此,对于教研共同体来说,则需要共同搭建起教与研有效沟通和合作的平台。这种平台可以包括项目型合作平台和实体型合作平台两种类型。其一,项目型合作平台主要是一种以项目为载体的合作平台,是以教育行政部门为依托,推进学校(职业院校、普通高校)、企业、科研机构之间共同合作,以联合申报职教教学质量相关的国家、省级课题或项目的形式,共同探索职业教育的共治模式和质量提升的现实路径,从而共谋发展并实现互惠共

赢。其次,实体型合作平台主要是一种以实体平台为载体的合作,主要是在教育行政部门引领下,通过创设实体型合作平台,推进学校(职业院校、普通高校)、企业与科研机构三者之间的深度合作(见案例2)。在实践中主要是通过高校资深教授、企业高层技术人员、科研机构高端人才围绕"生产""教学""研究"而共同组建"产教研发联合院",并下设"产教联合中心""技术研发中心"等职能部门,在明晰各职能部门的工作职责的同时,将教学、生产、研发等工作相应地分配到学校、企业与科研机构中去,或在这些平台的统筹下,整合已有资源直接将学校办在大型工厂和龙头企业中去,并通过在企业中设置教研、技术研发等部门,以促使教学、生产、研发一条线运作,从而利用资源整合优势,最大化地提高效率与降低成本。

案例2　四川某高职学院交通土建类专业产教研协同育人模式

四川某高职学院为适应交通行业新形势、新业态、新技术变革趋势,服务川藏复杂艰险地区公路、铁路建设,培养适应区域产业发展的高端技术技能人才,通过组建产教研协同共同体,探索建立了产教研协同育人机制,从而促进产业链—人才链—专业链的深度交融。

为保证共同体形成长效合作,该院校建立了多元化合作机制:一是,通过"全资"方式,该职业学院与四川某公路工程监理有限公司和四川某公路工程勘察设计有限公司深度合作,形成产教研共同体,共用学校场地、设备,共同开拓市场,共同分担风险,共同分享收益,实现教学与生产相互反哺;二是,通过"控股"合作方式,与四川某公路工程检测有限公司深度合作,形成产教研协同体,共建实训基地,共组双师团队,实现教师双向流动;三是,以"参股"合作方式,与研究机构等多家单位共同成立轨道交通产业发展有限责任公司,共建产业联盟,形成产教研认同体,以企业的生产车间作为教学场所,企业员工参与学生的培养,教师深入企业锻炼参与企业应用技术创新,实现基于场地、设备、人才的校企合作。该高职学院通过这种方式,用利益之绳捆绑多元主体共同推进合作办学,搭建了行、校、企战略联盟,形成了"命运共同体"的校企合作机制。

在具体实现上,该高职学院通过充分整合行—企—校优势资源,推进产教研协同育人模式的实施:一方面,用技术师资之力凝聚校企双方推进合作育人,引研究项目入校园、引企业人员进课堂、引先进技术入教材,促师生深入到企业工地、促师生参与生产项目、促师生参与企业新产品新技术开发,提高企业竞争力,形成人才、技术驱动的合作共赢校企合作内在动力机制;另一方面,用设备场地之资源搭建校企合作育人平台,通过开放双方设备和场地,校企共建实训基地,建成了四个高水平校内生产性实训基地,一百多个校外实训基地,形成了硬件支撑条件驱动的开放共享的校企合作外在动力机制。

四、治"用":以"行动导向"为指引的教学—实践共同体

陶行知先生在其《生活教育》中的《行之行》一文指出,"行为知之始,知是行之成"。在教师的教与学生的学共同组成的双边活动中,教师的教是为了让学生更好地学,而对学生学的效果检验,最终是要经受实践的考证的。传统的职业教育课程与教学,主要存在:"重理论轻实践,不能有效培养学生的实际能力;重知识的系统性,忽视知识与具体工作任务之间的联系;正三角形的课程排列顺序既增加了理论学习的难度,也不利于理论与实践的整合等问题。"[1]而实际上,由于职业教育是一种具有广泛技术理性的教育类型,其与生产和工作技术的直接对接性,决定了职业教育教学的立足点也应在于职业行动和职业实践上。由于行动导向是指由师生共同确定的行动产品来引导教学组织过程,学生通过主动和全面的学习,达到脑力劳动和体力劳动的统一。[2] 组构以行动导向为指引的教学—实践共同体,并实现在职教教学质量上的"治用",主要是为了通过共同体的作用,共同致力于推进职业教育在教、学、用上的一体化,从而提升职教教学产出的人才能够"学以致用""用以促学""学用相长"。

职业教育的价值主要是在实践中体现出来。在职业教育教学质量治理范畴,无论是工学结合、产教融合抑或是教研整合,均需要在实践中、在行动中推进和实现。为此,建构一种教学—实践共同体,则是在整合以上几种共同体基础上而形成的一个共同整体。由于行动导向教学包含了一套完整的行动模式,即包

---

① 徐国庆:《实践导向职业教育课程研究技术学范式》,上海教育出版社 2005 年版,第 12—16 页。

② 袁晓成:《高等职业院校内部质量保障体系建设》,高等教育出版社 2011 年版,第 171 页。

括了明确任务、计划、决策、实施、控制和反馈这一整体过程，因而，基于行动导向上的教学质量"治用"，本书认为，对于共同体来说要在明确任务、计划、决策、实施、控制和反馈的整个行动过程中共同推进教学质量的共治（如图4-4所示）。

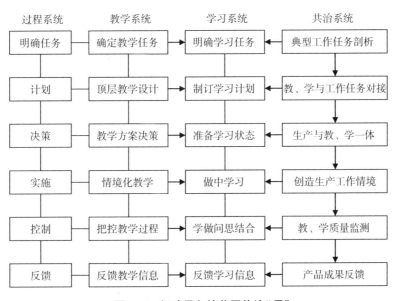

图4-4 行动导向的共同体治"用"

行动导向的共同体治"用"，是集共同体所有成员之力，共同作用于教师教与学生学的行动过程中，从而有效促使学生在切实的生产与工作情境中掌握知识和技能。这一行动过程体系主要对接了三个系统，即教学系统、学习系统和治理系统。其中教学系统和治理系统均共同作用并服务于学习系统。对应过程系统的每一步骤，各个系统的作用内容也各不相同。

第一，在明确任务阶段，围绕学生的学习需求，需经由共同体在对典型工作任务进行剖析，并基于对典型工作任务解剖的基础上，层层划定各阶段的教学与学习任务。由于典型工作任务源于企业的工作和实践，是企业完整的工作过程结构的综合性任务，反映了该职业典型性的工作内容和工作方式，[1]因而，对典型工作任务的剖析和解构，便成为教学和学习任务确定的基础。而对于教学系统和学习系统来说，便是在这一工作任务剖析基础上，确定各阶段相应的教学任

---

① 赵志群：《职业教育学习领域课程及课程开发》，《徐州建筑职业技术学院学报》2010年第2期。

务和学习任务。第二,在计划阶段,围绕教与学的任务,便需要通过共同体在任务指引下推引教、学与工作和生产任务的对接,并在此基础上确定教师教的目标和学生学的目标。在教学系统中,教师便需要围绕实际的工作和教学任务,做好教学设计,包括教学方式的选定、教学场地的选用、情境教学过程的设计等,而对于学习系统的学生来说,此阶段的任务便是制订学习的计划。第三,在决策阶段,在计划确定的基础上,便需要共同体共同确保教、学与工作和生产能够真实地融为一体,并提供相应的条件和保障,从而为教师教学方案的决策奠定基础,对应教学系统和学习系统而言,是教师做好教学方案决策,学生作好学习准备并保持学习的最佳状态。第四,在实施阶段,对于共同体而言,便是要创造推进行动与实践展开的良好教学情境,使职业学校的教学与直接获得实践经验的岗位生产和工作实践相结合,而对应教学系统和学习系统而言,教师便是在真实的情境中实施教学,而学生便有效实现在岗位工作和生产实践中,获得直接的知识技能和生产经验。第五,在控制阶段,共同体通过内外部协同实现,共同致力于对教与学过程性质量的监测把控,对应教学系统和学习系统而言,是教师做好对"教"的全程性监测、把控和调整,而学生便是集学、做、问、思结合,以实现对"学"的全程性控制。第六,在反馈阶段,在行动导向引领下的职教教学质量共治,对于共同体而言,便是切实结合工作与生产的全过程,通过指派给学生实际的工作任务,并以学生项目完成和产品生产的情况,作为衡量教师教和学生学的效果检验,而在教学系统和学习系统中,学生根据自己的学习情况及时与教师沟通,教师根据学生的学习表现修正教学并作个别指导,以完善整个治理过程。

第四节　职业教育教学质量治理主体的规制秩序

职教教学质量的共治主要是在多元公共理性指引下形成,由于多元公共理性与公共的善之间有所关联,而同时又与多元的欲望有所关联,而受此影响,质量治理共同体之间也必然会因各自立场和利益不同,在质量治理的共同行动中出现一定程度的治理理念和行为的分化。而为保证各质量治理主体在公共善这一层面达成一致,推进各治理主体在质量共治上形成一种归属认同,主要是为保障各治理主体形成一种内在治理意识层面的协同,而建立一种外在的规制,则是为确保各治理主体形成一种外在的治理行为层面的协同。

若将职业教育教学质量治理内外部主体进行统整,则可以实现三个层面的归类,主要包括宏观层面的以职业学校为核心的集政府、行业企业、评估机构、社会其他力量共同构成的教育教学质量治理,中观层面以机构部门为核心的集教务处、教学委员会、督导处等构成的学校教学质量治理,以及微观层面的以课堂为核心的集职教教师、学生、教学指导人员等共同构成的教师教学质量治理。不同层面治理主体在职教教学质量治理上的作用程度和治理效果有所差异,为此,则应当根据不同层面治理主体的作用情况不同而建立相应的规则秩序:针对宏观层面的治理主体,应当实现以制度规制,推进各主体之间建立关系明晰的权责秩序,以功能规制,推进各治理主体之间建立井然有序的过程秩序;针对中观层面和微观层面的治理主体,则应以内容规制,推进各治理主体之间建立工学结合式课程秩序,以及以角色规制,推进各治理主体之间建立情境生成式课堂秩序。

一、制度规制:职业教育教学质量治理的权责秩序

职业教育教学质量各治理主体因各自的权责性质不同,而为多元主体参与的教学质量治理提供了契机。诚然,由于职教教学质量治理主体之间的权责关系在很大程度上影响着职教教学内部治理的质量,因而本书认为,实有必要就教学质量治理主体之间的权责秩序做专门探讨,并在此基础上建构一种有序的制度秩序以对各治理主体的权责进行规制,从而确保职教教学质量治理的有序和高效。但由于历史和现实因素的影响,本书认为,在职教教学质量治理上主要存在一种"由外至内""自上而下""从出到入"的混沌逻辑,以至于出现质量治理主体之间发生权责上的"错位"与"越位"等问题。

第一,"由外至内"的质量治理权责发生逻辑。由于受计划经济时期"全能型政府"模式及其持续作用的影响,我国教育在质量治理上主要形成一种政府主导型模式。政府作为职业教育质量治理的主要责任主体,享有对职业教育及其质量管理上的绝对权力,并通过对职业学校的人、财、物、组织与活动等各个领域的外在行政权力的介入,干预并影响着职业学校的办学及教育教学质量。随着教育体制改革的深入,教育评估机构作为一种重要的外部力量,并通过对职业学校的教学质量评估而实现对职业学校教学质量的治理。诚然,由于民间性质评估机构在职业教育教学质量评估上地位不明和权责不清,因而,评估机构质量

监测性治理的权力便主要集中在官方和半官方性质的评估机构上,而官方和半官方性质评估机构的权力又主要源自政府的行政授权,因而其在对职业学校的教学质量评估、认证上也集中反映了政府质量治理的意志,从而表现出一种外在合规定性的质量判定倾向。由此看来,政府及评估机构作为一种外在性的行政权力,在职业教育教学质量治理上发挥着主要作用,并"由外而内"地影响着职业学校的内部质量体系,受此影响,职业学校在教学质量治理上也因对外在行政权力的依赖而表现出内部行政权力与学术权力失衡的问题。事实上,职业教育的质量内核在于职业学校的内部质量"自系统"本身,而非外力作用的结果,为此,职业教育教学质量治理的权责主体也应当是作为职业教育执行主体的职业学校,政府作为职业教育教学质量治理的权责主体实则是一种权责的"错位",由此而衍生的"由外至内"的教学质量治理权责逻辑,也实属一种非理性的发展逻辑。

第二,"自上而下"的质量治理权责运行逻辑。由于受外部合规定性质量评估取向的影响和政府行政性质量管理的影响,职业学校尤其是高职院校内部质量治理的权责也主要集中在其行政管理机构上。诚然,职业学校中的高等职业学校因隶属于高等教育范畴,其内部治理系统主要是一种底部沉重、松散联结的组织结构,并且基层分布着不同学科或知识的专业化"领地",及其不证自明的存在合理性,[1]而行政管理机构在教学质量治理上的行政权力运行又主要沿着"自上而下"层层放射式逻辑,向职业学校基层各领域进行权力延伸,从而导致行政权力因过度干涉而出现"越位"的情况,主要表现在:第一,行政权力对学术权力的制约。行政权力与学术权力作为高职院校内部治理结构的重要构成部分,两者的关系是否和谐,权力运作是否协调,是关涉高职院校内部质量高低的重要因素。诚然,高职院校内部行政机构却在很多领域事务上系统主导、过于整齐划一的统一安排与量化式质量管理,在一定程度上制约了学术组织在教育教学、科学研究等方面学术权力作用的有效发挥。第二,行政权力对民主权利的影响。在权力与权利的关系体中,权力来源于权利,权力是手段,权利是目的,权力具有权利性这一内在属性,[2]从而保证了权力行使的合理与正当。事实上,部分

---

① 马廷奇:《高等教育质量保障体系运行的权力逻辑》,《中国高等教育》2014 年第 18 期。
② 吕绍忠:《尊重权利与社会和谐》,《山东社会科学》2009 年第 7 期。

高职院校内部出现了教学质量治理行政权力影响民主权利的情况,而代表高等学校内部民主权利的组织,却远不能发挥其在制约和监督行政权力上的应有作用。第三,公权力与私权利的不协调。受行政权力干预的影响,高职院校内部教学质量治理所处的利益基点也易发生分歧,从而使得公权力和私权利之间因利益基点不同而发生分化,以致引发内部教学质量治理权力和权利的不协调问题,而当行政权力非理性地影响民主权利的时候,也是易滋生权力腐败的时候。事实上,高职院校内部质量治理权力的行使与其肩负的责任同时并存,内部权力的"越位",实际上也反映了这些学校在行使行政权力上的教育责任与社会责任的超限,以至于出现"过犹不及"的消极责任后果。

第三,"从出到入"的质量治理权责发展逻辑。职业教育教学质量是集教学输入质量、教学过程质量和教学输出质量于一体的发展体系,其中输出质量是社会各界直接认知职业教育教学质量的基本标尺,由此使得社会对职业学校的质量评价,也主要集中反映在对职业学校教学输出质量的考察上。由于职业教育质量是诸多相关主体共同参与治理的结果,而当职业学校教学输出质量不尽如人意时,相关主体便将注意力转移到对职业学校的教学输入质量的考察上,继而才是对教学过程质量的关注,由此便形成一种"输出—输入—过程"的质量治理逻辑。而受这种"逆向"质量治理逻辑以及"由外至内"的质量治理权责逻辑的双重影响,职业学校的教学质量治理也主要呈现一种发展态势,即评估机构主要基于职业学校的教学质量输出而作出对职业学校教学质量的评断,政府主要基于评估机构作出的评估结果而决定对职业学校的基本投入,而职业学校自身在教学质量上的过程治理则处于从属地位。而受此影响,一方面,职业学校的教学输出质量治理评估权力,主要集中在代表政府意志的官方及半官方性质的评估机构上,并表征出一种行政性质的结果性质量评估而非过程性的质量监测,而职业学校教学自主质量监测性治理,以及一些民间性质评估机构的监测性治理的权力和权威则相对较弱;另一方面,政府承担职业学校教学输入质量保障的重要权责,但现实却存在着政府在职业学校教学输入上一定程度的"越位",以及在保障职业学校办学和教育教学所需要的财政投入上的"缺位"问题,从而一定程度上导致政府与职业学校之间的职责不清和权责不明。诚然,职业学校的教学过程质量治理才是保证职业学校教学输出质量的关键,而作为职业学校自主治理权力核心的过程质量自主治理权,因受到外部行政权力的干预,相对来说较为薄弱,为此,建立从职业教育教学输入、过程到输出质量治理上各有侧重、职责明晰的权责关系,是推进各教学质量治理主体权责明晰的重要一步。

由此看来,各质量治理主体在职教教学质量治理上的权责关系较不明晰,诚然,要进行对治理主体权责的约束和规范,非从制度层面进行规制不能有效实现。职业教育教学质量治理的终极目的是推进职业教育教学在公共意义层面利益的最大化实现,因而,要明晰和保障各质量治理主体的合法权责,则健全职业教育教学质量相关法律法规是重要前提,从而按照"法无授权不可为"和"法定职责必须为"原则,完善相应法律法规体系,将质量治理主体的权力关进制度的笼子,以奠定各主体治理水平和治理能力提升的基石。事实上,各治理主体在教学质量治理上的权力冲突与权责配置失调的一个重要原因在于,各自在职业教育教学质量治理过程上的定位不清和职责不明。为此,明确各治理主体在教学质量治理各阶段上的地位和权责,是规范职业教育教学过程体系的重要步骤。

首先,立法明晰政府在职业教育教学宏观输入质量保障上的主要权责,确保政府在政策法规制定、职业教育教学发展定位引导、教育经费投入等方面,保障宏观层面职业教育输入质量上的基本职责,同时,立法督促政府逐步退出涉及职业学校自主教学质量治理,在微观输入方面的权力领域,并将本该属于职业学校和社会在教学质量治理上的权力放下去、还回去,在保证政府治理行为于法于理有据的同时,能够保障职业学校在自主输入质量治理上一定程度的自主。

其次,制度保障职业学校在教学过程质量自主治理上的主要权责。职业教育教学的过程质量主要关涉职业学校在课程与专业建设、教学目标、教学活动安排、教材与教学模式选择等方面的质量效益,而这一系列的质量治理,又是职业学校在教学自主权力上所涵盖的主要方面。为此,应建立相应制度以确保职业学校,对外享有教学过程性质量治理的主要权责,并通过刚性的法律法规,以支撑和保证职业学校教学过程质量自主上的权力地位和权力行使不受外界非法干扰;对内划明职业学校在校、院(部、系)一级的学术权力和行政权力的各自权限,保障学术组织在学术决策和学术自主上的应有地位和权力,并以章程或其他具有法律效力的文件得以确认和保护。

最后,规范明确评估机构在教学输出质量监测治理上的主要权责。职业教育的教学输出质量主要关涉职业学校的学生就业、学生出口、教学成果、教学特色等方面内容,是衡量职业学校整体教学质量的极为重要指标,而要规范明晰评估机构在职业教育教学输出质量监测上的主要权责,则保障其在职教教学质量上独立质量评估权力和权利的获得是前提基础。为此需以专门的政策、法律规章制度对评估机构进行赋权,保障一些第三方评估机构或民间性质评估机构在教学质量监测与评估上的应有地位,同时督促政府部门实现评估放权,使评估机构逐渐摆脱政府的行政权力干预,从而形成一种具有专业权威的、能与政府和职业学校评估权力相制衡的独立评估力量。当然,强调各治理主体在职教教学质量治理各阶段上的主要权责,并非排除其他教学质量主体的交互治理权责,而是依各主体在各治理阶段上的职能不同而对应权责程度的侧重不同而已。

二、功能规制:职业教育教学质量治理的过程秩序

根据政府、企业、职业学校、市场等在职教教学质量治理过程上发挥的功能不同,从而对应建立一种功能规制,并通过这种功能规制的层层推进,触发各治理主体之间,建立起围绕企业工作和产品生产的过程而展开的过程性治理秩序。

任何一种产品质量管理的过程均是遵循从输入、过程和输出这样一个过程性的管理实现,职业教育教学质量治理亦然。在职业教育教学质量治理体系中,政府、职业学校、行业企业和评估机构是作为核心治理主体直接参与到教学质量治理中,市场作为外围主体虽不直接参与职教教学质量的治理,却通过间接的作用发挥而影响着教学质量的治理。在职教教学质量治理的过程体系中,市场的需求是各核心主体教学质量治理的中心,正是为了满足市场对职业教育教学质量产品,包括教学产品、人才产品和服务产品的需求,政府、职业学校、行业企业和评估机构之间便围绕着质量产品的输入、加工和输出这一"制造过程"而形成一种集职业教育教学质量输入、教学质量过程和教学质量输出为一体的过程性质量治理秩序。

由于教学质量治理的过程强调从整体系统层面将各质量要素加以整合,因而教学质量治理的全过程也主要是集教学质量保障、教学质量管理和教学质量评估为一体,以形成完整的教学质量治理体系,从而更好地保证公共教育利益实现的过程。而在这一过程性治理秩序中,各治理主体依其在不同教学质量治理阶段上发挥作用不同,与其他质量治理主体间共同组成一种"输入—过程—输出"的教学质量治理推进逻辑,如图4-5所示。

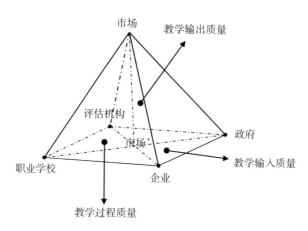

图4-5 "输入—过程—输出"教学质量治理推进逻辑

（一）输入质量维：政府引领教学输入质量保障的偕同共治

教学输入质量是职教教学质量治理的前提和基础。职教教学的输入质量治理主要是指对职业学校教学基本构成需要的资源和要素如教师资源、学生资源、教学经费、教学场地、教学媒体等方面条件性"质"和"量"的输入和保证。职业教育的教学输入质量维主要由政府、职业学校、企业共同组成，其中市场并非直接参与治理，而是作为教学输入质量的"参照中心"与政府、职业学校、企业共处一个"平面维"。

在由政府、职业学校和企业共同构成的教学输入质量保障"三角"关系中，政府起着主导作用并在宏观上引领和统筹着职业教育输入质量保障的协同共治。

首先，从政府层面来看。一方面，政府作为职业教育的主要举办者、投资者与宏观管理者，为保障职业学校基本的教育教学活动的展开，从而通过对职业学校教育经费、教学场地支持、教学环境支撑等硬件投入以保障职业学校的基础性教学输入质量，不仅如此，政府还通过宏观把握职业教育的教学发展定位，整体设计职业教育的教学质量管理制度，并制定相关政策法规以保障职业学校的条件性教学输入质量，从而成为职业教育教学宏观输入质量保障的主要责任者；另一方面，政府作为职业教育教学输入质量共治的统筹者，通过支持并引导职业学校与行业企业围绕市场需求而实现在条件输入上的共生合作，并为校企之间共同进行职业教育教学输入质量治理提供便捷，在以政策鼓励校企之间拓宽职业教育教学经费和教学资源投入渠道的同时,建立相关机制监督和协调各主体的治理关系,从而成为统筹职业教育教学辅助性输入的主要服务者。

其次,从职业学校层面来看。职业学校作为教学质量输入的主要承受者,也是职业教育教学输入质量治理的直接受益者,因而也承担着保障教学质量输入的直接责任。职业学校主要通过建立多渠道教育教学经费筹措机制,以确保除政府基本教学输入外的资金和硬件输入的自给自足。不仅如此,职业院校还承担着对学生资源、教师资源、课程资源等软件资源输入质量保障上的主要责任,以确保职业教育教学活动基本运转的需要,从而成为职业教育教学输入质量保障的重要责任者。最后,从企业层面来看,企业作为职业教育教学"人才产品"的直接接收者和职业教育教学质量的最终受益者,主要通过校企合作的方式参与职业教育教学输入质量的治理,并通过向职业学校投入教学发展需要的资金、实训设备、技术人员、校外实训教学基地场地等,而给予职业学校教学相关的重要软硬件发展支持,从而成为职业教育教学输入质量保障的重要外生性力量。

(二)过程质量维:职业学校主导教学过程质量管理的协同共治

教学过程质量治理主要是对职教教学所输入资源进行加工和处理的过程,是职教教学质量治理的核心和关键。教学过程质量的治理具体来说主要指对职业学校教学基本运作需要的内容和体系,如教学活动开展、教学管理、教学评估等方面,在过程性"质"和"量"上的保证和保障以及过程性教学质量控制上。职业教育的教学过程质量维主要在以市场需要为"参照中心"的前提下,由职业学校、企业、评估机构共同组成对职教教学过程质量的协同治理。

在这由职业学校、企业和评估机构共同组构的教学过程质量管理"三角"关系中,职业学校起着主导作用,并整体主导着职业教育教学过程质量管理的协同共治。

首先,职业学校主导过程质量的自主治理。职业学校享有在内部教学质量治理上的自主权力,而这种教学质量自主权力,又主要体现在职业学校通过内部教学质量标准和教学质量保障体系的建构,从而实现内部教育教学系统运行的自主过程控制,具体表现为职业学校本身在教学活动、教学管理、教学研究等方面形成规范一致的治理程式,通过监控教学质量标准和质量规范的具体落实以避免教学质量治理过程上的随意和过失,并能够及时纠正教学质量治理过程的偏差和过错行为,以确保教学过程质量处于"实时监控"之下。

其次,企业参与教学过程质量的协作治理。从我国职业教育发展的现实情况来看,由于校企之间主要维系着一种以"人才产品"为纽带的供需关系,因而企业参与职业教育教学质量的协同治理,也主要集中在通过参与教学活动,而实现对技术技能型人才培养的过程质量治理上。不仅如此,还可以通过参与职业学校内部教学质量标准的建构、对职业学校人才培养规格和效益进行指导性调节、引导职业学校教学与企业生产的对接,提供课程与教学内容相关的技术指导等方式协作职业学校的教学质量过程治理,从而形成内外一致的双重力量以保障职业教育教学的过程质量。

最后,评估机构辅助教学过程质量的协同治理。职业学校享有教学过程质量自主评估的权力,然而这种自主评估的权力也并非完全意义上的自主,还受评估机构评估权利的约束和限制。评估机构正是通过其评估权利的发挥,以辅助并监督制约职业学校的教学自主质量治理,从而督促职业学校更好地改进教学工作,以提升教学的过程治理质量。

(三)输出质量维:评估机构引导教学输出质量评估的携手共治

输出质量主要是职业教育教学质量治理结果和产品的输出和反馈,是社会各界直接认知职业教育教学质量的基本标尺,因而对教学输出质量的治理,主要表现在对教学输出质量的评测上。教学输出质量的治理具体来说主要指对职业学校教学过程性运作后的产出与产品,如学生素质、学生作品、学生出口、教学模式、教学成果和教学特色等方面"质"和"量"的保证和保障。职业教育教学输出质量维是由评估机构、企业、市场、政府共同组成的,这其中市场以外围主体身份直接参与教学输出质量的治理,从而协助其他治理主体的治理行为,并与评估机构、企业和政府共处一"立体维"中。

在由评估机构、企业、市场和政府共同组构的教学输出质量评估的"立体"关系中,评估机构起着主导作用,并整体主导着职业教育教学输出质量评估的携手共治。

首先,评估机构主导职业教育教学输出质量的结果评估。我国职业教育教学的评估主导权主要集中在政府和职业学校的自主质量评估上,从而形成政府主导的行政评估和职业学校自主的评估范式。诚然,政府的行政性评估外在地表征为一种合规定性的教学质量评估取向,职业学校自主评估又内在地表征为一种学术本位质量评估取向,而这两者各自主导的教学质量评估均不能完全职业教育教学在促进经济社会发展上的利导作用发挥。因而，包括官方半官方性质的评估机构和第三方评估机构或民间性质的评估机构共同主导的职业教育输出质量结果的评估，则需先力争获得相对独立的身份，并借助其在教学输出质量评估上的主导地位，以形成在职业学校教学评估上的专业权威。并在此基础上，通过科学的评估手段和真实的评估数据，如实反映职业学校教学输出质量的结果，如毕业生就业率、升学率以及职业学校的成果获奖等现实情况，以保证教学质量评估的科学与公正、公开和公平，从而彰显评估机构的这种教学输出结果评估的主导作用。

其次，企业参与职业教育教学输出质量的效果评估。企业参与教学输出质量的效果评估主要表现为，企业通过对职业学校输出毕业生的接收情况，以及对这些毕业生在岗工作适应力、岗位创新力和效益创造力等状况的掌握和反馈，从而客观评价职业学校教学输出产品的质量和效益。

再次，市场辅助职业教育教学输出质量的效益评估。职业教育教学输出质量的效益最终通过其输出教学产品、人才产品和服务产品，在市场上起作用的效果和创造的收益体现出来，因而市场便成为职业教育教学输出质量效益的验收者。市场对职业教育教学输出质量的效益评估主要表现为，通过对职业学校输出的教学产品、人才产品和服务产品进行资源配置，使作为资源和产品"供应商"的职业学校与作为资源和产品"消费商"的企业需求有效联结起来，[①]并通过市场的竞争机制而作最终的调节和检验，以实现对职业学校教学输出资源和产品的优胜劣汰，从而最终以就业率、失业率等形式间接地向职业学校反馈其教学输出质量的效益情况。

最后，政府宏观协助职业教育教学输出质量的成效评估。职业教育教学输出质量的最终成效是一个长期受市场资源配置和调节的多重作用并由评估机构长期追踪评估、行业企业、雇主单位、学生和家长等多方力量共同反馈而体现出来。诚然，对多元力量和多方信息作用进行整合以反馈职业教育教学输出质量的成效，必然是一项复杂而艰巨的工程，为此，政府主要通过在社会事务治理上宏观调控作用的发挥，以实现对多方力量的有效整合，从而成为辅助市场调节和

---

① 朱德全、徐小容：《职业教育与区域经济的联动逻辑和立体路径》，《教育研究》2014 年第 7 期。

进行成效评估的重要外在主导之力。

三、内容规制:职业教育教学质量治理的课程秩序

职业教育教学内容是课程内容在课堂上的实施和执行,因而,推进在职业教育课程领域有序秩序的建立,是各治理主体在职业教育教学内容质量治理上有序秩序建立的基础。诚然,职业教育课程领域的有序秩序,包括了宏观层面的课程框架秩序和中、微观层面的课程内容秩序。为此,本书主要致力于探索在课程框架上和课程内容上建立一种规制,以确保各治理主体在教学内容治理上秩序井然。

(一)国家—地方—学校"三级"课程框架秩序

职业教育治理主体,在整体上可以包括国家主体、地方主体和学校主体三个层次,不同主体对应不同层次职业教育课程的治理,便形成了职业教育的国家课程治理主体、地方课程治理主体和学校课程治理主体。诚然,从我国当前的职业教育发展情况来看,仍旧还没形成这种相对正规的、成体系化的三级课程治理框架,从而使得各级职业教育课程体系也相对紊乱。为此,则需要推进建立一种国家—地方—学校"三级"课程框架秩序,以确保不同层级治理主体在职业教育课程治理上的规范化和有序化。

首先,在国家层面建立职业教育的国家课程,具体需要实现以教育部牵头,充分吸纳并组织全国优秀课程专家、龙头企业、经济行业、各行业职教教学指导委员会、职业学校专业人员共同参与国家课程的建设,在宏观上把控职业教育发展方向,并综合各领域相关课程信息的基础上,建设就某一特定专业或工种必须率先完成的课程框架体系,并配套制订国家职业教育课程政策,建立完善的课程内容标准、课程大纲和课程指导方案等,从而为地方和学校课程的建设提供宏观引领,并保证国家在整体层面实现对职业教育课程的宏观控制和把握。

其次,在地方层面建立职业教育的地方课程,具体需要实现以省(市)级教育行政部门牵头,在国家相关政策的指导下,有效组织行业、企业、教育相关机构根据各地区的差异和地方经济的发展特色,对本地区职业教育课程的开发和实施进行管理,具体实现在国家课程框架下,通过制订适合本地区职业教育发展的课程计划、课程标准、课程实施方案和教材,并配套组建地方职业教育课程开发和管理的政策、制度和法规,从而保证地方课程在充分"接地气"的同时,也能间

接服务于地方经济的发展。

最后,在学校层面建立职业教育的校本课程,具体需要以职业学校牵头,并联合合作行业企业,在国家课程和地方课程的框架指引下,按照用人单位和学生自主发展的需求,并在有效结合职业学校自身发展理念、优势领域、特色文化的基础上,对职业教育课程进行第二次开发,并确定职业学校选修教材的选用编写、课程实施管理等,从而对国家课程和地方课程进行有益补充,以有效避免职业教育课程因更新速度快、更新周期短等原因造成的课程滞后性问题。[1]

通过建立国家—地方—学校"三级"课程框架秩序,从而实现在这一框架规制下,国家课程主体、地方课程主体和学校课程主体之间,在职业教育课程领域形成职责清晰、层次分明、特色明显的职教课程治理格局。

(二)工—学结合课程内容系统化开发秩序

职业教育的内容是否切合社会生产和企业运营运作的需要,在较大程度上直接决定了职业教育教学的质量,为此建立一种在中观和微观层面治理主体之间、以职教内容为表现形式的规制机制,从而引导职业教育在内容层面直接实现产教之间的融合、工学之间的结合,以显著提升职教的教学质量。

强调职业教育教学质量,势必需要考虑职业教育的课程质量本身。与普通教育课程相区别的是,职业教育课程定位于特定职业或职业群的发展而具有定向性的特点;与特定区域和职业岗位需求相关而具有适应性的特点;为具体工作做准备的教育,与企业产品的生产和工作过程密不可分,强调在生产工作实践中"会做"和能够"做好"而具有实践性特点;联结区域经济与教育发展之间的重要桥梁,从而具有公益性特点。由此看来,职业教育课程涉及的领域更多、牵涉的利益关系更为复杂。从职业教育课程相关的外部要素来看,职业教育课程是依照职业或职业群本身的一套程序规范,是由职业学校、专家、教育行政部门、职业学校专业教师等共同利益相关者参与开发,是同时作用于职业与教育共同发展的实践系统;从职业教育课程相关的内部要素来看,由于职业教育课程是关涉职业或职业群、与职业生产和工作直接相关的知识内容体系,而这些知识的选取是否合理、内容的组排是否科学、知识的运用是否能够切实解决工作和生产的实际

---

[1]　吕红:《澳大利亚职业教育课程质量保障研究》,外语教学与研究出版社 2011 年版,第213 页。

问题等,均在较大程度上影响了职业教育课程的质量。由此看来,职业教育课程是一套复杂的实践体系,而推进在职业教育课程层面建立起一套有序秩序,从一定层面来说,是职业教育教学质量共治的重要内容。

要推进在职业教育课程上建立一种有序秩序,则需要职业教育教学质量相关主体的共同参与。而这种课程秩序,实际上是指在就业导向的指引下,基于工作过程基础建立的一种有序的课程。这里所指的工作过程,实际上是指个体"为完成一件工作任务并获得工作成果而进行的一个完整的工作程序","是一个综合的、时刻处于运动状态但结构相对固定的系统"。[1] 事实上,任何一个职业岗位或企业生产都有一整套工作流程,强调在工作过程基础上的职业教育课程开发,正是对职业教育课程的本质——过程的回归。[2] 由于工作过程是在一定程序的指引下逐步开展的过程,其本身就是一个有序的过程系统,而基于工作过程基础上开发和设计的课程,也必然是沿着工作过程的有序体系而逐渐展开,而这种课程也必然或多或少地表现出一定的有序状态。为此,要建立一种在职业教育课程领域的秩序,其基础便在于实现工作过程的系统化,并有效促使这种系统化的工作过程与系统化职业教育课程的对接,从而使职业教育课程组织变得有序,课程内容也变得有序化。姜大源研究员指出,要推进在系统化工作过程基础上的职业教育课程设计和开发,需要遵循从工作任务分析、行动领域归纳、学习领域转换和学习情境设计几个步骤[3],在对这种工作过程系统化课程开发和设计基本思想归纳的基础上建立的过程图,如图 4-6 所示。

第一,工作任务分析。主要是从与职业教育专业相对应的工作岗位和岗位群中的,通过运用各种方法如问卷调查法、访谈法、头脑风暴法等,筛选出具有典型特征的工作任务,而这种典型工作任务往往具有某种程度的代表性,因而,对工作任务进行分析,是推进有序课程的开发和设计的基础。

第二,行动领域归纳。切合企业生产和工作情境,将职业教育专业密切相关的、构成职业能力的所有工作任务进行整合,在对典型工作任务进行分析和归纳的基础上,将典型工作归纳成行动领域。这一步的主要任务是整合典型工作并

---

① 赵志群:《职业教育与培训新概念》,科学出版社 2003 年版,第 33 页。

② 姜大源:《论高等职业教育课程的系统化设计》,《中国高教研究》2009 年第 4 期。

③ 姜大源:《工作过程系统化:中国特色的现代职业教育课程开发》,《顺德职业技术学院学报》2014 年第 7 期。

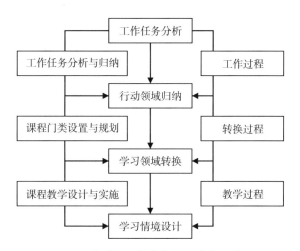

图4-6　工作过程系统化课程开发与设计

转化成一种行动领域,主要是在企业中进行。

第三,学习领域转换。在行动领域归纳基础上,将职业行动领域的内容转换成切合职业教育基本规律和学生学习和发展规律的学习领域,从而满足职业教育教学和学生发展的需要。实际上这种学习领域也是职业教育课程,并主要由职业能力描述的学习目标、工作任务陈述的学习内容和实践理论综合的学习时间构成。诚然,在行动领域基础上所转换而成的职业教育课程,其内容的组排必须要遵循职业教育本身的规律,否则便迷失了职业教育的本性。这种对职业教育课程内容的组排,也必须依照职业学校学生学习的认知规律和职业人才成长的职业发展规律,才能有效保证职业教育课程本身的有序性。

第四,学习情境设计。主要是在学习领域中的工作任务和工作过程课程背景下,基于教学论和方法论基础,将学习领域中的能力目标和学习内容向职业教育教学情境转换,从而适用于职业学校的教学情境中。[①]

沿着从工作任务分析到行动领域归纳,再到学习领域转换最后实现学习情境设计,这一基于工作过程系统化的课程设计与开发,有效推进了工作过程与教学过程的对接和过程性转换,使职业教育课程从内容到实施上均体现了不同职业在工作对象、内容、手段、组织、产品和环境等方面的典型工作过程的内容,从而能够有效保证职业学校的课程实施和教学过程均能如企业工作和生产般有序进行。

---

① 姜大源:《论高等职业教育课程的系统化设计》,《中国高教研究》2009年第4期。

四、角色规制:职业教育教学质量治理的课堂教学秩序

在传统的普通教育范畴,学科知识体系在教育教学中"学问霸权""垄断"了课堂教学,[①]从而使得其课堂也相应地形成一种以学科知识体系传递为载体的学问化课堂教学秩序。而受普通教育的这种学问化课堂教学秩序影响,在职业教育在教学范畴也一定程度地表现出学问化的倾向。诚然,职业教育教学系统是区别于普通教育教学系统的一种"跨界"性半开放系统。职业教育教学所依托的课堂教学也应当与普通教育的课堂教学相区别,为此,推进在职教课堂层面的质量治理,则有必要打破学科知识体系导向的学问化课堂教学秩序"牢笼",从而重构切合职教教学自身特性的课堂教学秩序。

这里有必要专门强调,本书提到的"课堂教学秩序"与"课堂秩序"之间存在本质性的区别,又与"教学秩序"之间存在立足点上的区别。课堂秩序侧重于教师在课堂教学中对课堂纪律的保持和维护,一般是强调课堂纪律层面的秩序。教学秩序立足于从学校整体层面,对教学工作中各种教学相关关系的安排,从而使学校各教学单位之间形成有条不紊的工作或活动状态。而课堂教学秩序主要立足于课堂教学层面对教学相关关系的安排,从而推进课堂教学活动进入有条不紊的状态。诚然,在职业教育教学质量治理领域内的课堂教学,并非是传统意义上的以教室为主要载体的课堂教学,受职业教育特性的影响,职业教育的课堂教学更强调理论与实践、知识与技能的充分结合,为此,职业教育领域的课堂教学因更加强调在工作与生产情境中知识技能的传递,而涵盖了以教室为载体的课堂教学和以实训基地为载体的课堂教学。由于课堂层面的治理主体主要由职教教师、学生、教学指导人员等共同构成,而教师和学生是其中的核心治理主体,因而,职教课堂教学层面秩序的建立,也需要集中教师和学生的共同之力,在实现自身角色合理定位的同时,有效结合不同情境的职业教育课堂教学,创设以实践为导向的课堂教学秩序,从而推进课堂教学质量的提升。

要实现在课堂教学层面秩序的建立,则需要经由治理主体之力重构一种以实践为导向的"教—做—学"课堂教学秩序(如图 4-7 所示),通过实现以"做"为纽带的"教"和"学"之间的高效衔接,以有效拉动"教学"与"生产"之间、"学习"与

---

① 徐国庆:《实践导向职业教育课程研究:技术学范式》,上海教育出版社 2005 年版,第 8 页。

"工作"之间、"理论"与"实践"之间的联动发展,具体来说包括如下几个步骤。

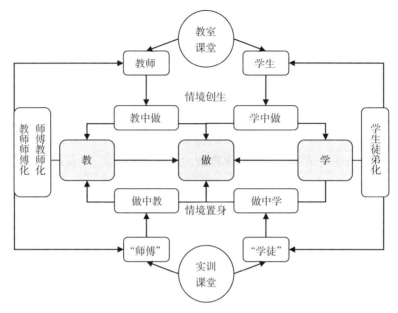

图4-7　职业教育教学质量治理的课堂教学秩序

第一,在教室层面的课堂教学范畴中建构"教中做"与"学中做"之间的衔接。由于教室课堂是职业教育专业理论知识教学的主要载体,而这种专业理论知识又并非是纯理论性知识,其必然承载了部分实践相关的内容。因而,在教室课堂范畴中,教师则需要围绕如何使学生有效率地获取职业知识和技能这一目标,通过创设一定的生产与工作情境,有效促使理论教学与一定的操作规范相结合,并实现在教学中的操作性渗透,以逐步形成与学生的"学中做"的相互衔接,从而推进教师和学生的职业知识与职业技能在"做"层面联结和转换。

第二,在实训层面的课堂教学范畴中建构"做中教"与"做中学"之间的衔接。当课堂教学被置于真实的生产和工作情境中时,教师和学生的身份便应发生一定的转换,此时的教师作为"师傅",通过在真实的情境操作中"做中教",从而"手把手"地将操作性技能和技术传递给"徒弟",而此时的学生则成为"学徒",通过在真实的生产情境中动手操作和实作演练,有效实现在"做中学",从而实现知识与实践操作之间的自动化联结。

第三,推进教室课堂教学与实训课堂教学之间的合理沟通与高效衔接。教室课堂教学在一定程度上侧重于理论性知识的传授,实训课堂教学在一定程度上侧重于实践性知识的传授,两者之间的关系是否合理、联结是否密切,在较大程度上影响了职教教学质量的高低。为此,建构两者之间的合理沟通与高效衔接,首先需要作为职教课堂教学核心治理主体的理论教师和实训教师的角色转换,以实现教师的"师傅化"和师傅的"教师化",使承载理论教学的教师获得更多实践性锻炼和操作性技能提升,以及使承载实践实训教学的教师也进一步加深相关理论知识以及教育教学相关知识的学习,从而缩小两类教师在专业知识和技能掌握程度和发展水平上的差距;其次需要建构两类课堂教学之间科学的教学时间比例,通过适当减少教室课堂理论课的课时比例,并合理提升实践实训课堂的教学时间占有率,以优化整体层面的教学时间结构;再次需要推进两类课堂教学之间的合理布局和有序排列,全面缩短教室课堂的理论教学与实训课堂的实践教学之间的交替周期,并优化两类教学之间的组合顺序,以促进理论教学与实践教学之间的及时沟通和转化。在推进"教—做—学"课堂教学秩序建构上,重庆某高职院校做了有益探索,实现了实操训练在教与学之间的高效链接(见案例3),并取得了较好的育人效果。

案例3　重庆某职业技术学院"教—做—学"秩序建构案例

重庆某高职学院在推进"教—做—学"秩序建立的过程中,创造性探索了以"赛"为纽带,促进"教"与"学"之间有效沟通的育人机制。其实现机制主要是在教育教学过程中加入"竞赛"元素,通过竞赛切实推进实操训练,促进教向学有效率地过程性转换。为保证竞赛的连接作用的发挥,同时配套建设了相应的支持体系,包括实现在教学内容上工作内容、竞赛内容、教学内容的整合;在实操平台上实现校企共建共享生产性实训基地和技能赛训中心;在教学实施方法上开发以"典型项目—典型竞赛—典型场域—典型教法"四层级为主线的方法改革,实现项目教学、刻意训练等教法改革,推进教学空间的融通。通过这种"教—做—学"秩序的建构,以此推进学生"三角色"(学生、赛手、员工)转换,使学生学习内容既是竞赛内容也是工作内容,教师教学内容既是导师赛训工作也是技师实际工作,有效解决了教与学转换的效率不高,传统教学方法与技术技能型人才培养要求不匹配的问题,较大程度地提升了教育教学质量。

第五章 治理过程:职业教育教学质量 共治保"善于"

"任何使用资源将输入转化为输出的活动或一组活动可视为一个过程"。而过程是"一组将输入转化为输出的相互联系和作用的活动"。职业教育教学质量生成的载体是职业学校的教学,职业教育教学质量治理的核心也主要体现在职业学校教学质量治理的整个过程中,因此,本章内容主要围绕职业学校层面教学质量生成的整个过程,而对教学质量过程性治理作专门探讨。在职业学校范围内,教学质量的共治是质量治理共同体沿着职业学校教学输入质量、过程质量和输出质量这一过程,通过共谋职教教学目标、共商职教教学内容、共议职教教学方法、共理职教教学过程和共评职教教学质量,提升教学质量治理的能力,并逐步在职教教学各阶段质量目标的共同保证中推进"善于"治理实现的过程。同时,这一过程也是质量治理共同体围绕输入的信息和材料等,通过过程性的控制和加工,从而产出各种类型的教学质量产品的过程。

第一节 输入共担:职业教育教学输入质量的 协同保证

职教教学输入质量是集各质量相关主体力量共同实现的过程,而在这一输入共担的过程中,政府承担着保证在职教教学基础硬件性教学输入质量、条件性教学输入质量的重要引领作用,并成为职业教育教学宏观输入质量保障的主要责任者和统筹职业教育教学辅助性输入的主要服务者。此外,职业学校承担着保证职教教学内部软件性资源输入质量的主要责任,以确保职业教育教学活动基本运转,从而成为职业教育教学输入质量保障的重要责任者。由此看来,在协同保证输入共担层面的职教输入质量过程中,政府和职业学校是重要的引导主体,并引领着其他相关主体共同推进职教教学输入质量协同保证的过程。

职教教学输入质量的共治并非仅仅是治理相关主体就其各自领域而对教学相关软硬件条件的投入,而是集中各治理主体的共同力量,围绕职教教学质量所涵盖的特性,形成一种连贯性、系统性的共治体系。事实上,从总体层面来看,职教教学输入系统主要包含了三个层面的内容,即职教教学人力资源输入系统、职教教学信息资源输入系统和职教教学物资资源输入系统。为保障每一输入系统的协同治理实现,又主要是各相关治理主体围绕每一系统内的核心输入要素,按照其质量特性,共同推进的质量治理过程。为此,本书在围绕职教教学核心输入要素的基础上,建构了包括核心输入、质量特性、参与主体或部门、输入共治内容和共治结果在内的职教教学输入质量共治体系基本框架,具体内容如表5-1所示。

表 5-1　职教教学输入质量共治体系基本框架

	核心输入	质量特性	参与主体或部门	输入共治内容	共治结果
教学人力资源输入系统	学生资源	基础扎实、实践动手能力强、技术偏好、一定的职业技术技能知识储备、职业素质高、创造性强	教育行政部门、分管校长、人事处、教务处、学工处、企业管理层、专业技术人员、高技能人才、评估机构、社会力量、行业组织等	职教招生改革,政策推进、媒体宣传、生源质量分析、考核成绩分析、生源质量管理、学籍管理、激励、考核等	建立职业教育招考制度、职业教育管理体系、职业文化、招生计划、培养计划、学生工作计划等
	教师资源	双师素质、高学历、专业水平高、实践经验丰富、结构合理		教师评聘制度改革、引进、培养、聘任、激励、考评等	师资培养培训方案、师资引进和建设计划等
	质量治理共同体	类型多样,各有所长、资源丰富、凝聚力强、责任心强		政策推进、合作推引、项目支撑	教学质量治理合作组织、董事会、理事会等
教学信息资源输入系统	目标理念系统	实践取向、就业导向、工学结合、产教融合、主动适应、社会需要、职业标准化、效益优先	分管校长、双师型教师、教学委员会、行业协会、各行业职教教学指导委员会、企业、学科办公室、院系、教研处、教务处、课程专家、学生等	企业目标理念文化剖析、职业教育教学理念分析、职教教学目标系统剖析	职教治理文化、质量治理目标、质量治理理念等
	教学质量标准			教学质量标准的与职业能力标准的有效对接、质量标准的开发、标准方案设计、职业工作能力分析	教学质量标准的设计与开发、教学质量标准体系的建构等

续表

	核心输入	质量特性	参与主体或部门	输入共治内容	共治结果
教学信息资源输入系统	专业系统	实践取向、就业导向、工学结合、产教融合、主动适应、社会需要、职业标准化、效益优先	分管校长、双师型教师、教学委员会、行业协会、各行业职教教学指导委员会、企业、学科办公室、院系、教研处、教务处、课程专家、学生等	产业需求预测与分析、职业岗位需求分析、专业设置分析	专业设置、专业发展规划等
	课程系统			职业资格分析、职业课程分析、职业岗位分析	课程门类设置与规划、课程大纲设置等
	教学质量组织管理系统			学校教学管理体系分析、企业生产经营管理分析	教学质量管理组织体系、教学质量标准体系等
	教学相关制度			学校教学制度、管理制度与企业生产经营管理制度的融合	校企共建的教学常规制度、教研制度、教管制度等
教学物资资源输入系统	理论教学相关物资	类型多样、资源丰富、学用结合、就业导向	教育行政部门、分管校长、财务处、基建处、企业管理层、评估机构等	沟通、交流、合作、共建、共享	教室、实验室、教学多媒体、现代信息技术、实训基地、图书馆、基础设施、工作环境等
	实践教学相关物资				
	自主学习相关物资				

一、职业教育教学人力资源输入系统偕同保证

职教教学的质量,在较大程度上取决于职教人力资源系统的质量。在职教教学人力资源输入系统中,教师资源、学生资源和质量治理共同体资源又是人力资源输入的核心。

(一)学生资源的输入

在职教教学人力资源输入系统中,学生资源的质量特性主要包括学生的知识能力基础、技术偏好、职业技术技能知识储备、动手能力、职业素质、创造能力等方面内容。事实上,学生资源的输入质量具有较大的不确定性,因而,学生资源输入质量的可控程度也相对较小。然而由于学生的质量又是影响职教教学质量的重要因素,确保输入学生的质量也便成为职教教学质量治理需要解决的重要问题。从目前的职业教育基本情况来看,虽然职业学校学生输入质量的可控程度较小,但并非说明输入学生质量便不可控。因而,本书认为,要保证职业学校学生资源的输入质量,对于职教教学质量治理共同体来说,其共治内容和共治结果主要包括如下几方面。

首先,从宏观层面上,形成以政府为引导的,以提升职业教育地位为主要目的的职教招考和管理制度改革,从而建立一套切合职业教育本身的招考和管理制度。从当前的中职学校招生生源来看,由于受自古以来重文轻技、重文轻工思想的影响,社会普遍存在一种轻视职业教育地位的情况,学生在完成义务教育阶段的学习后,成绩优秀的学生和家长均倾向于选择普通高级中学就读,而往往是学习成绩不理想、学习基础较差的学生则选择进入中职学校就读,由此而使得中职学校的生源质量也相对较低;而从高职学校招生生源质量来看,相对于普通高等学校来说,高职学校的招生生源质量也相对较低。众所周知,高等职业教育是与普通高等教育平行的一个类别,而现行的高校招考制度却将高职教育的高考录取批次安排在普通高等教育的专科层次,从而使得高职学校变成那些高考分数没有上本科招生线的学生选择就读的地方,实际上这也是我国职业教育缺乏吸引且社会地位偏低的重要根源。此外,高职招生的生源也被安排主要以普通高中毕业生为主,而真正与职业教育对口的、具有一定职业技术技能基础的中职毕业生却处于高职录取的从属地位,尤其是 2007 年教育部规定高职对口招生不超过中职毕业生的 5%。[1] 这种对中职毕业生对口招生比例的刚性限制,无疑为中职毕业生的继续深入高职学校就读增设了难题。因而,要突破这一问题,提高职业教育的生源质量,需要职教教学质量治理共同体,在教育行政部门引领下,实现对当前职业教育招考制度的改革,改变以往将高职教育高考录取批次置于普通教育的专科层次的状况,建立一套与普通教育几乎对等的、符合职业教育自身发展需要的职业教育管理与招考体系,从而提升职业教育的地位,并给予职业院校在招考层面一定程度的自主。

其次,从中观层面上,形成以社会为核心引领,围绕提升职业教育吸引力为主要目的,全社会对职业教育的价值认同和一种敬畏职业、膜拜技能、尊重劳动的职业文化。从当前职业教育现状来看,许多优秀学生及其家长倾向于选择普通教育学校的重要原因在于,我国当前职业教育的吸引力还较为不够,要提升职业教育的吸引力,需要集合整个社会的整体力量共同实现。主要表现为:政府在政策上和资金上对职业教育大力支持,从而形成一种全社会对职业教育的发展关注;职业学校通过打造自身的文化,实现内涵发展,从而提升自身的社会影响力和对学生的吸引力;社会各界共同组织职业活动、职业技能竞赛等,增加对职

---

[1]　戴成林、张洪华:《中国高职对口招生政策新进展》,《高教探索》2011 年第 5 期。

业教育的宣传度；社会媒体正向有力地宣传，形成一种敬畏职业、膜拜技能、尊重劳动的职业文化。

最后，从微观层面上，以职业学校为核心引领，围绕学生的质量特性而对职业学生质量分析，从而形成一种有针对性的招生计划、培养计划、学生工作计划。由于职业学校招收的学生所具有的能力和素质在很大程度上影响着职业学校的教学输入质量。因而，对于职教教学质量治理共同体而言，可以集合职业学校的教务处、学工处、分管领导以及企业的管理层、专业技术人员、高技能人才等，共同进行对学生的生源质量分析、考核成绩分析，并通过创新招生方式、拓展招生渠道、制订吸引政策和措施、进行生源质量管理、学籍管理、激励、考核等方式，引进吸收一些具有特殊职业性向、技术偏才、具有创造能力的学生入学，以保证学生资源的质量和素质，并最终通过共同制订的招生计划、培养计划、学生工作计划等，形成一致的治理认同结果。

（二）教师资源的输入

在教学质量治理体系中，教师资源的质量是决定教学质量的关键要素，因而，确保输入教师的质量也便成为职教教学质量共治需要解决的重要问题。相对于学生资源的输入来说，教师资源的输入质量具有相对的确定性，因而教师资源的输入质量也具有较大的可控性。在职教教学质量治理中，教师的质量特性主要包括其双师素质、学历、专业水平高、实践经验等方面，而对职教教学质量治理共同体而言，要确保输入教师资源的质量，需要共同通过外引、内培等方式来保证。

诚然，在当前的职教领域内，教师聘任上主要出现两种取向：一种是受传统普通教育评聘制度影响，在职教领域内教师评聘也出现一种重"学"轻"术"的发展倾向。这种重"学"轻"术"的发展倾向，具体表现为教师评聘制度主要由教师用人制、分配制、流动制、教师职称评审等一系列机制构成。受这种影响，现如今的一些职业学校，尤其是高等职业教育领域，无论是教师准入制、流动、分配抑或是职称评审制均建立在教师的学术资格及学研能力基础上，从而导致这些职业学校在教师评聘中出现唯学历、唯科研的软实力"学"的发展取向，却忽视了将"学"运用于实践的教师硬实力"术"的取向。[1] 事实上，职业学校教学质量治理

---

① 徐小容、朱德全：《从"断头桥"到"立交桥"：应用技术类型高校发展的路径探寻》，《西南大学学报（社会科学版）》2016年第1期。

的关键在于师资队伍的能力建设,而以往以重学历轻能力、重理论轻实践、重科研轻教学的学术型人才为主的教师评聘制度,与现代职教"双师型"教师队伍所倚重的以技术、技能、实践积累的应用技术型人才为主的多元灵活评聘制度形成反差;另一种是片面重视"双师"资格的教师评聘取向。所谓"双师型"教师,对其普遍的认识是,既有双职称,又有双素质的教师才真正称之为"双师型"教师。其中双职称主要指既具有工程师、工艺师等技术职务,又同时具有教师职业资格证书;双素质,既具有理论教学素质,又同时具有实践教学的素质。随着国家和社会对职业教育质量的发展重视,越来越多的学校关注对职业教育教师素质的要求,并主要形成一种以双职称为"双师型"教师认定标准的教师评聘取向。诚然,在现实中,无论是职业学校的教师要同时获取另一种专业技术职务或职称,抑或具有工程师、工艺师等技术职务或职称的人才也要同时具备教师资格,从现实情况来看,均较为困难。事实上,职业学校不缺乏既具有较高理论教学素质也同时具有较高实践教学素质"双素质"型教师,而企业中也不乏具有高级技术或技能也能同时上好技术培训课的"双素质"型技术或技能型人才,因而,双职称的严格限制并不应该成为职教教师聘任和发展的主要问题。

要突破这一问题,对职教教学质量治理共同体来说,便是要打破传统的在教师评聘上重"学"轻"术"和重双职称资格轻双素质资格的"双师型"教师认定标准,共同致力于对教师评聘制度的改革,健全与双素质"双师型"专业化师资队伍相适应的教师评聘制度,多元化拓展教师聘任及评审路径,通过引进、培养、聘任、激励、考评等方式,以及共同制订相应的师资培养培训方案、师资引进和建设计划等,保证职教教师的输入质量。具体的治理措施包括,从外引层面,职业学校从企业中引进具有高级技术职称的技术型人才兼职职业学校的教师,或者从其他普通高等学校中引进高级技术职称的人才兼职职业学校的教师,建立跨普通教育与职业教育、职业学校与行业企业的人力资源共享型资源体系;从内培层面,职业学校将聘任的新教师或在职教师送到企业中进行职业性锻炼,以提升他们的实践操作能力,从而形成职业学校教师素质提升的一贯化培养体系。

(三)教学质量治理共同体及组织管理体系输入

职教教学质量治理共同体的组建是实现职教教学质量共治的基础和前提,因而,对于职教教学人力资源系统而言,共同体本身的组建便是职教教学质量输入的有力保证。从职教教学质量治理共同体的质量特性来看,共同体的组成类型多样、各有所长、资源丰富、凝聚力强、责任心强等质量特性,能够有效保证共同体本身的质量。共同体的组成成员需包括教育行政部门、分管校长、人事处、教务处、学工处、企业管理层、专业技术人员、高技能人才、评估机构、社会力量、行业组织等,从而使得共同体涵盖的社会领域更广泛、组成成分更合理。事实上,正是由于共同体成员来源较广,成分较复杂,且国家鼓励职业教育多样化办学,因此要推进这些力量共同参与到职教教学质量的治理中,可根据其成分和来源不同,以不同方式实现对这些关系的组合或优化重组。一方面,可以经由教育行政部门牵头引领,以政策支持、项目推进的方式使各种力量在职教教学质量上形成一致合力,并通过组建一种专门的职教教学质量治理机构或部门,以保证教学质量治理的有序进行;另一方面,也可由职业学校或社会其他组织牵头,通过合同、入股等支持方式建立一种合作关系,并通过组建教学质量治理合作组织、董事会、理事会等,推进职教教学质量治理共同体建立起一种特定的组织和管理体系,以保证治理成员能够产生一种归属认同和秩序,形成一种权责明晰、职责清晰、分工明确关系,并能有序和高效运行。

二、职业教育教学信息资源输入系统偕同保证

在职业教育教学输入系统中,教学信息资源的输入是职教系统输入的关键,教学信息资源输入的质量治理也成为输入质量共治的核心内容。在职业教育教学信息资源输入系统中,目标理念系统、教学质量标准系统、学科专业系统、职教课程系统、教学质量组织管理系统和教学相关制度均是教学信息输入的几个核心要素,其中目标理念系统的输入治理是信息输入治理的先导,教学质量标准系统的输入治理是信息输入治理的基础,学科专业系统的输入治理是信息输入治理的重心,课程系统的信息输入治理是关键,教学管理系统和教学相关制度治理是信息输入治理的重要支撑。

(一)目标理念系统输入

从我国职业教育教学发展的整体目标理念来看,主要是一种围绕"以服务为宗旨,以就业为导向"而形成的理念系统。事实上,理念是抽象化了的意识,宗旨是纲领性的目标,目标是有针对性的理念。对职业院校而言,这一职教教学理念直接指明了职业学校在教学质量上的治理意识,而服务的宗旨则不仅指向

为学生发展的服务,也指向为区域经济社会发展的服务,而以就业为导向,则同时指向学生的职业能力发展和企业的人才需求。若将职业教育教学发展的理念具体化到职教教学目标上,那便是促进学生职业能力的发展。职教教学目标在促进职业能力发展上,又包括使学生能够获得学会共处、学会做人的社会能力,使学生能够获得学会学习、学会工作的方法能力,能够使学生获得能够从事生产、管理、服务等专门职业活动所需要的专业能力,以及能够使学生获得迅速适应新的职业岗位,并在新职业或岗位上表现良好从而表现出胜任跨职业的综合性能力。诚然,要推进在职业教育教学治理上以服务为宗旨,以就业为导向,以职业能力发展为目标的落实,则需要切实围绕企业工作和生产的真实情境展开,并形成与企业本身的一种共生合作关系。事实上,由于每个职业学校、每个地区的经济特色都不相同,因而目标理念系统的打造也没有一套固定的模式。对于职教教学质量治理共同体来说,首先便是要有力推进企业的目标理念系统与职业学校的目标理念系统相融合,共同实现对企业目标理念文化剖析、职业学校教学理念分析、职教教学目标系统剖析、区域经济特色剖析,在吸纳地区企业目标理念系统里的经营文化、效益文化、质量文化等的同时,有效结合每所职业学校本身特色与区域地方经济特色等,打造一套适合职业学校本身的、切合区域地方经济特色的理念系统。

(二)教学质量标准输入

职业教育教学质量标准是衡量教与学活动是否达到基本的规范性要求的依据,因而,在职教教学质量共治中,教学质量标准的输入是共治的基础也是共治输入的核心。与职业教育教学质量直接相关的标准,如教学指导性文件标准、专业建设标准、教学条件标准、教学活动标准、教学管理标准以及教学评估标准等均是教学质量标准体系的核心构成,并作为整体的系统而成为教学过程质量评价和监控的基础性参考工具。诚然,前文已提到,职业教育教学质量的共治是集合需要性、合目的性、合标准性、合发展性为一体的多维整合的质量价值判断,因而,职教教学质量标准的输入,需要质量治理共同体在充分借鉴国外先进教学质量标准和国内国家层面质量标准的基础上,有效结合各区域职教发展的自身特色,全方位实现教学质量标准与职业能力标准的有效对接,通过质量标准的再开发,标准方案再设计,职业工作能力的再分析,从而建立具有本地特色、相对灵活和多样化的教学质量标准体系,以全方位满足不同地区、不同职业学校教学质量发展的多样化需求。

其一,在教学指导性文件标准层面,国家顶层层面的教学指导性文件标准为各级各类职业学校教学文件标准的制订提供了基本框架。对于职教教学质量治理共同体而言,需要在教育部颁布的专业指导性教学计划和课程指导性教学大纲的基础上,有效结合区域经济发展特色和职业学校自身发展实际情况,而制订具有本地特色并体现特定文化的教学计划和教学大纲,以此作为职业学校教学实施的基本型标准框架。

其二,在专业建设标准层面,教育部颁布的《中等职业学校专业目录(2010年修订)》,2012年教育部组织制订印发的《高等职业学校专业教学标准》,2014年教育部又依托行业组织制订印发的《中等职业学校专业教学标准》,以及2015年重新修订的《普通高等学校高等职业教育(专科)专业目录(2015年)》和《普通高等学校高等职业教育(专科)专业设置管理办法》,均为职业学校的专业培养目标和规格、教学组织形式以及专业建设和教材开发的标准制订提供了指导。对职教教学质量治理共同体而言,需要在这些专业建设标准的基础上,根据地方产业发展需求,并结合职业学校自身的发展优势,发展与职业学校本身办学定位和特色相一致的专业标准体系,有效实现专业课程设置与教育教学内容与行业标准和职业标准的对接,从而确保专业建设标准体系的科学性和职业内容的全面覆盖性。

其三,在教学条件标准层面,职业学校教学条件标准体系主要包括如教师数量和质量、教学设备、实训基地、教学经费、房舍设施等基本条件标准,对于质量治理共同体而言,在符合教学文件标准的基础上,建立适合本区域经济发展实际情况以及职业学校自身实际的教学条件标准体系,使教学条件标准体系基本符合或略高于上一级教学条件标准要求,全面确保教师数量和质量、生均房舍面积以及生均经费、实训基地和设备数量等,均能满足职业教学质量提升的基本需求,从而为职业学校教学质量提升提供条件性标准规范。

其四,在教学活动标准层面,职业学校教学活动的标准,主要就职业学校的课堂教学活动以及综合实践活动等而设立的标准,对质量治理共同体而言,便是要切合职业学校教学发展的实际情况,共同致力于设定一套对教学活动相关活动的统一质量标准,如教学活动中教材的使用情况、教学内容对教学大纲的符合情况、备课的充分程度、教学方法灵活运用程度、教学进度的把控程度、现代教育技术掌控和运用程度、课后辅导和答疑的情况、教学研究情况、实践实训教学的效果情况等,均作明确的规定,以保证教学活动能够达到基本的质量标准。

其五,在教学管理标准层面,教学管理的标准是教学质量治理的基础和参照依据,对于质量治理共同体而言,便需要融合职业学校教学管理理念和文化与企业管理理念和文化于一体,并在充分关照职业学校教学管理现实情况的基础上,共建一套具有区域职业学校管理特色的教学管理标准,具体就教学管理队伍的职称和能力结构、学缘和学历结构、管理的业务水平和岗位适应及组织管理能力;教学管理文件,如教学计划、教学日历、课表等文件的统一,教学管理相关制度如学籍管理、成绩管理、档案管理等管理制度和管理工作进行规范化和统一要求,以确保教学管理工作的规范和高效运行。

其六,在教学评估标准层面,教学评估标准作为对教学效果直接价值判断的准则和尺度,是衡量教学质量的直接工具,要保证教学质量评价标准的科学、公正、合理,对于质量治理共同体而言,则需要在以就业为导向、以能力为本位的基础上,共同致力于建立具有职教特色的教育教学与人才培养评价标准体系,对内从教师的教学态度、讲授效果、方法运用、时间利用等情况,以及从学生知识获取、应变能力、课程成绩、论文设计、考试合格率、达标率、作品获奖率、竞赛获奖率等方面建立教学质量的评估指标;对外从毕业学生岗位创新、就业稳定率、起薪水平、就业单位的满意度等方面建立统一的评价标准体系,并以此作为衡量职业学校教育教学质量水平的有效工具。

(三)专业系统输入

职业学校的专业设置是职业学校课程开设的基础,职业学校专业设置的科学程度,在很大程度上影响了课程开设的合理程度,而课程开设的合理程度又较大程度地决定了教学的质量程度,由此看来,职业学校的专业设置对职教教学质量产生的影响是直接的,但也是深刻的。不仅如此,职业学校专业设置能否与社会需求对接,也直接决定了职业学校教学输出质量的社会认可程度。若职业学校的学科专业设置不合理,那么教学质量再高,通过教学输出的人才也不易被社会认可和接纳。因此,要保证职业教育的教学质量及其社会认可度,对职教专业系统的输入治理是基础也是前提。然而,从当前职业教育发展的基本情况来看,越来越突出的"就业难"与"技工荒"之间尖锐矛盾,凸显了职业学校在专业设置上的不科学与不合理等问题,具体表现为:在宏观大环境层面上的专业设置与产业需求的脱节问题,以及在微观小层面上的职业学校专业设置的盲目与随意性问题。为此,要推进职教专业系统的科学与合理,对于职教教学质量治理共同体而言,便是要集政策主体、市场主体和职业学校办学主体为一体,共同推进职业学校专业设置与宏观区域经济社会及其产业发展之间的有效对接,同时进一步助推职业学校内部专业结构的系统优化,如图 5-1 所示。

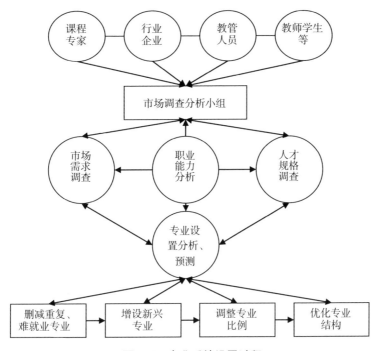

图 5-1　专业系统设置过程

其一,职业学校的专业规划要实现与区域经济结构优化发展的同步规划。政府与教学质量治理共同体之间的通力合作,是职业学校专业设置与区域经济结构化发展同步规划的基础。教学质量治理共同体通过为政府提供全面的教育信息,使政府在获取完全信息的基础上提出教育与经济发展战略,从而实施在经济发展战略布局与职业学校布局结构的同步调整、产业发展战略与职业学校专业建设的同步规划、经济发展技术结构与职业学校人才层次结构的同步对接、经济人才规模预测与职业学校招生数量的同步对等方面上的战略决策。从而避免政府因忽视区域经济与职业学校转型发展间的内在联系,或获得教育与经济不完全信息,片面作出教育教学与经济决策,导致职业学校与区域经济之间的错位发展,以及有效保证职教教学共同体在职业学校与区域经济联动发展的基础上,通过设置市场主导型专业设置模式,有效推进职业学校教学专业的科学规划和合理设置,从而不至于出现职业学校培养的专业人才不被社会接纳的问题。

其二,职业学校的专业设置要实现与区域经济的特色链接。不同区域因历史、政策或资源占有情况不同而各具经济和发展特色。职业学校的专业设置只有与区域经济特色形成链接,才能办出职业学校自身的特色专业和学校品牌。而要实现专业设置与区域经济的特色链接,则需要共同体内部的职业学校与行业企业之间进行深度合作,通过两者间利益共享机制与责任共担机制的建立,从而推进两者在共生合作的基础上,共同致力于实现职业学校专业设置与区域经济特色资源形成链接、专业设置与区域内行业企业特色品牌形成链接、专业设置与区域内特色技术形成链接。如此一来,职业学校的专业设置通过与区域经济"地气"的高度链接,不仅可以有效避免专业设置"千校一面",以及盲目跟风热门专业的设置等问题的再次发生,也有助于助推职业学校自身特色专业品牌的打造,从而增长其发展的"底气"。①

其三,职业学校内部专业结构的调整优化。要推进职业学校内部专业结构的调整优化,则需要集合职业学校内部分管校长、双师型教师、教学委员会、学科办公室、院系、教研室、教务处、学生等,有效联合行业协会、各行业职教教学指导委员会、企业、课程专家等外部力量,在实现专业设置与区域经济合理对接的同时,通过组建市场调查分析小组的形式,共同对市场进行调查分析。在基于对产业需求预测与分析、职业岗位需求分析、专业设置分析等基础上,通过删减重复设置专业与难就业专业、增设与区域经济特色资源配套的新兴专业,合理调整专业结构的比例,提升专业结构的能级,以优化整个职教专业结构,从而为职教课程的开设及教学的高效实施提供良好的基础。

(四)职教课程系统输入

职教课程系统的输入是职教教学实施的基础,因而课程系统的输入治理便成为教学输入质量治理的关键。诚然,职业教育课程系统的输入治理,主要包含课程领域的两个核心问题,一个是课程内容的选择问题,一个是课程内容的组排问题。

---

① 徐小容、朱德全:《从"断头桥"到"立交桥":应用技术类高校发展的路径探寻》,《西南大学学报(社会科学版)》2016年第1期。

一方面,在课程内容选择上,主要围绕专业结构的设置展开,并在职教专业的基础上依据某一职业的职业内容而展开,有效推进课程内容与职业标准之间的对接。而职业教育课程内容选择的方法则主要是基于职业分析的方法进行内容选择,这便需要如职业课程专家、行业协会、双师型教师等共同组成的职教教学共同体,在经过职业调查的基础上,共同对某一工种或专业进行深入剖析,从而选择该工种或专业所需要的技术知识、工作任务、操作技能、操作流程和工作态度等,并将这些内容进行汇编,从而组成一系列工作任务目录。诚然,对课程内容选择治理中的一个关键问题便是,在围绕某一工种或专业所选择的内容,必然要具有一定的典型性和代表性,这也是职业课程开发的典型任务剖析的基础。

另一方面,相比课程内容的选择,课程内容的组排更为复杂,更具挑战性。事实上,传统的职业教育课程在内容的组排上,主要是借用了普通教育所擅用的一种学科知识体系式内容组排方式,而这种内容组排方式的主要作用也便于知识的储存。诚然,职业教育作为一种以就业为导向、以行动为指南的应用性教育,其课程内容有效组排的目的应该侧重于对职业知识的应用而非仅限于对知识本身的储存,从而促使学习者获得一整套熟练的操作技能。为此,职业教育课程内容的组排不应当也绝不能借用传统的学科知识体系组排方式,而应是基于某一工种或工作岗位生产或工作过程体系的基础上,建构一种任务导向的课程体系。这对于职教教学质量治理共同体而言,要推进课程内容的科学有效组排,需要集行业企业技术专家与职业教育课程专家,共同实现对某一职业或工种的工作或生产过程进行逐一解剖。而在这之后,又需要教育教学专家,在基于学生认知和行为建构的规律基础上,根据工作过程或生产流程科学排列已选择的课程内容,从而有效促进工作过程与课程内容开展过程的有效对接,为后期课程的实施奠定知识秩序基础。

经由职教教学质量治理共同体在对职业教育课程内容选择和内容组排的基础上,共同推进不同课程之间建立一套完整的职业课程体系,并优化课程体系的结构,科学设置每一课程的大纲,从而为课程的有序实施奠定基础。

(五)教学质量组织管理系统输入

教学质量组织管理系统的输入,是将教学质量治理共同体的关系进一步明确化,使职教教学质量相关主体均能在教学质量治理中有效发挥其应有的作用,并作为教学信息资源输入本身的重要支撑,在保障职教教学质量治理的有效运行中起着非常重要的作用。教学质量组织管理系统主要是围绕职业学校的教学系统展开,因而本书主要围绕职教教学系统,在综合考虑产教融合、工学结合、校企合作、就业导向、能力为本等相关要素的基础上,设计了如下职教教学质量组织管理系统(如图5-2所示),而与教学无关的或相关性较小的管理要素则并未设计在内。

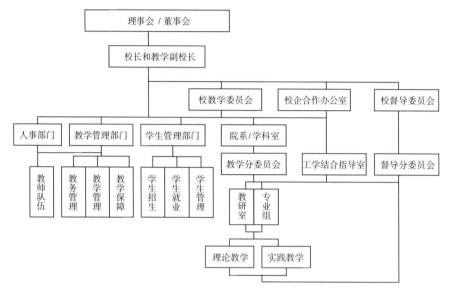

图5-2 职教教学质量组织管理系统

这一职教教学质量组织管理系统,主要包含了三个层面的治理关系。

第一层主要是由理事会或董事会以及校长和教学副校长组成的宏观统筹管理层,其中理事会制度主要是以职业学校为核心,由职业学校面向社会设立,并由社会各相关方及其代表共同参与职业教育治理而形成的一种由社会团体法人共同组成的权力组织;董事会制度主要以公司或企业为核心,集合社会各方面力量共同治理职业教育而形成的权力组织。理事会和董事会层主要依据职业学校办学的性质不同而分别设立,并相应设理事长或校长、教学副校长,以宏观统筹职业教育的教学质量。这一宏观管理层的主要职责在于宏观领导职业学校的教学相关事务,并对职教教学相关重大事务进行指挥和决策。

第二层主要是由校教学委员会、校企合作办公室以及校督导委员会共同组成的中观指导层,而其中校教学委员会的主要职责是制定职业学校教学质量相关的方针、政策、纲领等，指导职业学校教学质量相关的机制和体系的构建，并对学校教学直接相关的重要事务进行引导和策划；校企合作办公室的主要职责则是，提供关于区域经济发展状况相关信息、社会人才需求信息、产业结构变化等信息，为职业学校进行教学相关决策提供基础，参与职业学校人才培养方案和计划的制订，辅助并与校教学委员会共同指导与教学直接相关事务，以及对职业学校的教学质量做一定程度的外部指导性评估；校督导委员会的主要职责在于参与职业学校教学质量监测、控制和评价等工作，对职业学校的教学质量建设进行监督和管理。而在这由校教学委员会、校企合作办公室和校督导委员会共同组成的中观指导层中，校企合作办公室主要起到一种桥梁作用，有效拉近校教学委员会和校督导委员会之间的联系，并通过相互合作，共同致力于教学质量的提升。

第三层主要是由人事部门、教学管理部门、学生管理部门、院系/学科室和督导分委员会共同组成的微观执行层，其中人事部门的主要职责在于对职教教师及其他教学管理人员进行绩效管理，制定岗位责任制、用人计划并管理师资队伍的调配、培训、考核、兼职、特聘等管理工作；教学管理部门主要职责在于对全校的教务进行管理，并主管教务管理、教学管理和教学保障等工作，在与校教学委员会和校企合作办公室合作和沟通的基础上，协助校长和教学副校长进行教学质量管理决策，制订、优化各种教学质量管理、监控等措施和方案，是实施教学质量控制与评价之间的协调、运作和工作指导中心；学生管理部门的主要职责在于负责学生的招生、就业、推荐和管理等方面工作，以有效保障学生学的质量；院系/学科室的主要职责在于保障本院系或本学科的总体教学质量，包括对所属的教研室、实训与实习基地、专业组等在教学改革、教学运行和教学管理等方面质量负有主要责任，其下设的教学分委员会，主要协助校教学委员会的工作，并与校企合作办公室直属的工学结合指导室一起，负责该院系/学科方面的专业或课程建设等方面的质量，共同管理具体的教学事务与人才培养，从而保证工学结合、产教融合等有效实现。在教学分委员会之下，又设置教研组和专业组，主要负责研究和管理理论教学和实践教学的具体相关事宜。而由校督导委员会下设的督导分委员会则主要负责系/学科一级整个过程的教学质量监测、控制与督导工作，从而有效把控和调整教学质量。

（六）教学相关制度

教学相关制度是保障整个教学质量治理工作顺利开展的基础，是质量输入的重要支撑。科学合理的教学相关制度能够使教学质量共治有法可依和有章可循，对这个教学质量共治工作起着重要的规范和约束作用。由于教学质量治理共同体是集中社会各方面力量的共同参与，因而教学相关制度的制定和输入，必然要切合各方利益主体的需求。为此，由分管校长、双师型教师、教学委员会、行业协会、企业、学科办公室、院系、教研处、教务处、课程专家、学生等组成的共同体，共同参与治理的教学相关制度，应当切实体现实践取向、就业导向、工学结合、产教融合、社会需要、职业标准化、效益优先等质量特性，使教学相关的政策制度、教学改革制度、教学管理制度、教务制度、教研制度、教材制度、实践教学制度、教学质量信息制度等，在切实参照职业教育教学质量治理系统的构成与运行体系的基础上，明确和规范各质量治理主体权责、质量治理利益关系和质量治理的运行机制，不仅如此，在建立教学相关制度的同时，还应当集合共同体的集体力量，清除一些阻碍教学质量提升的制度性障碍，从而有效发挥制度在规范、制约和约束等方面的作用。

三、职业教育教学物资资源输入系统协同保证

职业教育教学物资资源输入系统，是职业学校办学的基本硬件条件，也是保证职业教育教学活动顺利开展的基础。要保障职教教学的质量，则需要首先保证基本教学物资资源的输入，为此，对于职教教学质量治理共同体而言，便是要共同实现对职教教学相关物资资源的投入、开发、管理、优化和高效利用，从而保证所输入的职教教学物资资源的类型多样、资源丰富、学用结合与就业导向。

在教学物资资源输入系统中，教育教学相关经费的投入是一切教学物资资源的基础，而经费的来源渠道也决定了职业学校的办学性质。政府举办的职业学校，其经费来源则主要依靠政府的经费支持，而社会举办的职业学校，则其经费来源主要依靠社会力量的支持，为此，多样途径拓展职教教学经费的来源渠道，是有效保障教学相关物资输入的基础。若从职教教学物资资源输入系统的内容层面来看，又主要涵盖了与职业教育课程理论教学直接相关的教学物资资源如教学场地、实验室、多媒体、现代信息技术等；与职业教育实践教学直接相关

的教学物资资源，如实习基地、实训基地、实践中心、仪器设备等；以及与教师和学生自主学习直接相关的物资资源，如工作室、图书馆等，而要推进这些物资资源的建设和高效利用，这便需要教育行政部门、分管校长、财务处、基建处、企业管理层、评估机构等相关主体，在沟通、交流、合作的基础上，推进社会、市场与教育以及教育内部各学校之间的优势互补与资源共享，从而以更好地促进资源间的充分整合与优化配置。

一方面，从职业教育内部的物资资源整合治理来看，可以在横向上有效推进高等职业院校与普通职业院校之间、高职职业院校内部之间以及在纵向上推进中等职业院校与高职职业院校之间的资源整合治理，从而促进各学校之间涨落的形成。通过彼此的相互借鉴，共同协作，组建资源共享平台，以示范性职业院校为序参量，推动集团化职教园区的形成，进而共同打造品牌以提升职业院校的影响力，并在内部实现学校之间的教学场地、教学媒体、实验室、实训基地等的共享利用。

另一方面，从职业学校与行业企业及其他社会力量共治来看，职业学校与企业或其他社会力量之间可以以组建教育集团、联盟的形式进行结合，或通过签订协议进行"契约式"结合，进而吸引社会各界对职业学校进行融资和投资，从而共同保证职业教育教学资源的丰富多样，尤其是要促使职业学校与企业之间形成一种深度合作关系，以有效促使企业的生产和工作场所成为职业学校的实践教学基地或实训、实习基地，从而有效保证"教学工厂""工厂教学""学徒制"等教学模式的现实达成。

第二节　过程共理：职业教育教学过程质量的协同监控

职业教育教学输入质量是教学质量治理的基础，而教学过程质量的治理则是质量治理的关键。在教学输入质量"共担"的基础上，便需要共同实现对教学过程质量的"共理"。第四章内容已专门提到，保证职业教育教学过程质量的责任主体在于职业学校自身，而职业学校也正是通过承担这一过程质量的主体责任，一定程度地掌握学校自主治理的权力，为此，在推进职业教育教学过程质量的协同监控中,职业学校自身发挥着主导作用。

职业教育教学过程质量的协同监控,是教学相关主体在其本职教学工作过程中,通过确保各自教学工作质量的同时,又过程性地协同服务于教学过程质量的共同活动。诚然,前文已经提到,受职业教育公共理性的指引,教学质量治理始终是围绕公共利益的目标进行,为此,过程质量治理的核心也在于过程性地服务于整个教学活动。而质量治理相关主体各自的本职教学与教学管理工作质量的高低,也一定程度上反映了其对教学活动过程的服务质量。

在全面质量管理中,著名的质量管理学家朱兰提出了基于产品质量管理过程的"质量三部曲"模式,即主要包含了质量策划、质量控制和质量改进三个步骤。事实上,"质量三部曲"改进模式的管理对象,主要是具有物本性特征的生产产品,而职业教育教学质量的治理,其对象主要是具有人本性特征的工作和服务。为此,对职教教学过程及教学质量治理共同体行为的监督,能够对质量治理共同体形成一定的约束和督促作用,因而质量的监督也同样是过程性治理的重要内容。为此,本书在借用"质量三部曲"模式的基础上认为,职业教育教学质量共治的过程,应当包括质量策划、质量监督、质量控制和质量改进四个步骤,由此而形成一种具有闭环性的过程质量协同监控模式(如图5-3所示)。

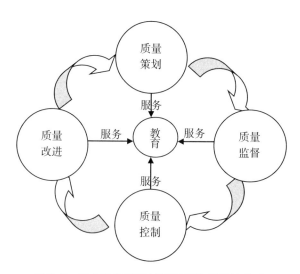

图5-3 职业教育教学过程质量协同监控模式

　　诚然,关于过程质量管理的模式相对较多,而本书之所以提出这一职教教学过程质量协同监控模式,主要是因为本书将重心置于集所有职教教学质量相关主体之力形成在教学质量上的一种共治,这种"共治"不仅侧重于"共"的形成,更强调"治"的实现。而这种过程质量协同监控模式,无论是质量策划、质量监督、质量控制还是质量改进,均侧重于一种共同层面"治"的实现。在职教教学过程质量协同监控模式中,职业教育教学过程性质量治理所囊括的四个方面之间相互依存,互为前提,并共同服务于整个教学活动过程。教学质量策划是整个过程质量协同治理的基础,没有事先对教学质量生成进行顶层预设,便不能有效保证过程性质量能够按照预想的路向发展;而教学过程的质量监督,主要是对教学相关主体的教学与质量治理行为进行监督,从而对教学相关主体的行为起到监督和督促作用,并能够及时发现影响教学质量的一些内生性或外在行为性问题;教学质量控制便是对质量监督中所发现的问题及行为进行及时把控,以将教学过程质量控制在预设的有效范围内;教学质量改进便是深层把控教学过程中存在的问题及其原因,切实改进教学或质量治理行为,以保证教学过程质量治理的良性循环。

　　由于在职业教育教学质量管理实践中,教学质量策划、教学质量监督、教学质量控制和教学质量改进之间没有明确的分割界限,并且通常多者或两者被视作为一个整体使用,如通常谈论教学质量的监控,实则指对教学质量的监督和控制。因而,本书将这四者进行区分研究的出发点,主要是置于各自的层次角度不同而作较细区分。教学质量策划主要从"体"的角度出发,以宏观把控整体质量;教学质量监督主要是从"面"的角度出发,以全面把握教学质量的基本情况;教学质量控制主要是从"线"的角度出发,以在操作过程中保证教学质量处于良好的水平线上;教学质量改进主要是从"点"的角度出发,以切实解决教学过程中存在的一些关键点问题。

　　基于职业教育教学过程质量的协同监控模式,本书在围绕质量策划、质量监督、质量控制和质量改进四部分核心内容基础上,建构了包括核心要素、质量特性、参与主体或部门、共治内容和共治结果在内的职教教学过程质量共治体系基本框架。具体内容如表5-2所示。

表 5-2　职教教学过程质量共治体系基本框架

	核心要素	质量特性	参与主体或部门	共治内容	共治结果
教学质量策划	教学目标策划	目标的具体性、目标行为性、目标人本性、目标适切性、目标的发展性	分管校长、教务处、校教学委员会、教学分委员会、双师型教师、校企合作办公室、工学结合指导室、教研组、专业组、专业技术人员、高技能人才等	课程目标与职业资格目标对接、教学目标与生产或工作目标对接、教学目标的行为转化、教学目标的情境转化	教学目标体系、目标行为体系等
	教学内容策划	教学内容的岗位适应性、教学内容的典型性、教学内容的可接受性、教学内容的工作导向性、教学内容的任务性		职业标准与课程内容对接、基于工作过程的课程开发、工作内容的行动领域转化、行动领域的学习范畴转换、学习内容的课堂情境设计、课堂情境的实际任务转化、实际任务的教学产品转化	教学内容的有序排列、教学内容的工作系统化
	教学方式策划	多元性、灵活性、可组合性、生产性、情境性		教学方式的情境转换、教学方式的探索、教学方式的多样组合	教学方法体系、教学模式
	教学组织策划	教育性、职业性、灵活性、高效性		教学时间规划、教学资源的分配、教学流程的策划等	教学组织流程、教学组织体系
教学质量监督	听课式教学监督	教师素质、教学目标把控、教材处理、教学进度控制、教学效果	教务处、教学委员会、校督导委员会、督导分委员会、校企合作办公室、工学结合指导室、教研组、专业组等	根据课堂教学的基本流程，对教师备课、上课、作业布置与批改、课外辅导、学业考评等进行监督	教学质量监测制度、常规听课制、随堂听课制、管理人员行为规范、课堂教学与实践教学质量标准
	评课式教学监督	知识获取程度、合需要性、教学生动性、师德、教师的专业知识、专业技能、专业情意情况	教务处、学工处、学生团队、教学委员会、校企合作办公室、工学结合指导室等	学生课堂教学反馈、课堂教学打分、学生教学评估培训	学生评课制度、教学质量评估组织
	督导式质量检查	教学目标的达成度、学期教学计划达成度、学生成绩排名、学生成绩合格率等	校督导处、督导分委员会、校企合作办公室、工学结合指导室、校外专家组等	学期初教学质量检查、学期中教学质量检查、学期末教学质量检查等	工作质量标准、工作问责制度、学期教学计划、教学质量检查制度

续表

核心要素	质量特性	参与主体或部门	共治内容	共治结果
教学质量控制 前馈控制	满足教学预期、教学目标达成率高、教学准备充分	分管校长、教务处、校教学委员会、教学分委员会、校督导处、督导分委员会、校企合作办公室、工学结合指导室、教研组、专业组、专业技术人员、高技能人才等	设置教学质量控制点、教学相关经费预算、师资力量配备、专业课程设置审核、教学基本条件准备、教学过程规划等	教学质量标准、教学相关经费规划、教学物资规划、教学人力资源规划
现场控制	教学目标具体化和行为化、控制人员洞察力强、教学机智、实践经验丰富		具化教学任务和标准、观测实际教学及教学工作情况、现场指导等	听课制、教学经验分享与交流会
反馈控制	教学信息的全面、教学反馈信息的科学与真实		阶段性教学质量检查、教学质量标准与实际教学绩效比对、差距纠偏等	阶段性教学质量发展计划、教学质量信息反馈策略
教学质量改进 质量改进决策	全员性、科学性、公利性	分管校长、教务处、校教学委员会、教学分委员会、双师型教师、校企合作办公室、工学结合指导室、校督导处、督导分委员会、教研组、专业组、专业技术人员、高技能人才等	增强教学质量变革意识、密切教育与职业域的联系、教学质量改进可行性分析、教学质量改进路径探索等	教学质量改进决议、教学质量改进方案
质量改进实施	效率性、效益性、突破性、密切合作		教学质量改进诊断、教学质量改进指导、教学质量改进组织协调等	教学质量改进诊断方案、教学质量指导方案、教学质量改进协同方案等
质量改进成果总结	系统性、精炼性、推广性、普适性		教学质量改进经验提炼、改进成果归纳、改进成果转化	教学质量改进成果报告、成果改进模式等

一、职业教育教学过程质量的协同策划

职业教育教学过程质量的协同策划,主要是集共同体之力对教学过程层面所涉及的几个核心要素,如教学目标、教学内容、教学方式和教学组织等几方面内容进行策划,从而在促使教学目标行为化、教学内容工作化、教学方式灵活化和教学资源共享化的同时,以有效助推职业教育教学过程质量的提升。

(一)目标行为化:职业教育教学目标的策划重心

由于职业教育本身具有与经济社会和职业岗位之间的密切适应性,职业教

育的教学目标便具有较普通教育的教学目标更大的行为适应性。为此,职业教育教学目标的策划重心便落到如何使目标行为化,并使其具有可操作性。而要使职教教学目标具有可操作性,那么对这种目标行为化的达成治理,便需要集中教学质量治理主体之力,共同实现使教师在特定教学情境下将所展示的特定行为,可以被精确化和量化。而在具体的教学目标行为化治理过程中,便是要使教学目标本身不仅包括可接受操作的水平,还包括在特定情况下具有进行演示的描述,以及对所进行的操作活动的描述。因此,本书认为,要促使教学目标的行为化,需要经历如下几个步骤。

首先,教学目标的行为化分析。由于受一些职业和岗位本身的复杂性限制,要使每一个教学目标都能够实现具体行为化和可操作化与可量化,相对来说较为困难。因而,要保证教学目标的行为化,则首先需要将教学行为与生产行为对接,在对工作和职业岗位具体工作和操作行为剖析的基础上,进一步促使每一工作或操作步骤的具体化,并在此基础上促进生产或工作目标与教学目标的融合,从而使教学目标进行行为转化和情境转化。

其次,教学目标的行为化描述。在对教学目标进行行为化分析后,便需要对教学目标进行行为化描述。教学目标的行为化描述对于整个教学目标的策划来说非常重要,这也是职教教师对照教学目标的达成程度以及学生对照自身知识和能力获取程度的重要衡量标尺。例如,一堂会计课的教学目标描述为"使学生获得复式记账法的相关知识与技能",而这对于职教教师来说,怎样衡量学生已获得这种复式记账法的相关知识和技能,以及对于学生来说,自己也并不十分明确是否真正地掌握了这种复式记账法的相关知识和技能,因而,这种模糊化的教学目标描述并不能对实际的教学起到较好的导引作用。为此,对教学目标进行行为化描述,应主要包括三个要素,即活动、条件和标准,其中活动主要指明教学活动本身的主要内容和项目;条件主要指明对活动条件一定程度的约束和限制;标准主要是指可接受的操作行为水平,如精确度、操作速度、完成步骤或完成产品的合格程度等,以此衡量行为本身的水平。如将教学目标描述为"让学生在一分钟内精确地进行复式记账法的操作演练",其中的活动则是指"复式记账法的操作演练";条件即"在一分钟内";标准即"精确地进行"。为此,通过教学质量治理共同体实现的教学目标行为化描述,有效促使教学目标更为具体,更具有操作性,以及能够得到衡量。

最后,教学目标达成的行为化控制。教学目标是否达成,主要是经由教学活动后,通过检验初始设定的教学目标与通过教学后学生实际的行为表现之间的差距,并以此来衡量目标的达成程度。若差距越小,那么教学目标的达成度便越高。而在实际的职业教育课堂教学与实训教学中,教学的行为主体主要由教师和学生两方面构成,因而,要实现教学目标达成的行为化控制,则需要师生共同持有一种目标意识,并通过各自对自身教的行为和学的行为进行有效控制,以保证教学活动处于一种良好的发展态势,从而使教学的目标预设与目标生成和谐统一于最终的行为化教学目标达成中。

(二)内容工作化:职业教育教学内容的策划重心

强调对职业教育教学内容的策划,并非是指对内容本身进行策划,而是指以一种高效的方式将教学内容进行呈现。由于职业教育教学内容是对课程内容的教学呈现,而课程内容选择和组排基础在于工作的系统化,因而在职业教育教学质量共治中,教学内容策划的重心则也落到了内容的工作化层面上。要实现教学内容策划的工作化,对于职教教学质量治理共同体而言,便需要综合利用各种教学手段,有效促使教学内容与治理行为之间的对接,从而形成一种稳固的教学内容工作化治理结构,为此,本书建构了一种"七化六步"教学内容治理模式(如图5-4所示),以有效促使在工作过程基础上的教学内容最优化呈现。

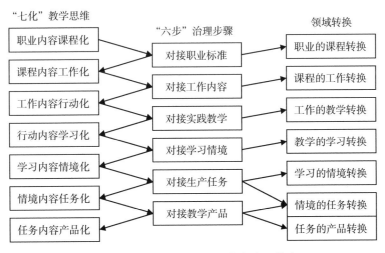

图5-4 "七化六步"教学内容治理模式

第一,职业内容课程化,主要是实现职业标准与课程内容对接。而从教学治理层面来说,也便是需要质量治理共同体,共同确保职业标准与课程标准之间的有效对接,使职业标准在职业课程中进行有效体现,并通过职业课程有效沟通职业标准与学生职业能力标准之间的链接,从而在整体上保证职业教育的课程内容符合各种职业资格标准需求的同时,实现职业内容的课程化。实际上,这一步主要是实现职业的课程转换。

第二,课程内容工作化,主要是实现基于工作过程的课程开发。而从教学治理层面来说,也便是需要质量治理共同体,共同促使课程内容与工作内容的对接,使课程内容的筛选和组排,均在系统化的工作过程基础上实现,以确保课程内容的系统程序化、实用化与可操作化,从而为课程内容有序实施奠定基础。实际上,这一步主要是实现课程的工作转换。

第三,工作内容行动化,主要是实现工作内容的行动领域转化。而从教学治理层面来说,也便是需要质量治理共同体,共同确保工作内容与实践教学的对接,使工作内容转换成一整套内容体系和具有可操作性的系统,并使其实现与实践教学领域的教学过程和操作步骤进行有效对接,从而在实现行动转换的同时,使工作内容体系与职业教育实践教学体系的相互融合。实际上,这一步主要是实现工作的教学转换。

第四,行动内容学习化,主要是实现行动领域的学习范畴转换。而从教学治理层面来说,也便是需要质量治理共同体,共同确保行动情境内容向学习情境内容的对接,使职业岗位上的行动领域内容,在实现符合职业规律、教育教学规律以及学生学习规律的基础上,向职业教育的学习领域范畴转换,从而使行动领域的内容在符合学生的学习需要的同时,也能形成对学生能力的行动化发展导向。实际上,这一步主要是实现教学的学习转换。

第五,学习内容情境化,主要是实现学习内容的教学情境设计。而从教学治理层面来说,也便是需要质量治理共同体,共同确保学习内容与真实的生产情境和任务对接,而要保学习内容能够贴近真实的生产和工作情境任务,便需要在教学过程中设计一种真实的教学情境,或者创建如"教学工厂制"或"工厂教学制"等真实教学情境,以保证学生的学习效率提升。实际上,这一步主要是实现学习的情境转换。

第六,情境内容任务化,主要是实现课堂情境的实际任务转化。而从教学治理层面来说,也便是需要质量治理共同体,共同确保教学与学习情境的任务与教学产品的对接,实现学生的学习内容和生产任务合二为一,从而有效促使学生在掌握学习内容的同时,也能真实完成一项工作或生产任务,并能够在任务完成过程中提升职业知识和职业技能。实际上,这一步主要是实现情境的任务转换。

第七,任务内容产品化,主要是实现实际任务的教学产品转化。而从教学治理层面来说,也便是需要质量治理共同体,共同确保学习情境任务向教学或学习产品的对接,使教师和学生在真实的教学与学习情境中,能够通过获得教学产品和学习产品的形式完成某一具体性情境任务,并且这一教学产品或学习产品具有一定的外在可量化性。事实上,这一步主要是实现任务的产品转换。

(三)方式灵活化:职业教育教学方式的策划重心

受职业教育外部特性的跨界性影响,职业教育教学的方式也需既适合职业性特点,也需同时满足教育性的要求,为此,推进对职业教育教学方式策划治理的重心,便在于保证教学方式的灵活与多样化。

从职业教育纵向层次来看,中等职业教育作为高等职业教育发展的层次基础,中等职业教育课程与教学内容相比高等职业教育课程与教学内容来说,其内容的体系和深度均较为简单和基础,其学生知识和能力的准备程度也较浅显,不仅如此,在技能培养的整体框架下,中等职业教育主要侧重于个体在工作与具体生产实践中经验"量"的接触,因而其主要强调经验性的学习;而高等职业教育主要侧重于个体在经验的基础上,伴随工作过程复杂程度而不断增加经验的复杂加工的程度,是对已有经验"质"的接触,因而其主要强调策略性的学习。[①] 而经验性的学习更多强调的是技能的获得,策略性的学习更多强调技术的获取,为此,在职业教育教学方式策划的过程中,针对中等层次的职业教育教学,当侧重于学生技能性经验的获取,其教学方式的选择和采用,也应当侧重于对通过反复训练、重复实施而使学生获取一种经验性技能,并能够使这种技能变得自动化和条件化;而针对高等层次的职业教育教学,当侧重于使学生技术性经验的获取,其教学方式的选取,也应当侧重于通过引导学生对技术相关原理、知识和操作的深层次发掘,从而建构一种在认知结构层面与行为操作层面之间的深层联系,使学生获取一种策略性的操作技术,并能够使这种技术变得智能化与多样化。

从职业教育横向内容层面来看,职业教育的内容主要由职业标准内容以及

---

① 姜大源:《现代职业教育体系建构的基本问题》,《顺德职业技术学院学报》2014年第2期。

产业或企业工作或生产内容决定,其类别千差万别,内容体系庞杂繁复,因而,针对各领域的职业教育教学方式和方法,也各有差别。主要包括有适用于普通教育的讲授法、谈话法、演示法、参观法、模拟法等,也有主要适用于职业教育的学徒训练法、任务教学法、项目教学法、过程功能教学法、问题解决教学法等。对职教教学方法的策划,则应当根据具体的教学内容各有区别地灵活选取并综合运用各种教学方法,从而适用于不同的教学情境。

(四)资源共享化:职业教育教学组织的策划重心

职业教育教学组织是指在一定的教学思想指引下,将教学时间、教学内容、教学环境等相关要素进行统一规划,并实现对这一系列要素的优化组合从而形成一定的教学活动方式和活动结构。对职业教育教学组织的策划,从主要层面来看,包括对教学时间、对教学环境以及教学其他相关内容的组织策划,其重心则在于实现对这些资源和要素的优化组合和配置,以推进资源的共享化,从而提升过程性教学的效果。而从现实情况来看,部分职业学校的教学组织活动状态还欠佳,主要表现在三个方面。

第一,教学时间组织紊乱。例如,在一些职业学校教学中,部分教师并没有合理地进教学时间规划,往往在教学过程中表现出一定的随意性,并表现为在一些非重点问题上花费过多时间,而在重要的问题上教学的时间投入不足。不仅如此,在一些校企合作教学中,职业学校的实践教学时间安排也并没有考虑到企业生产或运作的淡旺季的情况,以至于对企业的生产运营形成一定的阻滞作用。第二,教学内容组织比例失调。教学内容组织比例失调问题主要表现为,部分职业学校在理论教学和实践教学上的教学比例配置失调上。受传统职业教育课程组织排序方式影响,部分学校按照一种"正三角形"课程与教学组织排列方式安排课程与教学活动,从而使得理论课程排列过于集中并且难度较高,以及理论与实践课程之间间隔的时间过长,从而不利于理论与实践课程之间的有效整合。①第三,教学资源组织利用率不高等问题情况。如在一些校企合作关系中,职业学校并没有有效利用企业的生产教学资源、一些仪器设备资源和教学场地资源,以至于出现教学效率不高等问题情况。

事实上,这一系列问题产生的重要原因在于,职业学校本身形成一种自成体

---

① 徐国庆:《实践导向职业教育课程研究:技术学范式》,上海教育出版社 2005 年版,第 11 页。

系的松散型教学组织形式,校企之间在教学层面深入合作的力度和水平不够。而要有效避免以上问题,并对已有的资源和要素进行优化组合和配置,以推进资源的共享化,则对教学质量治理共同体而言,便是要集共同体之力,共同实现各资源要素的优化组合配置,而在这其中,校企合作办公室以及工学结合指导室参与治理的作用尤为关键。通过校企合作办公室与工学结合指导室在教学组织上的参与,从而共同进行教学时间规划、教学资源的分配、教学流程的策划等,以拉进职业学校教学与经济社会之间的联系度,从而形成一种切合职业性与教育性共同需要的高效运作组织结构。

二、职业教育教学过程质量的协同监测

职业教育教学过程质量的监督主要旨在对教学质量治理相关主体的行为以及行为的作用过程进行监测,以实现对教学质量的实时监控,并及时发现和有效把握问题,从而为接下来的质量控制和质量改进作好铺垫。事实上,职业教育的这种教学过程质量协同监督,主要是一种对过程性教学质量的服务工作。职业教育教学过程质量的监督从其内容层面看,主要包括专家同行听课式教学监督、学生评课式教学监督和督导式质量检查三种主要形式。

（一）听课式教学监督

听课式教学监督的主体主要由职业学校的教务处、教学委员会、教学督导委员会、教学领导、专家和同行教师等构成,而教学监督的对象则主要是职业学校的专、兼职理论课与实训课教师。听课式教学监督是各种类型学校实施教学质量监督最普遍使用的方式,主要是基于教师课堂教学的基本流程,以听课的方式对教师在备课、上课、作业布置与批改、课外辅导、学业考评等教学过程层面的基本情况进行的监督,通过综合考察教师在教学过程中所表现的教学素质、教学目标把控、教材处理、教学实施、教学效果等方面的基本情况,并测查教师是否存在有偏离教学大纲、教学内容脱节、授课内容偏差等问题情况而实现对教师具体教学质量和效果的监督。传统的听课式教学监督主要集中在职业学校内部,由职业学校的教学管理部门自组织的听课监督,而外界力量直接参与教师教学监督的机会较少,且参与机制也并不健全。

推进在职业教育教学质量上的共治,则需要在听课教学监督上:第一,积极接纳外界力量的教学监督参与,使由企业、行业组织、用人单位、技术专家等学校

外部力量通过组建教学质量监测小组的形式,真正参与到对职业学校中教师课堂教学和实训教学过程的监督和指导上。第二,拓展听课式教学监督的方式和途径,积极开发除常规听课制和随堂听课制以外的其他听课监督方式,可适用校企交互式听课监督,具体通过指定职业学校相关专业教师,尤其是青年教师以及新入职教师到对应企业中授课,由企业中资深技术员、技术工人等共同对教师进行现场指导并提出意见;也可指定职业学校资深教师到企业中对企业新入职员工和在岗职工进行培训授课,在提升企业员工职业知识和技能的同时,也对上课教师的教学行为起到一定的监督和质量提高作用。

(二)评课式教学监督

评课式教学质量监督主要是由职业学校的学生或学生团体,通过对教师教学的过程和效果进行评价,以此实现对教师教学质量的监督。由于教学活动主要是由教师"教"和学生"学"共同组成的双边活动,学生作为教学的中心和主体,与教师的教学接触最多、最为直接,因而对教师教学的基本情况了解也最透彻,而其对教师教学质量监督和评价的立足点和评价视角,与教学领导和专家基于听课监督的立场和视角也是有差别的,因而在教学质量监督中,学生的评课式教学监督也发挥着重要的作用。而在现实的职业教育教学实践中,学生评课式教学监督,主要是让学生对教师的教学态度、教学方法、专业水平、教学效果等方面给予客观评价,并主要以给教师课堂教学打分的形式进行。事实上,学生在没有接受任何关于教育教学专业性评价相关训练的条件下,对教师教学质量的监督和评价,主要也是基于自身对教师教学的主观感受和对教师个人的喜好而作出的好坏判断,甚至部分学生为了省事,倾向于给教师打出满分成绩,从而使得这种学生评课式教学监督也常常流于形式。要提升学生评课式教学监督的质量效益,便需要集教务处、学生处、教学委员会等共同实现对学生代表及学生团体的教育教学评价培训,让学生能够有意识、负有责任心地作出对教师教学情况的客观判断,不仅如此,还需集共同体之力创新学生评课的方式和途径,设计一种科学合理的学生评课表,并积极吸纳学生在教学质量监督上提出的有利意见和建议,从而确保学生在评课式监督方面能够发挥其应有的作用和效力。

(三)督导式质量检查

督导式教学质量检查是一种专门的且较为系统的教学质量监督制,在对教师教学质量监督上发挥着重要的作用,主要是通过对教学相关部门落实学校教学相关制度和执行教学相关文件的情况进行检查，如通过学期前教学质量检查、学期中教学质量检查、学期末教学质量检查等，以及对教师阶段性教学工作进展及教学各环节情况的全面检查，如对教师教学目标的达成度、学期教学计划的达成度、学生成绩排名、学生成绩合格率等方面进行检查，从而实现对学校教学质量情况的过程性监督。由于督导式教学质量检查相对来说比较系统，在教学质量监督上也发挥着较为重要的作用，为此，对于教学质量治理共同体而言，则不应将教学质量督导式治理视域局限于职业学校内部的质量保证系统本身，而应当有效整合校内外教学治理力量，不断完善教学质量督导式检查制度，为此，则应当从如下几方面着手，以共同确保督导式质量检查本身的质量。

第一，健全和完善教学质量问责制度建设。传统的职业学校教学督导式质量检查的对象主要集中在对教师教学工作的检查上，教师被动成为被检查、被管理的"重点对象"，事实上，教学质量保证是一个整体的系统，并非仅由教师群体决定，而教学质量其他监督主体，包括校督导处、督导分委员会、教务处等，也不应当被视为"管理者"，而应当被视作"服务者"，为此这些监督主体均应当成为被检查的对象。因而，本书认为，推进教学质量共治在质量督导检查治理上，应打破传统的以教师为被评中心的教学质量督导检查范式，从而建立并健全一种教学质量问责制度，并就教学质量问责的所有主体、对象、内容、程序、结果等方面进行明文规定，把各教学质量治理主体的权责和职责"关进制度的笼子里"。

第二，建立健全教学质量治理的多元主体参与机制。在发挥政府对职业学校教学质量行政问责作用效力的同时，完善职业学校、评估机构、家长、专业性协会组织、行业企业组织等多元主体的参与，并拓宽教学质量督导式检查的方式和路径。

第三，对各教学质量主体的主要负责领域进行责任分配。不仅职业学校教师承担着教学质量的主要责任，其他教学质量督导和检查部门，如校督导处、督导分委员会、教务处、督导分委员会、校企合作办公室、工学结合指导室等，均应当明确各自在教学质量上的责任，也同时接受教育行政部门或其他质量督导部门的质量工作检查。

三、职业教育教学过程质量的协同控制

职业教育的教学过程，主要是对教学目标和培养目标的逐步实现过程。由

于职业教育的教学目标和培养目标从外在环境来看,主要随社会经济产业结构调整和岗位群变化而不断调整变化,因而其具有较大的动态性,为此,主要以教学目标和培养目标为参照依据的教学活动过程也同样具有动态变化性。若教学活动过程没有随教学目标的变化而变化,或教学活动过程的发展偏离了预设的发展路线,而为了修正这种偏差,排除其中的干扰因素,并及时调整教学活动,使教学活动过程沿着预设目标发展,从而确保教学的过程性质量,那便需要对教学过程的发展进行质量控制。推进职业教育教学过程质量的协同控制,对于职业教育教学质量共治而言,也便是集相关主体之力,共同对各种教学活动及其过程中出现的问题和偏差进行及时纠正,以避免教学质量因波动过大而出现失控现象,从而以确保教学活动能够按照预设的目标路径和质量标准发展。

由于本书主要基于从输入、过程到输出这一系统演进逻辑来探讨职业教育教学质量的治理发展,为此,对应这一质量治理的演进过程,在探讨教学过程质量协同控制时,也主要基于管理学中质量控制点发展的事前、事中和事后演进逻辑,而将职教教学过程质量的协同控制分为前馈控制、现场控制和反馈控制三种,从而构成教学过程质量协同控制发展模式图(如图 5-5 所示),在这由教学过程前馈控制、现场控制和反馈控制构成的协同控制过程中,前馈控制是整个教学质量控制的重要基础,现场控制是教学质量控制的关键,反馈控制是重要保障。

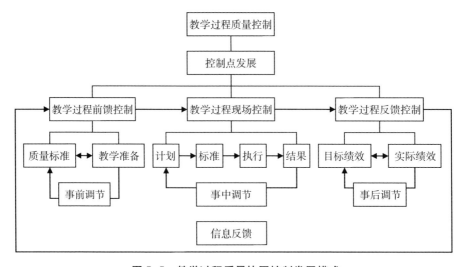

图 5-5 教学过程质量协同控制发展模式

（一）职业教育教学过程的前馈控制

职业教育教学过程的前馈控制即教学活动正式开展前的教学质量控制,是一种面向未来教学活动的一种预先控制,主要是对教学过程中可能出现的偏差或问题情况进行提前预设,以提前做好教学准备工作并"防患于未然"。推进在职业教育教学过程质量共治中的前馈控制,便是集包括分管校长、教务处、校教学委员会、教学分委员会、双师型教师、校企合作办公室、工学结合指导室、教研组等相关主体之力,共同做好教学工作开展的前期准备。具体治理工作过程主要包括四个步骤:第一,根据职业教育教学目标和教学质量共治理念,集中各方力量,共同设定一种囊括教学过程各领域的教学质量标准以及设置好教学过程中关键活动(环节)的质量控制点;第二,全面把控当前职业教育领域教学相关的内外部信息,从而做好教学资源筹备工作,如教学相关经费预算、师资力量配备、专业课程设置审核、教学基本条件准备、教学过程规划等在人力、物资和条件方面的准备,以及做好对这些资源的检查工作;第三,将教学质量目标、教学标准、教学质量控制点与教学准备之间进行对照;第四,及时调节教学质量目标、教学标准、教学质量控制点与教学准备之间的偏差。通过以上几个步骤从而生成教学相关经费规划、教学物资规划、教学人力资源规划等前馈控制结果。

（二）职业教育教学过程的现场控制

职业教育教学过程的现场控制即教学活动正式进行中的教学质量控制,是一种面向正在进行中的教学活动的一种即时与同步控制,并通过给予正在进行的教学活动直接的指导,以及时发现并处理问题。通常情况下,职业教育教学过程的现场控制是与听课式教学质量监督同时进行,推进教学过程的现场控制,也便是需要集中校督导处、督导分委员会、校企合作办公室、工学结合指导室等力量共同实现,并主要以听课、与教师交流、分享教学经验与上课信息等方式即时进行现场教学指导。而推进教学过程现场控制的具体过程主要包括如下几个步骤:第一,根据某一具体生产任务或教学任务制定具体的教学计划;第二,在教学计划基础上,将前馈控制中设定的教学质量标准和教学质量控制点,根据实际的教学和生产需要进行具化;第三,在教学活动正式开展中对教学活动进行观测;第四,对照教学计划、质量标准和控制点,并与实际教学活动进行比对以发现问题;第五,就偏离与背离教学计划、教学标准和教学质量控制点的行为和问题进行现场纠正、指导。通过以上几个步骤在确保教学质量得到即时控制的同时,也有效促进上课教师自身的专业能力与教育教学能力的提升。

（三）职业教育教学过程的反馈控制

职业教育教学过程的反馈控制即教学活动完成后的教学质量控制，是一种面向结束后的教学活动进行的一种事后反馈控制，主要基于已掌握的所有信息，测量教学活动的输出变量及实际绩效，并使之与预先设定的目标绩效（标准）之间进行比较，以发现之间存在的误差和偏差，从而调整和纠正教学活动或教学行为。事实上，这种反馈控制在所有类型的学校教育中均最为常见，如在学校教育教学实践中存在的阶段性教学检查、教师教学成果评估、教师绩效考核、学生评教等均属于一种事后性质的反馈控制，通过这种事后反馈控制，以及时反馈整个教学活动活动的基本信息，从而又作为下一阶段循环控制奠定基础。而要有效推进这种反馈控制的高效运作，也便需要集中所有有关教学质量控制组织部门或个人，如分管校长、教务处、校教学委员会、教学分委员会、校督导处、督导分委员会、校企合作办公室、工学结合指导室、教研组、专业组、专业技术人员、高技能人才等力量，以获取关于整个教学及其相关活动的全面信息，从而共同发现问题、反馈问题和纠正问题。而推进教学质量反馈控制的具体过程也包括了如下几个步骤：第一，基于教学目标任务和教学标准，确定教学活动的目标绩效（标准）；第二，全面搜集并整理已有教学活动相关信息，确定实际教学工作绩效；第三，比较实际工作绩效与预先设定的目标绩效（标准）之间的差距和偏差；第四，分析差距和偏差出现的原因，并对问题进行纠偏和校正；第五，反馈教学质量与控制相关信息，为下阶段教学相关工作作好铺垫。

四、职业教育教学过程质量的协同改进

本书在谈论职教教学质量改进时，有必要将其与教学质量控制进行一定的区分。教学质量控制和教学质量改进的对象，均主要是教学过程中出现的质量问题和质量发展现状，两者的目的均在于保证教学活动的质量。但两者之间也有一定的区别：教学质量控制主要针对教学活动过程中的突发性问题和偶发性问题，而教学质量改进主要是针对教学系统本身低效性和长期性问题；教学质量控制主要是着眼于教学质量问题的点上，而教学质量改进主要着眼于整个教学系统；教学质量控制主要是对教学现状中的偏差进行即时修正，从而以维持教学现状，而教学质量改进主要是为了突破教学现状，以达到一个新的质量水平上。

由此可以看出,推进职业教育教学过程质量的协同改进,应着眼于职业学校的整个教学系统,针对教学活动的长期性和低效性问题进行突破。

教学质量改进是一个整体系统性的问题,推进职业教育教学过程质量的协同改进,则主要是在前期教学质量治理基础上,集分管校长、教务处、校教学委员会、教学分委员会、双师型教师、校企合作办公室、工学结合指导室、教研组、专业组、专业技术人员、高技能人才等之力,共同致力于在质量改进决策、质量改进实施和质量改进成果转化过程中逐步推进实现,而具体来说又主要包括了如下几个步骤(如图5-6所示)。

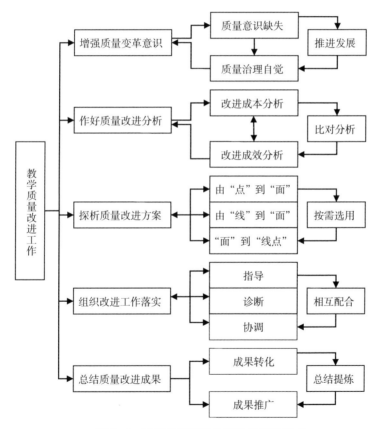

图5-6　职教教学质量协同改进推进模式

（一）不断增强职教教学质量变革意识

职业教育教学质量的协同改进是针对现有教学系统中存在的长期性低效性问题而进行的一项系统变革,通常是从整体层面对职教系统进行的全面整改,从而打破对以往故步自封式教学质量状态而使整个教学系统进入一个新台阶。由于教学质量的改进往往牵动整个系统本身,主要是为了对现有状态进行突破,从而表现出一定程度的变革性。然而任何变革均具有一定的风险性,但若没有对旧有状态的颠覆性变革,就很难实现质量发展的实质性突破。为此,对于职教教学质量的主要责任主体来说,则需要不断增强一种质量变革意识,并引导其他质量相关主体共同打破安于现状的质量意识形态,摒弃传统的主要借鉴普通教育教学质量管理的系统范式,而紧密围绕产教融合、工学结合、就业导向、能力本位等职业教育教学系统本身的质量特性,共同推进从职业性教学质量意识缺失,走向一种职业性教学质量治理自觉的实现。

(二)深入职教教学质量改进的可行性分析

由于职教教学质量是一项系统的工程,与普通教育教学质量系统相比,其关涉的要素更多,系统更为复杂,进行职教教学质量的改进则必然涉及更多的人力、物力和财力的投入和消耗,因而,在进行教学质量改进前,则应全面把握经济发展信息、市场信息、就业信息、教育教学等相关信息,并在对这些信息进行综合整理和深层剖析的基础上,有效推进对教学质量改进的可行性论证。而进行可行性论证又主要包括三个步骤:即进行教学质量改进的成本分析、教学质量改进的成效分析、两者间的比对分析。首先,要推进对教学质量改进的成本分析,则需要首先对教学质量改进所需投入的人力、物力、财力和时间成本进行整体预算,尽可能地减少投入成本,并做好教学质量改进未达标准的充分准备,以有效控制已投入成本,使成本损失降到最低,从而不至于出现质量改进失措后的措手不及而影响学校正常教育教学活动的问题;其次,进行教学质量改进的成效分析,则集质量相关主体之力共同建立一套成效预测机制,尽量排除各种外在干扰因素,并做好对教学质量改进结果的受益预测分析;最后,进行教学质量改进成本与质量改进成效之间的比对分析,尽量实现在可控范围内,保证实际的教学质量改进投入小于预测的质量改进成效,从而使教学质量改进成本控制在最小的状态下。

(三)探析教学质量改进路径和方案

教学质量的改进是一项系统的工程,对教学质量的改进虽然关涉的面较广,但并非意味着是对现有教学系统的全面颠覆,而是从主要问题出发,找准质量改进的突破口,从而循序渐进地进行系统变革。诚然,不同职业学校的教学问题各不相同，推进教学质量改进的路径也各有差异。本书认为，推进教学质量改进的主要存在如下三种路径：第一，由"点"到"面"的改进路径。这种形式的教学质量改进，是各相关主体共同以职业学校教学系统中存在的主要问题为突破点，以主要问题带动相关问题的协同解决，从而逐步推进教学质量的整体改进。第二，由"线"到"面"的改进路径。这种教学质量改进路径主要是以教学系统中各个子系统为治理主线，如课程系统质量改进、专业系统质量改进、实训教学质量系统改进等，通过各子系统的分别治理，并逐步实现相邻相关系统之间的联结，进而推进整个教学质量系统的改进。第三，由面到线、点的改进路径。这种教学质量改进路径是一种整体性的教学改进路径，主要是从职业学校教学整体层面出发，同时推进教学相关各领域的同时改进，是一种全方位性质的教学质量改进。在以上三种改进路径基础上，由各职业学校和相关治理主体，根据已有条件共同商讨具体的教学质量改进路径，并做好质量改进的相关规划方案。

（四）组织实施教学质量的改进工作

在教学质量改进路径选择和方案拟订后，便是组织实施教学质量的具体改进工作。教学质量改进工作的组织实施，是将拟定好的质量改进方案和措施落实到具体的教学工作中。从职业学校层面职教教学质量组织管理系统来看，组织实施教学质量改进工作的组织和部门主要由质量改进指导性组织、质量改进诊断性组织和中间协同性组织共同组成。质量改进指导性组织主要由分管校长、教务处、校教学委员会等组成，并在其中发挥主要的指引和指导作用，其在教学质量改进具体工作中的主要职能是指引教学质量改进方向、督促改进方案的实施、把控质量改进进度、提出质量问题改进的措施等；质量改进诊断性组织主要由校督导委员会、督导分委员会、教学分委员会等组成，并在其中发挥教学质量的诊断性作用，其在教学质量改进具体工作中的主要职能是调查教学质量问题，分析质量问题产生的原因、提出教学质量改进的具体方案等；教学质量改进中间协同性组织主要由校企合作办公室、工学结合指导室等组成，并在其中发挥教学质量的协同和协调作用，其在教学质量改进具体工作中的职能是，有效协调指导性组织和诊断性组织在教学质量改进工作上的关系、指导职业学校教学质量改进工作与行业企业生产运作方面的联系，从而密切职业学校教学发展与社会经济发展之间的关系等。在教学质量改进工作的具体落实中，需要三方面组织之间分工明确并密切合作，及时发现并反馈意见和问题，以共同保证教学质量改进工作的顺利实施。

（五）总结教学质量改进的系统成果

教学质量改进完成一轮工作后，并非意味着质量改进后便结束，还需要把质量改进工作中的有利经验和成果进行归纳和总结，从而纳入新一轮质量改进工作中。对于教学质量治理工作者来说，便需要集中各相关主体之力，共同推进质量改进成果的总结和经验提炼，并推进改进成果的系统转化，把改进成果纳入教学质量的标准体系中，或以质量改进咨询报告的形式，进行外部推广，从而确保下一轮教学质量改进工作被控制在更高和更新的质量水平上。

第三节　输出共保：职业教育教学输出质量的携手"把关"

第二章已经提到，受职业教育教学质量的"公共产品"属性影响，职业教育教学质量主要由职教教学工作质量、教学服务质量和教学产品质量表征出来，而对应职教教学质量治理的整个过程而言，输入质量治理、过程质量治理和输出质量治理均有各自不同的治理侧重和核心。职业教育教学输入质量治理，主要是教学质量相关主体共同实现的教学人力资源、教学信息资源和教学物资资源等方面的基本输入上的偕同保证，并主要体现为一种职责层面的工作性，因而其治理核心，主要是围绕职业教育教学工作质量而实现的治理；教学过程质量治理主要是治理共同体围绕教学质量策划、教学质量监督、教学质量控制和教学质量改进四个方面的过程质量上的协同监控，并主要体现为一种职责层面的服务性，因而其治理核心，主要在于围绕职业教育教学服务质量而实现的治理；职业教育教学输出质量是教学输入质量和过程质量作用基础上的结果，对职教教学输出质量水平和优劣程度的衡量，最终还需要通过外在的以物化的产品形式表征出来，为此，职教教学输出质量治理的核心，则主要在于围绕职业教育教学产品质量而实现的治理，并主要是以教学质量产品的形式表征出来，因而，对于职业教育教学输出质量的共同治理上，则集中反映在职业教育教学产品、职业教育人才产品和职业教育服务产品的质量治理上（如图5-7所示）。

在职业教育教学输出质量治理方面，本书主要围绕教学质量产品输出教学

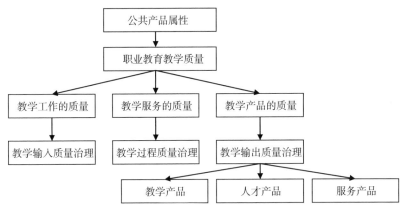

图 5-7 教学输出质量推进图

产品、人才产品和服务产品三方面核心内容,同样建构了包括核心要素、质量特性、参与主体或部门、共治内容和共治结果在内的职教教学输出质量共治体系基本框架,具体内容如表 5-3 所示。

表 5-3 职教教学输出质量共治体系基本框架

	核心要素	质量特性	参与主体或部门	输入共治内容	共治结果
职业教育教学产品	教学成果（形而上）	高效率、独特风格、教学文化性、要素的优化组合	教育行政部门、分管校长、人事处、教务处、学工处、企业管理层、专业技术人员、高技能人才、评估机构、社会力量、行业组织等	经验提炼、精心打造、切合特色文化、共同优化	特色教学模式、精品课程、精品教材等
	教学成绩（形而下）	教学成果获奖级别高、教学成果获奖数量多、教学成果获奖类型多样		良好教学氛围的创设、教学改革成果提炼、教学成果打造、教学项目共建、教学成果结构优化	教改成果、教学科研成果、教学成果获奖
职业教育人才产品	技能型人才	综合素质高,具有主动适应、职业能力强、从业能力与关键能力高,岗位创新能力高、就业率和考研率高、用人单位好评、社会评价高等	分管校长、双师型教师、教学委员会、行业协会、企业、学科办公室、院系、教研处、教务处、课程专家、学生等	按需订制、人才产品质量把关、人才产品的配置性评测	经验性技能的掌握、全面发展的职业技能型人才输出
	技术型人才				策略性技术的掌握、全面发展的技术型人才输出
	复合型人才				高级策略性技术技能的掌握、全面发展的复合型人才输出

	核心要素	质量特性	参与主体或部门	输入共治内容	共治结果
职业教育服务产品	私人性服务产品	社会多样化需求导向、类型多样、资源丰富	教育行政部门、分管校长、教务处、企业管理层、评估机构、社会服务组织等	服务产品质量标准体系的建构	学生支持服务系统
	公共性服务产品			服务产品质量标准体系的建构、服务质量评价体系的建构	社会支持服务系统

事实上,产品的鉴别—成绩的评定是与所要达到的目标的阐明是同时发生的。[①] 在产品质量管理过程中,保证产品在生产和加工过程中的基本质量是质量管理的基础工作,而对要输出产品进行质量评检,并做好输出产品的质量把关才是质量管理后期工作的重心。因而,实现对职教教学产品、职教人才产品和职教服务产品的质量治理,则首先需要相关主体对这些产品本身进行精心打造,并在此基础上共同对这些产品进行质量评检,以做好质量的"把关"工作,从而使这些产品在符合质量标准的同时能够有效保证输出质量,以满足社会各领域发展的需要。

一、职业教育教学产品的治理

职业教育教学产品主要指通过职业教育教学而直接产生的成果和成绩,如职业学校的精品课程、精品教材、教学成果获奖、教学竞赛获奖、教学模式输出、教学特色文化等都是职业教育教学产品的输出形式。而在这些通过教学而输出的产品中,教学成果的输出和教学成绩的输出是最核心的输出指标,诚然,教学文化、教学方法等也是教学输出的重要方面,而教学文化和教学方式方法等往往是通过一定形式整合融入到精品课程、教学模式中,从而建立起一个稳定的教学活动结构框架和活动程序,为此,在谈教学产品治理层面,本书主要集中从形而上层面的教学成果输出,如教学模式、精品课程等输出,和形而下层面的教学成绩输出,如教学成果获奖、教学科研获奖等教学成绩输出两方面来谈教学产品的治理。

---

① 吴志超:《控制论与教学训练》,北京体育学院出版社 1983 年版,第 56 页。

（一）职教教学成果的整合治理

职教教学模式是职教教学质量的核心，①因而，这里主要就教学成果相关的教学模式作专门探讨。对其质量的整合治理，总体来说主要遵循两个步骤：

其一，对教学输出模式本身的精心打造。教学模式是一种经由教学相关主体长期作用和加工而输出的成果，但并非每一种教学模式均是科学合理的，因而，保证教学模式本身的质量是教学产品质量整合治理的基础。为此，便需要在校企合作办公室、工学结合指导室等相关主体的指引下，集职业学校教学委员会、教研室或学科组等力量，紧密围绕职业资格标准、就业导向、产教融合、工学结合等职业教育基本特性，并有效结合职业学校本身的办学理念和特色文化，共同深化对陈旧或低效率教学输出模式的改革，通过以教育行政部门牵头或职业学校间共同举办的优质课比赛，或以职业技能大赛项目为契机，而精心打造职业学校自身的特色模式，以促使这种教学输出模式能够与经济社会生产和企业高效运作之间形成联动发展之势，从而保证教学模式本身的优质和高效。

其二，对教学输出模式质量的有效评测。由于教学模式主要表征为一种由各种教学相关要素及其相互作用而共同构成的一种稳定的活动框架，以及一套较为固定的和具有组织性的活动程序，而教学模式作用的核心在于促进学生更有效率的学，为此，对教学模式质量评测的内容，则主要在于检验职教模式本身内部组成各要素之间的关系是否合理，功能是否协调，职教活动的程序是否具有可操作性，以及是否能够有效促进学生的学的质量上。为此，对于教学质量治理共同体而言，便需要共同致力于建构一种教学质量的内外部质量标准和测评体系，以有效厘清教学模式本身关涉的治理相关关系。内部质量测评体系主要以职业学校自身对教学模式质量的保证和测评为核心，并对照质量标准，沿着一种"自下而上"的质量测评路线，以学生实际的能力增长为质量考核的中心，从而全面考察教学模式本身的质量。外部质量测评主要以各种类型评估机构以及教育行政部门的质量测评为核心，沿着一种"自上而下"的质量测评路线，并对照教学模式的外部适用效度及其产生的效益而有效考察教学模式本身的可操作性以及外部适用性质量。

---

① 程宜康等：《高等职业教育教学质量理论与管理实务》，中国矿业大学出版社 2016 年版，第43 页。

（二）职教教学成绩的整合治理

职教教学成绩作为一种形而下的教学输出成果，是职教教学质量输出产品直接的外在性物化表征，主要以各种形式的教学获奖，如教学成果获奖、教学竞赛获奖、教学技能获奖等表现出来，并充分展现职业学校在教学建设、教学改革和人才培养等工作所取得的成绩，从而反映该职业学校的整体教育教学工作水平。对职教教学成绩的整合治理，从内部治理环境来看，对于作为职教教学质量内部责任主体的职业学校而言，便应当以学校自身为核心，围绕职教教学改革、教学研究等方面，有效集合外在社会力量，形成一种教学凝聚力，并以联合申报国家级或省级教学改革项目，或各类教学科学研究项目的形式组建一种合作共同体，共同致力于教学成果奖励的申请申报，以有效提升职教教学研究和教学改革的获奖成果数量和成果级别，并优化获奖成果的比例，从而提升职业学校的整体教学实力；而从外部治理环境来看，对于作为职业教育质量重要责任主体的政府而言，便需要集中优势力量致力于创设一种良好的教育教学协同治理氛围，使各方职教相关力量共同参与到职教教学成果的质量提升行动中。不仅如此，也可通过创立一定的教学项目、教学奖励或重点工程项目等形式，使不同类型、不同层次职业学校之间形成"在竞争中合作"或"在合作中竞争"的教学质量角逐氛围，从而使各职业学校在外力作用下而不断提高教学绩效。

二、职业教育人才产品的治理

职业教育人才产品指通过职业教育教学而输出的职业性人才，主要包括技术型人才、技能型人才和复合型人才等。对职业教育人才产品的治理，便是要根据不同类型的输出人才有针对性地实现质量治理。

在我国，职业教育的发展层面主要包括中等层次职业教育和高等职业教育专科层次，地方高校试点转型应用技术型大学正式拉开了我国高等职业教育本科层次人才培养的序幕。前文已提到，中等层次职业教育侧重于学生的经验性学习，其教学核心在于教会学生"怎么做"，从而使学生"功能性"地学习；高等职业教育专科层次侧重于学生的策略性学习，其教学核心在于教会学生"怎样做更好"，从而使学生"方案性"地学习。事实上，经验性的学习更多强调的是技能的获得，策略性的学习更多强调技术的获取，因此，中等层次职业教育通过教学而产出的人才产品，主要是一种经验层面的技能型人才，高等职业教育专科层次通过教学而产出的人才产品，主要是一种策略层面的技术型人才。而高等职业教育本科层次，主要是在中等职业教育和高等职业教育专科层次上的进一步发展延伸，其在教学过程中，则更侧重于将已经领会的知识、技能技巧向生产职能以及生产实践中进行有效率地过程性转换，是对这些技能技巧的应用效率程度的强调，并注重迁移和创新，实际强调的是一种"怎样有效率地使用"以及"使用效率程度"的"掌握"过程。① 因而，高等职业教育本科层次，通过教学而产出的人才产品，主要是一种高级策略层面的复合型人才。由此看来，从中等职业教育到高等职业教育专科和本科层次，主要遵循了一种职业成长的规律，为此，实现对职业教育教学而产出的不同类型人才产品的治理，则需要根据不同标准，沿着不同职业成长阶段的职业发展规律而对各类人才产品进行质量"把关"，并做好质量评测工作，以保证这些输出的人才产品能够有效切合社会发展的需要。

（一）各类人才产品的质量"把关"

第一，职业技能型人才质量的"把关"。技能型人才一般泛指生产或服务于一线职业岗位领域，掌握一定的职业知识并同时具备这种操作技能，并在岗位领域中运用自己的职业知识和操作技能从事生产或服务工作的人才。当前社会中存在的"人工荒"问题，也主要是缺少相应岗位的职业技能型人才。而职业技能型人才产品输出主要依靠中等职业学校实现，中等职业学校侧重于技能的传授，强调通过教学使学生熟练地掌握一套操作技能技艺，并主要向学生提供一种职业性技能教育，因而其培养的主要是一些操作技能型人才。而要实现对这种技能型人才质量的"把关"，对于职教教学质量共同体而言，则需要把握好如下两个方面的内容：一方面，由于在人才培养结构中，技能型人才处于这一结构的基础阶段，因而对于质量治理主体而言，通过教学实现对这种基础性人才产品质量的"把关"，则需要充分尊重职业发展在基础阶段对人才产品的质量需求，以及人才本身成长的认知发展规律，从而致力于使学生更好地掌握好最基础的生产或服务技能，并逐步通过教学而使学生在"感知过的事物、思考过的问题、体验过的情感、操作过的动作"基础上，②更好地通过身体力行，在反复的操作、训练中逐步实现经验积累，并掌握好这一技能型经验；另一方面，在具体的教育教学

① 徐小容、朱德全：《从"断头桥"到"立交桥"：应用技术类型高校发展的路径探寻》，《西南大学学报（社会科学版）》2016 年第 1 期。
② 姜大源：《现代职业教育体系建构的基本问题》，《顺德职业技术学院学报》2014 年第 2 期。

实践中,对技能型人才进行质量"把关"时,还需要整合各主体优势力量,共同致力于使职业学校和企业之间在教学上形成一种深度合作关系,通过创建现代学徒制、教学工厂制等模式,使学生在具体的生产过程中,接受专兼职教师手把手地技能传授,并在反复操作训练中全面掌握该职业技能。事实上,技能型人才是技术型人才和复合型人才发展的基础阶段,但不能表示技能型人才便是低于技术型和复合型人才的。

第二,职业技术型人才质量的"把关"。技术型人才一般泛指掌握一定技术知识并能应用一定的技术手段,直接从事社会工作和生产的中间型人才。通常情况下,技术型人才主要经由高等职业教育专科层次培养输出,由于高等职业教育专科层次侧重于进行技术开发与应用,强调技术的发明与升级,主要向学生提供能够直接从事生产劳动的技术教育,因而成为培养技术型人才的主要载体。而要实现对技术型人才质量的"把关",对于职教教学质量共同体而言,同样需要把握好如下内容:其一,由于在人才培养结构中,技术型人才是在技能型人才基础上的进一步发展,因而,对于职教教学质量治理共同体而言,便需要在遵循学生认知发展与职业成长规律的基础上,使学生的职业认知结构在原有结构基础上得到进一步同化、顺应和发展,从而推进学生在掌握特定技能基础上,进一步获取使技能目标和技能条件形成与技能动作之间有效链接的系列规则,以使其在学会该门职业技术的同时,也能全面掌握"怎样做更好"的技术策略。其二,由于技术型人才所要掌握的技术主要包括了实体性的技术、规范性的技术和过程性的技术三类,其中实体性的技术,主要是一种空间形态的技术,是以实体的形式存在的,包括物化的工具和设备,即技术的人工物;规范性的技术,主要是一种时间形态的技术,包括技术文本、技术程序、技术规则等,即指以符号的形式出现的技术;过程性的技术,主要是一种时空形态的技术,指将实体性的技术和规范性的技术通过人自身的经验和策略进行整合并直接作用于实际事物,从而创造一定的价值,包括个体的经验、策略等,即策略性的操作。① 推进技术型人才的培养和输出,对于质量治理共同体而言,便需要共同致力于在理论教学与实践教学中,有效推进实体性技术教学、规范性技术教学与过程性技术教学之间的密切融合,并实现以学生对过程性技术的掌握为支撑,融合实体技术和规范性技

---

① 姜大源:《现代职业教育体系构建的理性追问》,《教育研究》2011 年第 11 期。

术于过程性技术中，以促使学生能够深入掌握、有效整合并能有策略地运用各种技术。

第三，职业复合型人才质量的"把关"。复合型人才一般泛指不仅掌握专深的专门知识，还具有较高的技术技能，并能在实际生产、管理和服务工作中发挥较大的引领和辐射作用的较高级人才，是由各种类型人才组合而成。我国地方高校试点转型应用技术型大学后，承载复合型人才培养的职业学校主要由转型应用技术本科学校进行，这类学校主要侧重于科技知识、操作性技术技能的传授，以及工程与技术技能的开发应用，强调应用技术的发明与升级以及科技产品、技术成果的实践应用和转化，主要向学生提供能够从事生产和职业需求的工程与技术技能教育，因而其培养的主要是一种工程型、技术技能型以及复合型的应用技术人才。而要实现对复合型人才质量的"把关"，对于职教教学质量共同体而言，同样需要把握好如下两方面内容：一方面，人才培养结构中，复合型人才是在技能型人才和技术型人才基础上的更高一步发展，为此，在对这类人才的质量治理过程中，便需要在遵循职业发展规律的基础上，有效对接职业人才成长的职业资格标准，并实现以系统化工作过程为主线，充分整合技术性知识、工程性知识、操作性知识以及相关技能于一体，以实现这类人才从认知到行为上的充分发展；另一方面，在我国现实的社会情境下，复合型人才是社会发展所需要的重要人才，尤其是高层次复合型人才更为稀缺，为此，对于教学质量治理共同体而言，为保证复合型人才的高质量输出，则不仅要保证复合型人才类型的多样，还应当保证这种复合型人才层次的高移。从职业学校外围层面的多类型人才培养来看，有必要形成一种"政府主导、行业指导、企业参与"的多样化复合型人才培养模式（如图5-8所示），这种模式主要集政府、职业学校、行业企业、评估机构之力，在工程型、学术型、技术型和技能型人才维度层面，围绕教学、学习、生产、工作核心要素，形成教学与生产、学习与工作之间两两合作关系，从而集中并优化整合各方优势资源，共同实现工程型、学术型、技术型和技能型在人才类型上的两两组合，以保证各种复合型人才的成长。从职业学校内维层面的一贯化高层次人才培养来看，有必要有效拉动不同类型职业学校之间、不同层次职业学校之间，在对人才成长上形成一贯化培养合作机制，探索性试用不同类型的中高职人才培养衔接模式，或形成以专业发展为主线的连贯体系，从而有效保证复合型人才的连贯化发展和层次上的高移。

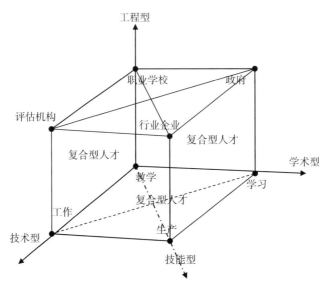

图5-8 多类型复合型人才培养模式

（二）各类人才产品的质量评检

对质量治理共同体而言，在完成人才产品质量"把关"工作后，便进入到人才产品质量的评检工作环节，从而有效保证输出的人才产品质量符合社会各领域的发展需要。事实上，职业学校输出的人才产品的质量评检工作，主要由职业学校、评估机构和社会力量三方面实现。

首先，职业学校的内部人才质量评检是主体，而评估机构以及社会的人才质量评检是辅助。职业学校对其通过教学而培养的人才进行质量评检，也主要围绕经由教学后，通过实施各种类型的教学质量反馈和测评，从而测量学生的学习效果及教师的教学水平，而这项工作主要由教务处、教学委员会、教学督导组、校企合作办公室、工学结合指导室等共同组成考核小组的形式，并由教务处和督导处牵头实施，如实行学分制毕业考核条件设定、对普通文化课、专业理论课和实践实训课的学分比例设定、对学生的统考成绩、学生实习实训成绩、学生参加职业技能大赛的获奖情况、学生毕业设计的情况进行全面评检，以了解学生在职业知识、职业技术、职业能力和职业道德等方面基本情况，从而作出对教学输出人才产品的整体质量的评断。虽然学生的成绩并不能全面反映学生的职业能力，却是职业学校对学生职业能力发展情况掌握的一个重要标尺。不仅如此，职业学校内部的校企合作办公室和工学结合指导室的主要工作则在于,对职业学校输出人才进行就业指导和服务,并参与对培养的人才产品进行质量检验,从而有效保证输出人才能够符合社会的发展需求。

其次,评估机构对职业学校输出人才产品的质量评检,主要是通过对职业学校输出的毕业生的基本情况进行评测,如对职业学校毕业生的毕业率、初次就业率、整体就业率、就业质量情况、职业资格证书获取情况、技能等级证书的获取情况等进行全面评测,从而对职业学校人才培养的整体情况作出判断。评估机构通过对职业学校教学输出的人才产品质量的评测,不仅能够有效反映职业学校人才培养质量的真实情况,也对职业学校教学质量形成一定的督促作用。

最后,社会对职业学校输出人才产品的质量评检,主要是通过对职业学校学生在工作岗位上的适应能力、创造能力和效益创收能力等方面进行评检,并通过市场的调节机制而实现人才产品的优胜劣汰,从而形成一种"口碑效应",以有效反馈职业学校人才产品输出的整体质量。

三、职业教育服务产品的治理

通过发展职业教育而促进社会经济的发展,是职业教育服务功能的有效体现。西方国家尤其重视职业教育的社会服务功能,如北美国家通过建设社区学院直接为本社区的发展服务,社区学院不仅为本社区居民提供各种形式的职业教育、继续教育、学历教育,还为本社区居民提供各种形式的社区服务,如科普活动、文体活动、咨询论证等,从而成为本社区的科学文化教育活动中心。职业教育要为社会发展输出各种类型的服务产品,也主要是通过教学活动实现。职业教育教学输出的服务产品主要是指通过教学而为学生、企业、社会等提供的服务产品。由于职教教学质量产品是一种混合性质的准公共产品,因而,其外化表征的服务产品也是一种准公共性质的产品,事实上,准公共性质的产品又内在地涵盖了私人性质和公共性质的特性,从而使得这种服务产品可以是有偿使用的,也可以是无偿使用的。为此,本书主要从私人性的服务产品和公共性的服务产品两方面来探讨职教教学输出的服务产品质量治理。谈到质量治理,必然要涉及质量治理的核心问题。事实上,通过职业教育教学而输出的质量产品,必然要符合顾客的需要,从而面向顾客,投向市场。在职业教育教学输出的服务产品领域,若将教学活动的主体——学生视作顾客,那么,教学服务的提供者则为职业学校,教学服务的对象则为学生和学生家长;若将企业视作顾客,那么教学服务的提供者则不仅包括职业学校,也包含企业,教学服务的对象也为企业本身;若将社会和市场视作顾客,那么教学服务的提供者则为职业学校,教学服务的对象则为社会生活的各个领域。由此看来,职业教育教学输出服务产品治理的核心,便主要集中在围绕不同顾客的服务需求上。而要根据不同顾客的需求而推进服务产品质量的治理,为此,本书建构一种服务产品质量治理模式(如图5-9所示)。

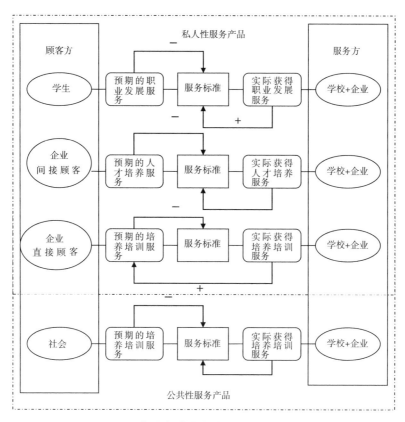

图5-9 职业教育教学输出的服务产品质量治理模式

在这一服务产品质量治理模式中,顾客方的需求是质量治理的核心,这对于教学质量治理共同体而言,不断缩小顾客方服务预期与通过教学而实际获得的服务之间的差距,是服务产品质量治理的关键。

首先,从顾客方的学生出发,由于职业教育教学服务资源相对紧缺,因而作为顾客方的职业学校学生,在享用具有准公共性质的职教服务产品上,表现为在服务资源使用上的受限性和竞争性特性。因此,学生在进入职业学校就读时,便以达到录取分数并交付学费的形式,从而享有职业教育教学服务产品享用的资格,而对于以职业学校和企业为核心治理主体的服务方来说,其义务便是保证学生所享有的教学服务产品的质量,事实上,学生所期望得到的教学服务是通过教学活动而获得相关职业知识和职业技术技能,从而使职业能力发展到一定的水平,以更好地就业。而职业学校在教学服务工作中,便应当围绕学生预期的职业能力发展水平而提供相应水平和质量的教学服务产品,但这种预期的教学服务水平和质量,只是职业学校提供教学服务的参照标准,若学生预期的服务水平过高且不切实际,那么对于职业学校来说,即便是综合社会各界的共同力量也很难实现。而且职业学校在具体的教学服务提供过程中也难免会出现失误或意外情况,完全依照学生的质量预期而进行服务质量治理工作,将很难实现。为此,对于教学服务质量治理共同体来说,便是要参照学生预期的服务质量、职业资格标准体系、职业学校本身的教育教学实际情况而建构一套教学服务标准,在教学服务标准建构之后,职教教学质量治理共同体的质量治理重心,便是落到了参照已建构的服务标准,有效调节学生预期教学服务获得、实际教学服务提供和服务标准三者之间的差距上,以使学生预期获得的职业发展服务小于已建构的服务标准,并同时尽可能地使职业学校实际提供的教学服务,大于已建构的服务标准,以有效保证学生预期获得的教学服务,远小于职业学校提供的实际教学服务,从而在提升学生教学服务感知效能的同时,更好地保障职业学校教学服务的水平。

其次,从顾客方的企业出发,企业可以作为职业学校在人才产品培养服务上的直接顾客,也可以是人才产品培养服务的间接顾客。当企业和职业学校之间形成一种在人才产品"订单式"培养关系时,企业便是职业学校人才产品培养服务的直接顾客;当企业主要是以在人才市场上招聘人才的形式获得其需求的人才产品时,其便是职业学校在人才产品培养服务上的间接顾客。事实上,在这一服务质量治理工作中,建构一种人才产品培养标准体系是质量治理工作开展的基础。而在企业作为直接顾客的情况下,同样受职教教学服务产品的准公共性质限制,企业若想成为教学服务产品的直接顾客,则需要以融资、教学物资投入或直接参与职业学校的人才培养工作等方式,而获取其预期得到的人才培养服务,为此,对于服务质量治理共同体而言,便是要在人才产品培养标准体系基础上,让企业的教学服务预期控制在人才产品培养标准体系的水平上或略小于人才产品培养标准,同时尽量使实际提供的教学服务大于企业预期的教学服务水平,并作好与企业间在服务提供上的沟通和交流工作,从而满足企业人才培养的预期水平。而在企业作为间接顾客的情况下,质量治理共同体的治理重心,便是保证实际提供的教学服务满足人才产品的培养标准需求。

最后,从顾客方的社会出发,同样受职教教学质量治理的准公共性质影响,职业学校为社会提供教育教学或培训服务,需要社会各界以购买服务的形式提供,如政府为下岗职工、失地农民等购买的职业培训、就业培训等,社会各领域如农民工、就业困难群体等发展需要购买的技能培训、入职培训等,从而使得社会也成为职教教学质量治理服务产品的间接顾客。诚然,由于职业教育作为服务社会大众的教育,其具有促进社会发展的间接作用,因而也具有服务社会大众的间接义务,不仅如此,职业教育教学质量治理具有公益性的品质,教学质量治理的服务产品也一定程度地表现出其公益性品质,为此,职业学校为社会提供的教学服务产品不具有营利性质。事实上,职业学校为社会提供的教学服务产品不但不具备营利性质,还必须要保证达到基本的培养培训服务标准。而从现实的职业教育教学与培训实践情况来看,职业学校在为社会提供教育教学培训服务过程中,缺少相应的培养培训标准体系,也缺少相应的培训服务评价体系。为此,对于职教教学质量治理共同体而言,则需共建一种培养培训服务标准体系,以有效促使社会期望获得的培养培训服务,能够达到共建的培训服务标准体系的基本指标,并共同保证实际提供的教育教学培训服务能够大于服务标准,进而也大于社会预期得到的服务水平,以有效保证社会各界对职业学校教学服务产品的社会认同,从而建立职业学校在教学服务上的良好"社会口碑"。

第六章 治理效果:职业教育教学质量共治成"善态"

在探讨教学质量治理过程后,便应当侧重于对教学质量治理结果的关注。职业教育教学质量治理的结果,是一段时间或一个过程结束后,教学质量治理所达到的状态,并主要是对这一特定时间和阶段内,相关主体质量治理水平和治理能力一定程度的体现,其主要关注的是一种"点"状的治理状态。事实上,教学质量治理工作并非是完成某一项或某一阶段工作任务便截止,而是需要在反复的质量治理工作实践中,经过不断凝练并实现实践智慧不断集结,从而使质量治理工作发挥持续作用效益的过程。因而,在某一阶段质量治理工作结束后,还应当持续关注质量治理工作后期产生的效果和效益,而要全面考察职教教学质量治理结果产生的持续影响,则需要对职教教学质量结果所生成的效果进行治理,以使教学质量治理工作发展成一种"线"状,进而到"环状"的治理发展模式,从而有效推进教学质量共治产生正向的促进作用,并在共治中逐步走向一种教学质量发展"善态"的理想状态。

职业教育教学质量共治成"善态",主要包含了三层含义:其一,通过教学质量共治促进职教教学质量本身进入良性循环发展状态;其二,通过教学质量共治促进教学质量治理工作进入一种良性的循环发展状态;其三,通过教学质量共治而稳固治理主体间的合作关系,并共同推进彼此进入共生共赢发展状态。本章主要是在前几章基础上,重点探讨教学质量治理从质量治理结果到质量治理效果层面所应达成的"善态"理想状态,而促使这种"善态"的形成,要推进从以往的固步自封式线性发展"平衡态"向良性循环发展的"善态"转变,因而,对应"善态"包含的三层含义,职教教学质量的共治内容,也便是要推进三个层面内容的逐步发展演进。首先,对应教学质量本身的"善态"推进,要实现在教学质量结果与教学质量效果之间,通过各种治理措施和行为,推进教学质量本身进入一种良性的发展循环中;其次,对应教学质量治理工作的"善态"推进,要实现在教学质量共治与教学质量善治之间,经由元治理,而达成教学质量治理工作进入良性循环发展中;最后,对应教学质量相关主体的"善态"推进,要实现相关主体关系的有效协调,从而使质量相关主体共同实现良性发展(如图6-1所示)。

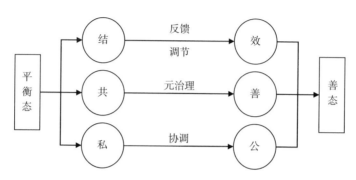

图 6-1　"善态"推进结构图

第一节　治于"结果"与"效果"之间:职教教学质量本身的"善态"推进

由于职业教育教学质量发展系统主要沿着职业学校长期形成的发展惯性而运行,并周而复始地重复着同样的教学步伐和同样的教学节奏,若职业学校的教学质量系统是多年不良教学惯性作用的结果,那么这种教学质量系统也将沿着惯性路径而低效和低质量循环发展着,以至于这种低质量发展成为常态。[①] 教学质量是一个不断变化的发展系统,传统的职教教学质量管理实践,在质量管理初期主要注重教学质量目标的设定,质量管理后期主要注重教学质量结果的获取,教学质量的发展也便形成了一种沿着这种从目标起始点到目标终点的"点—线—点"相对静态式发展模式。而正是受这种教学质量发展模式的影响,

---

① 温恒福、张萍:《大学教学质量改进的基本原理》,《中国高教研究》2014 年第 12 期。

多数职业学校的教学质量因较少受外在因素的影响，从而形成一种相对固势的平衡发展状态。事实上，教学质量结果及其所产生的后期效应，会对教学质量本身起重要的反馈和调节作用，因而，治理于"结果"与"效果"之间的重心，则是有效利用教学质量结果及其相关信息，使其产生对教学质量持续的正向性发展作用，从而使教学质量从相对静态的、固势的平衡态，发展为一种动态良性循环的"善态"。为此本书建构了一种推进职教教学质量本身良性发展的循环推进模式（如图6-2所示）。

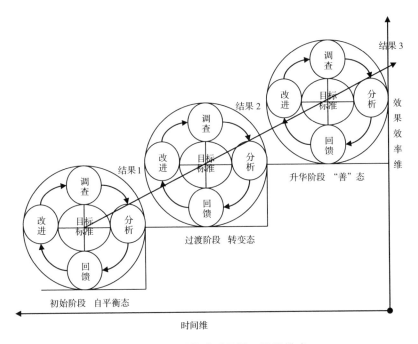

图6-2　职教教学质量循环推进模式

而这一模式的主要旨意在于通过建构一种动态的"质量环"，并集合质量相关主体的共同作用，配套建设相应的质量结果调查机制、质量结果分析机制、质量信息反馈机制和质量改进机制，以促使职教教学质量从传统的"点—线—点"静态发展平衡态，逐步进阶式发展到职教教学质量的良性"善态"中。这一循环推进模式，从横向的时间维来看，主要代表了三个阶段职教教学质量的发展，包括初始阶段的教学质量发展水平，过渡阶段的教学质量发展水平，以及升华阶段的教学质量发展水平；从纵向的效果效率维来看，主要代表了三个阶段的职教教学发展结果和状态，包括"自平衡"态，转变态，以及"善"态；从横切面的内容来看,主要由三个不同水平的"质量环"组成,每一个"质量环"内部又主要围绕阶段性教学质量目标和标准而形成由教学质量结果调查、结果分析、结果回馈和结果改进四个相互衔接并循环发展的内容,并以循环推进整体结果的发展。事实上,每一"质量环"又代表那一阶段职教教学质量的发展结果和水平,每一阶段的教学质量结果又为下一阶段教学质量的发展奠定基础。下面主要从质量环内部四个方面的内容进行分类介绍。

一、信息获取:职教教学质量结果调查

在初始阶段的职教教学质量治理完成之后,便需要集教学质量共同体之力,建立一种专门的教学质量结果调查机制,从而就各自负责的领域全面收集教学质量结果相关信息,以检验职教教学质量治理的效果情况。若收集到的信息越全面,覆盖的范围越广,则越能反映教学质量的结果情况。前文已提到,由于职教教学质量的结果主要以教学产品、人才产品和服务产品表征出来,对职教教学质量结果的调查,也主要围绕着对教学产品、人才产品和服务产品的质量相关信息的获取。首先,对教学产品质量信息的获取,主要集职业学校内部质量检查组织、企业、评估机构等力量,共同通过对职业学校整体的教学产出情况,如职业学校教学模式的外在效度、社会推广效益、社会知名度以及教学直接成果获奖数量、质量、级别等相关信息的全面调查,以把握职业学校教学产品质量的整体情况;其次,对人才产品质量信息的获取,主要集职业学校、企业、市场和社会等力量,共同对职业学校输出毕业生的毕业情况、就业情况以及毕业生入职后发展情况进行跟踪调查,对接纳职业学校输出人才产品的企业和用人单位进行满意度调查,对人才产品投放的市场需求和调节情况进行全方位调查,以全面把握职业学校人才产品的质量情况;最后,对服务产品质量信息的获取,主要集职业学校、企业、评估机构和政府等力量,共同对职业学校服务产品的顾客方进行服务满意度调查,以全面把握职业教育服务产品质量的情况。诚然,对职教教学质量结果信息的全面获取,需要有效控制影响调查结果的外在干扰因素,并在这一过程中,形成评估机构主导职教教学结果调查、企业参与职教教学效果调查、市场和社会辅助职教教学效益调查、政府宏观协助职教教学成效调查的格局,从而为下一阶段质量结果的分析和认定作好铺垫。

二、差距认定：职教教学质量结果分析

在获取关于职教输出教学产品质量、人才产品质量和服务产品质量的全面信息后，便需要对这些信息进行整理、加工和处理，从而分析职教教学质量阶段性治理后的绩效。这对于职教教学质量治理共同体而言，便应当建立一种专门的教学质量治理结果分析机制，通过对教学产品、人才产品和服务产品相关信息进行归类和分类处理，全面分析教学质量各部分内容的发展和问题情况，从而以教学质量报告的形式来说明教学质量情况以及质量问题点和需要改进的方面。而在具体的教学质量分析实践中，可以根据教学质量结果分析的内容选用数量统计方法、对比分析方法、因果分析方法等。如通过数量统计分析，整体分析历年优秀毕业生人数占总毕业人数的百分比，跟踪分析短期内失业人数占总就业人数的百分百，不合格人数占全部参加考核的人数的百分比，教学成果获奖的数量级别的增减等，并用曲线或条形图表示出来，从而通过变化的曲线来判定质量的高低；通过因果分析方法，全面分析引起教学质量问题出现的原因，逐一排查影响教学质量问题的因素；而在教学质量分析方法中，最直接的分析方法便是将实际获得的教学质量信息与事先拟定好的教学质量目标或教学质量标准进行比照，从而找出实际的教学质量结果与教学质量目标或教学质量标准之间存在的差距，并全面分析差距形成的原因、影响差距形成的各种因素，从而最终形成关于教学质量结果的总结性结论。由于受职业教育本身跨界性质的影响，职教教学质量辐射的领域较为广泛，对职教教学质量结果的分析，也需要整体考察经济社会发展情况、企业运作情况、行业发展情况、市场调节情况等诸多方面的内容，因而，设定的教学质量目标或教学质量标准应当具有动态性，而且参与教学质量结果分析的主体也应尽量涵盖社会领域的各个方面，从而全面真实地反映职业教育教学质量的基本情况。

三、反馈调节：职教教学质量结果回馈

在完成职教教学质量结果信息的收集和加工分析后，便需要将教学质量的整体情况反馈到教学质量形成的各个阶段，从而为下一阶段的教学质量改进奠定基础。为此，对于职教教学质量治理共同体而言，便要集中优势力量共建一种职教教学质量反馈机制，从而使教学质量信息能够形成整体的循环系

统（如图6-3所示）。

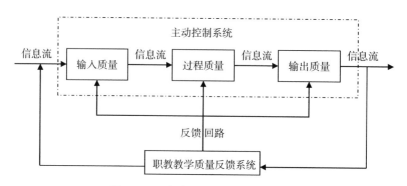

图 6-3　职教教学质量结果回馈系统

这一教学质量回馈系统的作用对象主要是职教教学质量各阶段的相关信息,通过对质量相关信息进行加工后,进而将教学质量信息及时地反馈到教学质量主动控制系统所涵盖的教学输入质量、教学过程质量和教学输出质量各个阶段中去,从而形成一种作用于整体教学质量系统的质量信息反馈回路。在这一质量信息反馈过程中,教学质量目标或教学质量标准同样是各质量治理主体关于教学质量信息反馈的重要参照。在对输入质量信息的反馈中,评估机构是信息反馈的主体,政府和职业学校则是教学输入质量信息的反馈客体,评估机构通过以教学质量报告的形式将教学输入质量的达标情况反馈给职业学校和政府;在对过程质量信息的反馈中,职业学校和企业既是信息反馈的主体,也是信息反馈的客体,并主要通过将质量问题或质量对比差距信息及时反馈给教师或教学管理人员,从而让教师或教学管理人员即时认识到质量问题并做好改进准备;在对输出质量信息的反馈中,评估机构、企业和社会是质量信息反馈的主体,职业学校是信息反馈的客体,评估机构主要通过质量评估报告或职业学校排名等形式反馈职业学校的毕业率、就业率和教学质量等方面的信息,企业和社会则主要通过对职业学校输出的职业人才的工资待遇、升职、下岗、跳槽等情况反馈职业学校教学输出质量的相关信息。

四、循环发展:职教教学质量结果改进

这里职教教学质量结果的改进与前文关于职教教学过程质量的协同改进相区别的是,前者主要是针对教学过程系统层面问题的改进,而职教教学质量结果

的改进,是将教学质量视作集输入、过程和输出为一体的整体系统,在一个阶段的教学工作完成后,从整体系统出发,针对其中出现的质量问题和质量偏差进行改进,以提升下一阶段教学工作的质量效果和效益。事实上,职教教学质量结果的改进,并非针对教学质量结果本身,而是基于前一阶段教学质量结果调查、分析、反馈工作的基础上,根据教学质量结果所反馈的问题和原因,有针对性地对下一个阶段的教学输入、教学过程和教学输出整体过程中的质量问题和质量偏差进行改进,并对接下一阶段教学质量结果的调查,从而形成教学质量发展的自循环质量环。而前一个阶段的教学质量结果又是作为下一个阶段教学质量改进工作的基础,并通过自循环质量环,逐步推进整体的职教教学质量从自平衡态向"善"态发展。在具体的质量改进工作中,对于教学质量治理共同体而言,同样是以预先设定的教学质量目标或教学质量标准为参照依据,通过共同的教学质量治理行动而向预设的质量目标或标准靠拢。由于教学质量的承载体是职业学校本身,因而对教学质量结果的改进工作也主要由职业学校实现,其他如政府、企业、评估机构和社会力量则主要起到一种辅助的改进作用,并引导职业学校的教学质量改进工作实现与社会经济结构调整和行业企业发展需求的对接,以打破职业学校教学质量低效惯性发展的自平衡态,从而使教学质量系统演变为一种良性发展的循环系统。

第二节　治于"共治"与"善治"之间:职教教学质量治理工作的"善态"推进

由于职教教学质量的形成不仅是职教教学系统自身运作的结果(以教师的教学活动为载体),其也是职教教学质量治理工作机制作用的结果(以相关治理主体的治理工作为载体)。至于共治与善治之间,主要是就职教教学质量治理工作本身而言的,并通过治理工作在推进教学质量系统走向良性循环发展"善态"的同时,也有效推进质量治理工作本身进入良性循环发展的"善态"。

在职教教学质量治理工作中,任何一个主体的治理行为或治理决断,均会影响到职教教学质量的发展,不仅如此,职教教学质量目标也随时处于不断变化发展中,由此决定了职教教学质量治理工作和治理行为也同样处于动态变化状态中。鉴于职教教学质量系统的复杂性和教学质量目标的动态变化性,试图依靠职业学校单方面教学质量管理机制的自组织运作,以及依靠多方教学质量管理主体的单纯结合而实现对职教教学质量运作的控制,势必很难达到以"善治"促"善态"的目标,因而,确有必要从职教教学质量治理机制本身出发,对职教教学治理机制进行治理,只有对职教教学质量的元治理,才是保证职教教学质量治理工作本身质量的有效前提。诚然,职教教学质量的元治理并非是凭空而出,而是职教教学质量治理理性进一步发展的必然产物。

前文"治理逻辑"部分已提到,理性的发展决定了行为的发展。多元公共理性向协作公共理性发展,并受协作公共理性指引而产生职教教学质量的协同共治,从而生成以"协同共治"求"共赢善治",并在"协同共治"的过程中逐步实现"共赢善治"的公共治理逻辑。事实上,协作公共理性主要指引治理主体形成职教教学质量上的协同共治,而在推进"协同共治"向"共赢善治"的发展过程中,还受一种反身理性①的影响。反身理性形式是对话式的,而非独白式的,多元的而非一元的,自组织的而非等级制的或无秩序的。② 当协作公共理性发展成为常态的情况下,自组织的教学质量共治则受反身性理性的影响,这种反身性理性在职教教学质量共治上的体现,是职教教学质量的共治作用并影响着职教教学质量系统,而职教教学系统的发展又影响并决定着职教教学的共治,也正是受这种反身性理性对职教教学质量共治的影响,从而决定了职教教学质量的元治理成为必然。

一、元治理与职教教学质量的元治理

元治理,是治理的治理。由于"治理强调人际间、组织间、力量间、机制间的谈判和反思,而谈判和反思意味着参与力量的多元化和分散化"。③ 事实上,这种参与力量的多元和分散,容易导致原有治理机制和治理作用的失灵现象。而为了弥补这一问题,英国著名政治理论家鲍勃·杰索普(Bob Jessop)最早提出了元治理理论,其认为,元治理是"治理条件的组织,以及涉及市场、层级、网络

---

① 反身理性主要源自新层级的政治经济学领域杰索普关于自组织治理的思想。

② 肖扬东:《马克思主义国家理论的新进展——杰索普"策略关系"国家理论研究》,上海人民出版社 2012 年版,第 158 页。

③ 郁建兴:《治理与国家建构的张力》,《马克思主义与现实》2008 年第 1 期。

的明智混合以得出可能的最好结果"①,其出现的初衷则在于,对原先存在的治理机制易出现治理失灵情况的治理,通过综合原有治理力量、治理机制和治理形式,对其进行统一宏观设定和安排,并重新组合各种治理机制,从而修正和完善原有的治理。元治理理论强调"元治理作为一种社会力量进入治理领域是试图使各种治理机制发生共振(collibrate),并修正它们的相对重要性。共振,又涉及复杂的、相互依赖的不同协调形式的整体组织和平衡"②。不仅如此,元治理理论还强调通过进行制度的重新设计,为治理共同体反馈与不同行动场所及领域间的功能联系,为物质依赖性的学习提供相应机制,并鼓励不同目标、空间和时间地平线、治理安排的行动和结果之间形成相对连贯的关系,从而使不同领域自组织得以协调。③ 由此看来,元治理主要是在已有治理基础上,对治理活动中原有治理的修正和完善,以有效促进各种机制的优化和协调。而从理性层面来看,社会领域内的元治理,受一定程度的反身理性影响,其同时强调治理主体之间通过持续不断的对话,在"时空视界"实现层级重塑和路径塑造,并经由对话协商而产生在治理上的共识。因此,元治理十分强调在治理领域建构一个友好协商对话的语境,从而实现对原有不合理的治理机制进行重新设计和安排,以有效促使治理结果达到公众预想的结果。

将元治理运用于职教教学质量治理领域,也便形成对职教教学质量治理的治理,即职教教学质量的元治理。事实上,元治理并非适用于任何治理情境。库伊曼(J.Kooiman)曾指出,元治理不是解决具体问题的活动或者为解决具体问题而修改制度条件的活动,而是改变这些活动赖以发生的规范框架,在最广泛的意义上为善治筹措条件。④ 元治理主要是从整体的问题层面,对原有质量治理机制的治理,并主要适用于当原有治理系统本身在一个阶段的治理工作完成后表现出低效或问题丛生时,则需要对治理机制本身进行元治理,从而弥补原有治理机制的缺陷和问题,以便更好地推进治理善态的形成。在职教教学质量共治范畴,同样容易出现共治主体之间因人际、组织、力量、机制等方面的分散和不协调

---

① 李澄:《元治理理论综述》,《前沿》2013 年第 21 期。

② B.Jessop,*The Future of the Capitalist State*,Cambridge:Polity Press,2002,pp.52-53.

③ 肖扬东:《马克思主义国家理论的新进展——杰索普"策略关系"国家理论研究》,上海人民出版社 2012 年版,第 160 页。

④ 敬乂嘉:《合作治理:再造公共服务的逻辑》,天津人民出版社 2009 年版,第 185 页。

而导致教学质量治理机制失灵的情况。强调对职教教学质量的元治理,主要是基于职教教学质量治理在完成一个阶段的工作后,通过整体考察职教教学质量治理机制在作用教学输入系统、教学过程系统和教学输出系统过程中的运作情况,并有效利用职教教学质量结果所反馈的问题信息,修正和完善职教教学质量治理机制本身,从而推进职教教学质量治理工作进入善态。从本质上看,职教教学质量的元治理主要解决的是不同治理主体或要素之间的冲突,并通过对不同治理价值进行澄清和协调,从而为共同协调的治理行动夯实基础。

二、职教教学质量元治理结构运作模式

探讨对职教教学质量治理机制的治理,势必先着眼于机制本身的特性。由于机制是指"机器各个部分之间的相互关系及其运行方式",①其映射的主要是机制内部各要素的构成及其相互作用的关系、功能结构和作用原理,为此,基于机制本身涵盖的要素关系、功能运作和价值作用等三个层面的主要内容,本书建构了围绕职教教学质量的元治理运作模式(如图 6-4 所示),旨在针对原有教学质量治理机制运作低效等问题,通过对职教教学质量治理机制本身的治理,实现不同治理形式的重新连接并形成共振,从而修正和完善质量治理机制本身,以促使职教教学质量治理工作进入一种良性循环发展的"善态"。

结合前文内容可知,职教教学质量治理机制由外部质量治理机制和内部质量治理机制构成,外部质量治理机制主要由政府、企业、职业学校、评估机构和其他社会力量等主体要素构成,经由一定的形式集结并共同参与到职教教学质量治理中;内部质量治理机制主要由职业学校和企业内部的校长、教学副校长、教务处、教学委员会等构成决策层、管理层、执行层和操作层等内部教学质量治理主体要素。除了教学质量治理构成的主体要素外,还包括一些物力、财力、资源等治理要素,从而共同构成了职教教学质量治理机制的要素层。事实上,每一主体性治理要素又在治理机制中发挥着不同的功能。

一方面,从外部质量治理机制中的主体要素功能来看,政府主要以一种调控性治理主体的身份间接参与教学质量的治理,并在其中发挥一种调控性治理功

---

① 孙绵涛:《关于体制改革与机制创新关系的探讨》,《华中科技大学学报(人文社会科学版)》2009 年第 4 期。

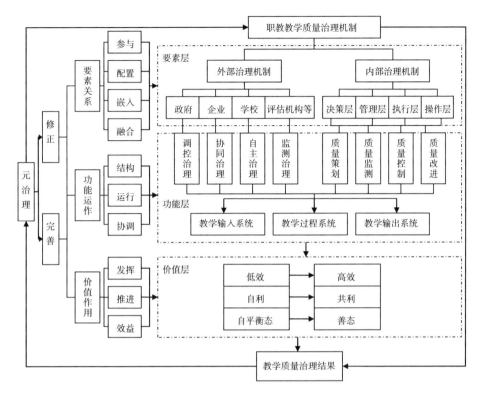

图 6-4 职教教学质量元治理运作模式

能;企业主要以一种协同性治理主体的身份直接或间接地参与教学质量的治理,并在其中发挥协同性治理的功能;职业学校则是以自主性治理主体的身份直接进行教学质量的治理,并在其中发挥主要的自主性治理功能;评估机构和社会其他力量则是以一种监测性治理主体的身份直接或间接地参与教学质量治理,并在其中发挥重要的监测性治理功能。

另一方面,从内部质量治理机制中的主体要素功能来看,职业学校内部决策层、管理层面、执行层和操作层在各自负责的领域内,整体发挥着质量策划、质量监测、质量控制和质量改进功能。正是通过内外部质量治理各主体要素功能的发挥而形成了职教教学质量共治的功能结构,并共同作用于职教教学质量形成的教学输入系统、教学过程系统和教学输出系统,从而构成职教教学质量治理机制的功能层。诚然,职教教学质量治理功能的发挥,必然会产生一定的质量治理作用,这种作用或是促进性的,或是阻碍性的,从而构成了职教教学质量治理的价值层。职教教学质量治理价值作用后便形成了职教教学质量治理的结果,用以反馈职教教学质量治理机制的运作和作用情况,从而为元治理工作的展开奠定基础。

三、职教教学质量元治理的"善态"推进

职教教学质量元治理运作模式起始于职教教学质量治理机制前一阶段的运作结果,并基于教学质量治理结果反馈的质量问题和机制运作的效果情况,以实现对职教教学质量治理机制的修正和完善,并通过对职教教学质量治理机制所涵盖的要素关系、功能运作及价值作用三个层面而逐一推进元治理工作的展开。

(一)职教教学质量治理机制要素关系的治理

职教教学质量治理机制要素关系的治理是元治理推进的基础。而实现对要素关系元治理的关键在于,从整体层面提升对职教教学质量治理人力、物力、财力资源要素在特定时间内的配置效率和产出效率,具体审查内外部治理要素在教学质量共治合作领域的参与情况、配置情况、嵌入情况和融合情况,并有效整合和协调内外部治理要素之间的关系,以保证内外治理机制之间的融合共生。

首先,职教教学质量治理要素参与的治理。职教教学质量治理主体性要素的参与程度决定了其在教学质量共治上合作的深入程度。对主体性要素的参与治理,则需事先对各治理主体参与职教教学质量治理的程度进行跟踪调查,以明确治理主体之间的合作是一种形式层面的浅层合作,还是实质层面的深入合作。若这种合作关系是一种浅层合作,那么又需要进一步探索这种浅层合作是假象合作、被动合作或牵制性合作中的哪一种,并根据不同合作形式采取有针对性的治理措施。如针对外部质量治理主体之间的假象合作问题,则需要经由政府进行牵头带领,通过制订相关优惠政策,从而吸引行业企业、评估机构和其他社会力量共同参与到教学质量治理行动中;针对内部质量治理之间的牵制性合作问题,则需要有效调节职业学校内部决策层、管理层、执行层和操作层之间的关系,尤其是要处理好各自在学术权力与行政权力上的关系,并引入行业企业在职业学校内部教学上的深度参与;针对被动合作问题则应当实现在利益合理分配基础上建立各治理主体间的深度合作机制,并明确各主体的责任和义务,并监督和督促各主体在合作上的治理行为。

其次,职教教学质量治理要素配置的治理。对职教教学质量治理要素的配

置治理,是从整体层面进行对质量治理各资源要素的优化配置,如对人力、物力、财力等资源的合理配置,以有效发挥要素间"1+1>2"的整合效益。而在各要素资源的优化配置中,人力资源的优化配置是关键,这便需要集中内外部教育行政部门、教育管理者、决策者等共同实现对教学相关人力资源的配置性测评,并根据教学质量相关岗位的工作需求和人员素质特征要求,以考察教学质量相关人员是否适合并能适应其职业岗位,从而有效实现"人适其事,事得其人,人尽其才,才尽其用";而对于物力和财力等资源要素的配置,则需要因地制宜,基于原有的资源数据信息,对比考察在完成一个阶段质量治理工作后,资源的利用效率和效益,并基于此,充分整合教育教学行政支配力与市场调节作用力,共同进行对资源要素的合理配置和优化组合,以避免资源因配置不合理而导致的浪费。

再次,职教教学质量治理要素嵌入的治理。职教教学质量治理要素嵌入的治理,主要是针对职教教学质量治理机制中存在的,教学质量治理系统与教学系统之间相脱节的情况。对职教教学质量治理要素的嵌入治理,便是要有效推进质量治理系统深度嵌入到教学系统中去。一方面,从质量治理主体要素的嵌入来看,治理主体嵌入到教学质量系统中,更有利于治理主体对教学信息的获取、教学相关要素的控制和掌握,而这种嵌入形式包括关系性嵌入和结构性嵌入。教学质量治理主体,尤其是职教教学外部治理主体,如企业、政府、社会等通过在教学系统中关系的嵌入,更利于在职教教学系统中进行教学信息的交流和沟通,以形成主体之间的信任和合作伙伴关系,从而形成各治理主体之间相对固定的信息交流和控制圈。在保证质量治理主体在职教系统的关系嵌入的同时,还需要实现各治理主体在系统中的结构性嵌入,以保证这些治理主体,尤其是与职教系统密切联系的行业和企业,能够在职业学校教学质量治理系统中占据一定的治理位置,从而形成一种稳定的治理关系结构,以保证质量治理系统与教学系统的密切融合。

治理主体在实现关系性嵌入和结构性嵌入后,便需要治理主体对教学工作内容的深层掌握和对教学系统发展规律的全面认识,以有效推进教学质量治理工作的展开。一方面,对职教教学质量治理主体要素的治理,则需要首先保证职教教学质量治理的领导者、管理者或监督者,其同时也是职教教学某一专业领域的引领者或开拓者,以确保各治理主体在具体的治理工作中,能够准确把握教学质量问题的本质,并能迅速找到问题突破的关键点。而对于非直接领导和管理的治理参与者,则需要不断督促其加强教育教学相关理论学习和教学实践锻炼,从而提升其质量治理的工作效率。另一方面,对其他治理要素的治理,如信息、时间、环境、物资等要素的治理,则需要切合职教自身发展的规律,以职教教学系统的发展为核心,并围绕教学工作的展开和系统的良性发展而逐次嵌入其中,从而保证职教教学系统本身的高效运作。

最后,职教教学质量治理要素融合的治理。推进职教教学质量治理要素的参与、配置和嵌入,主要是为了促使各要素之间形成一种共生融合的关系。推进职教教学质量治理要素的融合治理,则主要经由如下三个步骤。其一,促使职教教学系统内部各要素之间的融合。由于职教教学系统是有效连接职业生产域与学校教学域的桥梁,为此职教教学系统也内在包含了职业生产域所涵盖的工作与生产性要素和职业学校教学域内在涵盖的教育性要素,因而,推进职教教学系统内部要素之间的融合,便是要有效促使教学与生产的融合、工作与学习的融合、专业与产业的融合、内容与标准的融合等,从而建构职教教学系统本身的要素体系。其二,实现质量治理要素之间的融合。由于职教教学质量共治是由多方治理主体协同实现,其在治理工作上实现了跨领域、跨部门、跨行业的有效结合,因而,其治理工作也需要实现不同领域治理要素间的有效集结,如实现职业学校的教学管理要素、企业的生产经营管理要素、政府的社会管理要素等的有效融合,从而建立一套针对职教教学质量系统的治理体系。其三,促使职教教学系统与职教教学治理系统要素的融合。在建构职教教学系统与职教治理系统后,便是致力于推进这两个系统的内在融合,并建构这两者之间的相互联系,以有效促进职教教学质量治理系统与教学系统的融合共生发展,从而从整体层面筑构一个稳定而健全的职教教学质量治理结构体系。

(二)职教教学质量治理机制功能运作的治理

职教教学质量治理机制功能的发挥,是在机制内部各要素关系协调并形成稳定结构的基础上实现的。对职教教学质量治理机制功能运作的治理,势必需要对治理机制功能结构、功能运行和功能协调三个层面的内容进行全方位考察。

首先,职教教学质量治理功能结构治理。职教教学质量治理功能结构,主要涉及职教教学质量治理的内部治理结构和外部治理结构及其在教学质量治理上形成的功能关系。而实现对职教教学质量治理功能结构元治理的重心,则应侧重于考察当前治理的功能结构是否合理,治理结构关系是否和谐。为此,一方面,考查治理功能结构是否合理的基础是不断推进质量治理结构的审查和调解。而对应内外部质量治理结构,则需要建立一种内外部质量治理审查制度。诚然,无论是内部治理结构或是外部治理结构,其功能结构形成的重心主要在于其权力关系结构上,因而,对于内部教学质量治理结构的审查,则主要集中以职业学校作为第一方进行自组织审查,重点考察职业学校内部行政权力、学术权力等在质量治理上的结构关系,及其在职教教学质量策划、教学质量监测、教学质量控制和教学质量改进上作用结构的合理程度。而对于外部教学质量治理结构的审查,则主要集中以行业企业及其他社会力量作为第二方、以评估机构作为第三方进行教学质量治理结构的他组织审查,重点考察职业教育教学外部的政府权力、市场权力和社会权力等在质量治理上的结构关系,及各自在职教教学质量上的调控性治理、协同性治理和监测性治理上作用结构的合理程度。另一方面,在对质量治理结构进行审查的基础上,有效调节治理功能、结构之间的关系,并优化整体结构。针对质量审查中存在的结构性问题进行及时的改进和调整,如针对职业学校内部行政权力制约学术权力的现象,则需要有效调整行政权力运作模式,提升学术权力组织在教学上的地位和作用;再如针对教学质量治理功能结构中存在注重教学质量的监测和控制,却忽视教学质量改进,则需要有效提升教学质量改进组织的应有权重和作用权限,从而有效促使各功能结构之间的衔接和密切配合,以整体优化内外部教学质量治理结构。

其次,职教教学质量治理功能运行治理。对职教教学质量治理功能运行的治理,主要是考察其功能运行是否持续稳定和高效,特别是在打破以往教学质量治理常规而组建的由多方治理主体参与的教学质量共治体系中,尤其需要关注其共治机制的功能运作是否稳定和高效。从职教教学质量治理功能运作的程序来看,其基本按照质量策划、质量监测、质量控制和质量改进这一常规程序,或基于 PDCA 教学质量管理循环模式的制订计划(P)、组织实施(D)、检查评估(C)和总结提高(A)这一流程展开,从而作用于职教教学输入、教学过程和教学输出系统。事实上,每一阶段治理环节的运作质量又会一定程度地影响下一阶段的治理工作质量,为此,对质量治理功能运作的治理,则需要全面考察并把控质量治理过程每一环节的功能运作情况,及时防范治理过程每一环节中出现的管理失误问题,减少管理的波动、加强管理预警,找准质量问题出现的关键环节,并有效协调来自学校外部因素在质量治理上作用的发挥,并重点关注职教教学质量治理运行的效率,通过减少繁冗的管理程序和管理环节,以保证质量治理功能运作的效率。

最后,职教教学质量治理功能协调治理。对职教教学质量治理功能协调治理的关键是考察其功能发挥是否协调有序。在职教教学质量治理中,不同治理主体之间的权责关系和责任程度不同,其在教学质量治理范畴的功能领域和功能发挥程度也各不相同,从而难免出现各自因功能发挥程度不同而出现功能领域的交叉和冲突问题。如政府作为职教发展的重要责任主体,并肩负着提升职教教学质量的责任和义务,若其在教学质量治理上的宏观调控功能,较多作用并干涉职业学校的教学质量治理,则易引起其他治理主体对政府"越位"干涉职业学校教学自主权的诘问,而若政府较少作用于职教教学质量的治理,则又难免出现其他治理主体对政府职责"缺位"的质疑;而从职业学校内部来看,传统的自上而下质量治理模式中,教学质量治理决策层和管理层在教学质量治理上的权力和权限过大,则难免会影响作为底层执行层和操作层面功能的发挥,尤其是教师教学治理功能的发挥。诚然,教学质量系统是一个自下而上底部宽阔顶端狭窄的发展系统,底层功能作用的发挥对整体质量体系的发展起重要的支撑作用,因而,对职教教学质量治理功能的协调治理,便需要整合内外部治理主体各自负责的功能领域,以有效实现内外部治理功能间的协调和有序,从而确保内外部治理功能形成合力,共同致力于质量治理机制本身运作的提升。

(三)职教教学质量治理机制价值作用的治理

对职教教学质量治理机制价值作用的治理,主要基于一定的价值标准,通过对机制价值的发挥、价值的推进、价值的效益三方面进行考察,并旨在通过对机制运作及其价值作用的发挥进行有效引导,以推进治理向预设的目标和方向发展。首先,在治理机制价值发挥层面,职教教学质量治理机制作用的直接目标在于提升职教教学的质量,其价值发挥的程度主要通过在推进教学质量提升上的作用大小表现出来,并主要以各项教学质量项评价指标反映出来,事实上,教学质量评价体系是评价和反馈教学质量治理机制价值发挥的一个重要方面,而要考察职教教学质量治理机制本身的运作情况及其价值作用的发挥情况,则有必要从治理机制本身出发,建立一套基于职教教学质量治理机制运作原理及其价值效益发挥的质量标准,并配套建设相应的评测体系,从而全方位考察治理机制本身的科学性和有效性以及其价值发挥的作用程度。其次,在治理机制价值推进层面，职教教学质量治理机制的价值推进治理，主要表现在使职教教学质量治理机制本身从低效发展向高效发展，从自利治理向共利治理发展，从自平衡态治理向善态治理发展。推进职教教学质量治理机制本身从低效发展向高效发展，主要是在原有治理机制的基础上，针对原有机制运作层面出现的问题，而修正和完善质量治理机制本身，通过不同治理形式的重新连接并形成共振，以提升治理机制的运作效率；推进职教治理机制从自利治理到共利治理，不仅能够有效协调治理主体之间的利益分配，还能助推治理主体之间治理合作关系的深化；推进职教治理机制从自平衡态向善态发展，是有效促使职教教学质量治理机制本身能够突破自身问题，从而进入良性循环发展善态。最后，在治理机制价值效益层面，推进治理机制价值效益治理的核心在于，不断实现对治理机制本身的修正完善，提升治理机制本身的内外在效度并使其产生良好的社会效益。

第三节 治于"私益"与"公益"之间：职教教学质量治理关系的"善态"推进

前文第三章内容已经提出，职业教育教学质量的结果主要以教学质量产品的形式表征出来，由于职业教育产品是作为准公共产品而具有混合的性质，因而，职业教育教学质量产品也同样具有混合的性质。职业教育教学产品正是受其混合性质的影响，因而其产品的提供者也较为多元，公共性的性质决定了这种产品的提供主要由政府承担，而私人性的性质决定了这种产品的提供可以由个人或市场共同承担。受区域经济转型升级的影响，职业教育受市场机制的作用影响更大且更为直接，行业、企业以及其他社会力量与职业教育教学质量之间的关系也最为紧密，而当职业学校、企业、政府、市场或社会其他力量以契约、合同、入股、融资等形式在职教教学上形成一种合作关系或通过合作办学共同承担职业教育教学产品的提供，并共同参与职业教育教学质量的共治，共同推进职业教育教学质量的提升，从而从中获得一定的利益，也是各教学质量治理主体在职业教育教学上各取所需，各得其利之势态。诚然，职业教育教学产品的准公共性质，在为多元力量参与职业教育教学质量治理提供契机的同时，其准公共产品性质内在涵盖的私人性和公共性，也成为多元主体参与职教教学质量治理中较难调和的一对矛盾关系。私人性特质决定了这些产品在一定程度上表现为一种私利性,而公共性的品质则决定了这些产品在一定程度上又表现为一种公利性,因而,职教教学质量致力于私益与公益之间的关系调和,能够有效巩固并稳固职教教学质量治理主体之间的共生合作关系,从而推进各治理主体的"善态"发展。

一、私益到公益:职教质量治理主体间的关系调和

职教教学质量治理主体之间基于一定的利益而集结成相互间的合作关系,而合作关系的形成又必然需要各治理主体遵循一定的规则,但规则的规约作用又必然需要以效率至上为前提,为此,本书认为,要协调各治理主体在私益性与公益性层面上的关系,则需要建立在"利益""规则""效率"三个向度上,同时支撑职教教学质量治理主体之间关系协调和行为协同的框架,以有效助推各治理主体在职教教学质量治理上形成一种共生合作关系。①

(一)利益驱动职教教学质量共治关系的稳固

利益的获取是各职教教学质量治理主体之间合作关系形成的起点,而在教学质量共治过程中,利益的共享与协调,则是质量治理主体之间实现共治和联动发展的归宿。在职教教学质量治理体系中,各治理主体因各自所处的利益基点不同,从而秉持着各自不同的利益诉求,以至于职教教学质量共治表现出一定的私益性和公益性。

政府把职教教学质量治理权力隶属于其社会宏观治理权力范畴,因而,政府也有在其法定"作为"的许可、认定和保障范围内,借助对职业教育教学质量的宏观治理和保障职能,提升自身在文化和社会事务治理上政府绩效的私有权利,这也是政府在职教教学质量治理上的主要利益诉求,而这种利益诉求既有私益性的一面,也有公益性的一面;职业学校作为技术技能型人才培养和输出的专门机构,其主要职责在于通过教学而保障职业人才的输出并推进输出人才的高质量就业,而在市场经济愈发发达的今天,职业学校也有作为独立法人实体而嵌入市场经济,并通过校企合作等方式参与并涉足一些民事活动以追求更多优质办学资源的私有权利,因而职业学校教学质量治理的利益诉求,主要在于通过教学

---

① 朱德全、徐小容:《职业教育与区域经济的联动逻辑和立体路径》,《教育研究》2014 年第7 期。

质量提升而增进输出人才的就业率，并以输出人才的就业和从业品质向社会换取更多更优质的办学和教育教学资源，因而，职业学校进行教学质量治理，并通过多元途径推进其他主体参与教学质量共治，也在一定程度上表现出私益性质和公益性质；企业作为市场构成的核心要素，其存在和发展的主要目的在于经济盈利，因而企业参与职教教学质量治理的主要利益诉求在于，通过获取其发展需要的高技术技能型人才和技术产品以最终实现其经济效益的提升，从而获取更多的经济利润，因而企业参与职教教学质量的共治，更多地表现为一种私益性质；评估机构作为教学质量评估的专门机构，其参与职教教学的质量治理，主要是为了对职教教学发展质量进行科学合理的判断，在真实反映职教教学发展情况的同时，以彰显自身在职教教学质量评估上的专业权威，并从中获取专门的教学质量评估地位和独立的教学质量评估权力，因而其参与的教学质量共治，也一定层面的体现其私益性和公益性。

在职业学校内部，教学质量决策层、管理层、执行层和监督层之间，职教教师和学生之间等也因各自的职能和立场不同，并各自存在自身不同的利益诉求，因而也各自存在私益和公益性质。诚然，各教学质量治理主体之间因利益诉求不同，则易造成私利和公利之间的不平衡，在具体的教学质量治理实践中也容易出现利益冲突、利益博弈和教学质量治理行为失调等问题。因而，要实现职教教学质量共治上私益与公益的调和，则需要建立职教教学质量治理主体之间的利益调和机制，例如，在校企合作层面，建立围绕职教教学质量共治上的利益长效机制，职业学校通过教学实现对企业所需人才的订单式培养，或为企业新入职员工的入职培训以及对在职在岗员工进行再培训和再教育，从而参与企业内部员工素质水平的综合治理；企业直接参与职业教育教学质量的过程治理，并在这一过程中有效推进职教专业与产业、课程内容与职业标准、教学过程与生产过程等层面的有效对接，以直接提升职业学校职教教学过程质量治理的水平和能力。通过治理主体之间关系的调和，来稳固各职教教学质量治理主体之间的共治关系，从而保障并显著提升职教教学质量共治的效果和效率。

(二)规则保障职教教学质量治理关系的协调

规则是一切系统运行、运作中所应遵循的规律和法则。正所谓无规矩不成方圆，利益的共享和协调需要以相应的规则为基准，尤其是在教学质量共治过程中，若出现牵涉私利和公利性问题时，是选择更大层面的私益还是选择更大层面的公益,则并非某一单方面治理主体能够决定,因而,建立在职教教学质量共治体系中的统一规则和规范,是有效保证职教教学质量共治体系共同利益实现和利益协调的有效前提。为此,在职教教学质量共治中,针对关涉治理主体利益的重大问题,则需要集各利益主体的全方位参与,共同实现以实践经验为基础,经由调研、议程起草、会议讨论和表决、条约签订等程序,就某些教学质量重大问题达成共识,并以合同、协议、章程、制度、法律、道德等方式,协调规范各利益主体之间的治理行为,明确各利益主体的权利与义务,并建立责任共担机制,以及在重大过失上的责任划分与过失追究,通过建立统一的规范激励并约束各利益主体的行为,以提高各利益主体的合作效率,从而为职教教学质量的共治提供保障。

(三)效率促动职教教学质量治理关系的深化发展

如果说利益是职教教学质量治理主体实现共治的起点和归宿,那么效率则是质量共治整个过程最为关键的因素。如若让一些教学实力雄厚的职业学校对口帮扶教学质量相对弱势的职业学校,不但没有起到对弱势职业学校教学质量的帮扶提升作用,反而对原来实力较强的职业学校教学本身形成一定的阻滞,那么这种教学质量的共治则是低效的;同样,若企业参与职业学校教学质量的共治,不但没有明显提升职业学校的教学质量,反而对企业自身正常的生产经营形成一定的阻碍,那么其参与的教学质量共治也同样是低效的。强调多元主体参与职业教育教学质量的协同共治,以优势主体力量带动弱势主体在教学质量上的互助共赢,主要是为了促使职业学校教学质量在进入良性循环发展"善态"的同时,也能有效促使职教教学质量治理主体之间共同进入发展的"善态",这并非意味着各利益主体之间要实现同步发展,而是要在利益均衡的前提下,实现在教学质量合作治理上各自发展效率的"共升"与效益的"共增"。各治理主体也只有在这种情况下实现的教学质量共治,以及形成的教学质量共治关系才是稳固的,并且是能够深化发展的。不仅如此,强调效率优先的职教教学质量共治关系,必然要考虑各利益主体在职教教学共治上分工合作的质量和程度。因而,各利益主体之间要分工明确,各司其职,才能实现质量共治参与度的最大化。另外,加强利益集团内部的治理工作本身的元治理,共同实现人力、物力、财力资本在特定时间内的配置效率和产出效率,才能有效实现质量共治合作的深层化。

在致力于私益性与公益性的关系层面上,"利益""规则"和"效率"三者共同形成的作用机制,是调节治理主体利益和协同治理行为的有效杠杆,其中,利益的协调是起点,规则的设定是基础,效率追求是关键。通过这种"三维一体"作用机制的建立,以有效促成并稳固质量治理共同体在教学质量治理上的共生合作关系,从而为质量治理主体走向共生共赢奠定基础。

二、共治到共赢:职教教学质量治理主体的共同发展

职教教学质量共治的共利目标,在无形中形成了一种对职教教学质量治理公益结果的助推,而这种公益的结果,是职教教学质量治理主体通过协同共治,而实现的质量共治主体的携手共赢,从而最终达成教学质量治理的"善态"目标。这种共赢发展是教学质量外部治理主体如政府、行业企业、评估机构和社会等力量,以及教学质量内部治理主体如校长、教务处、教务主任、教研室、教研组长、教师、学生等力量的共同发展。若融合内外部教学质量治理主体之间的关系而实现共赢发展,则主要表现在如下几个层面的关系体中。

第一,政府—学校—社会携手效益共增共赢。政府参与职教教学质量的治理,既是其承担的提升职业教育质量发展的义务,也是其社会综合治理和谐目标达成应尽的责任。政府通过对职教教学质量的宏观管理、保障和引导,通过对职业学校教学质量相关的教学工作、教学产品、教学服务等方面的监督、测评、督促等,在保证职业学校教学质量符合社会发展需求的同时,实际上也促进了政府自身治理能力的提升,以及稳固了其在教育领域综合治理的合法合理地位;相对政府的外部治理而言,职业学校通过对自身教学质量的全面协调治理,实际上不仅能够有效保证教学质量的提升,也在一定程度上巩固了职业学校自身的自主治理权力;社会力量主要代表一种社会权力和社会权利而参与到职教教学质量的治理中,并在其中发挥监督、协调和辅助功能,在具体的治理过程中,能够充分整合社会场域内的各种信息和要素,以确保职教教学质量能够符合社会广泛大众的需要;从另一层面来看,由于职业学校输出高质量人才产品并通过人才产品而生成良好的经济和社会效益,从而间接促进社会的快速发展,社会力量参与职教教学质量的发展,从本质上来看,也是作用于社会本身更好更和谐地发展。

第二,企业—学校—市场携手资源共享共赢。前文已提到,职业学校输出的人才产品是联结职业学校和企业的纽带,职业学校和企业之间也因此而形成了通过教学实现的在人才产品培养上的合作关系。作为"制造商"的职业学校主

要是通过教学,而制造出符合作为"消费商"的企业所要求的人才产品,因而,教学便为两者进行质量共治提供了契机。企业参与职教教学质量的共治,通过深入指导职业学校的教学工作,从而保证职业学校培养出其所期望的专门人才,不仅如此,在教学上与职业学校形成深度合作关系,也能依靠职业学校已有的教育教学培养培训资源,而实现对企业职工的入职和在职培训,并能有效利用职业学校的影响力而为自身的品牌进行推广和宣传;而职业学校通过与企业形成深度合作关系,一方面能够共享企业现有的设备、场地、资源和专业技术人才等,并通过整合这些资源而提升教育教学的效率;另一方面,职业学校也能通过输送教师和学生到企业锻炼,从而显著提升职教教师的双师素质以及学生的综合实践能力。市场作为人才产品的中转站,主要通过对职业学校输出的人才产品进行有效调节,以反馈职教教学质量的信息,从而间接作用于职教教学的质量,而市场也正是通过调节机制对职业学校输出的产品资源进行作用的过程中,有效实现了资源、人才、资本等的调整和循环,从而使市场本身充满活力。

第三,学校—评估机构携手监测互助共赢。在职教教学质量治理体系中,职业学校和评估机构共同进行对教学质量的评估,从而从内外部全方位考察职教教学的质量。一方面,从内部教学质量的评估来看,职业学校内部自主教学质量评估,是职业学校自主权力的重要构成方面,职业学校通过自主进行教学质量评估,从而及时发现问题、反馈问题和解决问题,以确保内部教学质量符合既定的教学质量标准;另一方面,从外部教学质量的评估来看,评估机构参与职教教学质量的评估,不仅能够有效辅助并监督职业学校的内部教学质量评估,以形成内外一致的教学质量评估体系,从而全方位保证职教的教学质量,还能够有效提升评估机构本身在质量评估上的独立与合法地位。事实上,从评估机构发展的现状来看,由于民间性质量评估机构在职业教育教学质量评估上的地位不明和权责不清,评估机构进行教育教学质量监测治理的权力,则集中体现在半官方性质评估机构的评估权力上。诚然,半官方性质评估机构的权力又主要源自政府的行政授权,因而其在对职业学校教学质量的评估、认证上也主要是对政府治理意志的反映,而其本身所拥有的自主评估权力和权利却受到一定程度的制约,从而使评估机构在职教教学质量评估上,主要表现为一种权力的"缺位",而这种监测治理权力的"缺位",从本质上来看,又是一种被动的权力"缺位"。受政府对职业教育,尤其是高等职业教育发展职责界定不明的影响,我国的职业教育评估机构在进行教学质量评估上的监测治理权力和地位还不够明确,尤其是一些民间性质的评估机构在教学输出质量评估上的权力较弱,而其参与的输出质量评估也不易被广泛接受,从而使得其在职教教学质量监测治理上、制约和辅助政府与职业学校质量治理权力上的被动权力"缺位"。因而,评估机构主动并全方位参与职教教学质量的治理,并与职业学校一起共建内外部教学质量保障体系,不仅能够有效保证职教教学质量的提升,也能使评估机构本身独立评估地位和评估权力的获得,从而提升其在职教教学质量评估上的权威。

第四,学校—教师—学生携手共赢。职业学校内教学质量治理的核心在于促进教学质量的发展,而教学质量发展的重心又在于促进教师和学生的共同发展。事实上,职业学校范围内,教师和学生的共同发展主要以课堂形式的理论教学和以实习实训形式的实践教学为载体,而无论是在何种教学情境下,教学的主要任务均在于围绕教师的教和学生的学而展开。为此,职业学校范畴内关于教学质量治理的所有工作和活动,均应当立足于实现和保证教师能够更好地教以及学生能够更好地学。而在主要由教师和学生构成的教学质量保障活动中,教师和学生均为质量治理的主体,教师通过围绕教学流程所涵盖的教学设计、教学实施、教学评价和教学反馈而逐步展开对教学质量的保障,并在这一过程中实现教中学,教中成长,不断实现自身专业技能和实践操作能力的提升,以及实践智慧的不断积累和养成。诚然,职教教学因其实践操作所依附的情境性较强,因而其教学过程更加强调过程性地动态生成和发展。为此,不断督促学生主动地与教师进行课堂互动和配合,使学生积极发现并反馈教学中存在的问题和疑惑,并有效推进课堂的动态创生,也是提升教学效率和质量的关键,从而为教师及时地进行教学调整和质量改进作好铺垫,而学生也能在这种高效课堂中高效地实现职业能力的发展。

第七章 机制保障:职业教育教学质量
共治向善治的推进

职业教育教学质量发展需要在党的全面领导下,深入推进育人方式、办学模式、管理体制、保障机制改革,同时职教教学质量治理是多个相关主体的共同参与过程,其中难免关涉各利益主体在公共层面上的权力和利益博弈。为此,以制度推进机制确保职教教学质量共治的有章可循;以合作动力机制增加职教教学质量共治的持续动力;以利益协调机制凝聚职教教学质量共治的一致合力;以权责明晰机制打造职教教学质量共治的有序秩序;以督导评估机制助推职教教学质量共治的效益提升。通过多元机制的建立,全方位保障职业教育教学从质量共治向善治发展,并在这一过程中逐步实现教学质量治理利益的共增和效益的共赢。

第一节 制度推进机制:职业教育教学质量
走向善治的"推进器"

从本质上来看,制度是对人们行为约束、人际关系调节的一整套规则,其因被权威机构采纳、普遍认可并广泛通行而具有公共产品性质,并关涉一部分群体的广泛公共利益。为此,建立相应制度对群体行为进行规范和保障,其意义往往是根本性、全局性、稳定性和长期性的。在职教教学质量共治体系中,建立制度推进机制,是有效助推职教教学质量共治向善治发展的基础,从而全方位确保各教学质量治理主体的共治行为有章可循。事实上,作为一整套行为规范和准则,制度通常配套有相应的惩戒机制,因而制度可以是指令性的、禁令性的也可以是劝解性的。① 为此，本书根据制度在职教教学质量共治体系中的规范程度以及其惩戒机制的作用情况不同，主要从正式制度和非正式制度两方面建构对职教教学质量共治向善治发展的保障机制。

一、职教教学质量治理正式制度的规约和保障

在职教教学质量共治保障的制度体系中，正式的保障制度主要由法律、法规、规章、准则等组成，对治理主体的治理行为起到特定的规约和保障作用，而当治理主体的行为违反正式制度的相关规定时，便会由专门的组织成员以明确和严格的惩戒措施，有组织地对违规行为进行惩戒。为此，加快在职教教学质量治理领域内的正式制度建设和完善，以便对共治主体的行为进行相应的规约和保障，从而确保职教教学质量治理和质量判定能够符合共治主体的内在需要，并外在地导向为一种合需要性、合目的性和合发展性的目标发展取向。

从现实情况来看，由于受正式制度相关法律法规制定以及经济和教育发展历史条件的限制，我国的职业教育相关法律规章制度的建设曾经出现"棚架化"现象，与职业教育质量相关的法律法规，存在重规模轻质量、重发展速度轻内涵建设、重质量输入轻质量输出等不合时宜的、合规定性的质量判定倾向，已远不能满足时下重内涵建设与品牌塑造的合需要性、合发展性的质量判定趋势。另外，职业教育法律法规与职业教育教学实践存在明显的"两张皮"现象，②并没有切实跟上职业教育课程与教学改革上的发展步伐，也难以在具体的教育教学实践中全方位落实。近年来，随着职业教育发展改革的深化，校企合作、教产融合、工学合作等教育教学改革模式在职业学校中逐渐试行并发展开来，但现有职业教育正式制度却缺乏对这些合作方式和改革模式的鼓励和保障规范，远不能胜任职业教育与教学发展的现实需要。

因而，加快与职教教学质量共治相关正式制度的建设和完善，成为切合职业教育改革和教育教学发展深化的需要。为此，一则需要积极听取职业学校、评估机构、教师、学生、家长、科研机构、行业企业、用人单位、劳动部门等诸多利益相关者的意见和建议，多途径拓宽相关主体在职教教学质量共治上的利益表达和

---

① 李宝元等：《组织行为学通论》，清华大学出版社 2014 年版，第 85 页。
② 张社字：《我国职业教育面临的六大问题》，《教育发展研究》2009 年第 23 期。

监督渠道,使相关正式制度的建设和完善能够切实满足职教教学质量共治主体的需要,并在具体的教育教学质量治理中有效实现教学在促进职业人的成长,以及促进经济社会发展在公共意义层面利益最大化的实现需要,从而体现制度建设的合需要性;二则需要以制度明晰职业教育教学在实现学生就业和经济发展上的目标导向,明确各质量治理主体在质量治理各环节上的职责分工,坚持以职业学校的人才培养质量和服务社会经济发展的效益质量为核心进行质量治理绩效考核,清除阻碍各治理主体作用发挥的体制机制和制度性障碍,修改和废止一批无效的、具有阻碍性的规章和规范性文件,以实现职业教育教学质量治理在推进学生就业、创业,提升学生岗位创收和岗位创新能力的同时,进一步达成推进企业技术进步、产业与经济结构调整升级的更深层次发展目标,从而体现制度建设的合目的性;三则需要明确相关法律规章制度的建设,能切合当前经济和社会发展的现实状况,在切实参照职业教育教学质量治理系统的构成与运行体系的基础上,明确和规范各质量治理主体权责、质量治理利益关系和质量治理的运行机制,使相关法律规章制度在推进职业教育法治化、民主化与现代化进程的同时,也能够满足职业教育的内涵建设与内部教学系统持续发展的最大可能性,从而体现制度建设的合发展性。诚然,在完善相应制度建设,使其切合职教教学质量共治合需要、合目的与合发展性的同时,也应当切实完善相应的惩戒机制,从而对质量治理主体的治理行为起到较好的监督和规范作用。

二、职教教学质量治理非正式制度的推进和激励

在职教教学质量共治保障的制度体系中,非正式的保障制度主要由质量治理意识形态、道德规范、质量文化、治理共识、治理习惯等组成,其对治理主体的治理行为作用,是无形的、弹性的和潜移默化的,并在对治理主体行为的影响过程中,对治理主体的治理行为起到一定的推进、激励和约束作用。而当治理主体的行为违反这一非正式制度的相关约定时,并没有正式机构和运作机制对这种违规行为进行专门的惩罚和制裁,但会在无形中对治理主体违规行为起到一定的谴责、诘问以及排斥等影响。

在职教教学质量共治的非正式制度建设中,意识形态和治理共识、治理文化占据核心地位,并且在一定程度上对某一正式制度安排起到"先验"效应。推动非正式制度建设的基础是,各治理主体在职教教学质量上达成一种基于某一规

范的治理共识,而这种治理共识是在长期的合作关系中逐渐形成并由约定俗成的质量治理规范、文化、习惯的总和构成。因而,在教学质量共治中,各治理主体的全方位参与,并在共治过程中有效沟通、频繁互动、共同商讨,便成为推进这种在职教教学质量治理上非正式制度形成的加速器。非正式制度的形成继而又发挥其在教学质量共治中对治理主体的推进和激励作用,并形成对正式制度的辅助和配套,以便促使治理主体在教学质量共治意识层面上共治行为的自动化与自觉化。

第二节　合作动力机制:职业教育教学质量共治 走向善治的"动力源"

合作的效果只有与合作产生的利益联系起来,才能产生持久的动力效应。在职教教学质量治理范畴,只有将职教教学质量共治的效果与共治主体所获得的利益联系起来,才能为教学质量的共治提供持久的动力,因而,建立在职教教学质量共治层面的合作动力机制,需以利益的共享和效益的共赢为核心,配套建设相应的利益激励机制、合作博弈机制和资源共享机制,从而为教学质量共治向善治发展提供不竭动力。

一、职教教学质量共治的利益激励机制

没有利益的激励,是经营者不负责任的欺骗。在职教教学质量共治中建立相应的利益激励机制,是以利益为杠杆,借助资金补发、财政支持、税收减免等直接经济手段,或以政策鼓励、政策优惠等政策手段,围绕各核心主体的直接利益,而给予其求利行为一定程度的奖励和鼓励,以调动利益相关主体长期合作的主动性和积极性,从而一定程度地促使职教教学质量共治主体间利益关系的和谐,以及利益发展的长效。

在职教教学质量共治体系中,对各治理主体的共治行为进行有效激励,从而激发各治理主体的工作动机,能够较大程度提升共治的效率和效益。从著名心理、管理和行为学家弗雷德里克·赫茨伯格(Frederick Herzberg)的双因素理论来看,引起人们工作动机的因素主要包括激励因素和保健因素两类,其中激励因

素能够给人们带来满意感,保健因素则能够消除人们对工作状态的不满。为此,在职教教学质量共治中建立有效的激励机制,则需要同时满足治理主体对激励因素和保健因素的需求。

其一,在外部教学质量共治范畴的激励机制建构上,政府作为职教教学质量治理的宏观管理者,在利益激励中起着举足轻重的作用。为此,在共治过程中的保健因素保障上,政府应侧重于围绕教学质量治理工作环境和工作关系方面,在政策、治理措施、监督、共治关系、物质工作条件、待遇、福利等方面给予质量治理者相应的保障,具体通过制定倾斜式政策或运用税收优惠、信贷、财政转移等政策措施和经济手段,吸引多元主体参与职教教学质量的外部治理,并为各利益主体在职教教学质量共治的良性合作上提供持久动力。此外,在共治过程中的激励因素保障上,政府及教育行政部门应当侧重于围绕教学质量共治工作本身或工作内容方面,在治理工作成就、工作性质、工作责任、成长和发展机会等方面,给予质量共治主体相应的保障,具体通过给予共治主体中表现良好且成绩突出的单位和个人一定的成就、赏识、提拔等,从而激发各治理主体的内在动机,并提升他们在教学质量共治中的满意感。

其二,在内部宏观教学质量共治范畴的激励机制建构上,职业学校内部应统整职教教学质量管理层、指导层和执行层的力量,在职教教学质量策划、教学质量监控、教学质量控制和教学质量改进各领域,在保健因素领域的保障上,有效保证各层面、各领域的教学质量共治参与者,在质量共治过程中能够享有良好的工作环境、较好的工作条件和薪酬福利、灵活的约束制度、对质量治理工作的正确评价等,以确保在内外部条件上能够全方位满足各治理者的利益需求;在激励因素领域的保障上,有效保证直接的治理主体以及各间接参与治理的工作者,能够感受到质量治理工作中的被器重、被重视以及其自身效能感的提升,从而保持职业学校内部各层级教学质量共治者在教学质量治理工作中的热情,并能全方位、有效率地参与到职教教学质量共治工作中。

其三,在内部微观课堂教学质量共治范畴的激励机制建构上,教师对学生学习动机的激励同样对教学质量的提升起着重要的推引作用。为此,在课堂教学与实践实训教学过程中,教师应当同时创设在保健因素和激励因素层面,对教学和学习的良好支撑条件。在保健因素层面所涉及的教学环境和教学工作及管理关系上,教师应不断为学生创建轻松愉悦的学习氛围、人际氛围、学习风气、心理环境等,以减轻学生的学习压力以及对学习的恐惧和厌恶情绪;不仅如此,在激励因素层面所涉及的课堂教学质量治理工作本身和治理工作内容上,教师应给予学生在赏识、期望、动机等激励因素层面适当的刺激,在具体的教学过程中,给予学生适当的期望水平,并将对学生的期望值传递给学生,以及给予不同期望值的学生不同的激励措施,努力激发学生学习的内在动机,并提升学生的自我效能感,从而使学生能够全方位参与到教师的课堂互动和对话中,以便师生共同创生精彩的课堂。

二、职教教学质量共治的合作博弈机制

职业教育教学质量共治的过程,是多方治理主体行为决策发生和相互作用的过程,实际也是各治理主体相互博弈的过程。推进职教教学质量治理从非合作博弈走向合作博弈,能够有效促使各治理主体在合作博弈的行为、决策、利益不断地相互作用过程中,产生职教教学质量共治的持续动力。通过建立促进治理主体之间在教学质量治理上的合作博弈机制,不仅能够有效促使职教教学质量治理主体之间的关系协调和行为协同,也是显著提升职教教学质量共治效率和效益的根本途径。

职教教学质量治理之所以要走一条"合作博弈"道路而非"非合作博弈"的道路,主要是由职教教学质量治理的性质决定。前文已提到,职教教学质量治理在公共性层面涵盖了包含公开性、公义性和公益性在内的公共社会性;涵盖了包括共在性、共育性和共进性在内的公共教育性;涵盖了包括公正性、公理性和公责性在内的公共政治性;涵盖了包括共同性、共意性和共生性在内的公共文化性等各项品质。而正是职教教学质量治理内生层面所具有的这些品性,决定了职教教学质量治理在合作层面上必然走上一条合作博弈的道路,尤其是如行业、企业、社会中介机构以及其他社会力量,其参与职教教学质量治理并不能使其明显获益,但其参与职教教学质量的共治行为所实现的合作博弈,却能够显著提升整体的治理利益,这其中便体现了这些参与力量在合作博弈上的一种妥协。诚然,这些参与职教教学质量共治的外部力量,在不能明显获益的情况下,还能依旧维持这种合作关系,也主要由于其在合作博弈中,还存在因妥协而产生的合作剩余,受益少的治理主体,便在妥协基础上经由合作博弈而又达成在另一层面上合作剩余的分配。事实上,在职教教学质量共治中,行业、企业、社会中介机构,以

及企业社会力量合作剩余上所得到的分配,既是其在合作中妥协的结果,也是其在共治中达成妥协的条件。也正是通过这些治理主体在合作中的不断博弈,以及博弈中不断加强深度合作,从而为职教教学质量共治结构的形成,以及共治关系的稳定和持续提供了不竭的动力源。

职教教学质量治理之所以能够走上合作博弈的道路,主要是因为各治理主体通过参与质量共治所产生的整体收益,要大于职业学校或职教教师单维主体在教学质量治理上的获益;合作的理性要远大于个体理性;在教学质量共治体系内,各治理主体在整体利益上存在有帕累托改进性质的分配规则。正是通过在教学质量治理上的合作博弈,从而实现了治理主体之间在信息、资源之间的相互交换,并通过合同、协议、联盟、入股等方式而推动这种合作的形成,以及合作博弈效益的实现。

建立在职教教学质量共治上的合作博弈机制,需要在遵循共治团体与公共理性的基础上,相应创设治理主体之间深度合作、有效沟通、信息互补,以及具有广泛约束力和执行力并能够强制执行的契约和协议,这种具有强制意义的契约和协议本身是作为效率、公平公正的统一,而具有较高的科学性与合理性,从而形成对各治理主体行为的约束和限制,并有效促使治理主体在教学质量共治上可转移收益的合理分配,以及妥协产生的合作剩余的分配共识,实现彼此间信息的相互沟通、资源的科学配置,从而提升共治主体在教学质量治理上的合作效率和效益。

三、职教教学质量共治的资源共享机制

推进职教教学质量共治形成的重要动力因素在于,各治理主体之间可以实现资源之间的优化整合和资源共享。为此,建立职教教学质量共治的资源共享机制,则可以从如下几方面内容着手。

第一,信息资源的共建共享。由于职业教育是一种横跨职业域与教育域、教学域与生产域、学习域与工作域的跨界性教育,其本身所涵盖的内容体系决定了职教教学质量共治的发展,也需要全面囊括各领域的信息,从而更能切合经济和社会的发展需要。推进职教教学质量共治信息资源共享机制的建设,需要各治理主体共同围绕教育教学、人才培养、市场运作等方面的信息进行深度沟通,有效合作从而有利于各方主体的共同发展。对企业来说,参与职教教学质量的共

治，可以有效把握当前职业领域的发展情况，以及人才资源的基本信息，从而有助于企业人才的引进和人力资本的开发；对于政府来说，参与职教教学质量的共治，可以获取职教发展、人才流通、市场运作等方面的有利信息，从而为政府在获得完全教育信息的基础上，作出科学合理的教育决策奠定基础；对于社会而言，社会力量参与职教教学质量的共治，能够有机会获取某领域的职业性或专业性知识，从而有利于自身的发展成长。

第二，平台资源的共建共享。不同领域的相关主体能够实现在教学质量上的共治，实际上便搭建了以职教教学为支撑的各领域沟通合作的平台。在职教教学质量治理范畴内，实现平台资源的共建共享，能够显著提升各领域治理主体的发展效率：对于职业学校而言，职业学校可以充分利用企业的生产工作一线平台，并在真实的生产场域、工作场域中进行实践实训教学，这不仅提升了资源平台的利用率，也能显著提升职业学校实践实训教学的效率；对于企业而言，企业可以充分利用职业学校的教学科研成果平台、产教融合平台、技术转化平台而实现技术技能知识向具体的操作构思和产品构型转化，也能充分利用职业学校的教育教学平台而实现企业中已有的人力资源的开发和向人力资本的转化，从而使企业能够收获更多、更长远的发展效益；对于其他社会力量而言，其参与职教教学质量的共治，能够充分利用职业学校的教学资源库平台、网络与继续教育发展平台等虚拟平台而实现终身学习和社会化发展。

第三，人力资源的合作共享。职教教学质量的共治是不同治理主体共同参与的共治，实际上也是不同人力资源在职教教学质量治理上共同作用的发挥。职教教学质量的共治，为不同主体提供了相互间人力资源的共享平台。加快在职教教学质量共治上的深度合作，实现不同领域人力资源的合作共享，能够充分推进人力资源的深度开发和高效利用，从而使各主体之间实现发展共赢。对于职业学校而言，职业学校可以聘用企业的高级管理或技术人员参与职业学校的实际教学，或聘请技术工人进行教学的现场指导，从而提升教育教学的效率；企业可以充分利用职业学校由专家学者所组建的智力库资源，通过获得职业学校的智力支持，从而推动企业的技术研发和科技创新，为企业的长远发展提供不竭动力；政府也可以有效利用职业学校经由智力库资源而转化的教育教学科研成果，并获得一些科学有效的关于教育教学改革方面的决策咨询意见或报告，从而为政府作出更为科学合理的教育教学改革决策提供智力支持。

第三节 利益协调机制:职业教育教学质量共治
走向善治的"润滑剂"

在由各利益相关者共同组建的职业教育利益集团内部,利益的分配是否公平、利益的协调是否合理、利益的补偿是否到位、利益的激励是否有效,均关系到职教教学质量共治关系的稳固,为此,要有效保障职教教学质量共治走上善治,则需要建立在职教教学质量共治过程中的利益协调机制,从而发挥利益协调机制在共治关系持续和稳固中的"润滑剂"作用,以实现在利益关系调节、利益合理分配和利益补偿等方面,全面推进各治理主体间利益的协调和共治行为的协同。

一、职教教学质量共治利益关系的调节机制

经济人观点认为,每个个体的天性是追求自己的利益,个体利益是人们从事经济活动和社会生产的出发点,而直接或间接的经济利益的获取又是个体活动的核心。在职教教学质量共治体系中,每个治理主体均存在自身不同的经济利益需求,不同治理主体之间因各自的利益立场不同,彼此之间既有共同的利益诉求,也有彼此分歧的利益诉求,从而产生不同的利益关系,当彼此利益出现分歧和冲突时,便造成治理主体之间的利益博弈。

第一,从职教教学质量治理的外部体系来看,外部治理主体之间的利益博弈主要集中在经济利益博弈层面。由于政府主要以一种宏观调控性治理方式来统筹职教教学质量的发展,政府的治理角色更大程度上是与职教教育教学质量运作相关的财政系统相关联,但受政府财政资金的有限性限制,政府不可能无限制为职教教学系统提供资金支持,而要缓解政府财政资金的困难,推进实现职教教学现有资源的优化配置,以提高有限资金、资源的配置效率是政府比较明显的利益选择;在职教教学质量共治体系中,职业学校始终是教学质量治理的最核心主体,并在整个质量系统中占主导地位,而在由职业学校主导的教学质量共治的利益关系体系中,职业学校作为一个文化机构,其主要职能是文化传承和人才培养,其主导的共治体系不但不会给社会和个人带来任何经济利润,反而还会直接吸

纳和消耗社会和个人的资金,而其经济利益的创造也主要是通过输出人才,并通过人才在岗位上的经济创收而表现其间接经济利益的创造;企业运作的核心在于营利,企业参与职教教学质量共治,也不可能获得直接的经济利益,而是通过其发展所需人才的岗位创造而获取间接的经济创收,为此企业是否愿意为了延迟的利益获得而参与职教教学质量共治,也是企业利益选择的重要考虑前提。

第二,从职教教学质量治理的内部体系来看,内部治理主体之间的利益博弈主要集中在权力的博弈上。职业学校内部治理体系中,主要关涉行政权力、政治权力、学术权力和民主权利几方面,而涉足教学质量治理范畴的权力体系中,政治权力一定程度地指引了教学质量治理的发展方向,行政权力通过领导、监督等职能的发挥而统筹教学质量的过程,学术权力则直接关涉教学质量的生成和发展。而在具体的教学质量治理过程中,当行政权力、政治权力和学术权力同时作用于某一具体教学质量问题,并且在这一教学质量问题上产生分歧时,那么这几者之间便往往会因各自的利益出发点不同而产生利益博弈,而利益博弈的后果必然会影响教学质量治理的效果和效率。

为此,建立在教学质量共治范畴内的利益关系调节机制,则需要在整体上将不同主体的利益进行整合,如对经济利益、权力利益、物质利益、精神利益的整合等,并根据不同范畴治理主体间的利益博弈点,而采取各有侧重的协调和调节措施。针对外部治理主体的利益调节,则侧重于从经济利益整合和调节着手实现经济利益以及资金方面的合理分配,针对内部治理主体的利益调节,则侧重于从权力利益整合和调节着手治理,从而有效推进利益分割向利益多赢的方向发展。

二、职教教学质量共治利益的公平分配机制

治理主体在共治过程中的利益获得,是教学质量共治关系形成的前提和基础,而共治利益的分配是否公平合理又是这种共治关系维持和稳固的关键。因而,推进职教教学质量共治过程中的利益协调,首要方面是要实现共治利益的公平合理分配,和建立在职教教学质量共治利益上的公平分配机制。而要有效推动这种利益公平分配机制的建立及其作用的发挥,具体而言,可以从如下方面着力。

其一,整合发挥政府在教学质量治理中的宏观调控性治理的引导和统筹作用,实现由政府统筹引导并组建专门的职教教学质量保障组织,重点听取职教教

师、学生、学生家长等直接利益相关者的利益诉求，并统筹政府、职业学校、行业企业和评估机构等核心治理主体的利益，从而形成在职教教学质量上的核心利益群体，当出现利益冲突时，各教学质量治理主体的个体私利应服从整体的核心利益，以实现公共利益的最大化。

其二，由职教教学质量治理共同体所组构的利益集团，在共治利益分配过程中，应秉持公平公正的原则，以各利益主体的利益需求为基础，建立相应的利益分配机制，通过发挥专门的职教教学质量共治保障组织的整合作用，以各治理主体在教学质量治理不同阶段上发挥的作用程度为参照，科学设定各治理主体在利益分配上的权重，并以此作为利益分配的标准而进行利益分配，以保证各治理主体利益获取的基本均衡，尤其是在多元主体共同参与的各项教学质量治理活动中，如集团化办学或职教联盟共同参与的教学质量治理中，更应当整体协调并实现各利益主体利益的科学合理与公平分配。

三、职教教学质量共治利益的合理补偿机制

在多元主体共同参与的教学质量共治中，由于不是任何利益的分配都能保证绝对的公平，因而，有效缩短利益分配在私益与公益之间的距离（即利益分配是更利于"私"，还是更利于"公"），并采取相对折中的原则，实现在利益分配后，建立相配套的利益补偿机制并辅助以一些协调措施就显得尤为必要。诚然，无论是在职业学校与企业的教学合作层面，还是城乡职业学校或者东西部职业学校的教学合作层面，均存在在合作上处于相对弱势地位的利益主体，由此，在职教教学质量共治利益的分配上，由于出于对弱势主体的利益保护倾向，在共治利益分配上也倾向于在保证整体利益均衡的前提下，给予弱势一方一定的利益"照顾"，而这种整体均衡的利益分配考虑，又势必会一定程度地影响到占优势地位一方利益主体的利益分配额。例如，一些重点职业学校对一些非重点职业学校在教学上的帮扶和教学资源上的共享，会一定程度影响重点职业学校本身教学运作的效率和教学资源的利益率；一些企业全方位参与职业学校教学质量的治理，也会一定程度影响企业本身的运作效率和经济发展效益。因而，在保护弱势利益主体的同时，建立一种对优势主体受损利益的补偿机制，实质是为这种合作关系持续和稳固进行"润滑"，从而为教学质量共治向善治发展打好铺垫。

职教教学质量共治中的利益补偿，包括公共层面的利益补偿和私人层面的

利益补偿。公共层面的利益补偿，主要是以政府牵头并协同社会公益组织共同进行的利益补偿，具体表现为政府通过财政补贴进行与经费相关的利益保障，并加大社会宣传力度，引领社会公益组织、杰出校友、社会公众人物等共同组建教学质量保障公益基金，从而保证对教学质量共治中受损利益者的利益补偿。而私人层面的利益补偿，主要是教学质量共治中，直接对接的利益主体之间，弱势方在接受利益分配倾斜的同时，也切实为利益受损方提供相关便捷，如职业学校帮助企业培训人才，县乡职业学校为城市职业学校，或西部职业学校为东部职业学校提供场地支持、技术转让、资源共享等方式，实现对受损利益主体进行一定程度的补偿，以有效保证教学质量共治在私益与公益之间更为协调，从而实现利益发展的"帕累托优化"。

总之，实现在职教教学质量治理上的利益合理分配、利益关系协调、利益合理补偿是驱动职教教学质量共治关系稳固的基石，也是有效提升教学质量效率的重要辅助性措施。

第四节　权责明晰机制：职业教育教学质量共治走向善治的"平衡仪"

现代治理理论的核心在于权力关系的治理，职业教育教学质量共治走向善治的重心则在于实现以教学质量为中心的权责关系治理，从而达成教学公共利益层面各种关系的重新厘定和各种权责关系的重新组排，以保证职业教育教学质量共治能够向善治发展。为此，为保障职教教学质量从共治能顺利向善治发展，则应当建立一种职教教学质量共治范畴的权责明晰机制，并通过有效发挥这种权责明晰机制"平衡仪"的作用，以保障目标的顺利达成。具体来说可以从以下几点着力。

一、公共权力制约机制：职教教学质量治理主体权责协调的支配之"力"

公共权力制约各职教教学质量治理主体的权责，是从广泛公共意义层面推进公共权力对权力的制约和追究，按照"权责一致"的原则，各教学质量治理主体在质量治理上所拥有的治理权力越大、权利越多,则应承担的责任也越大,从而形成各教学质量治理主体间协调一致的治理关系。公共权力制约机制,能够实现对职业学校内外部各治理主体权责的制约和协调,其内容主要表现如下。

（一）以分权为核心的权力制约机制

分权的目的在于形成不同治理权力机构、部门和主体之间相互影响、相互制约和相互监督的关系。职教教学质量在共治中的分权,主要是各层级权力主体之间以教学质量为核心而实现的权力下放和权力转移,主要表现为政府向职业学校和评估机构的分权、职业学校内部治理间的分权以及职业学校内部治理层向职教课堂教学治理的分权三个方面。

第一,推进政府部分质量治理权力的下放和转移,主要是针对职教教学质量外部治理而言,以此建构政府引导、职业学校与评估机构协同实现的质量共治格局。一方面,政府应授予并保障职业学校,尤其是高等职业学校相对独立的自主教学质量控制权力,使职业学校能够自主进行内部过程性的教学质量控制、自我评估和监管,并独立承担所获权力对应的责任和义务;另一方面,政府应授予评估机构相对独立的教学质量评估和质量监督权力,引入第三方评估力量参与职业教育教学质量的评估,同时建立健全第三方评估与政府评估权力间的制衡机制,引导民间性质的评估机构能够有效协同政府部门、职业学校和官方及半官方评估机构共同拟定自成体系的独立的职教教学质量标准,共建教学质量保障体系并共同实施教学质量评估,从而提升部分评估机构在教学质量治理上的地位和权威。当然,推进政府质量治理权力的下放和转移,并非政府完全的放任不管,而是强调政府在简政放权的同时,能够实现其教学质量治理的放权、管理和服务于一体,以最终建构在政府引导下的,政府教学质量调控性治理、职业学校自主性教学质量控制、评估机构独立教学质量监测性治理之间相互配合和相互制约的良性共治格局。

第二,推进职业学校内部在教学质量共治决策权、执行权和监督权之间的相互制约和协调,主要是针对职教教学质量内部治理而言,并在职教教学质量共治中宏观层面建构职业学校内部决策、管理和监督之间权力制约的良性结构。职业学校内部教学质量治理本身质量的高低程度,主要反映在职业学校内部教学质量治理结构的科学程度和治理效率、效益的高低程度上。诚然,在职业学校内部实现的教学质量共治,是相关质量治理主体共同参与的共治,其中企业参与职业学校内部教学质量的共治，并相应获得在教学质量治理上一定的权力，是有效提升校企合作水平和程度的关键，事实上，企业深度参与教学质量的治理，则需要在职业学校内部原有的教学质量治理结构中获得一定的治理权力，而这又较大程度地增加了职业学校内部教学质量治理权力之间的复杂程度。为此，推进职业学校内部教学质量治理的分权，也是实现各教学质量治理主体间关系协调，进而促使内部教学质量治理本身质量提升的重要举措。而要实现职业学校内部教学质量治理权力的协调，则需要整合职业学校内部在教学质量治理上的权力关系，并从整体层面将内部教学质量治理权划分成教学质量治理决策权、教学质量治理执行权和教学质量治理监督权三个主要部分，部分实现职业学校内部教学质量治理相关权力向企业调配和倾斜，使企业深度融入职业学校内部决策权、执行权和监督权的各个方面，并重新厘定企业与职业学校内部各治理层之间，以及职业学校内部治理层各机构和部门之间的关系，整体实现各治理主体在教学质量策划、教学质量监督、教学质量控制和教学质量改进各领域权力关系的清晰和权责的明晰，从而保证并助推职业学校内部、职业学校与企业之间，各教学质量治理权力主体间相互监督和制衡的同时，也能有效协调学术权力和行政权力之间的矛盾，并最终促进职业学校内部教学治理质量和效益的提升。

第三，推进职教教学质量共治权力的基层/课堂下放，主要是针对职业学校内部教学质量治理而言的，并有效推进职业学校中宏观层面质量治理权力向微观层面质量治理权力的下放和关系的协调。从当前职业学校教学质量治理权力的运作情况来看，职业学校内部权力运作主要集中在中宏观层面的学校一级和学院/学系/学科一级的质量治理权力上。诚然，职业学校教学质量治理系统是一种底部沉重、松散联结的组织结构，并且其基层分布着不同学科和知识的专业化"领地"，及其不证自明的存在合理性，基层教学质量的程度是整体教学质量治理系统的核心和关键，并直接决定了整体教学治理系统的质量。因而，职教教学质量治理的权力也应当不断向基层、向课堂下移，并给予职教教师和学生应有的自主教学质量治理的权力和权利，保证职教教师和学生课堂教学进展不受干扰、不被打断以及进行教学质量控制和现场调节应有的相对自主权限，从而从根基上保障基本的教学质量治理权力。

（二）以质量问责为核心的责任追究机制

质量问责的目的在于以质量控权。就职业学校教学质量治理的外部主体关系而言,政府主要代表一种行政权力、职业学校主要代表一种学术权力、评估机构主要代表一种公共社会权力而共同参与到职教教学质量治理活动中;就职业学校教学质量治理的内部主体关系而言,职业学校的党委主要代表一种政治权力、以校长为代表的行政系统主要代表一种行政权力、与教学和研究直接相关的组织和人员则代表一种学术权力、职教基层组织则主要代表一种民主权利,并共同参与到内部教学质量治理活动中。内外部教学质量治理主体实现对教学质量的共治,则形成了在职教教学质量公共层面的一种公共权力,而要保障职教教学质量共治向善治的发展,则应建立一种教学质量问责制。

若按"权责一致"的原则,对应质量治理主体的几种质量治理权力,便形成了与政府权力、社会权力和职业学校权力相制衡的外部质量问责结构,以及与政治权力、行政权力、学术权力等相制衡的内部质量问责结构。从现有的关于教育质量的问责形式来看,主要是一种针对相关领导或政府公职人员的治理行为过错和过失进行追责和惩处的过错式责任追究问责。问责的主导模式也主要是一种以政府为单一问责主体而进行的对学校的行政问责,而针对教学质量的问责机制还不健全。实际上,问责的目的不在于质量过失的追究和惩处,而在于对质量的改进和提升。为此,确实有必要建立和完善专门的职业教育教学质量问责机制,并从质量的监督、控制和改进等方面全面保障共治向善治的推进。

第一,健全和完善职教教学质量问责的制度建设,并就职业学校内外部教学质量问责的主体、对象、内容、程序、结果等方面进行明文规定,把各教学质量治理主体的权力"关进制度的笼子里"。

第二,建立健全教学质量治理的多元主体参与机制,在发挥政府行政问责作用效力的同时,完善职业学校、评估机构、专业性协会组织、行业企业组织、双师型教师、学生、学生家长等多元主体的参与,并拓宽教学质量问责的方式和路径。

第三,对各教学质量治理主体的主要负责领域进行责任分配,若对应职业学校教学输入质量、过程质量和输出质量的阶段性问责而言,政府应承担职业教育教学宏观输入质量保障上的责任,并通过以定期列出教学质量保障"权力清单"和相应的"责任清单"的方式接受社会的监督;职业学校应承担职业教育教学过程质量自主上的主要责任,并接受在教学相关经费使用、财政廉洁、教学、管理体制、道德文化、风险管理等方面的行政问责、合法问责、资格问责和绩效问责等,只有职教教学过程质量得以确保,才能保证教学输出质量的优质和高效;评估机构应承担职教教学输出质量外部监测和评估上的主要责任,并接受在教学质量评估的专业性、科学性、公正公开性等方面的责任监督。

第四,健全国家、地方和校级教学质量督导机制,并明确各级各类教学质量督导机构的责任范围和相互制约机制,使其在实现职教教学质量过程监督的同时,也能有效地进行教学质量发展方向的引导和教学质量结果的反馈调节,若发生教学质量问题,能及时就教学质量治理主体的过错行为进行追责,并鞭策各质量治理主体及时改进教学质量治理行为,使各治理主体的教学质量共治行为,以及职业教育的教学发展质量均能处于"实时"的监控之下。

二、民主权利规约机制:职教教学质量治理主体权责协同的民主之"手"

职教教学质量的共治是多元主体共同参与的质量治理,这其中便涉及多主体的广泛公共权利。建立民主权利规约机制,是实现与教学质量相关广泛大众的民主权利为利器,规范和约束核心质量治理主体的权责,并按照民主集中原则,实现在教学质量治理民主基础上的权利制权,并以此配合教学质量治理上的权力制权,从而全面推进职教教学质量治理的民主化进程。

权利规约权责是民主治理和民主监督的应然之意。受"由外至内""自上而下"等教学质量治理权责发生和运行逻辑影响,职业教育教学在外部质量治理上,出现政府行政权力制约职业学校自主教学质量治理和评估机构协同参与教学质量治理权利的情况;在职业学校教学内部质量治理上,出现科层制行政制约教学基层民主自主等问题。诚然,这种权力制约权利的教学质量治理模式,却成了制约职业学校教学治理能力和教学质量提升的现实束缚,也终将被教育领域的民主化进程所遗弃。事实上,任何权力从根本上来说均源自大众的广泛权利,权力应为权利服务,而不应侵犯权利。也只有以广泛大众的民主权利作为本源性武器来制约和协调各教学质量治理主体的权力,才更能实现治理主体间权责关系的协调与治理行为的协同。推进民主权力规约机制的建立,以有效保障教学质量的共治发展,则需要从如下两方面努力。

其一,建立专门的、以教学质量治理为核心的权力规约组织。通过建立专门的、具有相对独立资格的、代表治理大众广泛权利的职教教学质量保障组织,从而在整体层面统筹和协调职业教育教学质量治理的相关事宜,并有效发挥该组织在以教学质量提升为出发点、以广泛利益为导向的综合治理活动中的引导监督和协调作用。

其二,完善职业学校内部基层民主组织的教学质量参与和利益表达机制。职业教育教学质量的核心在于职业学校内部教学质量的治理,而职业学校内部教学质量治理的核心又主要是身处"基层"的职教教师群体和学生群体,围绕不同学科或知识的专业"领地"而共同推进教学质量的提升过程。为此,建立健全职业学校内部基层民主权利制约权力的机制,需进一步完善教职工代表大会和学生代表大会制度,使其延伸至二级院系或学科组,以形成两级教代会和学代会民主治理结构,并配套健全基层职教教师和学生在教学质量治理上的参与与决策机制,充分保障教职工群体和学生群体在教学质量共治上的民主管理和民主监督权利,从而在确保职业学校内部行政权力、政治权力和学术权力之间的关系协调与良性运作的同时,有效推动职业学校内部以权利制约权力的民主治理格局的形成。

第五节 督导评估机制:职业教育教学质量共治走向善治的"监控器"

职业教育教学质量的督导评估,是职教教学质量治理外部各级政府教育督导部门以及职教教学质量治理内部教学督导部门,围绕职业教育教学层面的宏观政策与制度建设、教学条件保障、经费投入、特色建设、目标达成、教学进展等方面,对职业学校教学质量和教学发展效益等进行的系统评估和价值判断,以此督促教学质量治理主体不断改进教学质量治理行为并提高教学质量治理绩效的重要手段。诚然,职教教学质量的共治,是职业学校内外部多元、多层级主体共同参与的治理行为,而这使得不同层级治理主体的督导评估重心也各有不同。因而,在职教教学质量共治中,则需要推行教学质量督导评估机制的建设,并各有侧重地进行教学质量督导评估,实现在宏观统筹层面的督导评估重心以目标本位治理为主、在中观指导层面的督导评估重心以过程本位治理为主、在微观执行层面的督导评估重心以能力本位治理为主,从而以有效发挥督导评估机制在职教教学质量共治向善治发展上的"监控器"作用。

一、目标本位治理：宏观统筹层面督导评估机制的治理重心

在职教教学质量共治体系中，宏观统筹层面的治理主体主要由政府、教育督导部门、教育评估机构、职业学校校级领导等共同组成。宏观统筹层面的治理主体，在职教教学质量共治中主要发挥一种宏观统筹作用，并通过组建专门的教学质量督导评估机制，以整体考察职业教育教学质量共治行为和共治情况。由于其统筹性督导职能主要集中在对职业学校各级教育教学目标达成情况的全面考察上，因而，宏观统筹层面督导评估机制的治理重心，在于以目标管理为主，从而实现对职教教学质量共治的目标本位治理。为此，建构宏观统筹层面督导评估机制，则需要从如下几方面着手。

第一，充分发挥宏观统筹层在职教教学质量标准和目标评价体系建设上的领导带领作用，力主完善职业学校、行业企业、评估机构以及其他社会组织共同参与职教教学质量目标标准的建设，通过组建专门的教学质量治理组织机构，以推进职业学校内部教学质量标准体系和外部教学质量标准体系的建设和完善。在完善职教教学质量标准建设的同时，相应配套和完善目标评价体系的建设，在外部层面，充分引导行业企业和第三方评估机构共同参与职业教育教学质量评估体系的构建；①在内部层面，统合职业学习中宏观教育部门、教务机构共建教育教学目标评价指标体系，在充分结合职业教育教学规律、职业学生身心发展规律、企业经营运作规律、经济结构动态发展规律等基础上，使目标的设定科学、合理并切合实际。以最终推进职教教学质量标准建设和目标评价体系向合需要性、合目的性与合发展性方向发展。

第二，充分发挥宏观统筹层在职教教学质量共治目标落实情况上的督促和监督作用。通过宏观统筹层有效整合内外部督导评估主体，以及专家学者的力量，共同定期进行对职业学校教学质量管理各级目标的落实和达成情况的评价与考核，重点考察职教教学目标的达成情况、人才培养目标的达成情况，实现以职业学校专业与产业对接程度、教学过程与生产过程对接程度、双师型教师比例和质量、实习实训水平、校企合作深度水平等方面作为职业学校教育教学质量的

①　王晨洁：《治理理论视角下我国高等教育质量第三方评估机构存在的问题及对策》，《东南大学学报》2014 年第 12 期。

重要衡量指标,并将教学质量评估的重心转移到对职业学校人才培养目标以及其实际培养的职业性人才的配对上、职业学校实际培养的人才与行业企业需求目标匹配度的衡量上,将职业学校所培养学生的就业质量、就业能力、产业服务能力和技术贡献能力作为人才质量衡定的重要标尺,全面督促和监督职业学校教学质量共治在教学目标和人才目标上的实现和达成。

二、过程本位治理:中观指导层面督导评估机制的治理重心

在职教教学质量共治体系中,中观指导层面的治理主体主要由职业学校内部教务部门、委员会、校企合作办公室、中层督导部门等共同组成。中观指导层面的治理主体,在职教教学质量共治中主要发挥一种中观指导作用,并通过组建专门的教学质量监督指导机制,来整体考察职业学校教学过程质量的基本情况。由于其监督指导职能主要集中在对职业学校教育教学过程性进展情况的全面考察上,因而,中观统筹层面监督和指导机制的治理重心,在于以过程管理为主,从而实现对职教教学质量共治的过程本位治理。为此,建构中观层面的监督指导机制,则需要从如下几方面着手。

其一,加强职教教学过程质量的督导机制建设,并配套建立专门的教学过程性质量问责机制,以及职教教学过程质量监测体系,以实现对职教各治理主体质量共治行为的监控、督促和保障。一方面,从外部治理机制来看,主要依据政府、职业学校、行业企业以及评估组织在职教教学过程质量各治理阶段上享有的权利和发挥的作用程度不同,进行对各治理主体的教学质量治理责任分配,主要通过行政问责、合法问责、资格问责等多种问责方式,来督促外部治理主体对教学质量的过程性保障;另一方面,从内部治理机制来看,主要依据职业学校内部各组织机构在教学质量形成过程中的职责和负责领域不同,从而对各治理主体在教学质量治理上进行相应责任分配,并通过绩效问责、过错问责等方式,对各教学质量治理主体各自应负责领域进行实时质量评价、监控、改进和调节,若发生教学质量问题,也能及时督促各治理主体对教学质量问题和质量管理行为进行相应地改进,从而有效发挥教学质量问责在教学质量的过程性形成中的督促和改进作用。

其二,在强调质量督导机制对职教教学质量"督"的同时,更应侧重督导机制对教学质量治理"导"的作用发挥。因而在建立教学质量督导机制时应突出

其灵活性建设,使教学质量督导的内容和方式方法,能够切实根据职业教育教学质量任务目标、市场经济的发展需要、职业学校学生的职业成长规律而进行动态式调整,以有效发挥教学质量督导工作在推进职教教学质量提升上的方向导向、激励和调控作用,而不应成为限制职教教学突破固有发展模式并进行改革创新的"牵绊"。

三、能力本位治理:微观执行层面督导评估机制的治理重心

在职教教学质量共治体系中,微观执行层面的治理主体主要由职业学校内部教学管理部门、院系/学科室和督导分委员等共同组成。微观执行层面的治理主体,在职教教学质量共治中主要发挥一种对教学质量方针、政策、措施等执行的作用,并通过组建专门的教学质量治理督导执行机制,以整体考察职业学校在具体的教育教学过程中,对学生能力发展、职业能力成长等方面促进和发展的基本情况。由于其督导执行职能集中反映在,对职业学校课堂教学与实践实训教学进展情况的督导评估与全面考察上,因而,微观执行层面督导执行机制的治理重心则在于以能力管理为主,从而实现对职教教学质量共治的能力本位治理。为此,建构微观层面的督导执行机制,则需要从如下几方面着手。

其一,建立能力本位的教学质量考评机制。职业教育的教学核心目标主要在于促进学生的职业能力发展,为此,在职业学校教育教学实践中,无论是课堂教学抑或是实践教学,其核心任务均在于如何全方位地促进和保证学生的职业能力发展。因而,建立能力本位的教学质量考评机制,其基本立足点在于从职业学校最基层的教学年级、教学班级、教师课堂与实训教学活动层面,实现分级考核、分类评价,以全面考查学生职业能力的发展情况。具体通过参与职教课堂教学与实训教学的听课、评课活动,以督查教学目标的达成情况、学生知识技能的获取情况、教师教学技能的施展情况、教学过程的控制情况、多样化教学方法的使用情况等,并在教学活动过程中,诊断、评估并及时纠正教师在学生职业能力发展上的具体行为,并提出改进的意见和建议,以及时克服教学过程中的无效与低效问题。

其二,建立学生职业能力成长的教学质量共促机制。职业学校的教学目标主要在于促进学生职业能力的发展,由此而使得职业教育教学质量体系必然需要实现与学生的职业成长体系相对接。为此,建立学生职业能力成长的教学质

量共促机制,则需要实现在基层的教学质量保障基础上,"自下而上"并"由内及外"地拉进各级各类质量治理主体之间的沟通合作,从而打破传统"由外及内""自上而下"的质量治理逻辑,并集职教教学质量治理共同体的作用,在符合学生认知发展规律以及职业成长规律的基础上,共同确保学生在从初学状态到独立操作完成、从经验性知识到策略性知识的梯度发展、从新手到专家的职业成长过程中,职业知识、技能、价值观等方面的系统连贯发展。具体实现在职业资格整体框架内、在中职学校与高职学校的沟通衔接、职业知识和技能的连贯发展、人才培养层次的发展对接、职业考核和考评的有效衔接等方面,共建促进学生职业成长的一贯发展机制。

结论　职业教育教学质量的协同共治与携手共赢

随着社会变革的不断深化,推进社会各领域的"提优增质",并通过增幅换挡、结构优化与动力转化,以实现不同领域质量的普遍发展,越来越成为社会公众的普遍意愿。对于职业教育工作,习近平总书记强调,要深化产教融合、校企合作,深入推进育人方式、办学模式、管理体制、保障机制改革①,对我国构建现代职业教育体系,提高职业教育教学质量,培养更多高素质技能人才,提出了新的要求,指明了发展方向。在我国职业教育领域,推行在教学质量上的公共治理,通过多元力量实现对职教教学质量的多维度治理,不仅是职教教学质量管理从"个域共同体"走向"公域共同体"发展的必然需求,也是职教教学质量发展效率提升的必然诉求。正如"治理"本身所强调的,治理的目的在于实现公共利益的最大化,推动在职教教学质量治理上的协同共治,才能更优质、更高效地实现职教领域各相关主体的携手共赢。

职业教育教学质量治理系统是一个集内外部多元治理力量参与,多维度综合治理实现,全过程性循环作用的系统,对系统本身性质的理论探讨、对系统现状的实证考察为本书奠定了基础,而随着研究的深入,也逐渐引发对如下一些问题的思考,即鼓励社会各领域多元力量协同参与职教教学质量的治理,会不会影响职业学校正常的教学秩序? 如何协调各治理主体在质量治理中的权责关系? 如何协同各治理主体的治理行为? 如何全方位实现对职教教学质量的治理? 如何确保质量共治机制的高效运作? 等等,而这些问题便构成了本书的基本问题

---

① 《习近平对职业教育工作作出重要指示强调　加快构建现代职业教育体系　培养更多高素质技术技能人才能工巧匠大国工匠》,《人民日报》2021年4月14日。

域。正是基于对这些问题的思考,本书在充分结合哲学、经济学、管理学、社会学、教育学、心理学等相关理论的基础上,逐级深入探索职业教育教学从质量管理到质量治理、从单一质量治理到公共质量治理、从多元公共治理到协同公共治理的理性发展之路,并在多元协同发展过程中,通过厘清并建构治理主体间性和权责关系、协同共治作用机制、协同共治过程秩序、协同共治内容体系、协同治理保障机制等,以实现对职教教学质量治理的"全员"参与、"全方位"协同和"全过程"保障,从而促使职教教学质量在向"共治"的发展过程中,逐步达成"善治"的目标愿景和"善态"的理想状态。具体来说,本书得到的研究结论如下:

(一)指明了职教教学质量管理的应然发展路径

本书在系统梳理质量管理发展历程的基础上发现,技术理性导向的质量管理忽视了人主观能力性在质量管理上的强大效力,从而将质量管理导向为一种工具性的固定程式;行为导向虽强调人主观作用效力,但这种行为导向也易走向质量深化归于何处的发展迷途。不仅如此,单维性的技术导向和行为导向主要将质量管理导向为一种"私欲"层面的质量满足,而不能上升到"公共"意义层面的大众化质量需要上,因而,质量管理应脱离"私利"的发展束缚而步入"公利"的发展路向上。质量治理强调多元主体共同参与的治理,是在"事前预防""事中控制"以及"事后把关"一体的过程中,以满足多元主体利益的最大化需要,其权力运作方向和模式更为合理,其科学性和民主性程度也更高。为此,本书提出了职教教学质量管理的应然发展路径,是在推动质量管理在公共利益层面上质量需求最大化满足上的质量治理发展归向。

(二)建构了职教教学质量治理的"教学—服务—产品"质量治理层次推进模式

一方面,从实践层面来看,本书在系统梳理 ISO9000 族标准、TQM 全面质量管理、SERVQUAL 服务质量评价的基本观点和方法基础上发现,工作质量、产品质量和服务质量是质量管理实践必不可少的内核品质。而在职教质量管理领域,受职业教育教学系统的"跨界"性半开放系统影响,职业教育教学质量治理,需在融合职业教育教学和企业工作流程的基础上,在内容层面集职业教育教学工作质量、职业教育教学服务质量、职业教育教学产品质量于一体的质量治理;另一方面,从理论层面来看,新公共管理理论、公共产品理论与公共治理理论,为职业教育教学质量治理的共同体建构、教学质量产品属性定位和公共理性的集成奠定了理论基础。因而,本书正是在遵循质量管理从理论到实践的推演逻辑,并结合职业教育教学质量生成逻辑的基础上,探寻在职业教育质量共治的动态发展中逐步推进善治的生成,并因此建构了基于"教学—服务—产品"质量治理的层次推进模式,以作为本书的分析框架。

(三)构建了职教教学质量以"共治"求"善治"的内容框架

本书在基于"教学—服务—产品"质量治理的层次推进模式思考的基础上,建构了与之相适应的以"共治"求"善治"的内容发展框架。具体从"共治求善治"的逻辑研究、"共治生善者"的主体研究、"共治保善于"的过程研究、"共治成善态"的效果研究四个层面建构本书的主体性内容框架,并在推进这四个主体性内容的逐级发展过程中,全方位确保通过职教教学质量的共治,逐步达成"善道""善者""善于"和"善态"的各阶段性质量治理目标,从而最终使职教教学质量治理进入发展的理想"善态"。

(四)建构了职教教学质量治理在公共性层面的"矩阵"框架

本书创造性地从职教教学质量治理的过程层面,探讨了其内在涵盖的"公共社会性""公共教育性""公共政治性"和"公共文化性"等四个方面的公共性"矩阵"框架。其具体内容又包括,在公共社会性上所包括的公开性—公义性—公益性;在公共教育性上所包括的共在性—共育性—共进性;在公共政治性上所涵盖的公正性—公理性—公责性;在公共文化性上所包括的共同性—共意性—共生性。在这一职业教育教学质量治理的"矩阵"框架中,公共社会性是起点,职业教育的教学质量治理也正是在各相关主体之间的交往活动中,通过相互作用、相互影响而缔结成的一定社会关系,并体现为一种公开性、公义性和公益性的集结;公共教育性是在公共社会性基础上的发展延伸,从而在公共的教学质量行动中体现一种共在性、共育性和共进性的结合;诚然,由于公共治理的行为需要通过一定形式的制约而达到治理的协同,由此便涉及一种公共政治关系的形成,从而体现在治理行动中的公正性、公理性和公责性的发展衍生;当各治理主体之间形成一种分工明确、职责鲜明、结构稳定的治理结构后,这种质量治理也便走上了一种公共文化的形成和发展之路,并在文化熏陶和影响下,体现质量治理的共同性、共意性和共生性。

(五)指明了职业教育教学质量的理性发展逻辑

本书创造性地提出职教教学质量的理性发展逻辑,通过深入探讨"公共"与

"理性"之间的逻辑因应,并设定职教教学质量治理经由"公共性"逻辑起点,到"善性"逻辑终点的过程性发展,通过指明从起点到终点的逻辑向道,从而最终确立职教教学质量在公共理性指引下以"共治"求"善治"的"善道"。而在这一发展过程中,本书又系统梳理了质量治理所依附的理性不同,及其理性指引下的不同质量治理模式。受质量管理个体理性的指引,主要形成一种职教教学单维质量管理模式;受质量治理单一公共理性指引,主要形成一种单中心职教教学质量治理模式;受质量治理多元公共理性的指引,主要形成一种职教教学质量协同共治模式;受质量治理协作公共理性指引,主要形成一种职教教学质量共赢善治模式。从单中心教学质量治理走向教学质量共治,并进一步走向共赢善治发展的道路,才是职教教学质量治理"理性善"的生成过程。

(六)明晰了治理主体之间的间性关系和权责关系

在多元公共理性指引下,职教教学质量的协同共治也必然产生多元的主体间性关系,这种主体间性关系又主要表征为一种多向共生合作的间性关系,是政府、职业学校、行业企业、评估机构等主体,在职教教学时空向度上的统筹协调与利益向度上互利共赢的关系。本书探索性地从内外部治理关系层面,厘清了质量治理合作关系体中,不同治理主体因其职责和发挥作用不同,从而形成的内部深度治理关系和外围协作治理关系。在厘清各自的间性关系的同时,本书还明晰了各治理主体在职教教学治理协同共治中的权责关系,包括政府层面的调控性治理权责、职业学校层面的自主性治理权责、企业层面的协同性治理权责以及评估机构层面的监测性治理权责。对应不同治理主体的功能作用和权责侧重,本书还创造性地提出了从宏观、中观和微观层面规制各治理主体权力和行为的权责秩序、过程秩序、课程秩序和课堂秩序,从而理顺了在职教教学质量共治中治理主体的治理逻辑和行为关系。

(七)建构了职教教学质量过程性生成的质量共治体系

本书沿着职教教学质量生成的整个过程,从教学输入质量、教学过程质量和教学输出质量三个方面,在充分整合内外部力量的基础上,建构了集"输入共担""过程共理""输出共保"的整体共治格局及其相配套的内容体系。其一,在输入质量共担层面,政府承担着在职教教学基础硬件性教学输入质量、条件性教学输入质量保证上的重要引领作用,并成为职业教育教学宏观输入质量保障的主要责任者和统筹职业教育教学辅助性输入的主要服务者,此外,职业学校承担着在职教教学内部软件性资源输入质量保障上的主要责任,以确保职业教育教学活动基本运转的需要,从而成为职业教育教学输入质量保障的重要责任者。在职教教学输入治理的内容上,主要包含了职教教学人力资源输入系统、职教教学信息资源输入系统和职教教学物资资源输入系统,为保障每一输入系统的协同治理实现,又主要是各相关治理主体围绕每一系统内的核心输入要素,按照其质量特性,而共同推进的质量治理过程。其二,在过程质量共理层面,本书主要从"体"的角度出发,实现教学质量的整体策划,以宏观把控教学的整体质量;从"面"的角度出发,实现对教学质量的监督,以全面把握教学质量的基本情况;从"线"的角度出发,实现对教学质量的控制,以在操作过程中保证教学质量处于良好的水平线上;从"点"的角度出发,实现对教学质量的改进,以切实解决教学过程中存在的一些关键点问题。其三,在输出质量共保层面,本书主要围绕对输出质量外化表征的教学质量产品领域,分别从职业教育教学产品、职业教育人才产品和职业教育服务产品的质量治理上全方位保障输出产品的质量。总之,本书正是基于如上三个层面的内容,具体实现以共谋职教教学目标、共商职教教学内容、共议职教教学方法、共理职教教学过程和共评职教教学质量,以提升各治理主体在教学质量治理上的能力,并逐步在各阶段质量目标的共同保证中,最终推进"善于"治理的实现。

(八)建构了在结果层面的职教教学质量循环推进模式

本书通过建构一种动态的"质量环",并集合质量相关主体的共同作用,配套建设相应的质量结果调查机制、质量结果分析机制、质量信息反馈机制和质量改进机制,以促使职教教学质量从传统的"点—线—点"静态发展平衡态,逐步进阶式发展到职教教学质量的良性"善态"中。这一循环推进模式,在横向的时间维上,包括初始阶段的教学质量发展水平、过渡阶段的教学质量发展水平,以及升华阶段的教学质量发展水平;在纵向的效果效率维上,包括"自平衡"态、转变态,以及"善"态;在横切面的内容上,由三个不同水平的"质量环"组成,每一个"质量环"内部又主要围绕阶段性教学质量目标和标准而形成由教学质量结果调查、结果分析、结果回馈和结果改进四个相互衔接并循环发展的内容,并以循环推进整体结果的发展。事实上,每一"质量环"又代表那一阶段职教教学质量的发展结果和水平,每一阶段的教学质量结果又为下一阶段教学质量的发展奠定基础。

（九）创建了职教教学质量治理的"元治理"机制

本书创造性地提出围绕职教教学质量治理在完成一个阶段的工作后，对职教教学质量治理结果生成的效果进行治理，以助推职教教学质量治理工作发展成一种从"点"状到"线"状，进而到"环状"的治理发展循环，为此本书建构了一种针对治理工作本身治理的"元治理"机制，通过对职教教学质量治理机制本身的治理，从而针对原有教学质量治理机制运作低效等问题，实现不同治理形式的重新连接并形成共振，以修正和完善质量治理机制本身，最终促使职教教学质量治理工作进入一种良性循环发展的"善态"。

诚然，推进职教教学质量的共治发展之路仍艰辛，向善治发展也更漫长，笔者虽在这一探索路上作了一些有益尝试，但受现有研究条件及本人研究水平的限制，反观整个研究还存在一些不足之处：第一，职教教学质量从管理走向治理、从单中心治理走向多元共治因关涉的要素较多、体系较复杂，研究的难度系数也相对较大，多元主体参与的职教教学质量共治，也容易受一些外在的、不可控因素的干扰而崩溃和瓦解，但本书受研究条件和水平的限制，对所有外力作用和影响因素难以考虑周全并面面俱到，以至于一些重要因素被忽略，因而继续加强后续的跟踪和调查研究，以使职教教学质量的共治变得可行、可控和有效，才更能提升本书的外在推广度；第二，本书主要致力于职教教学质量治理的理论层面的深入探讨，虽也做了实证探索，但相对来说这种探索深入的力度和水平还显不够。因而，继续加强和完善职教教学质量共治的内容和体系建设，并不断克服研究中存在的不足，对于本书来说又是一个新的起点，从而又将开启一个新的研究征程。

行文至此，收获也好，不足也罢亦不再那么重要，职业教育教学质量治理之路还漫长亦艰辛。推进职业教育教学质量从单一管理走向多元共治，作为一项在职教教学领域的重要改革，需借以教育行政部门之力、社会之手作广泛宣传并层层推动才能更有效推行，具体可尝试进行区域性试点改革以循序渐进地推动改革的深入，通过多元力量的协同参与，多项机制的共同保障，从而推进职教教学质量在协同共治中最终走向共赢善治。

主要参考文献

1. 边文霞:《本科教学模式与大学生学习能力、就业能力关系研究》,首都经济贸易大学出版社 2012 年版。

2. [荷]伯纳德·尼斯塔特:《群体绩效有效管理的基石》,曹继光译,人民邮电出版社 2013 年版。

3. 陈广胜:《走向善治:中国地方政府的模式创新》,浙江大学出版社 2007 年版。

4. 陈宇翔等:《马克思主义与社会科学方法论》,湖南大学出版社 2012 年版。

5. 程宜康等:《高等职业教育教学质量理论与管理实务》,中国矿业大学出版社 2016 年版。

6. 段玉裁:《说文解字》,上海古籍出版社 2000 年版。

7. 邓泽明、张扬群:《现代四大职教模式》,中国铁道出版社 2011 年版。

8. [美]费根堡姆:《全面质量管理》,杨文士译,机械工业出版社 1991 年版。

9. 高鸿钧等:《英美法原(上)》,北京大学出版社 2013 年版。

10. 顾明远:《教育大辞典(卷3)》,上海教育出版社 1991 年版。

11. 郭湛:《社会公共性研究》,人民出版社 2009 年版。

12. [德]哈贝马斯:《公共领域的结构转型》,曹卫东等译,学林出版社 1999 年版。

13. 韩映雄:《高等教育质量管理:体系与方法》,北京大学出版社 2013 年版。

14. 洪名勇:《制度经济学》,中国经济出版社 2012 年版。

15. 胡群英:《社会共同体的公共性建构》,知识产权出版社 2013 年版。

16. 贾元华:《城市交通经济》,北京交通大学出版社 2013 年版。

17. 姜大源:《职业教育学研究新论》,教育科学出版社 2007 年版。

18. 敬义嘉:《合作治理:再造公共服务的逻辑》,天津人民出版社 2009 年版。

19. 李宝元等:《组织行为学通论》,清华大学出版社 2014 年版。

20. 李忠民、睢党臣:《人力资源管理概论》,科学出版社 2012 年版。

21. 柳燕君:《现代职业教育教学模式——职业教育行动导向教学模式研究与实践》,机械工业出版社 2014 年版。

22. [美]罗尔斯:《政治自由主义》,万俊人译,译林出版社 2000 年版。

23. [美]洛斯特:《全面质量管理》,李晓光译,中国人民大学出版社 1999 年版。

24. 吕红:《澳大利亚职业教育课程质量保障研究》,外语教学与研究出版社 2011 年版。

25. 马国柱、马坚宁:《质量管理和质量保证 TQM 与 ISO9000 族标准》,机械工业出版社 1998 年版。

26. 蒙丽珍、古炳玮:《财政学》,东北财经大学出版社 2013 年版。

27. 潘懋元等:《中国社会科学研究质量标准体系研究》,广东高等教育出版社 2014 年版。

28. 佘绪新:《权利与义务　权力与责任》,中国政法大学出版社 2014 年版。

29. [美]史蒂芬·柯维:《高效能人士的七个习惯》,高新勇等译,中国青年出版社 2013 年版。

30. 谭安奎:《公共理性》,浙江大学出版社 2011 年版。

31. 汤兵勇、刘凤鸣:《服务管理》,化学工业出版社 2013 年版。

32. 王章豹:《基于 TQM 的高校教学质量管理模式》,浙江大学出版社 2012 年版。

33. 王义智等:《中外职业技术教育》,天津大学出版社 2011 年版。

34. 王义:《西方新公共管理概论》,中国海洋大学出版社 2006 年版。

35. 吴俊强:《ISO 29990 国际职业教育管理质量标准研究与应用》,广东高等教育出版社 2016 年版。

36. 吴志超:《控制论与教学训练》,北京体育学院出版社 1983 年版。

37. 夏建平:《认同与国际合作》,世界知识出版社 2006 年版。

38. 肖扬东:《马克思主义国家理论的新进展——杰索普"策略关系"国家理论研究》,上海人民出版社 2012 年版。

39. 熊月之:《中国近代民主思想史》,上海社会科学院出版社 2002 年版。

40. 徐国庆:《实践导向职业教育课程研究:技术学范式》,上海教育出版社 2005 年版。

41. 袁晓成:《高等职业院校内部质量保障体系建设》,高等教育出版社 2011 年版。

42. 袁晓东等:《高等职业院校内部质量保障体系建设(下卷)》,高等教育出版社 2011 年版。

43. 俞可平:《治理与善治》,社会科学文献出版社 2000 年版。

44. 张晓霞、宁德煌:《ISO9000 族标准与薄弱学校教学质量管理改进应用研究》,科学出版社 2010 年版。

45. 张秀:《多元正义与价值认同》,上海人民出版社 2012 年版。

46. 赵志群:《职业教育与培训新概念》,科学出版社 2003 年版。

47. 朱德全、张家琼:《职业教育课程与教学论》,西南师范大学出版社 2010 年版。

48. 朱富强:《活学活用博弈论》,经济管理出版社 2013 年版。

49. 陈寿根、刘涛:《高职院校内部治理结构的制度设计》,《教育发展研究》2012 年第 17 期。

50. 崔清源、傅伟:《内涵发展观视野中的高职院校内部治理结构研究》,《职教论坛》2014

年第 18 期。

51. 褚宏启:《教育治理:以共治求善治》,《教育研究》2014 年第 10 期。

52. 戴成林、张洪华:《中国高职对口招生政策新进展》,《高教探索》2011 年第 5 期。

53. 戴娟萍:《高等职业技术教育质量保障体系的建构》,《深圳职业技术学院学报》2003 年第 4 期。

54. 董仁忠:《职业教育供给:在政府与市场之间的选择》,《教育学报》2009 年第 5 期。

55. 董仁忠:《高职院校治理结构研究》,《教育发展研究》2011 年第 7 期。

56. 郭扬、郭文富:《职业教育质量评价的政策需求与制度建设》,《中国职业技术教育》2015 年第 21 期。

57. 高山艳:《职业教育质量评价指标的争议与追问》,《职教论坛》2014 年第 1 期。

58. 龚怡祖:《我国职业学校自主权的法律性质探疑》,《教育研究》2007 年第 9 期。

59. [瑞]弗朗索瓦-格扎维尔·梅理安:《治理问题与现代福利国家》,肖孝毛译,《国际社会科学(中文版)》1999 年第 2 期。

60. 韩连权、檀祝平:《我国高职院校治理体系现代化的内涵、困境与路径选择》,《职教论坛》2021 年第 7 期。

61. 韩奇生:《高等职业教育质量保障体系建设述评》,《高教探索》2012 年第 4 期。

62. 韩志明:《公共治理行动体系的责任结构分析》,《重庆社会科学》2006 年第 2 期。

63. 胡玲丽、张继恒:《高职院校治理结构研究》,《职教论坛》2012 年第 19 期。

64. [英]霍布斯:《利维坦》,黎思复等译,商务印书馆 1985 年版。

65. 黄才华:《中等职业教育教学质量评估指标体系研究》,《中国职业技术教育》2010 年第 36 期。

66. 黄静梅、万朝丽:《我国职业教育质量研究综述》,《中国职业技术教育》2019 年第 12 期。

67. 吉文林:《构建高职院校教学质量保障体系的理性思考》,《南京理工大学学报(社会科学版)》2007 年第 7 期。

68. 姜大源:《现代职业教育体系构建的理性追问》,《教育研究》2011 年第 11 期。

69. 姜大源:《现代职业教育体系建构的基本问题》,《顺德职业技术学院学报》2014 年第 2 期。

70. 姜大源:《论高等职业教育课程的系统化设计》,《中国高教研究》2009 年第 4 期。

71. 姜大源:《工作过程系统化:中国特色的现代职业教育课程开发》,《顺德职业技术学院学报》2014 年第 7 期。

72. 蓝洁:《高等职业教育质量保障的现状及其再认识》,《职业技术教育》2014 年第 1 期。

73. 蓝洁:《职业教育治理体系与治理能力现代化的框架》,《中国职业技术教育》2014 年第 20 期。

74. 李澄:《元治理理论综述》,《前沿》2013 年第 21 期。

75. 李响等:《基于全面质量管理的高职院校教学质量管理研究》,《职教论坛》2018 年第 2 期。

76. 梁卿:《职业教育质量第三方评价的概念探析》,《职业技术教育》2014 年第 13 期。

77. 吕绍忠:《尊重权利与社会和谐》,《山东社会科学》2009 年第 7 期。

78. 陆春妹:《加拿大职业教育对我国高职教育的启示》,《苏州教育学院学报》2009 年第 5 期。

79. 马廷奇:《高等教育质量保障体系运行的权力逻辑》,《中国高等教育》2014 年第 18 期。

80. 启功等:《唐宋八大家全集·韩愈集》,国际文化出版社 1997 年版。

81. 沈汉达:《当前职业教育教学质量存在问题与改革建议》,《中国职业技术教育》2010 年第 25 期。

82. 申文缙、周志刚:《德国职业教育质量指标体系及启示》,《外国教育研究》2015 年第 6 期。

83. 宋维堂等:《高职院校教学质量综合评价体系构建研究》,《职业技术教育》2021 年第 11 期。

84. 孙绵涛:《关于体制改革与机制创新关系的探讨》,《华中科技大学学报(人文社会科学版)》2009 年第 4 期。

85. 汤百智等:《论高职实践教学过程的优化》,《职业技术教育》2006 年第 1 期。

86. 王晨洁:《治理理论视角下我国高等教育质量第三方评估机构存在的问题及对策》,《东南大学学报》2014 年第 12 期。

87. 王殿复、薛雯:《中职学校教学质量监控系统构建的实践与探索》,《职业技术教育》2020 年第 23 期。

88. 王建平等:《高等职业院校教育教学质量探析》,《教育与职业》2013 年第 9 期。

89. 王嘉毅、王利:《课堂教学质量的系统生成模式和因素分析》,《中国大学教学》2005 年第 7 期。

90. 王利:《课堂教学质量的系统生成模式析要》,《教师之友》2005 年第 6 期。

91. 王作兴:《完善高职院校内部治理结构的现实选择》,《江苏高教》2011 年第 4 期。

92. 魏宏聚:《教育质量观的内涵演进与启示》,《教育导刊》2010 年第 1 期。

93. 温恒福、张萍:《大学教学质量改进的基本原理》,《中国高教研究》2014 年第 12 期。

94. 武马群等:《基于 ISO9000 质量管理体系标准的高等职业教育教学质量管理与保障体系研究实践》,《中国职业技术教育》2014 年第 32 期。

95. 吴雪萍、张科丽:《欧洲职业教育与培训质量保证参考框架分析》,《教育研究》2011 年第 3 期。

96. 肖凤翔、薛栋:《中国现代职业教育质量保障体系的研究框架》,《江苏高教》2013 年第 6 期。

97. 肖化移：《市场经济条件下职业教育发展的理性思考》，《教育与职业》2002 年第 6 期。

98. 肖俊华：《从管理到治理：领导者如何引领单位建设》，《领导科学》2014 年第 3 期。

99. 谢新水：《公共理性发展：从一元、多元到合作理性》，《江苏大学学报（社会科学版）》2010 年第 6 期。

100. 熊宇等：《基于 ISO29990 的高职院校质量保证模型构建研究》，《职教论坛》2019 年第 8 期。

101. 徐兰：《以企业为主导的第三方职业教育质量评价体系构建》，《职业技术教育》2015 年第 10 期。

102. 许露、庄亚明：《澳大利亚职业教育课程质量标准体系及启示》，《职教论坛》2011 年第 12 期。

103. 徐小容、朱德全：《从"断头桥"到"立交桥"：应用技术类型高校发展的路径探寻》，《西南大学学报（社会科学版）》2016 年第 1 期。

104. 徐小容、朱德全：《倒逼到主动：职业教育质量治理对区域经济社会发展的适应性研究》，《职业技术教育》2018 年第 10 期。

105. 徐小容、朱德全：《职业教育质量治理：公共之"道"与理性之"路"》，《西南大学学报（社会科学版）》2019 年第 1 期。

106. 杨浩：《高职院校混合式教学质量评价指标体系构建与应用实践》，《中国职业技术教育》2019 年第 11 期。

107. 杨强：《试论"真实情境"教学模式质量的监控体系》，《黑龙江高教研究》2012 年第 5 期。

108. 郁建兴：《治理与国家建构的张力》，《马克思主义与现实》2008 年第 1 期。

109. 俞可平：《全球治理引论》，《政治学》2002 年第 3 期。

110. 俞可平：《治理和善治：一种新的政治分析框架》，《南京社会科学》2001 年第 9 期。

111. 张社宇：《我国职业教育面临的六大问题》，《教育发展研究》2009 年第 23 期。

112. 张淑华等：《身份认同研究综述》，《心理研究》2012 年第 1 期。

113. 赵志群：《现代职业教育质量保障体系研究：现状与展望》，《西南大学学报（社会科学版）》2014 年第 7 期。

114. 赵金英：《职业教育教学质量第三方评价的探索》，《现代教育》2013 年第 16 期。

115. 赵志群：《职业教育学习领域课程及课程开发》，《徐州建筑职业技术学院学报》2010 年第 2 期。

116. 赵志群：《现代职业教育质量保障体系建设》，《中国职业技术教育》2014 年第 21 期。

117. 曾庆柏：《高等职业教育教学质量标准研究》，《中国高教研究》2008 年第 3 期。

118. 郑美丽：《河南省高等职业教育专业结构与区域产业结构的协调性研究》，《河南科技学院学报》2011 年第 2 期。

119. 周晓杰、董新稳：《当下我国职业教育质量问题及其对策探析》，《河北师范大学学报

（教育科学版）》2013 年第 5 期。

120. 朱德全：《职业教育促进经济社会发展》，《光明日报》2012 年 9 月 24 日。

121. 朱德全、徐小容：《职业教育与区域经济的联动逻辑和立体路径》，《教育研究》2014 年第 7 期。

122. 朱德全、徐小容：《协同共治与携手共赢：职业教育质量治理的生成逻辑与推进机制》，《西南大学学报（社会科学版）》2016 年第 4 期。

123. 肖化移：《高等职业教育质量标准研究》，博士学位论文，华东师范大学 2004 年。

124. 张群祥：《质量管理实践对企业创新绩效的作用机制研究：创新心智模式的中介效应》，博士学位论文，浙江大学 2012 年。

125. Coase R.H., *the Nature of the Film*, London：Economica, 1937.

126. Jessop B., *the Future of the Capitalist State*, Cambridge：Polity Press, 2002.

127. Richard Winter Maisch, *Professional Competence and Higher Education*：*the ASSET Programme*, London：The Falmer Rress, 1996.

128. The Commission On Global Governance, *Our Global Neighborhood*：*The Report Of The Commission On Global Governance*, London：Oxford University Press.

附　　录

附录一　专家征询问卷

职业教育教学质量治理维度设定之
专家征询问卷(第一轮)

尊敬的专家:

　　您好!

　　非常感谢您能在百忙之中参加这次调查!

　　本研究目前正着手于职业教育教学质量治理情况的研究,您是本研究选定的既具扎实的职业教育理论功底,又具丰富的职业教育教学实践经验的 15 位职业教育专家之一,为此,恳请您能抽出一些宝贵时间协助完成本研究的问卷,本问卷不记名,不涉及个人隐私问题,请根据您的实际想法作答。再次感谢您的支持与帮助!

　　问卷填写说明:

　　本问卷主要包括两级指标。一级指标主要借鉴"输入—过程—输出"转换增值模型对职业教育教学质量治理一级指标维度的划定,因而,本研究用职业教育教学输入质量、职业教育教学过程质量和职业教育教学输出质量三个一级指标来考察职业教育教学质量治理的整体情况,由于质量治理在具体的实践活动中主要以质量管理活动体现出来,因而在现实调查中,也主要借助于对质量管理活动的考察。而受职业教育教学本身的特殊性影响,职业教育教学质量治理体系更为复杂,通过文献综述情况来看,现有关于普通教育教学质量管理的体系和方法较多,而从职业教育本身出发来考察职业教育教学质量治理情况的研究却非常少,考虑到职业教育教学质量治理体系的复杂性,本研究的二级指标还有待认真考察。因而,本研究在已有研究基础上,列举了如下二级指标,由于部分指标不能作为核心指标,特设定每位专家限选五个二级指标,并在"必要指标"栏内限打五个"√",若有您认为也比较重要,可以参考的指标,则对应在"参考指标"栏打"√",而您认为没用的指标,则在"无效指标"栏打"√"。若您有修改意见,或您认为非常重要,但列表中没有的指标,请在"修改意见"栏写出。

职业教育教学质量治理维度

	一级指标	二级指标	必要指标	参考指标	无效指标	修改意见
职业教育教学质量治理框架	教学输入质量管理	教学人员管理				
		教学对象管理				
		教学信息管理				
		教学经费管理				
		教学理念管理				
		教学条件管理				
		教学环境管理				
		教学方法管理				
		教学内容管理				
		教学目标管理				
		教学制度管理				
		教学场地管理				
	教学过程质量管理	教学质量指导				
		教学质量督导				
		教学质量监督				
		教学质量控制				
		教学质量改进				
		教学质量调节				
		教学质量把控				
		教学质量奖惩				
		教学质量激励				

续表

职业教育教学质量治理框架	一级指标	二级指标	必要指标	参考指标	无效指标	修改意见
	教学输出质量管理	学生素质管理				
		学生作品管理				
		学生出口管理				
		教学成果管理				
		教学模式管理				
		教学特色管理				
		学生就业管理				
		学生就业质量管理				
		教学服务管理				
		社会服务管理				

职业教育教学质量治理维度设定之专家征询问卷（第二轮）

尊敬的专家：

您好！

衷心感谢您能在百忙之中协助本研究完成第二轮专家征询问卷调查！

为了使本研究在问卷编制上更科学合理以及在本研究后期所提出的策略路径更具针对性，本研究在第一轮意见征询基础上对教学质量治理维度进行了筛选和调整，从而形成了第二轮的专家征询问卷，所以，诚恳地邀请您再次抽取宝贵时间协助完成本论调查问卷。本问卷同样不记名，不涉及个人隐私问题，请根据您的实际想法作答。再次感谢您的支持与帮助！

问卷填写说明：

本问卷主要包括两级指标。在上一轮专家问卷征询中，专家们基本认可对一级指标三个维度的划定，对二级指标的认定，不同专家提出了不同意见，仍旧有个别指标意见不统一，本研究正是基于专家们的意见，对二级指标进行了重新划定，现列举了如下二级指标，请各位专家仍旧选定你们认可的五个二级指标，并在"必要指标"栏内限打五个"√"，若有您认为也比较重要，可以参考的指标，则对应在"参考指标"栏打"√"，而您认为没用的指标，则在"无效指标"栏打"√"。若您有修改意见，或您认为非常重要，但列表中没有的指标，请在"修改意见"栏写出。

职业教育教学质量治理维度

	一级指标	二级指标	必要指标	参考指标	无效指标	修改意见
职业教育教学质量治理框架	教学输入质量管理	教学人员管理				
		教学信息管理				
		教学条件管理				
		教学环境管理				
		教学方法管理				
		教学内容管理				
		教学制度管理				
	教学过程质量管理	教学质量督导				
		教学质量监督				
		教学质量控制				
		教学质量改进				
		教学质量调节				
	教学输出质量管理	学生素质管理				
		学生作品管理				
		学生出口管理				
		教学成果管理				
		学生就业管理				
		教学服务管理				

职业教育教学质量治理维度设定之专家征询问卷（第三轮）

尊敬的专家：

您好！

由衷地感谢您能在百忙之中协助本研究完成第三轮的专家征询问卷调查！

为了使本研究更切合职业教育教学的特殊性，并最终确立一套比较科学合理的职业教育教学质量治理维度和框架，本研究在第一轮和第二轮专家意见征询基础上，对教学质量治理维度进行了进一步的筛选、调整和归类，从而形成了第三轮也是最后一轮的专家征询问卷，所以，希望您能再次抽取宝贵时间协助完成本研究最终的调查问卷。本问卷同样不记名，不涉及个人隐私问题，请根据您的实际想法作答。诚恳地感谢您最后的支持与帮助！

问卷填写说明：

本问卷主要包括两级指标。一级指标三个维度基本确定,即教学输入质量治理、教学过程质量治理和教学输出质量治理。在二级指标的认定上,部分专家认为,一些指标之间本身就存在一些包含关系,建议将重复的二级指标进行合并。另外,专家认为考察指标也无需面面俱到,能够整体把握职业教育教学质量治理的基本情况即可,为此,在经过筛选、合并和调整部分二级指标后,最终形成如下几类二级指标。针对这次修正后的二级指标,请根据您的思考对以下指标进行认定,并以打分(100 分)的形式表示您对该指标体系的认可程度,若有其他意见或建议请在"修改意见"一栏中写出。

职业教育教学质量治理维度

	一级指标	二级指标	分类评分	总分	修改意见	总体意见
职业教育教学质量治理框架	教学输入质量管理	教学人员要素				
		教学条件要素				
		教学方法要素				
		教学信息要素				
		管理行为要素				
	教学过程质量管理	教学质量监督				
		教学质量控制				
		教学质量改进				
	教学输出质量管理	教学产品管理				
		人才产品管理				
		服务产品管理				

附录二　职业教育教学质量管理情况调查问卷

（教师及教学管理人员用）

尊敬的学校领导(老师)：

您好! 非常感谢您能在百忙之中参与这次调查。

本次调查主要为了深入了解当前职业教育教学质量管理的基本情况,以正确把握影响职业教育教学质量治理的核心要素。请根据您在工作中的实际情况,并对照问卷的各题项的描述,对您认为符合的选项打"√"。本问卷不记名,您所提供的资料和信息只作学术研究之用,我们也将对您提供的信息严格保密,不会对您的工作和生活造成任何影响,问卷中的选项无对错之分,请您放心作答。

再次感谢您的参与和合作!

基 本 信 息

序号	项目	选 项		请在合适的选项边打"√"
1	您工作学校的类型	高职	①国家级示范高职院校	
			②非国家级示范高职院校	
		中职	③国家级示范中职学校	
			④非国家级示范中职学校	
2	您的职务		①校级领导	
			②中层行政管理干部	
			③专业(学科)系部负责人	
			④普通教师	
3	您的工作岗位类型		①公共基础课教师	
			②专业理论课教师	
			③专业实践课教师(实训实习指导教师)	
4	"双师型"情况		①是"双师型"教师	
			②不是"双师型"教师	
5	您的教龄		①0—3 年	
			②4—10 年	
			③11—20 年	
			④20 年以上	

职业教育教学质量管理基本情况问卷

题号	题 目	请在合适的选项下打"√"				
		完全不符合	大部分不符合	一半符合	大部分符合	完全符合
1	我校负责教学质量管理的人员较多					
2	我校教学质量管理人员的构成类别多样					
3	我经常尝试不同的教学管理方法					

题号	题　目	请在合适的选项下打"√"				
		完全 不符合	大部分 不符合	一半 符合	大部分 符合	完全 符合
4	多样化教学质量管理会影响教学的效率					
5	我会经常做社会人才需求的预测分析					
6	我会通过各种手段及时把控教学的基本情况					
7	我校经常投入与教学相关的物资资源					
8	我校的教学质量管理制度有待合理					
9	我比较重视教学常规管理					
10	我校经常不定时进行对教学质量的督导考核					
11	我校教学质量监督的形式多样					
12	我经常有意识地把控教学质量					
13	我校教学质量被控制在良好状态内					
14	我校教学质量督导对改进教师教学质量有较大作用					
15	相比教学质量过程督导我校更重视教学质量的改进					
16	我指导的学生在全国技能大赛中获奖					
17	我校个别单位和个人获得教学相关成果奖					
18	我校经常为在岗人员提供培训服务					
19	职业学校缺少对社会发展的服务意识					
20	我校积极探索毕业生的就业渠道					
21	我校在提高毕业生就业质量上不懈努力着					

附录三 职业教育教学质量管理情况访谈提纲

职业教育教学质量管理情况访谈提纲
（教师及教学管理人员用）

一、访谈目的

1. 了解职业学校教学质量管理的基本现状；

2. 了解职业学校教学质量管理的基本运作；

3. 了解职业学校教师对教学质量管理的参与程度；

4. 了解职业学校教学质量管理的外部力量参与情况；

5. 了解职业学校教学质量管理的影响因素；

二、访谈问题纲要

1. 贵校在教学质量管理上的基本运作情况是怎样的？

2. 您认为贵校在教学质量管理上的主要问题有哪些？

3. 您在教学质量管理上主要发挥什么样的作用？

4. 外部力量在贵校教学质量管理上的参与情况如何？

5. 您认为影响职业学校教学质量管理的因素有哪些？

6. 您认为职业学校的教学质量管理未来应该如何发展？

职业教育教学质量管理情况访谈提纲
（企业管理人员）

一、访谈目的

1. 了解企业与职业学校之间是否有合作以及合作的基本情况；

2. 了解企业参与职业学校教学质量管理的意愿和利益诉求；

3. 了解企业参与职业学校教学质量管理的效果；

二、访谈问题纲要

1. 贵企是否与职业学校之间有合作关系？通过合作方式合作？

2. 贵企与职业学校之间的合作深入程度如何？是否深入到教学质量的管理工作？

3. 贵企与职业学校之间合作的效果如何?

4. 您认为影响职业学校教学质量的因素有哪些?

5. 您认为职业教育教学质量管理应该侧重于哪些方面?

后　　记

　　职业教育质量管理领域的改革是一项复杂而系统的工程。职业教育自身的"跨界"特性决定了职业质量管理的变革,必然需要从单一管理走向多元共治,从而最终实现共治主体的共赢发展。诚然,因受各方面条件的限制,目前我国职教领域校企合作的程度还需继续深化,而多元共治主体协同实现的职教教学质量共治更是路径艰辛,走向善治之路也更漫长,但我仍期冀本书的出版,能为我国职教教学质量的共治与善治发展提供一定的参考和借鉴,从而实现本书研究的初衷。当然,作为一名职教工作者,我相信随着我国职业教育"类型化"改革的逐步深化,在职教教学质量上的共治和善治愿景也终会实现。

　　本书是在我的博士学位论文(获得重庆市优秀博士学位论文)基础上修改而成的。本书从选题到研究到最终定稿的整个过程,给予我莫大支持与帮助的是我的恩师朱德全教授。在此,我由衷地感谢恩师朱德全教授,对他在我攻读硕士、博士、博士后以及留校工作以来时间里的所有关心和教诲致以最诚挚的谢意。回想 11 年前,承蒙恩师不嫌弃,收我入门下,由此开启了我人生的新篇章。在跟着恩师学做人、做事、做学问的这段光阴里,恩师不弃我愚笨迟钝,给予我学习、工作、生活各个方面的细心点拨与耐心开导,让我摆脱困顿迷茫,逐步实现人生的蜕变。这份知遇与再造之恩,虽衔环结草而不及万一。恩师睿智的思维、渊博的知识、严谨治学的态度、诲人不倦的高尚师德、敦品厚德的人格魅力无时不影响并熏陶着我,让我始终以他为标杆,努力做一个像他一样"躬耕杏坛醉墨香,初心不改育人忙"的优秀教育工作者。感谢气质如兰的师母如母亲般的关怀,感谢同门兄弟姐妹们以及我的亲朋好友们对我的关心、支持与帮助,让我在学术这条道路上不会孤单并能勇往直前。

　　同时还要感谢教育部项目对本书研究的升华提供条件,感谢西南大学社科处对本书出版的资助!

本书的内容参考并引用了大量国内外学者的学术成果,正是这些卓有见地的思想与成果,为本书的研究奠定了深厚的理论基础,在此也向他们致以最诚挚的敬意。最后还要特别感谢人民出版社翟金明先生,感谢翟先生对本书所提的中肯意见与耐心点拨,正是翟先生对本书的大力支持与鼎力帮助,才有了本书的最终面世。

职业教育教学质量的协同共治研究还有很长的路要走,期望同领域专家学者能在这一问题上给予我有益点拨,共同将该项研究推向新台阶。

徐小容

2021 年 9 月 10 日

责任编辑:翟金明

封面设计:姚　菲

图书在版编目(CIP)数据

职业教育教学质量的共治与共赢/徐小容 著. —北京:人民出版社,2022.5

ISBN 978－7－01－024206－4

Ⅰ.①职…　Ⅱ.①徐…　Ⅲ.①职业教育-教育质量-质量管理-研究

Ⅳ.①G712.0

中国版本图书馆 CIP 数据核字(2021)第 257150 号

职业教育教学质量的共治与共赢

ZHIYE JIAOYU JIAOXUE ZHILIANG DE GONGZHI YU GONGYING

徐小容　著

人民 ★ 出版社 出版发行

(100706　北京市东城区隆福寺街 99 号)

北京中科印刷有限公司印刷　新华书店经销

2022 年 5 月第 1 版　2022 年 5 月北京第 1 次印刷

开本:710 毫米×1000 毫米 1/16　印张:21

字数:312 千字

ISBN 978－7－01－024206－4　定价:89.00 元

邮购地址 100706　北京市东城区隆福寺街 99 号

人民东方图书销售中心　电话 (010)65250042　65289539